新时代文物保护修复技术及应用丛书

文物科技分析

高守雷 王恩元 等 编著

上海科学技术出版社

内 容 提 要

文物科技分析作为文物保护修复工作中的一个环节，对制订科学的保护修复方案具有重要指导作用。本书既是文物科技分析领域的读本，也可作为文物保护修复技术技能人才培养的教材。

全书分为11章，内容包括化学成分分析、物相结构分析、显微形貌分析、文物成像技术、文物年代分析、产地来源分析、分离分析技术、理化性能分析、数据分析方法、图像分析方法、谱图分析方法等。各章重点介绍分析原理、仪器设备、研究案例，使读者可直接了解各类设备的应用范围和特点，便于快速找到解决某类问题的方法；通过具体案例呈现各类数据、图像的详细处理和分析过程，便于读者学习使用各类分析工具解决实际问题。读者还可扫描封底二维码看视频，了解多种检测仪器设备操作。

本书可供文博行业科研人员与保护修复技术人员参考，亦可供高等院校文物修复与保护等专业师生使用。

图书在版编目（CIP）数据

文物科技分析 / 高守雷等编著. -- 上海 ：上海科学技术出版社，2024.4
（新时代文物保护修复技术及应用丛书）
ISBN 978-7-5478-6534-7

Ⅰ．①文… Ⅱ．①高… Ⅲ．①文物保护－科学技术－中国 Ⅳ．①K87

中国国家版本馆CIP数据核字（2024）第040570号

文物科技分析

高守雷　王恩元　等　编著

上海世纪出版（集团）有限公司
上海科学技术出版社　出版、发行
（上海市闵行区号景路159弄A座9F-10F）
邮政编码201101　www.sstp.cn
上海光扬印务有限公司印刷
开本 787×1092　1/16　印张 17
字数 370千字
2024年4月第1版　2024年4月第1次印刷
ISBN 978-7-5478-6534-7/K·56
定价：98.00元

本书如有缺页、错装或坏损等严重质量问题，请向印刷厂联系调换

■ 宝玉石、石质类文物物相分析

魏国锋等采用 X 射线衍射技术对九连墩楚墓出土的璧玉、石磬和镶嵌物进行物相分析。结果显示，璧玉的 X 衍射图谱与透闪石的标准衍射图谱极为相近，说明这块璧玉的主要矿物成分是透闪石。通过 PDF 标准数据检索发现，两块石磬较强的几个衍射峰值与方解石的十分接近，经过与方解石的标准衍图谱对比，确定这两块石磬的主要矿物成分是方解石。通过 PDF 标准数据检索确定，镶嵌物样品的主要物相是赤铜矿和金属铜。

张遥等应用 X 射线衍射等检测方法对前蜀永陵地宫石质文物进行了物相分析，石材主要有砂岩石料和珉玉石料两类。根据砂岩石料 X 射线衍射谱图，发现前室、中室、后室、金堂砂岩石料成分基本一致，主要成分为石英、方解石、钾长石、白云母等。根据珉玉石料 X 射线衍射谱图，确定其主要成分为方解石。

■ 玻璃类文物物相分析

夏晓伟等利用 X 射线衍射技术对鸿山越墓出土的战国玻璃进行了无损分析。结果表明，4 件单色管状饰的 X 射线衍射图谱的基本特征一致，均在衍射角 20°~30° 范围出现一个弥散的包络，都未发现明显的属于晶态物质的特征衍射峰。因此，所分析的 4 件单色管状饰均为非晶态的玻璃体。从宏观形貌看，蜻蜓眼珠的白色芯部是比较疏松的颗粒集合体，其 X 射线衍射谱线中有微弱的晶体物质的特征衍射峰出现，说明其中含有一定的晶体物质。由于采用的是块体直接进行 X 射线衍射分析，特征峰的强度较弱，故而其体的矿物种类仍需进一步研究。

■ 漆器漆灰层物相分析

宋佳佳等利用 X 射线衍射仪等对六安双墩一号汉墓出土的木胎和夹纻胎耳杯残片漆灰层进行了物相分析。结果表明，木胎漆器漆灰的无机成分主要为石英、钠长石和云母，而夹纻胎漆器漆灰的无机成分主要为羟基磷灰石、石英和钠长石（图 2-4）。羟基磷灰石是脊椎动物骨骼和牙齿的主要无机成分，表明夹纻胎漆器的漆灰中添加了动物骨灰。

■ 有机质文物纤维素结晶程度分析

沈大娲采用原位 X 射线衍射技术分析了新鲜竹材和山东临沂银雀山汉墓出土的银雀山竹简的结晶度。结果显示，新鲜竹材的衍射谱图在 2θ 角 16°、23° 和 36° 处有比较明显的峰，分别对应于纤维素 101、002 和 040 晶面的衍射峰（图 2-5）。而在银雀山竹简样品衍射图中，101 晶面和 002 晶面的衍射峰变得非常弥散，说明纤维素的结晶结构被破坏，结晶度大大降低，从而佐证了纤维素的降解（图 2-6）。

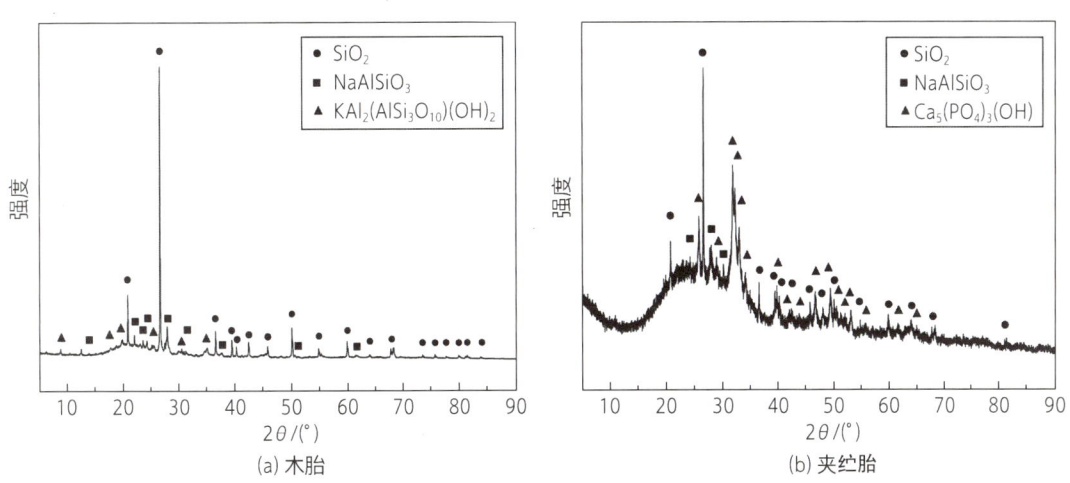

图 2-4　漆灰层 X 射线衍射图

■ 壁画、古建、泥塑等建筑材料和颜料分析

姚依璇等运用X射线衍射仪对山西公主寺大雄殿水陆壁画地仗材料进行了分析。结果表明，壁画地仗、支撑体土坯样品与寺外土样的矿物组成相似，均以石英为主，同时存在长石、方解石、白云母、绿泥石等矿物。推测公主寺壁画支撑体及地仗材料用土取自当地。

尤贵媚等通过X射线衍射等分析方法对故宫奉先殿前殿内檐彩画的地仗样品进行分析。结果表明，地仗中的无机物主要为SiO_2、$CaCO_3$和少量钙长石。砖灰和土的主要成分都是SiO_2，土呈黄褐色，而且杂质更多。奉先殿供奉历任皇帝画像和牌位，既是皇家独有的家庙，也是重大祭祀场所，等级较高，不太可能用土做填料，并且本样品地仗呈灰色，因此推测所用填料是砖灰。

尹刚等利用X射线衍射仪对山西省大同市阳高县云林寺彩塑的泥胎进行了分析。结果表明，其主要成分基本相同，均为石英、长石等，与黏土矿物的化学成分基本相符。

张杰妮等采用X射线衍射等方法对陕西旬邑西头遗址出土的彩绘白灰面的颜料进行了分析。能谱分析表明，两个绿色样品（P1GP、P3GP）元素成分相似，均含有一定量的Fe、少量的K和Mg，没有Cu元素。由这一元素配比，推测其有可能是绿土。采用X射线衍射法对绿色颜料进行了微区分析，P1GP中检测到了绿锥石和绿鳞石，P3GP中发现了绿锥石和斜绿泥石，同时还有石英、斜方钙沸石和高岭土，证明了绿色颜料很可能就是绿土。

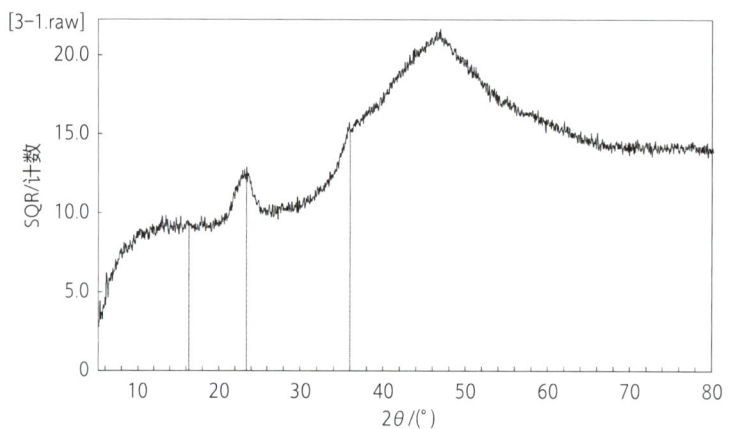

图 2-5　新鲜竹材X射线衍射图

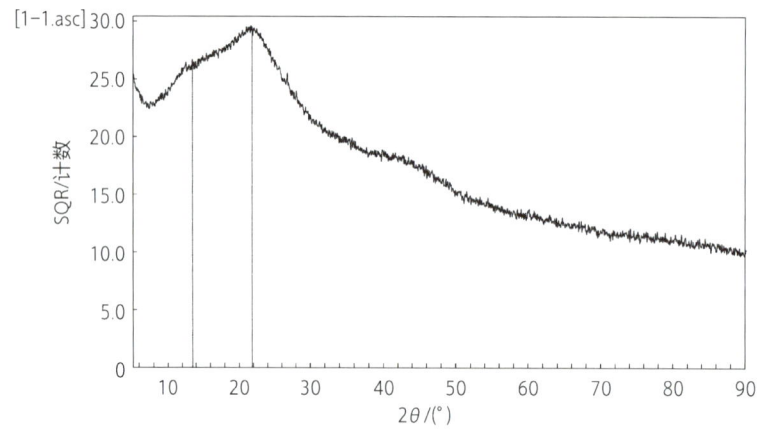

图 2-6　银雀山竹简样品X射线衍射图

2.2 红外光谱分析

红外光谱（infrared spectroscopy，IR）技术是利用物质对红外光区电磁辐射的选择性吸收特性进行结构分析、定性和定量分析的方法。红外光谱属于分子光谱，和核磁共振光谱、质谱、紫外光谱一样，是确定分子组成和结构的有力工具。根据未知物红外光谱中吸收峰的强度、位置和形状，可以确定该未知物分子中包含哪些基团，从而推断该未知物的结构。在文物分析领域，红外光谱是较早使用的技术，目前发展得比较成熟。通过该技术可以对文物样品进行结构分析，以官能团为指向，判断文物大致种属，再以指纹区对照数据库，对文物进行分析鉴别。由于文物的不可再生性，红外光谱技术以其无损或微损的样品测试方式，成为文物分析领域常用的测试手段。根据分光装置的不同，红外光谱仪分为色散型红外光谱仪和干涉型傅里叶变换红外光谱仪。在文物分析领域主要使用傅里叶变换红外光谱仪，它是主要基于对干涉后的红外光进行红外变换的原理而开发的红外光谱仪。

2.2.1 基本原理

采用傅里叶变换红外光谱仪（Fourier transform infrared spectroscopy，FTIR）测定样品的红外光谱时，使用的红外光源是连续波长的光源。连续波长光源照射样品后，样品中的分子会吸收某些波长的光。没有被吸收的光到达检测器，检测器将检测到的光信号经过模数转换，再经过傅里叶变换，即可得到样品的单光束光谱。为了得到样品的红外光谱，需要从样品的单光束光谱中扣除掉背景的单光束光谱，也就是需要测试红外光不经过样品的情况下得到的背景单光束光谱。这样得到的背景单光束光谱中包含了仪器内部各种零部件和空气的信息。在测试样品的单光束光谱和测试背景的单光束光谱时，这些信息是完全相同的。所以，从样品的单光束光谱中扣除掉背景的单光束光谱后就得到样品的红外透射光谱。在红外光谱中，在被吸收的光的波长或波数位置会出现吸收峰。某一波长的光被吸收得越多，透射率就越低，吸收峰就越强。当样品分子吸收多种波长的光时，在测得的红外光谱中就会出现许多吸收峰。红外光谱图是表征材料分子组成和化学结构的重要依据，主要特征包括吸收峰的数目、位置、强度及形状。

红外透射光谱的纵坐标有两种表示方法，即透射率 T（%，transmittance）和吸光度 A

（absorbance）。纵坐标采用透射率 T 表示的光谱称为透射率光谱，纵坐标采用吸光度 A 表示的光谱称为吸光度光谱。透射率光谱和吸光度光谱之间可以相互转换。由透射率光谱虽然能直观地看出样品对不同波长红外光的吸收情况，但是透射率光谱的透射率与样品的含量不成正比关系，即透射率光谱不能用于红外光谱的定量分析。要进行定量分析，必须将透射率光谱转换成吸光度光谱。吸光度光谱的吸光度值在一定范围内与样品的厚度和样品的浓度成正比，即吸光度光谱能用于红外光谱的定量分析，所以红外光谱图大多采用吸光度光谱表示。

光谱图的横坐标通常采用波长 λ（μm 或 nm）来表示，也可以采用波数 $1/\lambda$（cm^{-1}）表示，波长和波数的关系为：波长 λ（μm）× 波数 $1/\lambda$（cm^{-1}）=10 000。

根据仪器技术和应用不同，可将红外光区划分为三个区，分别是近红外区、中红外区和远红外区，中红外区使用最多，这也是大多数红外光谱仪测试范围（表 2-1）。测试这三个区间的红外光谱所用的红外仪器或仪器内部的配置是不相同的，由这三个区间所获得的光谱信息也不相同。需要指出的是，这三个红外光区之间的划分没有非常严格的界线。近红外区出现的是倍频峰和合频峰，但倍频峰和合频峰也会在中红外区出现。中红外区出现的振动频率主要是基频频率和指纹频率。气体分子的转动光谱、氧化物的光谱主要出现在远红外区和中红外区的低频区。

表 2-1　不同红外光区对应的波长和波数

区　间	波长 /μm	波数 /cm^{-1}
近红外区	0.78～2.5	12 800～4 000
中红外区	2.5～25	4 000～400
远红外区	25～1 000	400～10

2.2.2　仪器设备

傅里叶变换红外光谱技术发展速度非常迅速，傅里叶变换红外光谱仪的更新换代很快。世界上生产傅里叶变换红外光谱仪的公司，每 3～5 年就推出新的型号。如图 2-7 所示是一款紧凑型傅里叶变换红外光谱仪，其显示屏与笔记本电脑一样大。

1）中红外光谱仪

中红外光谱仪由红外光学台和计算机处理信息系统组成。红外光学台是主要部分，由红外光源、光阑、干涉仪、样品室、检测

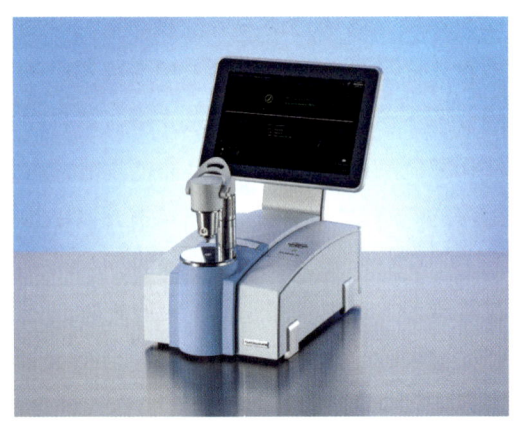

图 2-7　ALPHA II 紧凑型傅里叶变换红外光谱仪

2.1.2.2 仪器分类

X 射线衍射仪主要分为单晶衍射仪和多晶衍射仪两种。单晶 X 射线衍射仪的测试对象为单晶体试样,主要用于确定未知晶体材料的晶体结构。多晶 X 射线衍射仪也称为粉末衍射仪,测试对象通常为粉末,也可为块体和薄膜,材料种类可为金属、无机非金属和高分子材料。近年来,新材料层出不穷,增加某种附件或稍加改造的多晶衍射仪被广泛用来表征各种新材料的结构。由于各种衍射仪的基本组成部件相同,许多衍射仪的制造厂商设计制造了入射光路、试样台、衍射光路和探测器等部件都可替换的多功能衍射仪,通过改变部分部件来达到改变实验技术,从而实现不同的实验目的。

2.1.3 特点分析

利用 X 射线衍射,可以从衍射线的线位、强度和线形了解材料的内部结构。由衍射线的线位可以确定材料中原子构成的晶胞大小,由衍射线的强度可用来确定晶胞内部原子排列方式、材料的择优取向程度,由衍射线的线形可了解材料的结晶状态、变形程度等。X 射线衍射法已成为人们认识物质微观结构的重要途径和方法之一。应用 X 射线衍射技术进行物相分析,具有快捷高效、测量精度高、较少或没有样品制备要求、能得到有关晶体完整性的大量信息等优点。其局限性主要表现在三个方面:一是无法识别非晶材料,结晶好的样品 X 射线衍射线的强度大,图像清晰;结晶差的试样,衍射线的强度弱,图像模糊。二是多项混合物的衍射线条可能有重叠现象,若一种相的某根衍射线条与另一相的某根衍射线重叠,而且重叠的线条又为衍射花样中的三强线之一,则分析工作非常复杂。三是当混合物某相含量很少,或某相各晶面反射能力很弱时,它的衍射线条可能很难显现,因此 X 射线衍射分析只能肯定某相的存在,但不能确定某相不存在。在实际分析工作中,X 射线衍射分析往往要与其他方法配合才能得出正确的结论。

研究案例

- 金属文物锈蚀物物相分析
- 古陶瓷胎釉、彩陶颜料物相分析
- 宝玉石、石质类文物物相分析
- 玻璃类文物物相分析
- 漆器漆灰层物相分析
- 有机质文物纤维素结晶程度分析
- 壁画、古建、泥塑等建筑材料和颜料分析

■ **金属文物锈蚀物物相分析**

宋建祥等借助 X 射线衍射技术对蟠虺纹簠原修复痕迹和表面锈蚀的物相进行了分析。结果表明,蟠虺纹簠未修复部位的锈蚀物相主要为赤铜矿(Cu_2O)、孔雀石[$Cu_2(OH)_2CO_3$]和白铅矿($PbCO_3$);白铅矿并非青铜器锈蚀物相,对于其出现可能的解释是白铅矿作为白色颜料使用,在对其他修复部位进行整体随色过程时附着在此(图 2-3)。而对原修复痕迹处进行的物相测试结果显示:原修复部位修复材料的物相主要为 $PbCO_3$、$BaSO_4$、$CaCO_3$ 和 ZnS 等。$BaSO_4$ 和 ZnS 的存在与现代

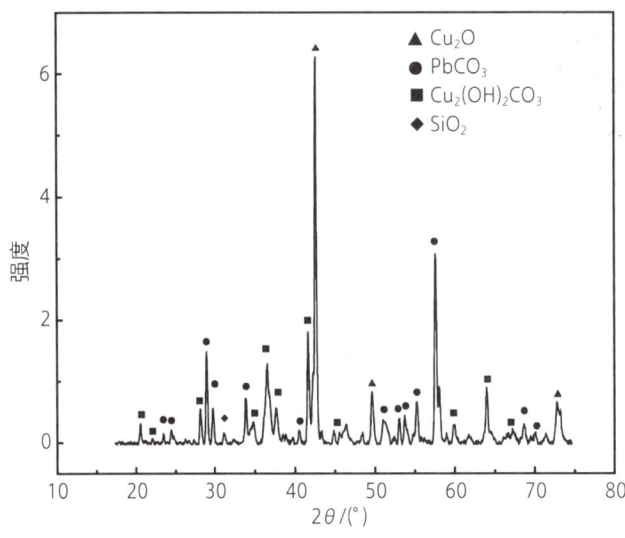

图 2-3　蟠虺纹簠未修复部位表面锈蚀的微区 X 射线衍射图

青铜器修复中使用的立德粉成分相一致，都是青铜器做旧常用的白色颜料，表明了蟠虺纹簠在原修复中也将立德粉、白铅矿作为白色颜料使用。

■ **古陶瓷胎釉、彩陶颜料物相分析**

邵金发等利用 X 射线衍射仪分析了陕西醴泉坊窑、河南黄冶窑和陕西省博物馆烧制的现代仿品等唐三彩样品胎体和不同颜色釉料的物相结构。胎体分析结果表明，陕西醴泉坊窑唐三彩红胎中存在 $\alpha\text{-}Fe_2O_3$（Fe_2O_3，PDF 16-0653）及方石英（SiO_2，PDF 76-0932）等晶相；河南黄冶窑唐三彩白胎中含大量的 $\alpha\text{-}$石英（SiO_2，PDF 46-1045）、方石英（SiO_2，PDF 76-0932），少量的钙长石（$CaAl_2Si_2O_8$，PDF 86-1707）和微量的莫来石（$3Al_2O_3 \cdot 2SiO_2$，PDF 83-1881）等晶相；而现代唐三彩仿品胎料中含大量的 $\alpha\text{-}$石英（SiO_2，PDF 46-1045）和少量的方石英（SiO_2，PDF 76-0932）晶相，未从中发现莫来石的晶相。釉料分析结果显示，釉彩中主要存在非晶态的玻璃相和微量 $\alpha\text{-}$石英（SiO_2，PDF 46-1045）等晶相。此外，醴泉坊窑唐三彩绿釉中存在少量的 $Pb_8Cu(Si_2O_7)_3$（PDF 31-0464）晶相；黄冶窑唐三彩黄釉中含有大量的钙长石（$CaAl_2Si_2O_8$，PDF 89-1462）晶相；现代唐三彩仿品黄釉中存在少量未熔融的 $\alpha\text{-}Fe_2O_3$（Fe_2O_3，PDF 47-1409）晶相。说明釉彩原料的组成和烧制工艺的差异导致唐三彩胎釉存在不同的矿物晶体。现代唐三彩仿品白胎与醴泉坊窑唐三彩红胎中都含有大量的 $\alpha\text{-}$石英（SiO_2，PDF 46-1045）和少量的方石英（SiO_2，PDF 76-0932）、钙长石（$CaAl_2Si_2O_8$，PDF 89-1462）晶相，但现代唐三彩仿品胎料中没有发现 $\alpha\text{-}Fe_2O_3$（Fe_2O_3，PDF 16-0653）晶相。同时，现代唐三彩仿品釉彩的 XRD 谱图在 2θ 角为 $40°\sim65°$ 处所存在的第二个玻璃相的峰形半高宽比真品小，说明现代唐三彩仿品胎釉的原料来源和烧制工艺与真品存在较大差异。

高守雷等使用 X 射线衍射仪对红山文化彩陶样品上的黑彩、红彩和红陶衣进行了物相分析。检测结果表明，彩陶样品上黑彩区域的主要显色物相均为 Fe_2O_3、MnO_2 等；红陶衣和红彩区域的主要显色物相均为 Fe_2O_3。Fe_2O_3 主要来源于赤铁矿或磁铁矿，而 MnO_2 为软锰矿的主要成分。结合元素成分分析结果，可推测红山文化时期彩陶红彩所用的颜料主要为赤铁矿或磁铁矿，黑彩是在铁矿中加入了软锰矿等，说明红山文化时期陶工已掌握了铁矿和锰矿混合矿物颜料的呈色规律，能根据制作需要选择不同矿物颜料进行彩绘。

数据库直接进行检索。物相定性分析的原理、方法是简单的，但在实际工作中往往会遇到很多困难。例如在混合样品中，某个相的含量过少，将不足以产生自身完整的衍射图样，甚至根本不出现衍射线。薄层、薄膜的相分析往往也如此。由于晶体的择优取向，其衍射花样往往具有一两根极强的线，要确定物相也相当困难。在多相混合物的图样中，属于不同相的某些线条会因面间距相近而互相重叠，致使图样中的最强线可能并非某单一相的最强线，将找不到任何对应的卡片，于是必须重新假设和检索。某些物相具有相同的点阵、相近的点阵参数，衍射花样极其相似，要区分也比较困难。比较复杂的相分析工作，往往需经多次尝试，并与其他分析方法相配合。

2.1.1.2 定量分析

物相定量分析是指在定性分析的基础上测定多相物质中各相的含量。各物相的衍射线的强度随该物相在材料中含量的增加而增加，两者之间有一定的关系，但 X 射线受试样吸收的影响，试样中某相的含量与其衍射线强度通常并不成正比。根据材料中各物相衍射线的强度比，可推算各物相的相对含量。衍射仪精度高、速度快，而且吸收因子不随 θ 角的改变而变化，因此普遍采用衍射仪法进行定量分析。物相定量分析的方法主要有单线条法、外标法、内标法、K 值法、绝热法、直接比较法和联立方程法等。其中，内标法是最经典的物相定量分析方法，即在被测的粉末试样中加入一种含量恒定的标准物质制成复合试样，通过测得复合试样中待测相的某一衍射线强度与内标物质某一衍射线强度之比，测定待测相含量。

2.1.2 仪器设备

2.1.2.1 组成部分

X 射线衍射仪是集光学、电学、机械传动、水冷却循环及计算机控制于一体的大型精密贵重仪器设备。整个系统主要由 X 射线发生器、测角仪、探测器、测量记录系统、计算机系统组成。图 2-1 为 X 射线衍射仪构造示意图。对于不同的实验目的，如做单晶结构测定和粉末衍射，它们的实验装置是不同的，主要是测角仪与控制和数据处理软件的不同。

1）X 射线发生器

常规实验室中 X 射线发生器的种类依 X 射线管的结构区分，有封闭管、旋转阳极管和微焦点管三类。常用的封闭管的功率一般不超过 3 kW，阳极靶面上电子焦斑尺寸在 1 mm×10 mm 左右；旋转阳极管中通用的是 18 kW 的，靶面上电子焦斑尺寸和封闭管同量级，适用于需要高光通量的场合；微焦点管的功率只有几十瓦，但其靶面上的

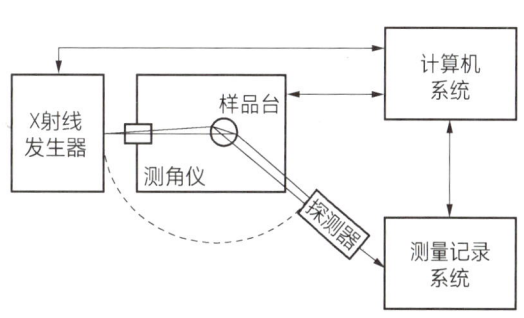

图 2-1　X 射线衍射仪构造示意图

电子焦斑尺寸甚小，只有几十微米，故光亮度（单位焦斑的发光）极高，远超过前两种类型，适用于高分辨、微量或微小试样的分析。另一类 X 射线发生器是同步辐射装置，其强度（不论是光通量还是光亮度）为实验室 X 射线发生器的数千倍至数百亿倍，还有低发散、波长可调、偏振性及时间结构等实验室光源不具备的优良性能，故其功能十分强大。

2）测角仪

测角仪是 X 射线衍射仪的核心部件，用来精确测量衍射角，其原理如图 2-2 所示。在衍射测量时，试样绕测角仪中心轴转动，不断地改变入射线与试样表面的夹角 θ，计数器沿测角仪圆运动，接收各衍射角 2θ 所对应的衍射强度。测角仪的扫描范围：正向可达 165°，负向可达 -100°，角测量的绝对精度可达 0.01°，重复精度可达 0.001°。测角仪的衍射几何按照 Bragg-Brentano 聚焦原理设计，因此沿测角仪圆移动的计数器只能逐个地对衍射线进行测量；根据聚焦条件要求，试样表面应永远保持与聚焦圆相同的曲面，由此可见，粉末多晶体衍射仪所探测的始终是与试样表面平行的那些衍射面。

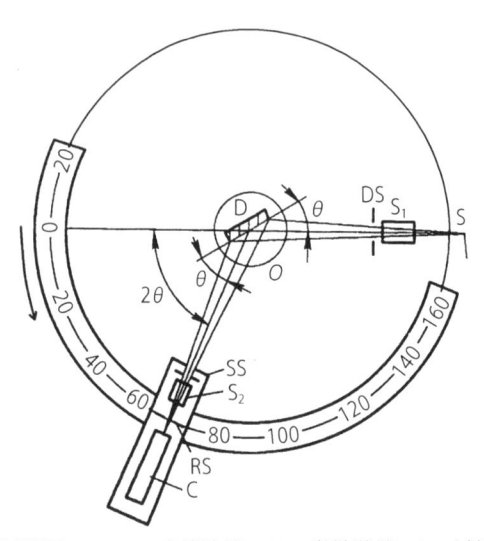

S—X射线源；S_1、S_2—索拉狭缝；DS—发散狭缝；D—试样；O—测角仪中心；SS—防散射狭缝；RS—接收狭缝；C—计数管

图 2-2 测角仪原理

3）探测器

X 射线探测器品种很多，最传统和流行的零维（点）探测器是闪烁计数器和正比计数器。衍射仪中常用的探测器是闪烁计数器，它是利用 X 射线能在某些固体物质（磷光体）中产生的波长在可见光范围内的荧光，这种荧光再转换为能够测量的电流。由于输出的电流和计数器吸收的 X 光子能量成正比，因此可以用来测量衍射线的强度。闪烁计数器对于各种 X 射线波长均具有很高的量子效率，且具有稳定性好、使用寿命长、分辨时间短等优点，因而实际上不必考虑探测器本身所带来的计数损失。

4）控制和处理系统

数字化 X 射线衍射仪的运行控制以及衍射数据的采集分析等过程，都可以通过计算机控制和处理系统完成。计算机主要具有三大模块：

（1）衍射仪控制操作系统。主要完成衍射数据的采集等任务。

（2）衍射数据处理分析系统。主要完成谱图处理、自动检索、谱图打印等任务。

（3）各种 X 射线衍射分析应用程序。包括 X 射线衍射物相定性分析、X 射线衍射物相定量分析、峰形分析、晶粒大小测量、晶胞参数的精密修正、指标化、径向分布函数分析等。

序

近年来，随着新科技、新材料、新方法被不断引入文物保护修复行业，文物保护修复的理念和方法均发生了重要变化。文物保护修复技术由传统手工操作向手工操作与新科技、新材料相结合的综合技术转化，文物保护修复行业的主力军将是会分析、懂方案、能修复的高层次技术技能人才。

2022年，教育部发布新版《职业教育专业简介》，将"具有规范操作常用科学仪器设备开展文物样品检测分析和参与解读相关数据信息的能力"作为文物修复与保护高职专科专业的主要专业能力要求之一，将"具有规范操作常用科学仪器设备开展文物样品检测分析和基本的数据解读能力"作为文物修复与保护高职本科专业的主要专业能力要求之一，并明确将文物检测分析、文物科技分析分别列入文物修复与保护高职本科和专科专业的专业核心课程。由于以前鲜有高职院校开设这类课程，所以尚无针对文物修复与保护高职本科和专科专业学生使用的文物科技分析教材。此外，考古和文物领域的一线工作者也迫切需要一本对口的著作读本，用以学习文物科技分析知识、提升解决实际问题的能力。

文物科技分析的内容涉及数学、物理学、化学、生物学、大气科学、地质学、材料科学与工程等多个学科。虽然这些学科里的分析内容已经非常成熟，如化学组成分析的方法有原子吸收光谱、原子发射光谱、X射线荧光光谱、中子活化分析等，这其中的每一类方法都有专著出版，但是对文物工作者来说，这些专著多属跨学科性质，理论性强、内容繁多、学习难度较大。此外，材料和化学领域的著作内容编排通常是按照光谱学、色谱学、质谱学等来分类，对于文物保护修复领域来说，此编排缺乏针对性。因此，目前亟需一本通俗易懂、简明扼要、重在针对性地解决实际问题的文物科技分析著作。

这本《文物科技分析》列入"新时代文物保护修复技术及应用丛书"，较好地解决了上述问题，填补了相关领域的空白。通过学习本书，学习者能直接了解文物科技检测分析中各类方法的基本原理、仪器设备、应用领域和实际案例，掌握数据分析处理的前沿方法，从而具备解决实际问题的专业能力。该书在内容上注重知识传授、价值观塑造和能力培养的多元统一，呈现了中国文物科技工作者借助各种现代科技分析手段在文物保护修复工作中取得的丰硕成果，让学习者感知到中国古代文明的辉煌成就，以此提升民族自豪感、坚定文化自信。在编著过程中，上海城建职业学院与上海博物馆进行深度合作，并邀请文博行业相关领域的专家共同讨论确定编写大纲、体系结构和具体内容，确保体现文物科技分析领域的发展前沿。

本书可供高等院校、科研机构、企事业单位等从事文物保护修复工作的技术人员作为工作参考用书，或者技术培训教材。

中国文化遗产研究院研究员　詹长法

前言

　　为满足文物保护修复行业发展、人才培养和一线工作人员的实际需要，上海城建职业学院文物修复与保护专业的高守雷、司红伟、倪皓、王敏，以及上海博物馆的王恩元，通过对自己多年实践经验的总结、归纳和提炼，并参考国内外的相关文献，共同完成了这本《文物科技分析》。编著本书的最主要目的，是希望在考古、文物工作中，当遇到与文物科技分析有关的内容时，相关人员通过本书能直接找到科学的解决方法。本书读者对象主要为考古、文物工作一线的技师、修复师等专业人员，以及高等院校文物修复与保护专业的本、专科学生。

　　本书内容共 11 章，前 8 章主要包括化学成分分析、物相结构分析、显微形貌分析、文物成像技术、文物年代分析、产地来源分析、分离分析技术、理化性能分析，重点介绍分析原理、仪器设备、研究案例等，便于文物工作者快速找到解决某类问题的方法，直接了解各类设备的应用范围和特点，并且将同类型设备的各自优缺点做了比较，有助于检测人员在实际工作中进行设备选用。后 3 章为文物检测数据、图像和谱图处理的工具和分析方法的介绍，主要通过具体案例呈现各类数据、图像的详细处理和分析过程，便于文物工作者学习使用各类分析工具解决实际问题。全书内容紧紧围绕文物保护修复领域的科技分析工作，注重科学性、先进性和实用性。在内容的选取和编排上，本书有如下特点：

　　（1）从各个领域、多本专著、各类方法中，选取与文物科技分析相关的内容，并从便于应用的角度，按照分析类别进行归类。

　　（2）从每一个分析类别的多种分析方法中，选取符合文物特点、易于在文物领域应用的方法进行介绍，仪器设备也都选择了近年来使用较多的型号。

　　（3）对每一类分析方法，选取近年来最新研究的案例进行阐释，重点讲解使用该方法、该设备能够解决哪些实际问题。

　　本书具体编写分工如下：第 1 章、第 2 章、第 5～第 7 章由高守雷编写，第 3 章由司红伟编写，第 4 章由倪皓编写，第 8 章由王敏编写，第 9～第 11 章由王恩元编写。在编写过程中，每位作者都精益求精，反复讨论，几易其稿。在此要特别感谢中国文化遗产研究院詹长法研究员，上海博物馆熊樱菲研究馆员、丁忠明研究馆员，各位专家为本书内容的完善提出了很多宝贵意见。

全书由高守雷统稿。由于作者水平所限，难免以偏概全，存在各种不足之处，敬请读者批评指正。

编　者

目录

第 1 章
化学成分分析

1.1	原子发射光谱法	002
1.2	X 射线荧光光谱法	010
1.3	中子活化分析法	018

第 2 章
物相结构分析

2.1	X 射线衍射分析	026
2.2	红外光谱分析	033
2.3	拉曼光谱分析	040

第 3 章
显微形貌分析

3.1	体视显微镜	050
3.2	偏光显微镜	052
3.3	金相显微镜	055
3.4	超景深显微镜	059
3.5	电子显微镜	063

第 4 章
文物成像技术

4.1	X 射线成像	071
4.2	X 射线层析成像	078
4.3	多光谱成像	083
4.4	高光谱成像	087

第 5 章
文物年代分析

5.1	碳十四测年法	097
5.2	热释光测年法	105
5.3	光释光测年法	116

第 6 章
产地来源分析

6.1 铅同位素分析   124
6.2 碳氮稳定同位素分析   135
6.3 锶同位素分析   142

第 7 章
分离分析技术

7.1 气相色谱法   149
7.2 液相色谱法   157
7.3 离子色谱法   164

第 8 章
理化性能分析

8.1 物理性能分析   173
8.2 化学性质分析   186
8.3 力学性质分析   190

第 9 章
数据分析方法

9.1 定性分析   199
9.2 定量分析   201
9.3 成分数据的处理   210
9.4 统计软件的使用   215

第 10 章
图像分析方法

10.1 岩相结构图像分析   227
10.2 层析成像图像分析   237
10.3 电镜图像分析   241

第 11 章
谱图分析方法

11.1 衍射谱图分析   248
11.2 拉曼谱图分析   253
11.3 红外谱图分析   258

本书配套数字资源使用说明   264

第 **1** 章

化学成分
分析

目前，对文物本体和修复材料的化学成分分析已经成为保护修复工作的前提，分析方法也成为从事文物保护的工作人员所必备的基础。原子光谱分析技术和核分析技术均是有效的元素分析手段，广泛应用于化学成分分析的各个领域。原子光谱是由原子中的电子在能量变化时所发射或吸收的一系列波长的光组成的光谱，由于人类社会飞速进步和工农业生产的高速发展，促进了原子光谱分析技术的不断创新。根据原子激发方式及光谱的检测方法不同，可将原子光谱法分为原子发射光谱法、原子吸收光谱法、原子荧光光谱法以及 X 射线荧光光谱法等。从功能上来说，核分析技术可分为元素分析和物质结构分析两大类，其中元素分析技术主要有中子活化分析、带电粒子活化分析、X 射线荧光分析、质谱分析等。本章重点介绍在文物科技分析领域应用较多的原子发射光谱法、X 射线荧光光谱法和中子活化分析法。

1.1 原子发射光谱法

原子发射光谱（atomic emission spectroscopy，AES）分析，是基于被分析物质在激发光源作用下所发射特征光谱的波长和强度来进行元素定性与定量分析的方法。随着各种新型激发光源和电子信息技术的应用，该方法能够分析 70 多种无机元素。根据激发光源的不同，原子发射光谱分析法可分为火焰发射光谱分析法、火花放电发射光谱分析法、电弧发射光谱分析法、等离子体原子发射光谱分析法、辉光放电光谱分析法、激光诱导发射光谱分析法等。20 世纪 50 年代，原子发射光谱就开始在中国推广和普及，在地质、冶金和机械等领域得到了广泛的应用。70 年代，迅速兴起的电感耦合等离子体原子发射光谱（inductively coupled plasma atomic emission spectroscopy，ICP-AES）法，既保留了原子发射光谱多元素同时分析的特点，又具有溶液进样的灵活性与稳定性，使原子发射光谱分析进入了一个崭新的发展阶段，其应用领域扩大到各行各业。

1.1.1 基本原理

在正常情况下，物质原子的能级处于能量最低的基态。当原子受到外界能量（如热能、电能等）作用时，原子中的外层电子会从基态跃迁到激发态，其中能量最低的激发态称为第一激发态。将电子从基态激发至激发态所需要的能量称为激发电位。处于激发态能级的原子是不稳定的，其外层电子会在极短时间内跃迁至较低能级的激发态或基态而释放出多余的能量，若这种能量是以辐射一定频率的电磁波形式释放的，就产生了原子发射光谱。由于原子的各个能级是量子化的，电子的跃迁是不连续的，因此原子发射光谱为线状光谱。

当外加的能量足够大时，原子会发生电离形成离子，原子电离所需要的最小能量称为电离电位。离子中的外层电子也能被激发，其所需的能量即为相应离子的激发电位。原子失去一个电子时，称为一次电离，再失去一个电子时，称为二次电离，以此类推。由被激发离子形成的发射光谱，称为离子线。在原子谱线表中，每条谱线元素符号后以罗马数字Ⅰ、Ⅱ、Ⅲ依次表示中性原子、一次离子、二次离子所发射的谱线。如 Na Ⅰ 558.99 nm 是钠原子线，Mg Ⅱ 280.27 nm 是镁的一次电离的离子线。由于原子和离子具有不同的能级，因而原子发射的光谱和离子发射的光谱是不同的。

由于原子的能级很多，原子在被激发后，其外层电子可有不同的跃迁方式，但这些跃迁均遵循一定的规则（即"光谱选律"），因此对特定元素的原子可产生一系列不同波长的特征光谱线，这些谱线按一定的顺序排列，并保持一定的强度比例。原子从高能态直接跃迁至基态产生的辐射线称作共振发射线（简称"共振线"）；从最低激发态跃迁到基态所发射的谱线称为第一共振线。第一共振线的激发电位最小，最容易被激发，也是该元素的最强谱线（也称"最灵敏线"）。

不同元素的原子结构不同，原子的能级状态不同，发射谱线的波长不同，每种元素都有其特征谱线，这是光谱定性分析的依据。试样中待测元素含量越高，对应的谱线强度就越强，故谱线强度是光谱定量分析的基础。影响谱线强度的因素主要有原子的激发电位、跃迁概率、激发温度和基态原子数等。激发电位越低，谱线强度越强。某元素激发电位最低的共振线通常是该元素所有谱线中最强的谱线。不同元素的不同谱线各有其最佳激发温度，在此温度下谱线的强度最大。基态原子数与试样中该元素的含量成正比，所以谱线的强度与待测元素的含量成正比。

1.1.2 仪器设备

原子发射光谱仪主要由光源、进样系统、光学系统、检测系统和计算机系统等组成。图 1-1 为电感耦合等离子体原子发射光谱仪外观形貌，其结构如图 1-2 所示。

1.1.2.1 光源

光源的主要作用是为试样的蒸发、解离、原子化和激发提供所需要的能量，使其发射光谱。光源特性对光谱分析的检出限、精密度和准确度都有很大的影响。原子发射光谱仪的光源分为等离子体和非等离子体两大类，前者常见的是电感耦合等离子体光源，是现代原子发射光谱仪的首选光源。非等离子体光源包括火焰、直流电弧、交流电弧、电火花和激光等。电感耦合等离子体光源是指高频电能通过电感（感应线圈）耦合到等离子体所得

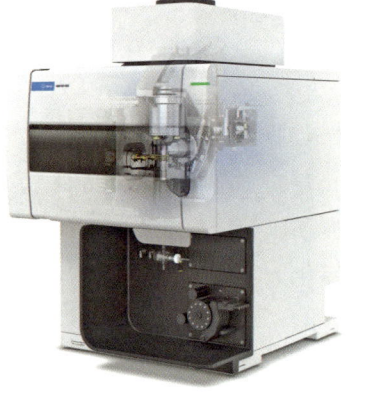

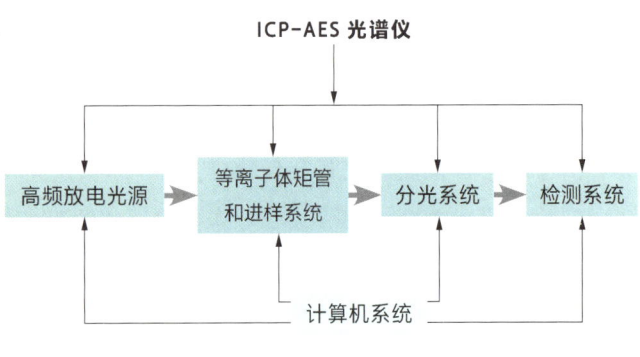

图 1-1 电感耦合等离子体原子发射
光谱仪（Agilent 5800）

图 1-2 电感耦合等离子体原子发射光谱仪结构示意图

到的外观上类似火焰的高频放电光源，主要由高频发生器和等离子体炬管组成。

1）高频发生器

在电感耦合等离子体原子发射光谱分析中，高频发生器功率输出的稳定性直接影响分析的检出限与分析精度。这是发生器的重要指标，它的波动将增大测量的误差。一般要求输出功率波动不大于 0.1%。常用的高频发生器有两种类型：自激式高频发生器和它激式高频发生器。它们都能满足提供电感耦合等离子体火焰的能源及光谱分析的要求。

2）等离子体炬管

等离子体炬管由三层同心石英管组成。外管通冷却气氩气，使等离子体离开外层石英管内壁，以避免它烧毁石英管。采用切向进气，其目的是利用离心作用在炬管中心产生低气压通道，以利于进样。中层石英管出口做成喇叭形，通入氩气维持等离子体的作用，有时也可以不通氩气。内层石英管内径为 1～2 mm，载气氩气携带试样气溶胶由内管注入等离子体内。试样气溶胶由气动雾化器或超声雾化器产生。用氩气作工作气的优点是，氩气为单原子惰性气体，既不会与试样组分形成难解离的稳定化合物，也不会像分子那样因解离而消耗能量，有良好的激发性能，本身的光谱简单。

电感耦合等离子体光源具有十分突出的优点：光源温度高，样品原子化完全且易被激发，惰性气氛中激发产生的光谱背景低且波动小，因此其检出限低。光源基体效应小，可获得低干扰水平和高准确度的分析结果。光源的稳定性好，相对标准偏差一般小于 1%。具有 "趋肤效应"，外层电流密度大温度高，中心轴线密度小温度低，样品从中心通道通过并保持等离子体的稳定性，有利于样品充分蒸发、原子化和激发，发射出特征谱线，也可有效消除自吸和自蚀现象，因此分析校正曲线的线性范围宽。其适用于高、低、微含量金属和难激发元素的分析测定，同一份试液可用于从常量至痕量元素的分析，而且容易实现多元素同时或顺序式测定。不足之处是测定非金属元素的灵敏度低，仪器昂贵，操作费用高。

1.1.2.2　进样系统

原子发射光谱仪有固体、液体和气体形式的进样系统。电感耦合等离子体原子发射光谱仪的进样系统有多种形式，常用的主要有溶液雾化、悬浮体雾化、氢化物发生、激光剥蚀、电热蒸发等。

1）溶液雾化

溶液雾化（solution atomization，SA）进样虽然具有装置简单、操作方便、价格低廉和精密度好等优点，但存在着耗样量大、雾化效率低、雾化器易堵塞等问题。因此，发展新型雾化器已受到人们的关注。如超声雾化是根据超声波振动作用将溶液进行破碎的一种进样技术，其具有雾滴均匀细小、雾化效率高、不易堵塞等优点，已被成功应用于痕量分析。

2）悬浮体雾化

悬浮体雾化（slurry nebulization，SN）进样是将超细固体粉末试样通过适当方法制成悬浮体，或者试样经预消化将待测物浸取到悬浮体液中，然后按溶液进样方式将其引入分析系统的一种进样方法。悬浮体进样具有制样简便、污染小、适合固体分析以及可采用溶液标准进行校正等优点，已成为用于固体粉末试样分析的进样技术之一。

3）氢化物发生

气体/蒸气发生进样是通过不同方式将试样中的待测组分转变为气态形式，并由载气导入分析系统的一种进样方法。迄今为止，氢化物发生（hydride generation，HG）仍然是其中研究最多、应用最广的一种气体进样技术。该方法的优点是灵敏度高、检出限低，待测元素以气态形式从基体溶液中分离出来，不仅降低了干扰，还达到了分离富集的目的。氢化物发生技术存在的一个显著缺点就是待测元素的数量有限，一般局限于 Ge、Sn、Pb、As、Sb、Bi、Se、Te、Hg；对于 In 和 Ti 的测定，该方法的灵敏度较低。

4）激光剥蚀

激光剥蚀（laser ablation，LA）是将激光聚焦在样品表面，利用激光的高强度能量使样品汽化，然后用载气将其引入分析体系的一种固体进样方法。激光剥蚀进样系统具有耗样量少、检出限较低、能进行微区分析、无需或仅需很少的样品预处理以及可直接分析导体和非导体等优点，在光谱分析领域备受人们的关注。激光技术的不断改进，也促进了激光剥蚀进样技术的发展。

5）电热蒸发

电热蒸发（electrothermal vaporization，EV）进样是将微升或毫克级试样沉积在金属或石墨蒸发器中，通过电加热试样，用载气将产生的干气溶胶引入电感耦合等离子体（ICP）中进行分析。与常规溶液雾化相比，电热蒸发进样效率大大提高，检出限得到显著的改善；避免了大量溶剂进入 ICP 导致激发能降低；能降低或消除光谱干扰和非光谱干扰；可直接分析固体试样，简化了繁杂的样品预处理过程，避免了待测物污染和损失。该方法在光谱分析界颇受青睐，获得了广泛的应用。

1.1.2.3　光学系统

光学系统主要由光路系统、狭缝和色散元件等组成，其功能是接收待测试样激发出的各种特征辐射光谱并用色散元件分光以获得按波长顺序排列的光谱。现代光谱仪的主要色散元件是光栅。光栅是利用光的衍射效应进行分光的器件，主要有平面光栅、凹面光栅和中阶梯光栅等类型。其中，中阶梯光栅是目前较高水平光谱仪所用的分光系统，配合电感耦合器件（CCD）和电荷注入器件（CID）检测器可以实现"全谱"多元素"同时"分析。

1.1.2.4　检测系统

原子发射光谱仪中采用的检测器主要有光电倍增管（PMT）和固体检测器。固体检测器包括 CCD、CID 等，具有多谱线同时检测能力，借助计算机系统快速处理光谱信息的能力，可极大地提高发射光谱分析的速度。如采用 CCD 检测器设计的全谱直读等离子体原子发射光谱仪，可在 1 min 内完成样品中多达 70 种元素的测定。此外，它的动态响应范围和灵敏度均有可能达到甚至超过光电倍增管，加之其性能稳定、体积小，比光电倍增管更结实耐用。

1.1.2.5　计算机系统

计算机系统用于完成程序控制、实时控制、数据处理等工作，由软件和硬件组成，软件主要是仪器控制软件和数据处理软件，硬件主要是计算机。目前各个厂家开发的计算机系统都已经非常完善，对于用户不仅易学易用，而且功能强大，有些具有数理统计的功能，大大提高了工作效率。

1.1.3　特点分析

原子发射光谱仪具有可检测元素种类多、检出限低、分析精度高、基体效应低、可多元素同时测定、动态线性范围宽、自吸收效应低等优点，在文物科技分析领域得到了广泛应用。与其他方法相比，电感耦合等离子体原子发射光谱（ICP-AES）法具有以下特点：

1）测定范围广

据不完全统计，截至 20 世纪 80 年代初 ICP-AES 法就已测定过 70 多种元素，几乎涵盖所有紫外和可见光区的谱线，而且能在不改变分析条件的情况下，同时进行多元素的测定，或有顺序地进行主量、微量及痕量浓度的元素定量分析，金属元素分析与非金属元素分析也可同时进行，可以采用有机溶剂直接进样。这些都是原子吸收光谱仪、原子荧光光度计所达不到的。

2）检出限低

对大部分元素的检出限为（1～10）ppb（1 ppb，即 10^{-9}），一些元素在洁净的试样中也可得到低于 ppb 级的检出限，如果通过富集处理，相对灵敏度可以达到 ng/g*，绝对灵敏度可达 10^{-11} g*（光灵敏度单位 g*，是指用来衡量光敏元件对于不同波长光的响应能力的指标）。

3）动态线性范围宽

标准曲线的线性范围可达 4～6 个数量级，可满足同时测定含量相差较大的元素的要求，且可分析浓度为 10%～30% 的溶液。原子吸收光谱仪的动态线性范围一般为 2～3 个数量级，原子荧光光度计的动态线性范围一般为 3～5 个数量级。

4）检测速度快

检测速度为 2～6 min/ 个样品，直读型的 ICP 可达到 2 min/ 个样品，每个样品可检测其中的几种至几十种元素，分析速度快，而原子吸收光谱仪属单元素检测技术，每次只能检测一种元素，需 3～4 min/ 次。

5）仪器操作与维护简便

技术比较成熟，操作简便、容易，对实验室环境条件及人员的要求不高，采用惰性气体氩气作为载气，非常安全，且检测结果稳定，一般情况下其相对标准偏差为 10%；当分析物浓度超过 100 倍检出限时，相对标准偏差为 1%。

需要指出的是，电感耦合等离子体原子发射光谱仪在进行检测时会对样品表面产生一定的破坏，即留下测试痕迹，因此在珍贵文物的测试分析中应用相对较少。

研究案例	■ 古陶瓷胎釉成分分析　　　　■ 绿松石成分分析
	■ 古代玻璃成分分析　　　　　■ 纸张成分分析

■ 古陶瓷胎釉成分分析

崔剑锋等用激光剥蚀电感耦合等离子体原子发射光谱（LA-ICP-AES）法对四川茂县营盘山遗址和波西遗址的彩陶、素面陶残片样品进行了化学成分分析。选取陶片样品 37 片，其中营盘山 29 片、波西 8 片，共分析了 Ba、Ce、Co、Cr、Cu、La、Mn、Nd、Ni、Pb、Sc、Sr、V、Y、Zn、Zr、Na、Mg、Ca、Fe、Al、P、K、Ti 等 24 种元素。研究结果表明，营盘山彩陶与营盘山素面陶、波西素面陶的化学成分完全不同（图 1-3）。两个遗址素面陶陶片的数据点混杂在一起，说明化学成分近似。根据对各元素平均含量的统计分析发现，营盘山彩陶与营盘山素面陶、波西素面陶的 Ba、Co、Nd、Ni、Pb、Sr、P、Zr 等微量元素以及 Na、Mg、Ca、Fe、K、Ti 等主量元素的含量都存在统计学意义上的显著差异，而两个遗址素面陶的元素统计差别不明显。经过分析，认为彩陶的化学成分更接近黄土高原马家窑文化腹地出土的彩陶器物化学成分，而素面陶的化学特征则显示出本地黏土特征，说明素面陶都为本地自产。

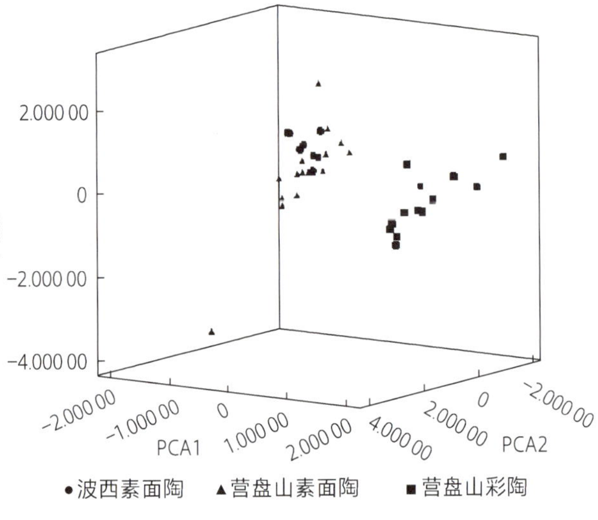

图 1-3　陶片化学成分的主成分三维散点图

■ 古代玻璃成分分析

温睿等运用激光剥蚀电感耦合等离子体原子发射光谱（LA-ICP-AES）法对新疆宋元时期也木勒遗址出土的 9 件玻璃样品进行了成分分析，每个样品测试 2～4 个不同的部位，最后对检测的各元素氧化物进行归一化处理，共分析了 20 种元素氧化物的百分比含量。结果显示（表 1-1），样品间化学成分相近，变化范围不大，均不含 PbO，BaO 含量低于 0.1%，属于钠钙玻璃。9 个样品的 K_2O、MgO 含量均超过 1.5%，6 件样品出现 K_2O 含量接近或大于 5% 的现象，且含有 P_2O_5，两方面可佐证这批玻璃的助熔剂含有植物性碱，但是 K_2O 的含量高，Na_2O/K_2O 比例较低、为 1.57～3.01，所以样品可能利用了含有植物灰的混合碱作为助熔剂。为了消除杂质元素引起的颜色，古代在玻璃生产过程中会有意添加脱色剂和澄清剂 MnO_2。样品中 MnO_2 含量只有 0.03%～0.35%，应该是原料中的杂质引入，而非有意添加，其他过渡金属元素含量低、化学成分相近，说明它们应该是一个区域生产的初次加工而成的玻璃品。由于样品中 CuO 含量低于 0.2%，Fe_2O_3 的含量为 0.40%～1.30%，这或许是文物样品呈现不同程度绿色的主要原因。经分析，认为检测的玻璃样品与中亚地区、中国新疆当地生产的玻璃十分相似。

■ 绿松石成分分析

先怡衡等采用激光剥蚀电感耦合等离子体原子发射光谱（LA-ICP-AES）法对新疆加依、西沟两处墓地出土的 17 枚绿松石样品（加依 9 枚、西沟 8 枚）进行了化学成分分析，得到 SiO_2、Al_2O_3、

第 1 章　化学成分分析 | 007

表 1-1 也木勒遗址玻璃样品的化学组成

单位：%

样品编号	SiO₂	Al₂O₃	Fe₂O₃	MgO	CaO	Na₂O	K₂O	MnO₂	P₂O₅	TiO₂	Sb₂O₃	CuO	BaO	SnO₂	SrO	ZnO	B₂O₃	V₂O₅
YML-G-1	67.79	6.35	0.54	4.18	5.44	9.05	5.77	0.05	0.43	0.19	0.01	0.01	0.03	0.02	0.03	0.02	0.04	0.02
YML-G-2	70.43	2.26	0.40	4.89	6.96	10.69	3.55	0.05	0.45	0.09	0.01	0.01	0.05	0.03	0.05	0	0.05	0.02
YML-G-3	76.80	3.54	0.64	3.21	4.15	7.23	3.83	0.06	0.25	0.10	0.01	0.01	0.03	0.06	0.03	0.01	0.04	0.03
YML-G-4	65.23	5.26	0.90	5.03	6.26	10.70	5.81	0.03	0.38	0.18	0	0	0.07	0.01	0.04	0	0.04	0.01
YML-G-5	72.67	4.45	0.67	3.83	4.88	8.03	4.81	0.04	0.21	0.13	0.02	0.01	0.04	0.06	0.05	0.01	0.04	0.03
YML-G-6	66.34	4.70	0.46	4.09	6.60	11.41	5.52	0.05	0.50	0.12	0.01	0	0.04	0.01	0.03	0.01	0.04	0.01
YML-G-7	63.35	6.35	0.63	4.29	4.73	12.65	6.99	0.05	0.56	0.21	0	0	0.04	0.02	0.03	0.01	0.05	0.01
YML-G-8	67.29	3.90	0.53	4.44	5.82	10.80	6.30	0.05	0.60	0.18	0	0.01	0.03	0.02	0.03	0.01	0.03	0.01
YML-G-9	70.39	7.07	1.30	1.80	2.64	10.81	4.29	0.35	0.21	0.25	0.27	0.18	0.03	0.01	0.05	0.01	0.05	0.01

表 1-2　绿松石样品的化学成分　　　　　　　　　　　　　　　　　　　　单位：%

样品	SiO$_2$	Al$_2$O$_3$	Fe$_2$O$_3$	CaO	P$_2$O$_5$	Sb$_2$O$_3$	CuO	BaO	SrO	ZnO	B$_2$O$_3$	V$_2$O$_5$
JY-1	0.206	47.334	1.866	0.796	40.574	0.002	4.020	0.283	0.005	4.146	0.030	0.006
JY-2	1.107	44.912	0.966	5.382	37.949	0.004	2.849	0.504	0.005	3.847	0.026	0.008
JY-3	0.271	49.651	0.406	0.924	40.327	0.005	2.305	0.176	0.003	4.815	0.029	0.014
JY-4	2.663	41.273	8.079	0.184	38.270	0.003	8.424	0.040	0.010	0.037	0.015	0.064
JY-5	6.866	38.373	9.115	0.671	35.578	0.004	6.613	0.125	0.038	0.698	0.017	0.027
JY-6	3.185	47.253	1.609	1.640	37.178	0.006	7.368	0.111	0.019	0.430	0.032	0.011
JY-7	0.050	49.241	0.703	0.167	40.631	0.005	4.474	0.230	0.002	3.800	0.030	0.006
JY-8	0.035	49.728	0.338	0.122	40.720	0.005	3.597	0.301	0.006	4.352	0.041	0.009
JY-9	0.674	47.493	1.878	0.765	40.250	0.004	7.467	0.147	0.022	0.535	0.023	0.009
XG-1	1.814	46.039	3.354	0.987	39.035	0.002	7.910	0.230	0.056	0.112	0.018	0.014
XG-2	0.131	47.772	3.320	0.311	41.190	0.006	6.585	0.047	0.017	0.192	0.057	0.010
XG-3	0.883	43.802	6.865	0.282	39.632	0.001	8.080	0.045	0.034	0.057	0.020	0.006
XG-4	0.504	40.547	10.465	0.402	39.286	0.005	8.332	0.034	0.022	0.040	0.014	0.015
XG-5	0.375	45.524	4.833	1.312	39.763	0.002	7.187	0.183	0.072	0.265	0.025	0.005
XG-6	0.863	45.957	4.679	2.049	39.517	0.006	5.459	0.140	0.467	0.211	0.033	0.008
XG-7	0.242	48.509	1.786	0.593	40.710	0.003	7.418	0.086	0.253	0.104	0.011	0.010
XG-8	0.093	49.049	0.717	0.328	40.976	0.002	7.536	0.081	0.011	1.042	0.006	0.007

Fe$_2$O$_3$、CaO、P$_2$O$_5$、Sb$_2$O$_3$、CuO、BaO、SrO、ZnO、B$_2$O$_3$、V$_2$O$_5$ 的数据（表 1-2）。根据 ZnO/CuO 和 Fe$_2$O$_3$/Al$_2$O$_3$ 比值可将绿松石分为两类：一类为 Fe 含量较高的绿松石；另一类以高 Zn 低 Cu 为特征，属于绿松石的亚种——锌绿松石。墓地中大部分样品属于含铁量较高的绿松石，仅加依墓地中 5 个样品为 Zn 含量较高的锌绿松石。比较两类绿松石样品的微量元素特征，发现高锌绿松石中 Sr 含量明显较低。绿松石文物中存在的成分差异反映出两类绿松石可能来自不同的矿区，但由于锌绿松石可与绿松石同层产出，且 Sr 元素在矿区中分布不均匀，所以加依墓地中成分差异较大的绿松石是否来自不同矿区还有待进一步研究。将实验数据结合秦岭东段（白河、洛南、郧县、淅川、竹山）绿松石的 LA-ICP-AES 检测数据进行综合对比分析，结果显示：相比秦岭五地的绿松石，新疆两处墓地出土的绿松石成分特征保持高度的统一性，均以高 B$_2$O$_3$ 低 BaO 区别于中原绿松石。该研究也表明，LA-ICP-AES 技术具有精准、高效、样品损耗小的特点，在绿松石成分分析中具有巨大优势，结合主成分分析（principal component analysis，PCA）法对绿松石样品数据建立产地区分模型，可有效区分某些产区的绿松石矿。

■ **纸张成分分析**

　　纸张中金属元素的测定方法主要有分光光度法、火焰原子吸收光谱法。这两种方法以单元素测定为主，样品需要量较大，分析速率较低。禄春强等使用电感耦合等离子体原子发射光谱（ICP-AES）法对白麻纸、黄麻纸、元书纸、苦竹纸、傣族纸和迎春纸 6 个典型手工纸样品进行了成分分析。测定结果（表 1-3）表明：6 种手工纸中 Ca、K、Na、Mg、Al、Fe、Zn 和 Ba 均有检出，Cu 未检出。这 6 种手工纸都具有 Ca、Mg 含量高，Fe、K 含量低的特点。机械造纸中一般根据工艺需要添加化学助剂来改善成纸性能，手工纸通过原料的选择和工艺优化改变纸张成分，也能改善成品手工纸的性能。

表 1-3　手工纸中 9 种元素的测定结果　　　　　　　　　　　　　　　　　　　　单位：mg/kg

样品	K	Ca	Na	Mg	Cu	Al	Fe	Zn	Ba
白麻纸	140	18 473	736	1 645	–	284	260	–	–
黄麻纸	178	14 590	1 245	1 788	–	989	432	12	9
元书纸	48	3 286	124	95	–	70	130	62	–
苦竹纸	51	3 992	172	112	–	68	84	14	–
傣族纸	130	18 595	154	233	–	110	270	8	23
迎春纸	228	14 170	251	629	–	256	262	24	22

注："–" 表示未检出；下类似同。

1.2　X 射线荧光光谱法

X 射线荧光光谱（X-ray fluorescence spectrum，XRF）分析，是利用初级 X 射线光子或其他微观粒子激发待测物质中的原子，使之产生荧光（次级 X 射线）而进行物质成分分析和化学形态研究的方法。自 1948 年世界上第一台波长色散 X 射线荧光光谱仪研制成功以来，X 射线荧光光谱分析技术发展迅速。尤其是在 20 世纪 90 年代后，电子技术和计算机在各个领域的逐渐普及，促进了各种校正算法与谱处理技术发展，提高了理论计算的可靠性，而且使得 X 射线荧光光谱仪的自动化水平越来越高，各种手持式和移动式的荧光光谱仪在原位分析和现场分析中得到广泛应用，利用 X 射线荧光光谱进行元素分析变得越来越准确与便利。X 射线荧光分析技术及其计算机软件不断被开发，X 射线荧光光谱仪已由单一的波长色散 X 射线荧光光谱仪，发展成为拥有波长色散、能量色散、电子探针、全反射、同步辐射和质子 X 射线光谱仪的大家族。目前，X 射线荧光分析技术已被广泛用于考古和文物领域。

1.2.1 基本原理

莫塞莱通过对不同元素的 X 射线谱中 $K\alpha$ 谱线的研究，发现特征 X 射线频率的平方根与元素的原子序数成线性比，确立了原子序数与 X 射线波长之间的关系，建立了"莫塞莱定律"，这为利用 X 射线荧光光谱进行元素成分分析奠定了基础。利用 X 射线荧光光谱进行定性或者定量分析，就是利用元素特征 X 射线的波长（或者能量）和强度进行匹配或者计算。当高能量的 X 射线照射到样品表面时，原子的内层电子吸收 X 射线的能量脱离原子核的束缚，在原子内层形成电子空穴，同时能量较高的外层电子会向能量较低的内层轨道跃迁，内外层轨道之间的能量差有可能以 X 射线的形式被释放，这些次级 X 射线就是 X 射线荧光。不同元素的核外电子能级差异导致次级 X 射线的波长或者频率的不同，即不同元素具有不同的特征 X 射线，记录激发过程中所有 X 射线的强度及其波长（或者能量），并且利用 X 射线的波动性或者粒子性进行分光，就可以记录得到次级 X 射线强度随着衍射角度或者能量道址而变化的光谱图。分析光谱图中特征峰的位置，与数据库中的角度或者能量数据对照，就可以对样品的元素组成进行定性分析。另外，元素被激发产生的荧光强度与元素浓度紧密联系，一次荧光强度与元素浓度成正比。在对背景、谱线重叠和基体效应进行校正之后，可以利用特征峰的强度和绘制的工作曲线计算出元素的浓度，得到样品组成的定量结果。

1.2.2 仪器设备

按色散的不同，X 射线荧光光谱仪可分为波长色散 X 射线荧光光谱仪（WDXRF）和能量色散 X 射线荧光光谱仪（EDXRF）；按激发条件的不同，可分为全反射 X 射线荧光光谱仪（TXRF）、偏振 X 射线荧光光谱仪（P-EDXRF）、微束 X 射线荧光光谱仪（μ-XRF）、质子激发 X 射线荧光光谱仪（PIXE）、同步辐射 X 射线荧光光谱仪（SRXRF）等；按应用场合的不同，可分为现场 X 射线荧光光谱仪、在线 X 射线荧光光谱仪等。

1）波长色散 X 射线荧光光谱仪（WDXRF）

一般由光源、分光系统（分光晶体、测角仪、准直器）、检测系统（检测器、数据记录处理系统）组成，如图 1-4 所示。由光源激发出试样中各元素的特征 X 射线后，经过准直器投射到安装在测角仪上的分光晶体上，分光晶体由测角仪驱动按照 2θ 将各特征线进行衍射，再逐一进入检测器中，最后由数据记录处理系统根据波长和强度分析元素的种类和含量。波长色散仪一般分为顺序式和同时式两种：顺序式通过扫描方法对元素逐个测量，可较为方便地改变测量条件和各类参数，

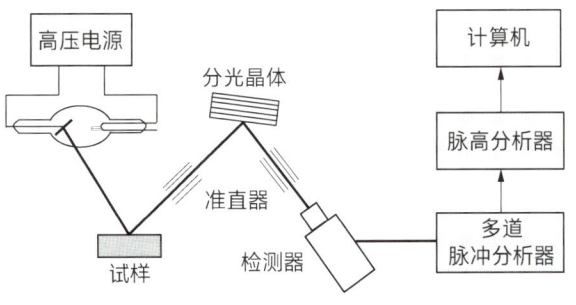

图 1-4 波长色散 X 射线荧光光谱仪示意图

能够测量 ^{4}Be 到 ^{92}U 的所有元素，测量速度一般较同时式慢，适宜于科研和多用途工作；同时式包含多个固定道，每一道只测量一种元素，可对所有固定道的元素同时测量，测量速度快于顺序式，适宜于快速和相对固定的分析工作。

2）能量色散 X 射线荧光光谱仪（EDXRF）

与 WDXRF 相比，EDXRF 产生信号的方法相同，最后得到的波谱或能谱也极为相似，但由于采集数据的方式不同，两者在原理和仪器结构上有所不同，功能也有区别。在结构上，EDXRF 省却了分光和测角系统，仪器结构相对简单，如图 1-5 所示，省略了晶体的精密运动装置，避免了晶体衍射所造成的强度损失。光源使用的 X 射线管功率低，不需要昂贵的高压发生器和冷却系统，空气冷却即可，节省电力。EDXRF 的光源、样品、检测器，彼此靠得很近，X 射线的利用率很高，无需光学聚集，在累积整个光谱时，对样品位置变化不像 WDXRF 那样敏感，对样品形状也无特殊要求。样品发出的全部特征 X 射线光子同时进入检测器，这就奠定了使用多道分析器和荧光屏同时累积和显示全部能谱的基础，也能清楚地表明背景和干扰线。因此，EDXRF 能比 WDXRF 快而方便地完成定性分析工作。

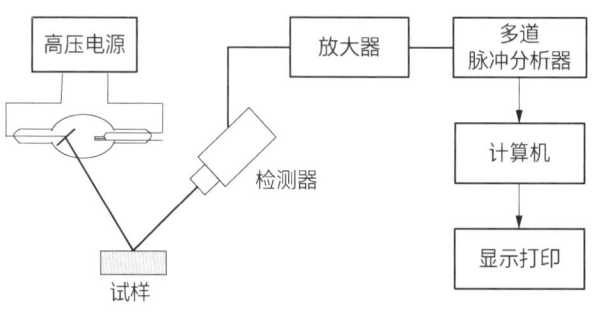

图 1-5 能量色散 X 射线荧光光谱仪示意图

EDXRF 的一个附带优点是测量整个分析线脉冲高度分布的积分强度，而不是峰顶强度，减小了化学状态引起的分析线波长的漂移影响，提高净计数的统计精度，可迅速而方便地用各种方法处理光谱。同时累积观察和测量所有元素，而不是按特定谱线分析特定元素，减小了偶然错误判断某元素的可能性。

考虑到各种情况，WDXRF 与 EDXRF 的检出限基本相同，但在短波（高能光子）范围内 EDXRF 的分辨率好些，在长波（低能光子）范围内，WDXRF 的分辨率好些。就定性分析而言，总的来说能量色散法好，又快又方便。就定量分析而言，在分析多种元素时能量色散优于单道晶体谱仪；在测量个别分析元素时，波长色散好些。如果分析的元素事先未知，用能量色散较好，而分析元素已知则用多道晶体色散仪比较好。对易受放射性损伤的样品，如液体、有机物（可能发生辐射分解）、玻璃品、工艺品（可能发生褪色）等，用 WDXRF 分析特别有利。WDXRF 很适于动态系统的研究，如催化、腐蚀、老化、磨损、改性和能量转换等与表面化学过程有关的研究。总之，这两种仪器各有优点和不足，它们只能互补，而不能替代。一般情况下，WDXRF 比 EDXRF 更适合于检测轻元素，但 WDXRF 制样比较复杂，测试耗时较长，且对样品有一定的损坏性。因此，对于较为珍贵的样品，需要进行无损分析时不宜选择 WDXRF，而是可以选择 EDXRF。

3）全反射 X 射线荧光光谱仪（TXRF）

TXRF 实质上是能量色散 X 射线荧光分析技术的拓展，它是 20 世纪 80 年代在能量色散 X 射线荧光分析基础上发展起来的新的仪器分析技术。由于其区别于 XRF 的几何结构，当入射射线以小于全反射临界角的角度入射时，入射射线被全部反射，使得其在 μg/kg 和 μg/L 水平下具有更高的灵敏度和更低的检出限。TXRF 具有较高的检测能力，是一种功能强大的分析工具，可直接分析固体、液体、粉末等各种形态的样品，测量时间短且所需的样品量很少（几微升或几纳克），操作流程简便快捷，有较好的准确性，可以测量原子序数大于 11 的所有元素。对元素周期表中的 70 多种元素的检出限可达 pg～fg 量级。TXRF 用于痕量分析可与中子活化分析（NAA）法、原子吸收光谱（AAS）法、电感耦合等离子体原子发射光谱（ICP-AES）法、电感耦合等离子体质谱（ICP-MS）法等先进技术媲美，用于表面分析可与次级离子质谱（SIMS）、X 射线光电子谱（XPS）和卢瑟福反向散射光谱（RBS）等现代仪器争优。因此，TXRF 应用研究逐年增多，同时也在不断研制具有特定应用和优异性能的新设备，在各个领域都有着广泛应用。

4）偏振 X 射线荧光光谱仪（P-EDXRF）

X 射线是一种横波，偏振就是把它的辐射振动约束在一个平面的作用过程，这种几何结构又称笛卡儿几何（Cartesian Geometry）。X 射线偏振现象是在 1906 年由 Barkla 首先发现，1992 年 Spectro 制造了偏振化能量色散 X 射线荧光光谱仪。由 X 射线管产生的初级 X 射线照射在二次靶（起偏器）上，产生偏振光，改变 90° 方向后再激发样品，产生元素的 X 射线荧光，随后被紧靠样品的 Si（Li）半导体检测器所接收。由于 X 射线的入射光和其反射光之间成 90° 角，可以大大降低轻基体的散射背景，进而降低元素分析的检出限；如同拍摄水面的高质量照片时，在镜头前放置一个滤光片，能除去水面反光，水面就能看得更清楚。P-EDXRF 使得 X 射线荧光光谱分析技术用于准确测量 10^{-7}～10^{-6} 量级的 Cd、Sb、Se、Ta、Tl、I 及 Pr～Lu 的 13 种稀土元素成为可能，在某种意义上弥补了波长色散 X 射线荧光光谱仪的不足，可测定地质和古陶瓷样品中 60 种以上的元素。

5）微束 X 射线荧光光谱仪（μ-XRF）

μ-XRF 已逐渐成为表面、微区、微试样分析的一种有力工具。为获得高空间分辨率，途径之一是使用微束斑 X 射线管加小孔光阑。20 世纪 80 年代中期，Kumakhov 发明的 X 射线透镜，则是利用 X 射线在玻璃导管内壁产生多次全反射而获得高强度的微束 X 射线。与常规 XRF 不同的是，这种微束技术不是用于分析均匀试样的平均组分，而是主要用于非均匀材料，如矿物、多相合金、生物试样和微电子元件等的局部分析。μ-XRF 具有原位、多维、动态和非破坏性特征，广泛用于生物样品活体分析、文物分析和刑侦科学中指纹样品鉴定等领域，已成为研究 X 射线光谱学的热点。

6）质子激发 X 射线荧光光谱仪（PIXE）

PIXE 是 20 世纪 70 年代初发展起来的 X 射线荧光分析技术，它也属于能量色散 X 射线荧光分析的一种。质子的激发过程与利用 X 射线激发是不同的，与电子激发后所产生特征 X 射线的过程却十分相似，所产生的本底比电子激发小 3～4 个量级；质子激发轻元素的特征 X 射线的激发截面远远大于 X 射线的激发截面，可以同时分析一个样品的主量元素和微量元素；在质子 X 射线谱分析中，质子束的直径比较小，分析时所需的样品量少，一般为几微克至几百毫克；另外，质子束可以聚焦，它的分析灵敏度比电子探针分析高 2～3 个数量级；该分析技术的绝对灵敏度可达 10^{-16} g*，相对灵敏度为 $1～10^{-1}$ μg/g*。因此，PIXE 是当代进行痕量元素和微区元素分析较为有效的重要手段之一，但质子 X 射线谱分析的设备比较昂贵，且操作技术要求高。

7）同步辐射 X 射线荧光光谱仪（SRXRF）

同步辐射光源是一种新的 XRF 光源，它利用同步辐射加速器储存环中高速运转电子来激发分析元素。同步辐射加速器产生的 X 射线能量（波长）连续可调，分析灵敏度高，相对灵敏度可达 ng/g*，最低检出限为 $10^{-10}～10^{-15}$ 或更低。同步辐射 X 射线源的注入能量小，不致使样品蒸发，元素浓度也不会进行重新分布，化学键也不会被破坏，生物样品也不致失去活力，但由于同步辐射 X 射线荧光分析的设备较为昂贵，且分析技术要求高，所以，同步辐射 X 射线荧光技术一般仅作为研究和特殊样品的分析之用。

1.2.3 特点分析

XRF 分析法可分析元素范围广，从 ^{4}Be 至 ^{92}U 的所有元素都可直接测定；样品前处理简单，可直接分析块体、粉体和液体试样，便于进行无损分析；分析速度快，仅需几分钟就可完成样品中几十种元素的分析；工作曲线的线性范围宽（10^{-4}%～100%），涵盖样品中主量、次量、微量甚至痕量元素；谱线简单，光谱干扰少，检出限可达 1 ppm（即 10^{-6}）；精密度好，一般为 0.2%～2%；采用基本参数法可以实现无标样半定量分析。随着电子技术、真空技术、光学技术、计算机技术的发展，X 射线荧光光谱分析技术获得了巨大突破，其分析仪器朝着小型化、多功能化、智能化方向发展，并不断产生新技术和新分支，丰富着 X 射线荧光光谱仪家族体系，在化学成分分析中占据了愈发重要的地位，广泛应用于文物科技分析领域。该方法不足之处在于对轻元素检测的灵敏度相对较低，容易受相互元素干扰和叠加峰影响；难以做绝对分析，定量分析校准依赖标样，需要进行基体效应校正及样品形态校正等。

研究案例	■ 古陶瓷胎釉成分分析	■ 建筑材料成分分析	■ 墨迹元素分析
	■ 青铜器成分分析	■ 石质文物成分分析	
	■ 古代玉器成分分析	■ 油画矿物颜料元素分析	

■ 古陶瓷胎釉成分分析

高守雷等使用便携式 X 射线荧光光谱仪检测了牛河梁遗址出土的 49 片红山文化陶器样品的化学组成，其中下层遗存标本 15 片、下层积石冢标本 12 片、女神庙遗址标本 5 片、上层积石冢标本 17 片。检测结果表明，陶胎中 Al_2O_3 含量在 9.99%～20.87% 之间，平均值为 13.84%；SiO_2 含量在 58.12%～79.55% 之间，平均值为 72.46%；助熔剂 R_xO_y 含量总和在 9.08%～23.94% 之间，平均值为 14.26%。陶胎分子式在（0.8～2.0）R_xO_y : Al_2O_3 : （4.8～13.5）SiO_2 范围内，均值分子式为 $1.13R_xO_y \cdot Al_2O_3 \cdot 9.25SiO_2$。总体来看，牛河梁遗址红山文化陶器所用黏土以较高助熔剂、较低 Al_2O_3 和相对较高 SiO_2 为特征。由于未考虑陶器烧失量，这也是造成 SiO_2 含量偏高的原因之一。从不同时期陶器化学组成主成分分析散点图（图 1-6）可见，下层遗存时期、下层积石冢时期、上层积石冢时期的数据点较为聚集，表明牛河梁红山文化陶器在这三个时期内元素含量变化不大，选用的制陶材料基本相同。女神庙时期的数据点分布与之有差异，散落的范围也相对较大。以各时期作为控制变量，以元素含量作为观测变量，进行单因素 ANOVA 检验，结果表明 MgO、P_2O_5、CaO 和 MnO 存在差异，而各时期 Al_2O_3、SiO_2、Fe_2O_3、K_2O 等主量元素并无明显不同。从含量箱图（图 1-7）

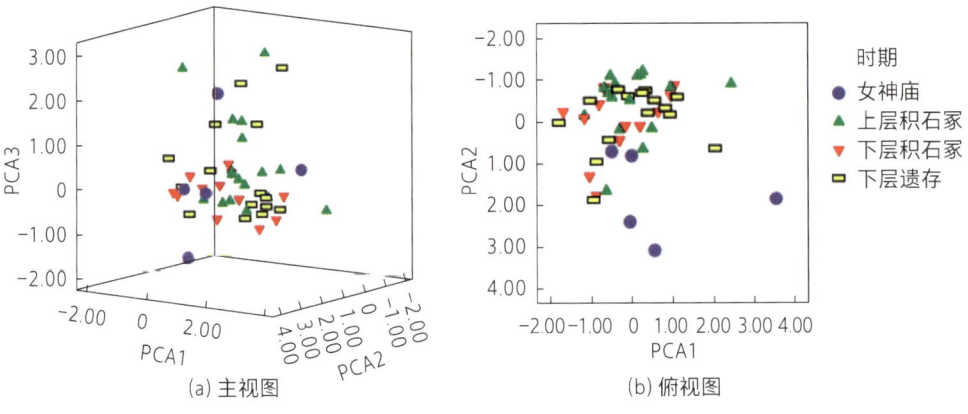

图 1-6　不同时期陶器化学组成主成分分析散点图

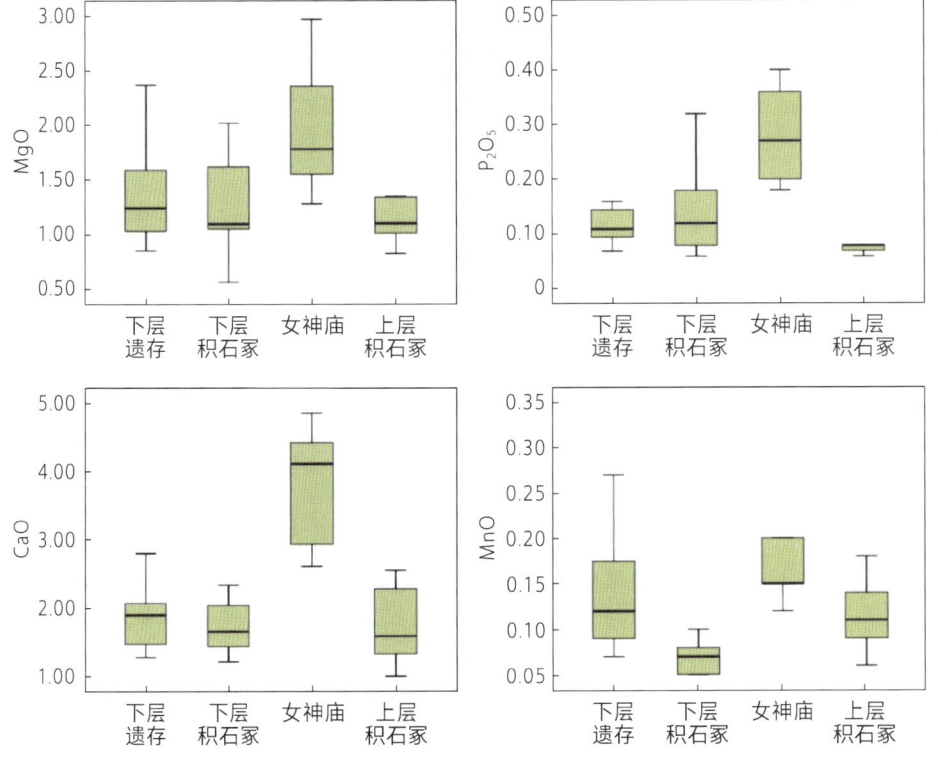

图 1-7　不同时期陶器 MgO、P_2O_5、CaO 和 MnO 含量箱图

可以进一步看出，女神庙时期 MgO、P_2O_5、CaO 和 MnO 与其他时期差别较大，其中 CaO、P_2O_5 的差别最为显著。

■ 青铜器成分分析

胡飞等使用手持 X 射线荧光光谱仪对青岛城阳财贝沟东周墓出土的 11 件青铜容器进行了定性及半定量无损检测分析，每件青铜容器的基体平均检测 2 次，以其平均值作为青铜容器的合金成分。检测结果（表 1-4）显示，11 件青铜容器均为 Cu-Sn-Pb 三元合金材质，还含有少量铁、锑、银等杂质金属元素，含锡量均在合理范围，与《周礼·考工记》中的"钟鼎之齐"较为接近，含铅量普遍偏高，平均含铅量为 17.58%。除了 M7：8（铜舟）、M16：2（铜盘）的含铅量接近 10% 外，其他青铜容器的含铅量都高于 14%，M7：6（铜壶）含铅量甚至达到 24.04%。

表 1-4　青岛城阳财贝沟东周墓出土青铜容器的合金成分

样品编号	器物名称	器物编号	检测位置	合金成分 /%					
				Cu	Sn	Pb	Fe	Sb	Ag
CBG-1	铜鼎	M7：1	口沿	67.23	9.62	22.72	0.14	0.11	–
CBG-2	铜鼎	M7：2	器底	66.44	15.44	17.69	0.08	0.20	0.22
CBG-3	铜盘	M7：3	口沿	67.11	11.28	21.06	0.08	0.19	–
CBG-4	铜壶	M7：6	腹部	66.79	8.49	24.04	0.50	0.10	–
CBG-5	铜敦	M7：7	口沿	72.56	10.30	16.83	0.06	0.09	–
CBG-6	铜舟	M7：8	口沿	73.01	15.46	10.90	0.07	0.17	0.26
CBG-7	铜敦	M7：9-1	口沿	71.49	14.08	14.22	–	0.07	–
CBG-8	铜敦	M7：9-2	盖口沿	64.80	11.74	23.09	0.08	0.12	0.17
CBG-9	铜舟	M8：7	口沿	69.68	13.54	16.43	0.08	0.07	–
CBG-10	铜敦	M13：4	器足	71.56	13.47	14.43	0.27	0.10	–
CBG-11	铜盘	M16：2	口沿	73.49	16.51	9.66	–	0.12	–
CBG-12	铜鼎	M16：6	器底	69.60	10.25	19.93	0.06	0.11	–

■ 古代玉器成分分析

王艳玲使用能量色散 X 荧光光谱仪对宁夏博物馆馆藏 5 件齐家文化玉器进行无损检测分析。为保证检测分析的有效性，在每件玉器样品表面选取 3 个纯净处作为测试点。检测结果（表 1-5）显示，5 件样品的主要化学元素组成与和田玉相似。它们的主要化学元素均为 Si、Mg、Ca、Fe，各主要元素分布范围是：SiO_2 含量在 59.23%～60.94%；MgO 含量在 23.49%～25.20%；CaO 含量在 12.64%～13.90%；Fe_2O_3 含量在 0.23%～0.81%。次要元素组成为 Al、Mn、Ti，各次要元素分布范围是：Al 含量在 0.32%～2.02%；Mn 含量在 0.14%～0.28%，TiO_2 含量为 0～0.02%。

表 1-5　齐家文化玉器的化学成分　　　　　　　　　　　　　　　　　　　　单位：%

编　号	名称	MgO	SiO$_2$	CaO	Fe$_2$O$_3$	Al$_2$O$_3$	MnO	TiO$_2$
NCⅢ：61	玉琮	24.65	60.94	12.64	0.81	0.32	0.28	0.02
NCⅢ：61	玉琮	23.90	59.23	13.90	0.37	2.02	0.14	0.01
NCⅢ：211	玉琮	25.23	60.34	13.17	0.34	0.52	0.32	－
NCⅢ：208	玉璧	25.20	60.01	13.57	0.40	0.48	0.26	0.02
NCⅢ：209	玉环	23.49	60.68	13.71	0.23	1.11	0.25	－

■ 建筑材料成分分析

唐雪梅等使用能量色散 X 射线荧光光谱仪对南京大报恩寺出土的琉璃和瓷质建筑构件标本的胎、釉成分组成进行了测试。结果表明，不同釉色的琉璃釉中氧化铝、氧化硅、氧化铅的含量变化范围较小，起助熔作用的氧化铅含量基本在 40%～50% 波动，即各色琉璃釉的基础配方是类似的，仅呈色元素不同。其中白、黄和红色琉璃釉的颜色差异主要与釉中氧化铁含量高低相关，其中白釉中铁含量最低、黄釉次之、红釉则最高。瓷质建筑构件白釉中平均含有 17.02% 的氧化铝、71.02% 的氧化硅，助熔成分主要为 2.57% 的氧化钙、4.18% 的氧化钾以及 3.17% 的氧化钠，符合中国传统碱钙釉特征。相比之下，瓷质黑釉的助熔成分与白釉类似，只不过黑釉中氧化钛、氧化锰和氧化铁等着色成分的含量更高，故呈黑色。琉璃标本胎体颜色不同，其成分也存在差异，其中白色胎体中氧化铝含量较高，平均值为 21.93%，红色胎体的平均值仅有 18.57%，深红色胎体的平均值仅有 17.14%。此外，白色胎体中氧化铁含量最低，平均值仅为 1.40%，红色胎体的平均值则为 3.60%，深红色的平均值则为 5.53%。由此可知，琉璃标本白胎、红胎以及深红胎的制瓷原料可能不同。相对而言，瓷质建筑构件胎体中氧化铝平均含量为 19.59%、氧化硅平均含量为 72.68%、氧化铁平均含量为 1.12%，与琉璃胎体成分存在一定的差异。

■ 石质文物成分分析

董俊卿等使用高性能便携式能量色散型 X 射线荧光光谱分析仪对淅川下寺楚墓出土的 5 件石髓珠成分进行了分析。根据半定量分析结果，样品的化学成分比较一致，主要化学组成为 SiO$_2$（含量均在 96% 左右），次要化学成分为 Al$_2$O$_3$（含量在 2% 左右）、P$_2$O$_5$（含量在 1% 左右），其他化学组分的含量均比较低（小于 1%）。同一件样品不同颜色部位的主要化学成分含量差异不明显。样品的微量元素主要为 Cr、Mn、Ni、Cu、Zn 和 Pb，且其含量也较为接近。

■ 油画矿物颜料元素分析

向雄志等使用便携式 X 射线荧光光谱分析仪对油画"穿着晚礼服的女士"的 945 个区域进行了测定，通过软件 Artax 分析了获得的 XRF 光谱。结果表明，油画中含有 Pb、Zn、Si、S、Ca、Fe、Ti、Cr、Mn 等矿物质元素，这些元素明显与矿物质颜料相对应，不同元素分布整体并不均匀，很多元素的分布情况与画作颜色分布密切相关。

■ 墨迹元素分析

王亚亚等使用便携式 X 射线荧光光谱仪对中国人民大学博物馆馆藏 GXW0172 号唐代西域文书墨迹进行了分析。结果显示，GXW0172 号西域文书正面字迹与反面字迹所用墨在微量元素种类上有所差异，主要体现在 Mg、W、Hg 和 Tl 四种元素上，其中正面字迹墨比反面字迹墨多 W 元素，反面字迹墨比正面字迹墨多 Mg、Hg 和 Tl 三种元素。除了元素种类上的差异，两面字迹墨同种元素的含量还有一定差别，但不同元素质量比例大小相似，含量较多的前五位微量元素分别是 Si、Ca、K、Al 和 S，有研究表明古墨中的 K 和 Ca 微量元素浓度很高。

1.3　中子活化分析法

中子活化分析（neutron activation analysis，NAA）是用具有一定能量和流强的中子、带电粒子或高能 γ 光子轰击待分析样品，使样品中核素产生核反应，生成放射性核素，然后测定放射性核素衰变时放出的缓发辐射或瞬发辐射，从而实现元素定性和定量分析的方法。近年来由于反应堆和加速器技术、γ 射线探测器技术和核电子学技术，以及计算机技术的发展，使中子活化分析技术得到迅速发展。从原先的放射化学分离中子活化分析发展到如今的仪器中子活化分析，其成为高灵敏度、多元素、非破坏性元素分析的可靠方法。目前，慢中子和快中子活化分析几乎能分析所有的核素；分析的灵敏度为百万分之一（10^{-6}），甚至可达十亿分之一（10^{-9}），一次能同时分析 30～40 个核素；可分析寿命非常短的放射性核素，甚至可以做中子俘获瞬发 γ 射线活化分析；而且自动化分析的程度很高。中子活化分析不仅是作为一种常规的元素定量分析方法，已广泛用于生物、医学、环境、地质、冶金、考古、文物等许多领域，而且也是作为验证其他分析方法可靠性的一种监测手段，在许多场合用于对比测量。

1.3.1　基本原理

中子总体呈现电中性，在与物质的原子核（通常称为靶核）发生碰撞时，一般通过核力与原子核发生相互作用。核力是一种强相互作用，且为短程力，作用距离为 fm（10^{-15} m）量级。而中子与原子核及核外电子发生的电磁相互作用同核力相比，则可以忽略不计。中子与原子核发生的核反应可以分为三个阶段：第一阶段，中子接近到靶核核力作用范围内，可能发生两种情况，一是被靶核弹出来，即发生弹性散射；二是被靶核吸收引起核反应。第二阶段，中子被靶核吸收后，中子与靶核发生能量交换，中子不再独立运动，而是与靶核形成一个复合体系，能量交换的方式有几种，但用于中子活化分析的只是中子与靶核合为一体形成复合核。第三阶段，复合核通常处于激发态而且寿命很短（$10^{-12}\sim$ 10^{-14} s量级），复合核可以通过多种方式退激发，如放出 γ 射线和 p（质子）、d（氘核）、α（氦核）、n（中子）等粒子，生成的产物原子核又往往为放射性的，它们均有特定的半衰期，通常还放出具有特征能量的 γ 射线，射线强度与对应的原子核含量成正比。中子与物质原子核反应过程如下：

$$n（中子）+ A（靶核）\rightarrow [A + n]^*（复合核）\rightarrow B（生成核）+ b（出射粒子）$$

中子活化分析就是将样品放在中子源所提供的中子束上照射，使之活化产生放射性核素，再根据放射性核素的半衰期和它所发出的 γ 射线能量及强度，从而鉴定出样品中存在哪些元素及这些元素的含量。

1.3.2　主要方法

根据入射中子能量的不同，中子活化分析可分为冷中子活化分析、热中子活化分析、超热中子活化分析、快中子活化分析；根据中子源类型可分为反应堆中子活化分析和移动中子源活化分析；根据测量反应过程中不同的 γ 射线，又可分为瞬发 γ 射线中子活化分析和仪器中子活化分析或常规中子活化分析。下面主要介绍文物科技分析领域常用的反应堆中子活化分析、仪器中子活化分析和瞬发 γ 射线中子活化分析。

1）反应堆中子活化分析

反应堆中子活化分析（reactor neutron activation analysis，ReNAA）是利用反应堆中子轰击待分析的样品，通过核反应使其中多种元素生成放射性核素，根据这些核素衰变中发射特征射线的性质和强度，对相应元素进行定性、定量分析的方法。反应堆中子源的优点是热中子通量高，对多数元素活化截面大，反应道单纯［多是（n，γ）反应］，中子通量的空间均匀性和时间恒定性好，探测极限较低，选择性较好，精密度和准确度高，适用的物质种类广，样品量范围较宽，同时具有非破坏性多元素同时分析能力，故反应堆中子活化分析一直是活化分析的主流。

2）仪器中子活化分析

仪器中子活化分析（instrumental neutron activation analysis，INAA）是利用反应堆产生的中子轰击待分析的样品，样品活化后，不经放射化学处理，直接利用 γ 谱仪测定由核反应生成的放射性核素衰变时放出的特征 γ 射线，从而实现元素定性、定量分析的方法，也称为常规中子活化分析。仪器中子活化分析具有非破坏性、灵敏度高、准确度好、无需样品预处理、无试剂空白、可测元素种类多等优点，可分析元素周期表中大部分核素。但对于中子俘获生成核为非放射性核、纯 β 衰变和 γ 分支比相对较低的核素时，不能实现其核素测量；另外，该方法是一种离线的分析方式，无法应用于现场在线测量分析。

3）瞬发 γ 射线中子活化分析

仪器中子活化分析是测量活化后具有一定寿命的放射性核素衰变的 γ 射线，这种活化分析也称为中子缓发 γ 射线活化分析，通常就称之为中子活化分析。如果通过测量中子与原子核发生反应时发射的瞬发 γ 射线，通过识别 γ 射线的能量并对其强度进行测量，达到识别元素和确定元素含量的目的，这种分析称为瞬发 γ 射线中子活化分析（prompt gamma ray neutron activation analysis，PGNAA），有时也称中子俘获 γ 射线分析。瞬发 γ 射线中子活化分析技术具有非破坏、高灵敏度、多元素在线检测分析等特点，为仪器中子活化分析技术的补充。相比其他测量技术，瞬发 γ 射线中子活化分析技术可以对大体积样品进行快速无损检测，该技术近年来被广泛应用于工业生产和安全检测等多个领域。对于金属样品的测量分析，有研究者通过反应堆中子源，对大体积的合金样品进行了一系列研究工作，并与其他技术进行了对比；也有研究者利用脉冲中子加速器，与时间飞行法相结合对青铜样品进行测量分析，从而实现热中子激发与超热中子激发的 γ 能谱分离，进而提高了测量信号的信噪比、降低了 Cu 元素的检出限。

1.3.3　特点分析

（1）灵敏度高。对周期表中 80 余种元素的分析灵敏度在 $10^{-6} \sim 10^{-14}$ g*，这对某些稀有样品尤为重要。

（2）准确度高。中子活化分析是痕量分析中准确度相当高的一种方法，采取严格的措施，可使活化分析的精密度达到 1%。

（3）多元素同时分析。可以在同一种样品中、适宜的时间内，实现对几十种元素进行同时分析和测定。这一特点在很多领域的分析中已经得到大量运用。

（4）无需定量分离。不受试剂空白影响，避免了在痕量分析中定量分离操作的困难，且不会造成试剂污染。

（5）非破坏性分析。在考古、文物等非破坏性分析领域具有特殊优势。

（6）基体效应小。可以对化学性质非常接近的元素和核素进行分析。

（7）分析速度快。与计算机结合可实现快速自动化分析。在工业上通常需要立即得到某些成分的含量，以便随时进行调整，用中子活化分析可以很方便地实现这一目的。

中子活化分析亦存在一些不足。一般情况下，只能给出元素的含量，不能测定元素的化学形态及其结构。灵敏度因元素而异，且变化很大，如对铅的灵敏度很差，而对锰、金等元素的灵敏度高，可相差 10 个数量级。由于衰变及其计数的统计性，致使中子活化分析存在独特的分析误差，误差的减少与样品量的增加不成线性关系。

| 研究案例 | ■ 古陶瓷产地研究 | ■ 古陶瓷年代研究 |
| | ■ 古陶瓷生产研究 | |

古陶瓷胎釉中所含的稀土元素是标准的地球化学指示剂，可以作为"指纹"元素，用于追踪这些器物的原料产地。中子活化分析同时可测出样品内的多种微量和痕量元素，并通过其同性或异性特性来确定标本产地和材料来源。

■ 古陶瓷产地研究

朱剑等采用仪器中子活化分析法对河南省小双桥遗址和江西省吴城遗址出土的原始瓷器元素组成进行了分析，共测试了 24 个微、痕量元素含量的数据。考虑到稀土元素相关性较大，其变化具有同步性，故仅选用重、中、轻三类稀土中各一种元素做代表，以减少稀土元素在统计分析中的权重。利用 SPSS 统计分析软件，对 Ba、Ce、Co、Cs、Fe、Hf、K、La、Na、Rb、Sb、Ta、Th、U 和 Zn 等 15 个微、痕量元素进行主因子分析，探讨原始瓷产地问题。结果表明，两地原始瓷具有明显不同的化学元素组成特征（图 1-8），小双桥遗址出土原始瓷应为本地烧制。以往的研究认为，中国原始瓷烧制地区在南方，该研究表明，中国商代北方也应有烧制原始瓷的原料与技术。

■ 古陶瓷生产研究

朱铁权等采用仪器中子活化分析法对隋代邢窑的 15 种粗白瓷与粗青瓷标本以及 4 种不同地方制瓷原料进行分析测试。共测了 23 种元素含量，包括 3 种主量元素、12 种微量元素和 8 种稀土元素。样品的稀土元素经 Leedy 球粒陨石标准化处理后，利用 Origin 作图软件对样品稀土元素的分布模式作图，发现瓷胎的稀土元素分布并没有统一的变化趋势，这可能与北方不同种类高岭土稀土元素产地特征不是很明显有关。从样品 12 种微量元素的聚类分析图（图 1-9）可看出，所有样品可分为两大类，其中 HBQ-2 与所有瓷胎样品聚为一类，而另外 3 种制瓷黏土样品聚为一类。在此基础上，根据上述 12 种微量元素对样品进行因子分析，提取了 3 个因子（F1：46.572%，F2：21.264%，F3：14.135%，累计 81.971%），根据 3 个因子所作的散点图（图 1-10），样品 HBQ-2 落入所有瓷胎样品

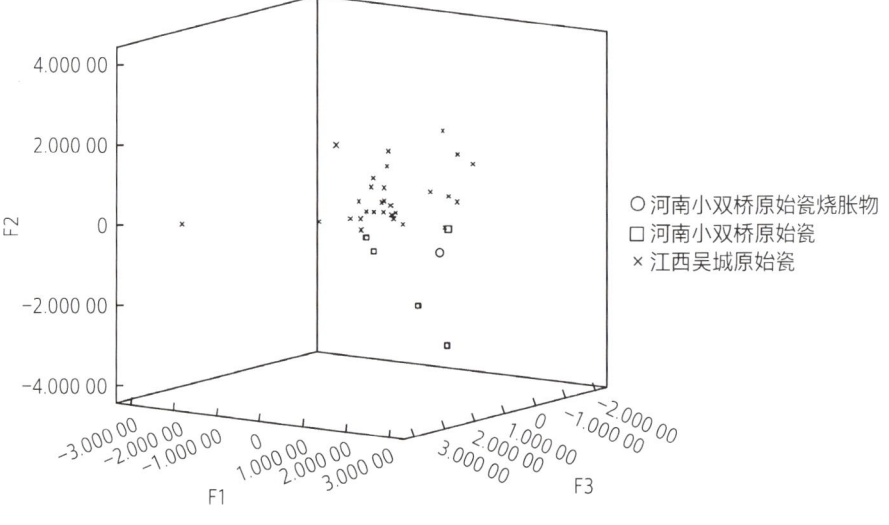

图 1-8 原始瓷样品的主成分分析

所在的范围内。根据以上分析，在胎料的选择上，隋代邢窑粗白瓷与粗青瓷没有显著的变化，基于其外观上的差异推测与施釉、烧制等工艺过程不同有关。隋代邢窑粗白瓷胎与当地的一种高岭土在主、微量元素的含量上较为相近，暗示当时窑工有可能采用这种原料作为单一的胎料进行烧瓷。

■ 古陶瓷年代研究

叶松芳等采用仪器中子活化分析法对江西湖田窑不同年代地层中出土的不同釉色的 398 件瓷器标本进行了研究，主要检测了瓷胎中 La、Sm、Ce、Nd、Eu、Tb、Yb 和 Lu 共 8 种稀土元素的含量（表 1-6），并对分析数据进行了处理分析，认为江西湖田窑在 600 多年的制瓷过程中，其原料主要有四个不同的配方或四个主要的不同来源，五代、宋代、元和明四个不同历史时期烧制的瓷胎中稀土元素含量有明显的差异，同朝代不同历史时期烧制的瓷胎在轻、重稀土的富集上又有所差异。这些差异揭示了其胎料的来源和配方既有同源性，又有差异性。五代时期是湖田窑青釉瓷开创时期，瓷土比较充足，不存在在瓷土中加入高岭土以提高瓷器的烧成温度，但元代烧制的瓷胎，部分与宋代的瓷胎较接近，表现在元代早期和元代晚期有部分样品的点落在宋代的区域内，宋代四个不同历史

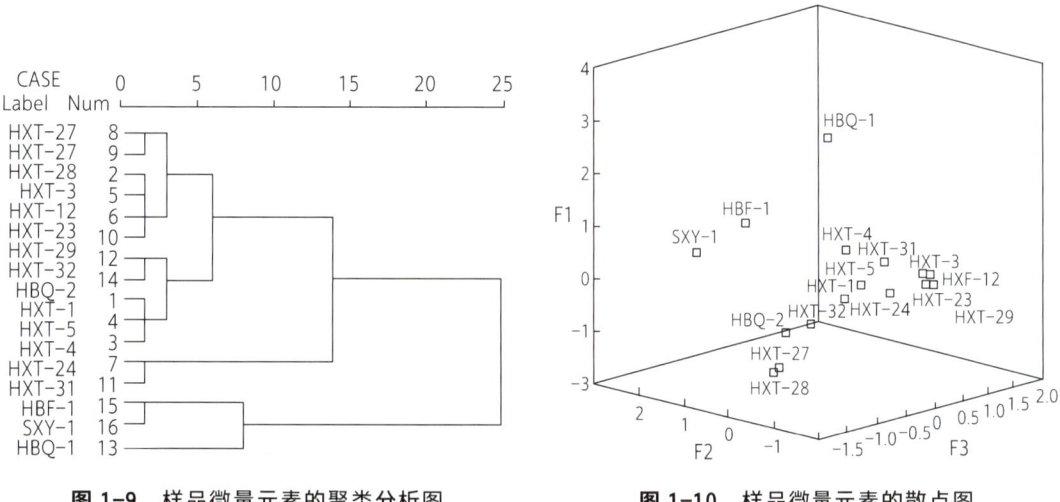

图 1-9　样品微量元素的聚类分析图　　　　图 1-10　样品微量元素的散点图

表 1-6　瓷胎中稀土元素的平均值

单位：μg/g

稀土元素	1	2	3	4	5	6	7	8	9
La	54.53	9.13	8.32	11.98	12.44	20.73	69.55	41.15	23.34
Sm	7.54	3.89	3.52	3.20	3.08	4.19	8.22	6.27	4.64
Ce	87.78	18.01	16.17	20.43	18.35	32.11	104.09	60.27	31.84
Nd	40.33	10.35	9.72	11.39	11.52	18.26	53.48	32.94	21.25
Eu	1.53	0.35	0.31	0.37	0.40	0.67	2.06	1.29	0.70
Tb	1.06	0.73	0.73	0.55	0.51	0.77	1.30	1.11	0.73
Yb	3.31	1.99	3.23	2.57	0.99	3.00	5.29	4.08	2.72
Lu	0.52	0.25	0.26	0.18	0.15	0.26	0.58	0.35	0.19

022 | 文物科技分析

时期的瓷胎也落在同一个区域内。说明元代瓷胎的配方比较复杂，一方面继承了宋代的瓷胎配方，但又有所创新和发展，可能是元晚期瓷器的胎料是由五代时期的瓷土掺入部分高岭土烧制而成的，因此造成某些稀土元素含量的变化；另一方面，元晚期黑釉瓷胎的配方与青白釉瓷的配方在二元配方的比例上又有所差异。元代瓷胎中稀土标准化配分模式与五代时期轻稀土富集程度类似，但重稀土富集程度比五代时期高。表明江西湖田窑元代烧制瓷器，一部分瓷器仍然继承了宋代的配方，但在元代后期，可能采用了在瓷土中加高岭土的配方，促进了瓷器烧制技术的发展。另一方面也说明，古瓷胎料中的稀土元素含量和差异是江西湖田窑瓷器的产地和年代的判别依据。

参考文献

[1] 王惠贞.文物保护学[M].北京：文物出版社,2009：545.

[2] 郑国经,罗倩华,余兴.原子发射光谱分析技术及应用[M].北京：化学工业出版社,2021：8-60.

[3] 王永在,张照录.现代材料分析方法教程[M].北京：化学工业出版社,2023：11-50.

[4] 降升平.原子光谱分析技术及应用[M].北京：化学工业出版社,2021：1-21.

[5] 陈世忠.电感耦合等离子体质谱/原子发射光谱分析中的进样技术[J].武汉轻工大学学报,2017,36（3）：1-9.

[6] 吴金涛.无损检测分析技术在彩陶研究中的应用[J].文物鉴定与鉴赏,2022（15）：56-59.

[7] 崔剑锋,吴小红,杨颖亮.四川茂县新石器遗址陶器的成分分析及来源初探[J].文物,2011（2）：79-85.

[8] 温睿,曹诗媛,刘瑞俊,等.新疆宋元时期也木勒遗址出土玻璃的工艺与成分研究[J].文物保护与考古科学,2019,31（4）：47-54.

[9] 先怡衡,李欣桐,周雪琪,等.新疆两处遗址出土绿松石文物的成分分析和产源判别[J].光谱学与光谱分析,2020,40（3）：967-970.

[10] 禄春强,章若红,刘峻,等.传统手工纸中9种金属元素的电感耦合等离子体原子发射光谱法测定及其溯源研究[J].理化检验（化学分册）,2019,55（6）：677-682.

[11] 杨明太.X射线荧光光谱仪的现状[J].核电子学与探测技术,2006（6）：1025-1029.

[12] 佘晓萌.波谱-能谱复合型X射线荧光光谱仪软件开发及矿物效应校正方法研究[D].上海：中国科学院大学（中国科学院上海硅酸盐研究所）,2018：1-2.

[13] 胡波,武晓梅,余韬,等.X射线荧光光谱仪的发展及应用[J].核电子学与探测技术,2015,35（7）：695-702,706.

[14] 宋苏环,黄衍信,谢涛,等.波长色散型X射线荧光光谱仪与能量色散型X射线荧光光谱仪的比较[J].现代仪器,1999（6）：47-48.

[15] 张欢.化学元素分析技术在古陶瓷产地研究中的应用[J].中国陶瓷,2013,49（4）：81-84.

[16] 贾文宝,唐馨如,张新磊,等.全反射X射线荧光分析植物粉末样品的制样方法研究[J].光谱学与光谱分析,2021,41（12）：3815-3821.

[17] 张艾蕊,王海,任丹华,等.TXRF分析样品前处理方法研究进展及其在环境监测领域的应用[J].计量科学与技术,2022,66（10）：57-64.

[18] 吉昂,李国会,张华.高能偏振能量色散X射线荧光光谱仪应用现状和进展[J].岩矿测试,2008,27（6）：451-462.

[19] 章连香,符斌.X-射线荧光光谱分析技术的发展[J].中国无机分析化学,2013,3（3）：1-7.

[20] 高守雷,熊增珑,张童心.牛河梁遗址红山文化陶器成分分析与研究[J].北方文物,2021（6）：80-91.

[21] 胡飞,张涛,曹琼文,等.青岛城阳财贝沟东周墓出土青铜容器的成分与金相分析[J].有色金属（冶炼部分）,2023（3）：149-158.

[22] 王艳玲.X射线荧光光谱技术与拉曼光谱技术在齐家文化玉器研究中的应用[J].文物保护与考古科学,2018,30

（6）: 106-110.

[23] 唐雪梅,于璐,李合,等.南京大报恩寺出土琉璃建材的分类及成分分析[J].故宫博物院院刊,2022(8): 101-110.

[24] 董俊卿,胡永庆,李青会,等.淅川下寺楚墓出土石髓珠制作工艺科学研究[J].中国科技史杂志,2022,43(4): 478,482-494.

[25] 张遥,尹华,郭宏.前蜀永陵地宫石质文物制作材料与工艺研究[J].中国文物科学研究,2022(2): 52-58.

[26] 向雄志,钟荣驱,高施韩,等.油画"穿着晚礼服的女士"XRF的全域成分分析[J].光谱学与光谱分析,2022,42(12): 3913-3916.

[27] 张雪雁,段佩权,刘瀚文,等.故宫博物院藏一件景泰款掐丝珐琅器的科学分析[J].文物保护与考古科学,2022,34(6): 81-88.

[28] 王亚亚,张美芳.中国人民大学博物馆藏 GXW0172 号唐代西域文书残片制成材料结构与成分分析及其应用[J].档案学通讯,2022(5): 101-108.

[29] 李德红,苏桐龄.中子活化分析原理及应用简介[J].大学物理,2005(6): 56-58.

[30] 姚永刚,肖才锦,金象春,等.CARR 堆冷中子瞬发伽玛活化分析系统及实验研究[J].同位素,2018,31(6): 362-369.

[31] 李梅,牟婉君.反应堆中子活化分析应用进展[J].分析仪器,2009(4): 5-13.

[32] GREENBERG R R, BODE P, FERNANDES E. Neutron activation analysis: a primary method of measurement[J]. Spectrochimica Acta Part B Atomic Spectroscopy, 2011, 66(3-4): 193-241.

[33] 朱剑,宋国定,樊昌生,等.小双桥遗址出土原始瓷器的 INAA 分析[J].华夏考古,2015(3): 148-152.

[34] 朱铁权,王昌燧,张尚欣,等.隋代邢窑粗白瓷胎料配方研究[J].岩石矿物学杂志,2010,29(3): 313-318.

[35] 叶松芳,黎龙辉,王君玲,等.江西湖田窑古代瓷器中稀土元素的分析及产地的研究[J].中国稀土学报,2014,32(4): 507-512.

第 **2** 章

物相结构
分析

物相是具有某种晶体结构并能用化学式表征其化学成分的固体物质。化学成分不同的是不同的物相；化学成分相同而内部结构不同的，也是不同的物相。对于某件文物而言，通过成分分析能知道它含有什么元素，但若还想知道这些元素的存在状态（是什么物相），成分分析就无能为力了，这就需要物相分析来解决这个问题。例如，某件铁质文物，用成分分析方法可以知道该件文物中主要含有铁（Fe）和氧（O）两种元素，却不能知道是氧化铁（Fe_2O_3）还是氧化亚铁（FeO），或者是磁铁矿（Fe_3O_4），或者是它们的混合物，更不可能知道它们各自的百分比含量。经过物相分析，就可以清楚地知道该文物中到底存在哪几种化合物，而且经过计算，还可以得到它们各自的百分比含量。在文物研究领域，X 射线衍射分析、红外光谱分析和拉曼光谱分析并称为分析文物物相构成的三大手段。

2.1 X 射线衍射分析

X 射线衍射（X-ray diffraction，XRD）分析是利用晶体形成的 X 射线衍射，对物质内部原子的空间分布状况进行结构分析的方法。1912 年德国物理学家劳厄（Laue）发现 X 射线通过晶体时能产生衍射现象，即 X 射线可以被晶体衍射，从而促成了 X 射线衍射技术的诞生，X 射线衍射成为研究晶体内部结构的重要技术手段之一。布拉格父子（W.H. Bragg 和 W.L. Bragg）在劳厄实验的基础上，借助 X 射线成功地测出了金刚石的晶体结构，并提出了一个比较直观的 X 射线衍射方程式即"布拉格公式"，为最终建立现代晶体学打下了坚实的基础。X 射线衍射分析发展非常迅速，20 世纪 50 年代有照相式 X 射线衍射仪，60 年代有四圆衍射仪和多晶 X 射线衍射仪，80 年代有 PSPC 探测器 X 射线衍射仪。近 10 余年来，由于 X 射线源和辐射源探测设备的不断更新、高速度大容量电子计算机和工作站的广泛应用，X 射线衍射学进入一个新的发展时期。

2.1.1　基本原理

X 射线衍射分析是以晶体结构为基础的。每种物质都有特定的晶格类型和晶胞尺寸，晶胞中各原子的位置是一定的，因而对应确定的衍射图形，即对于一束波长确定的单色 X 射线，同一物相产生确定的衍射花样；晶态试样的衍射花样在谱图上表现为一系列衍射峰。尽管物质的种类很多，却没有两种衍射花样完全相同的物质。某种物质多晶体衍射线条的数目、位置以及强度，是该种物质的特征。图样上各峰的峰位 $2\theta_i$（衍射角）和相对强度 I_i/I_0 是确定的。用 $2d\sin\theta = \lambda$ 可求出产生各衍射峰的晶面族所具有的面间距 d_i。这样一来，一系列衍射峰的 $d_i - I_i/I_0$，便如同"指纹"成为识别物相的标记；混合物的谱图是各组分相分别产生衍射或散射的简单叠加。根据上述基本思想，参照已知物相标准，由衍射图便可识别样品中的物相。

2.1.1.1　定性分析

物相定性分析的目的是利用 XRD 衍射角的位置以及衍射线的强度等来鉴定未知样品由哪些物相组成。通过将未知物相的衍射花样与已知物相的衍射花样相比较，可逐一鉴定出样品中的各种物相。目前，可以利用粉末衍射 PDF 卡片进行直接比对，也可以通过计算机器以及各种红外反射镜、氦氖激光器、控制电路板和电源组成。有些中红外光谱仪的光学台可以抽真空，称为真空型红外光谱仪。非真空型中红外光谱仪的光学台也要求有较好的密封效果，为了防止光学台各种零部件受潮，许多非真空傅里叶变换红外光谱仪光学台，除了样品室外，都采用密封型。

干涉仪是傅里叶变换红外光谱仪的核心部分，光谱仪的最高分辨率和其他性能指标主要由干涉仪决定。干涉仪的种类很多，常用的有空气轴承干涉仪（经典迈克耳孙干涉仪）、机械轴承干涉仪、双动镜机械转动式干涉仪、双角镜耦合动镜扭摆式干涉仪、角镜型迈克耳孙干涉仪等。虽然类型不同，但各种光谱仪内部的基本组成是相同的，都包含动镜、定镜和分束器三个部件。分束器是干涉仪的重要部件，主要作用是将光线分成两束，以45°入射角射向分束器的光束，其中一部分光束透过分束器射向动镜，另一部分光束在分束器表面反射，射向定镜。射向动镜和定镜的光束再反射回来，在分束器界面上透射和反射，组成一束干涉光。

2）近红外光谱仪

目前各个红外仪器厂家生产的中、高档傅里叶交换红外光谱仪都可以从中红外区扩展到近红外区。在中红外光谱仪的基础上配备近红外专用的分束器、检测器和光源，就可以进行近红外光谱的测定。此外，还有独立的近红外光谱仪和与中红外光谱仪连接的近红外模块。近红外光谱测试技术分为透射光谱技术和反射光谱技术两类。透射光谱法用于近红外光谱测试时，适合测试透明的真溶液。固体粉末样品的近红外光谱通常采用漫反射光谱法，该方法不需要对固体粉末样品进行处理，可以直接测试粒状、块状、片状等样品的光谱。

3）远红外光谱仪

目前各个红外仪器公司基本上都不生产专用的远红外光谱仪，在中、高档中红外光谱仪的基础上配备远红外专用的分束器和检测器，就可以进行远红外光谱的测定。有的仪器还配备远红外光源。远红外光谱的应用比中红外光谱要少得多，中红外各种基团振动频率的指认在参考资料中基本都能找到，但远红外光谱谱带的指认为数很少。

此外，先进的红外附件不断出现，使红外光谱的功能不断扩大，性能不断提高，得到更加广泛的应用。世界上有许多专门生产红外附件的厂商，设计制造出各种各样的红外附件，在现阶段主要有红外显微镜附件，拉曼光谱附件，衰减全反射（ATR）附件（水平ATR、可变角ATR、单次反射ATR、圆形池ATR），漫反射附件，镜面反射附件（固定角反射、可变角反射、掠角反射），变温光谱附件，偏振红外附件，光声光谱附件，高压红外光谱附件，红外光纤附件（中红外光纤、近红外光纤），色红联用模块，热重红外联用模块，发射光谱附件，时间分辨光谱附件，聚合物制膜附件，聚合物拉伸附件，聚光器附件，样品穿梭器附件，样品振荡器附件，红外气体池附件，等等。

2.2.3 特点分析

红外光谱技术应用范围广、特征性强、提供的信息多、不受样品物态的限制、无损或微损样品，是鉴定化合物和测定分子结构常用的方法之一，不仅可以鉴别有机化合物，而且可有效鉴别部分无机物。尤其是傅里叶变换衰减全反射红外光谱（ATR-FTIR）技术，能够实现真正的无损分析，对文物这种特殊的待分析对象相当适合。近年来，新兴的显微红外光谱结合了显微观察功能，不仅无损，还能在视野内选择测试点，进行精准分析测量。总体来看，红外光谱分析有如下特点：

（1）灵敏度高。特别适合于测量弱信号光谱。可检出 10～100 μg 的样品，一些细小样品如直径为 10 μm 的单丝可直接测定；对于散射很强的样品，采用漫反射附件可获得满意的光谱；如果是进行薄层色谱分离的样品，可不经剥离直接测定其反射光谱。

（2）分辨率高。在整个波长范围内具有恒定的分辨率，分辨率一般可达 0.1 cm^{-1}，最高可达 0.005 cm^{-1}。

（3）波数精确度高。可达 0.01 cm^{-1}。

（4）测定波数范围宽。波数范围可达 10～10^4 cm^{-1} 的整个红外区光谱。

（5）可组成多种联用仪。可以通过联用技术与其他仪器组成多种联用仪，如气相色谱-红外光谱仪、高效液相色谱-红外光谱仪、热重-红外光谱仪等，极大地扩展了仪器的应用范围。

（6）测量速度快。可在 1 s 内完成全谱扫描，适用于快速反应过程的追踪和观测瞬时反应。

尽管如此，红外光谱存在不适合分析含水样品、定量分析时误差大、在图谱解析方面主要靠经验等不足，而且反映的只是材料的单一特性，现有仪器在探测的模式、范围和精度上仍存在局限。因此，在面对类型多样、成分和结构复杂、老化程度不一的文物时，研究者有必要将红外光谱与其他手段如 X 射线荧光光谱、X 射线衍射、拉曼光谱和扫描电镜等联合使用、综合分析，进而完成对其工艺技术、起源与发展、病害现状和成因等不同方面的充分认知。

研究案例
- 金属文物锈蚀物物相分析
- 古陶瓷胎釉物相分析
- 宝玉石、石质类文物物相分析
- 漆器漆膜分析
- 纺织品文物纤维和染料分析
- 纸质类文物染料、颜料分析
- 胶结材料分析
- 古建、壁画、泥塑等建筑材料和颜料分析

■ **金属文物锈蚀物物相分析**

董少华使用傅里叶变换显微红外光谱仪对"萧后冠"中的五足香炉、灯台和萧后礼冠结构框架表面的锈蚀产物进行了检测分析。结果显示，检测的 8 个青铜锈蚀样品，除了在中红外区域红外光

谱特征不明显的物质外，其中3个样品含有"粉状锈"[$Cu_2(OH)_3Cl$]、5个样品含有孔雀石[$Cu_2(OH)_2CO_3$]，有部分样品的锈蚀产物同时含有两种以上的化合物。该研究表明，利用显微红外光谱法快速检测锈蚀样品，可以为文物的清理和保护工作提供指导性意见，不同锈蚀区别处理，为文物的复原和研究工作提供科学有力的依据。

■ **古陶瓷胎釉物相分析**

崔名芳等采用红外光谱等技术分析了东门渡窑酱黄色和酱黑色两种古陶瓷样品胎体的物相组成。结果显示，两类陶瓷样品的谱图基本相似，样品在 1 173 cm^{-1} 和 1 083 cm^{-1} 处有两个强而宽的吸收峰，为 Si—O—Si 的反对称伸缩振动峰；458 cm^{-1}、543 cm^{-1}、692 cm^{-1}、776 cm^{-1} 和 794 cm^{-1} 处为 Si—O 的对称伸缩振动峰；3 450 cm^{-1} 处为—OH 的伸缩振动峰。794 cm^{-1}、760 cm^{-1} 和 692 cm^{-1} 三个峰是由石英、长石等产生的 Si—O（v_{Si-O}）、Si—Si（v_{Si-Si}）和 Si—Al（v_{Si-Al}）伸缩振动的吸收峰，Si—O 的弯曲振动还引起了 543 cm^{-1} 和 458 cm^{-1} 的吸收峰（图2-8）。红外光谱表明，样品胎体主要成分为硅酸盐，含有长石和少量石英等矿物元素，且瓷土中有活性较大的氢氧化铝，与X射线荧光光谱和X射线衍射分析结果一致。

■ **宝玉石、石质类文物物相分析**

李圣清等使用傅里叶变换红外光谱仪等对南红玛瑙进行分析。结果表明，南红玛瑙的红外光谱在 6 000～4 000 cm^{-1} 范围内与玛瑙的匹配程度比较高，而在 3 000～2 000 cm^{-1} 范围内与石英岩的匹配程度较高。分析结果与采用偏光显微镜观察到的结果相吻合，南红玛瑙的结构介于隐晶质和显晶质之间，属于石英质向玉髓（玛瑙）的过渡阶段。

蒋晓东等用现代近红外光谱分析技术研究红砂岩文物的风化机理，分别对6组红砂岩样品进行了分析。结果表明，近红外光谱技术能较好地分析红砂岩风化前后的物质组分，达到探究组分变化的目的，是一种快速有效的研究手段，且比其他研究技术更具测量样品用量少、速度快、无破坏、无污染的特点。这些优点表明，近红外技术也能用于其他石质文物的研究，尤其对于那些取样难、珍稀贵重、不能破坏的石质文物，其作用显得尤为重要。

■ **漆器漆膜分析**

董录明等使用红外光谱等手段对陕西刘家洼遗址出土漆膜进行了分析。根据新鲜漆膜和刘家洼遗址出土漆膜的红外光谱图（图2-9），3 412 cm^{-1} 处为 q 漆酚苯环上羟基的伸缩振动吸收峰，2 925 cm^{-1}、2 854 cm^{-1} 分别对应漆酚侧链上亚甲基（CH—）的不对称收缩和对称伸缩振动峰，

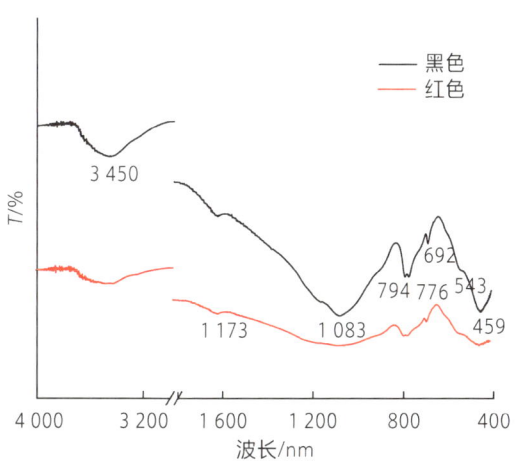

图 2-8 东门渡窑瓷器样品胎体红外光谱分析图

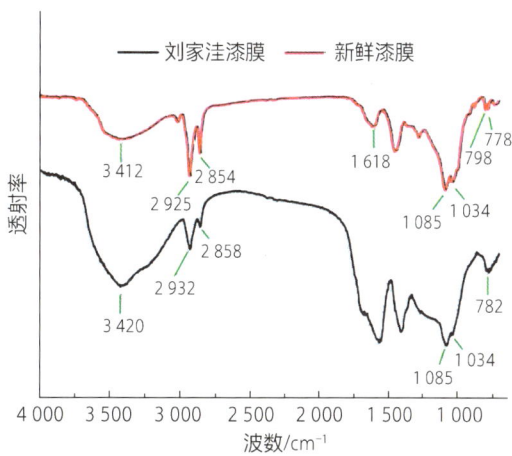

图 2-9 漆膜红外光谱

1 618 cm^{-1} 归属于漆酚二聚体或者多聚体苯环中的 C=C 骨架振动，1 085 cm^{-1}、1 034 cm^{-1} 为碳氧键（醚键）的不对称伸缩振动，798 cm^{-1}、778 cm^{-1} 为漆酚苯环上取代氢的振动。对比新鲜漆膜和刘家洼遗址出土漆膜可知，出土漆膜的羟基伸缩振动吸收峰显著变宽变大，亚甲基（CH—）的不对称收缩和对称伸缩振动峰变弱。曾有学者用氢氧化钠水溶液对新鲜天然生漆膜进行腐蚀，发现该漆膜的酚羟基氧化生成醌、侧链不饱和键生成醛或酮，醚键发生断裂，形成新的羟基，因此降解越严重的漆膜羟基含量越大，表现为 3 200～3 500 cm^{-1} 羟基伸缩振动峰峰变宽，与该研究中出土漆膜的红外光谱表现相似。

■ 纺织品文物纤维和染料分析

葛若晨等使用显微红外光谱仪对陕西省旬邑县西头遗址上庙墓地出土的西周早期铜泡和铜镜上的三处纺织遗痕 P1、J1 和 J2 进行了检测分析。从图 2-10 可知：古代样品在波数 4 000～500 cm^{-1} 内存在明显的吸收峰，说明样品中残留有部分可被检测的化学键，同时样品与天然麻纤维的红外吸收光谱图非常相似。天然麻纤维波数在 1 434 cm^{-1} 附近存在一个较强的峰，出土样品分别在波数 1 395 cm^{-1}、1 439 cm^{-1} 和 1 434 cm^{-1} 处出现强峰，该峰是由纤维素与木质素中的 CH$_2$ 弯曲振动产生；天然麻纤维和样品在波数 1 080 cm^{-1} 和 1 033 cm^{-1} 附近存在另一组强峰，分别在波数 1 086 cm^{-1}、1 049 cm^{-1}、1 030 cm^{-1}、1 090 cm^{-1}、1 029 cm^{-1}、1 081 cm^{-1} 和 1 030 cm^{-1} 处出现，该峰为纤维素中葡萄糖环中 C—O 醚键的伸缩振动峰；另外，在天然麻纤维和样品 J1、J2 的光谱图中还存在一个弱峰，都在纤维素中 β-D-葡萄糖苷键的特征吸收振动谱带 898 cm^{-1} 附近，由于此处杂峰较多，相互交叠影响了该峰的强度。这三个峰是植物纤维的特征。该峰在 P1 中没有出现，可能是因为相比其他样品，P1 的老化更为严重，故此处并未检测出。除此之外，天然麻纤维和样品在波数 1 645～1 610 cm^{-1} 区域内都出现了吸收峰，该处吸收峰代表的是木质素中共轭羰基和 C=C 伸缩振动的重叠吸收峰。以上这些特征峰都与麻纤维的特征峰相吻合，麻纤维主要是由纤维素、半纤维素、木质素、果胶、脂肪和蜡质以及一些水溶性物质等化学成分组成，样品中检测到这些成分中的化学键，可推测这三处纺织遗痕为麻类纺织品。

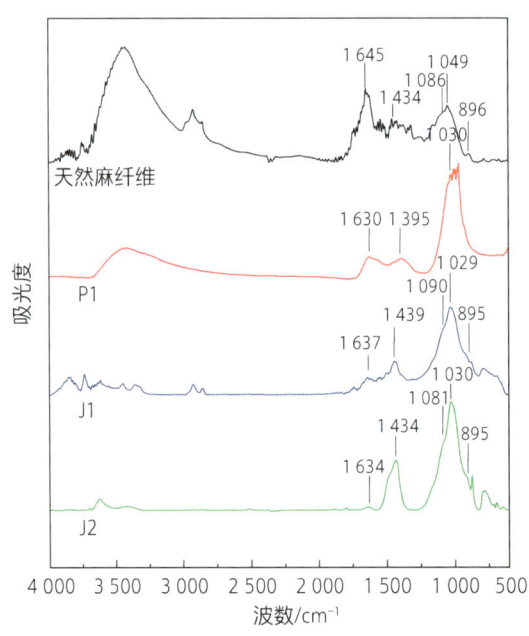

图 2-10 天然麻纤维和样品的红外吸收光谱图

■ **纸质类文物染料、颜料分析**

闫玥儿等利用衰减全反射傅里叶变换红外光谱仪（ATR-FTIR）检测了从古代到近现代的代表性红蓝色料，得到红蓝色料标准样品的特征红外谱图。之后选取了三幅清末民初时期的传统年画开展ATR-FTIR检测，对年画中的红蓝色料进行分析研究。测定结果显示，年画100-31#中红色为水溶性染料酸性大红G，蓝色为酸性墨水蓝G。年画101-2#中红色为具有偶氮结构的有机合成颜料，蓝色为含有共轭苯环结构的合成颜料。年画1519#中红色为含有共轭苯环结构的有机合成颜料，而蓝色为无机颜料普鲁士蓝。该研究扩展了红外光谱在书画文物分析检测中的应用范围，并且为传统年画色料的无损鉴定提供了科学依据。

■ **胶结材料分析**

杨璐等采集了三件嘉峪关戏台文物建筑彩画样品胶料的红外吸收光谱，使用建立的主成分分析-线性判别分析（PCA-LDA）模型判别其胶结材料种类。研究结果（图2-11）表明，三件文物样品均在1 636 cm^{-1}附近存在酰胺C=O键伸缩振动峰，这是蛋白类胶料的特征。此外，样品Td在1 736 cm^{-1}处有饱和脂肪酸酯羰基C=O键伸缩振动峰。Wj1和Slf两件样品虽没有该吸收峰，但在相应波数位置存在光谱曲线斜率的明显降低，这可能是由于老化降解造成特征峰消失的迹象。此外，样品Slf在1 545 cm^{-1}处和1 240 cm^{-1}处未见明显的酰胺Ⅱ和酰胺Ⅲ吸收带，同样在相应波数位置

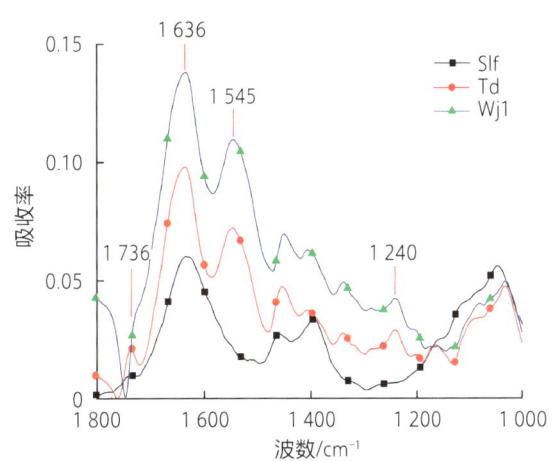

图2-11 嘉峪关戏台建筑彩画样品胶料的红外吸收光谱

也能观察到光谱曲线斜率的明显降低，推测亦是由于老化降解原因造成的。将文物样品胶料红外光谱数据代入建立的PCA-LDA判别模型中，分别计算出前三个主成分得分，并利用拟合的判别函数计算判别得分，进而预测文物样本的胶料种类，分析结果表明三件文物样品胶料红外光谱的主成分得分差异不大，其类别判定结果均为皮胶。

■ **古建、壁画、泥塑等建筑材料和颜料分析**

王娜等通过傅里叶变换红外光谱（FTIR）对故宫太和殿上层护板灰、太和殿上层西南角护板灰进行了分析检测。结果表明，太和殿两个护板灰样品中含有有机物及大量碳酸盐，根据—CH$_2$—吸收峰的位置判断可能含有油脂或虫胶漆类物质，但由于碳酸盐的影响未能检测到有机组分的主要官能团，因此需进一步通过热裂解-气相色谱-质谱（Py-GC-MS）分析来确定样品中有机组分的类别。

姚依璇等运用红外光谱（FTIR）等科技手段，对山西省五台山地区公主寺壁画制作材料和工艺进行了分析研究。由于白粉层较薄，选择所需样品量较少的红外光谱法对白粉层样品进行分析。结果表明，公主寺壁画使用高岭土作为打底材料。

王永进等使用傅里叶变换显微红外光谱仪对山西长子崇庆寺千佛殿彩绘泥塑贴金表面涂层进行了分析。结果表明，该涂层分子中含有羧酸官能团。按照山西泥塑贴金传统工艺的做法，贴金表面存在一层保护金箔的透明清漆。金箔表面涂层已经发生老化，其红外光谱1 710 cm^{-1}的C=O吸收峰和羧酸产物，与相关文献对生漆老化后降解产物的分析特征相一致，表明千佛殿释迦牟尼背光贴金表面涂层为生漆。

2.3 拉曼光谱分析

拉曼光谱（Raman spectroscopy，RS）是散射光谱，利用分子对光子的非弹性散射过程所携带的信息来解析结构。拉曼散射最早发现于 1928 年，物理学家拉曼（Raman）用水银灯作为光源照射苯液体时，发现除了有频率不变的成分外，还有不同于入射光频率的新谱线，该谱线属于一种新的分子辐射。在 20 世纪 30 年代，拉曼散射光谱曾是研究分子结构的主要手段。后来随着实验内容的不断深入，拉曼光谱的弱点（主要是拉曼效应太弱）越来越突出，特别是 40 年代以后，由于红外光谱的迅速发展，拉曼光谱的作用越发显得不重要。60 年代激光问世，这种新型光源被引入拉曼光谱后，拉曼光谱出现了崭新的局面。激光器由于其光速质量好，光谱线宽度窄，单色性好，方向性、稳定性及功率密度高等特性，常作为拉曼散射实验的理想激光源，使得激发效率得到大步提升。目前，激光拉曼光谱已广泛应用于有机、无机、高分子、生物、环保等领域，成为重要的分析工具。

2.3.1 基本原理

拉曼散射是光散射现象的一种。当一束频率为 ν_0 的入射光束照射到气体、液体或透明晶体样品上时，绝大部分可以透过，还有极小一部分入射光与样品分子之间发生非弹性碰撞，即在碰撞时有能量交换，这种光散射称为拉曼散射；反之，若发生弹性碰撞，即两者之间没有能量交换，这种光散射称为瑞利散射。在拉曼散射中，若光子把一部分能量给样品分子，得到的散射光能量减少，在垂直方向测量到的散射光中，可以检测频率为 $\nu_0 - \Delta E/h$ 的线，称为斯托克斯线，如果它是红外活性的话，$\Delta E/h$ 的测量值与激发该振动的红外频率一致；相反，若光子从样品分子中获得能量，在大于入射光频率处接收到散射光线，则称为反斯托克斯线。处于基态的分子与光子发生非弹性碰撞，获得能量到激发态可得到斯托克斯线；反之，如果分子处于激发态，与光子发生非弹性碰撞就会释放能量而回到基态，得到反斯托克斯线。斯托克斯线或反斯托克斯线与入射光频率之差称为拉曼位移。拉曼位移的大小和分子的跃迁能级差一样。因此，对应于同一分子能级，斯托克斯线与反斯托克斯线的拉曼位移应该相等，而且跃迁的概率也应相等。但在正常情况下，由于分子大多数是处于基态，测量到的斯托克斯线比反斯托克斯线强得多，所以，一般在拉曼光谱分析中，多采用斯托克斯线研究拉曼位移。

拉曼光谱图的横坐标为拉曼位移，以波数表示；纵坐标为拉曼光强。每张拉曼谱图通常由一定数量的拉曼峰构成，每个拉曼峰代表了相应拉曼散射光的波长位置和强度。每个谱峰对应于一种特定的分子键振动，其中既包括单一的化学键，也包括由数个化学键组成的基团的振动。拉曼光谱是特定分子或材料独有的"化学指纹"，能够用于快速确认材料种类或者区分不同的材料。在拉曼光谱数据库中包含着数千条光谱，通过快速搜索，找到与被分析物质相匹配的光谱数据，即可鉴别被分析物质。

2.3.2 仪器设备

2.3.2.1 仪器组成

激光拉曼光谱仪主要由激光光源、外光路系统和样品池、单色器、检测及记录系统等部分组成。

1）激光光源

激光光源能发射出可见、红外、紫外等波长的光。普通光源是原子或分子自发辐射产生的，而激光光源是原子或分子受激辐射产生的，与普通光源相比，激光光源有其突出的特点，非常适用于拉曼光谱。激光几乎是一束平行光，具有极好的方向性，所以能量集中在一个很窄的范围内，即激光在单位面积上的强度远远高于普通光源。拉曼光谱中最常用的激光器有氦氖（He-Ne）激光器，它发出波长为 632.8 nm 的激光，另外还有氩离子（Ar^+）激光器，发出波长为 488.0 nm、496.5 nm 和 514.5 nm 的激光。

2）外光路系统和样品池

包括激光器之后、单色器之前的一系列光路，为了分离所需的激光波长，最大限度地吸收拉曼散射光，采用了多重反射装置。为了减少光热效应和光化学反应的影响，拉曼光谱仪的样品池多采用旋转式样品池。

3）单色器

常用的单色器是由两个光栅组成的双联单色器，或由三个光栅组成的三联单色器，其目的是把拉曼散射光分光并减弱杂散光。

4）检测及记录系统

样品产生的拉曼散射光，经光电倍增管接收后转变成微弱的电信号，再经直流放大器放大后，即可由记录仪记录下清晰的拉曼光谱图。

2.3.2.2 仪器类型

1）表面增强拉曼光谱

由于拉曼散射截面小、信号弱，使得拉曼光谱检出限较高，因而限制了拉曼光谱技术的发展。在很长一段时间内，拉曼光谱都是对纯度较高的物质或固态物质进行检验，而对于低浓度的物质检验效果不佳。1974 年，Fleischmann 等发现粗糙银电极表面吡啶分子的拉曼信号显著增强，后来 Jeanmaire 和 van Duyne 以及 Albrecht 和 Creighton 等在实验中均发现分子在吸附状态时会使得表面的散射强度增强，于是他们提出表面增强拉曼散射的概念。实验结果显示，吸附作用会使分子的拉曼散射信号大约可以增强 10^6 倍。这种依靠具有粗糙表面的金属基底对待测分子的拉曼信号进行增强的方法称为表面增强拉曼光谱（surface enhanced Raman spectroscopy，SERS）技术，其具有快速、简单、无损、无需样品预处理的特点，极大地促进了拉曼光谱的应用与研究。拉曼信号增强效应的产生需要被测分子必须吸附在材料结构的表面或非常接近材料结构的表面，这种材料称作表面增强拉曼光谱的活性基底。以 Au、Ag、Cu 等金属纳米材料制作的基底，都会显著提升拉曼信号的强度。

2）共焦显微拉曼光谱

共焦显微拉曼光谱（confocal micrographic Raman spectroscopy，CMRS）技术是一种综合技术，其将拉曼光谱与电子显微镜相结合，使其不但具有拉曼光谱无损检验物质成分的功能，还具有电子显微镜微区分析的能力。它通过光导纤维将两个部分联系起来，通过电子显微镜照射到选定的部位，对该微区进行拉曼检测，再将产生的散射光传回到拉曼光谱部分，最终得到微区部位物质的拉曼光谱图，完成检验。共焦显微拉曼光谱能够准确地获得微区部位的化学信息，不受周围组成成分的干扰，对微区部位的物理结构、化学组成、分子间的成键结构及数量进行分析，空间分辨率高，可以获得小体积、不同深度样品的光谱信息，适用于黑色和含水样品的检验，并且它可以在高、低温或高压条件下正常工作。

3）傅里叶变换拉曼光谱

傅里叶变换拉曼光谱（Fourier transform Ramman spectroscopy，FTRS）技术是近红外激发拉曼技术与傅里叶变换技术的结合。1986 年赫希非尔德（Hirschfeld）和蔡斯（Chase）将该技术用于实践，通常情况下波长为 1 064 nm 时，分子的荧光不会被激发，所以傅里叶变换拉曼光谱以该波长作激发光源，最大限度地减小荧光带来的干扰，使 90%的化合物都能被拉曼光谱检测到。傅里叶变换拉曼光谱技术有如下优点：一是能够对含有荧光和易受荧光影响的化合物进行检验；二是一次扫描即可获得全光谱；三是检验时光谱的重现性好，干涉仪对仪器自身带来的漂移影响不敏感，对检验的样品池要求不高，这一点相比红外光谱有很大优势；四是在整个全谱范围内，分辨率保持不变，光谱频率稳定性强；五是扫描时间快，传统拉曼光谱仪扫描一个点位的时间，傅里叶变换拉曼光谱仪就能完成全部光谱点的扫描；六是采用近红外光激发，能直接检验生物组织内的分子相关信息。

2.3.3 特点分析

拉曼光谱技术对检测的样品无形态的限制，样品无须特殊制备，测量需要的样品量很少；检测时间短，效率高；干扰条件少，准确度高；可直接测定气体、液体（包括溶液）及固体（包括粉末晶体）样品；可进行原位、无损和非接触检测；可在低温或高温下进行测定，用于研究常温下不稳定或在不同温度下结构有变化的物质。但是，对于复杂化合物，尤其是未知的化合物，单靠拉曼光谱不能解决问题，需要与核磁共振波谱、质谱、红外及紫外光谱等分析手段互相配合，进行综合解析，才能确定分子结构。与红外光谱相比，拉曼散射光谱具有下述优点：

（1）拉曼光谱是一个散射过程，因而任何尺寸、形状、透明度的样品，只要能被激光照射到，就可直接用来测量。由于激光束的直径较小，且可进一步聚焦，因而极微样品都可测量。

（2）拉曼光谱可以在 $40 \sim 4\,000\ cm^{-1}$ 的范围内进行检验，这个范围基本属于对振动频率的全覆盖，但红外光谱一次检验的范围较小，一般分为近、中、远三个范围，需要多次才能完成全范围扫描。

（3）一般来说红外光谱也可用于任何状态的试样（气、固、液），但对于水溶液、单晶体和聚合物是比较困难的。例如水是极性很强的分子，其红外吸收非常强烈，但其拉曼散射却极微弱，因而拉曼光谱可直接测量水溶液样品。

（4）红外光谱对检验的试样池有一定的要求，而玻璃的拉曼散射比较弱，因而玻璃可作为拉曼光谱分析理想的试样池材料，液体或粉末固体样品可放于玻璃毛细管中测量。

（5）对于聚合物及其他分子，拉曼散射的选择定则的限制较小，因而可得到更为丰富的谱带。S—S、C—C、C=C、N=N 等红外光谱较弱的官能团，在拉曼光谱中信号较为强烈。

（6）傅里叶变换衰减全反射红外光谱（ATR-FTIR）法虽然能够直接对纸质文物进行无损检测，但文物上的其他信息容易被纤维素的峰掩盖，且 ATR 的图谱还会受到样品表面是否平整等状况的影响。拉曼光谱则很好地弥补了这些缺点，且显微拉曼光谱的空间分辨率能够达到 1 μm，既能够获取单根纤维的信息，也能够避开纤维获取其他相关信息。

研究案例
- 金属文物锈蚀物物相分析
- 古陶瓷胎釉、彩绘颜料和釉面析出晶体物相分析
- 宝玉石、石质类文物物相分析
- 玻璃类文物及其颜料物相分析
- 漆器漆膜物相分析
- 纺织品染料分析
- 纸质类文物染料、颜料分析
- 树脂、树胶、胶结材料等分析
- 古建、壁画、泥塑等建筑材料和颜料分析

■ **金属文物锈蚀物物相分析**

王洪敏等利用共焦显微拉曼光谱仪对重庆开州区余家坝遗址出土 10 件青铜剑的腐蚀产物进行了原位无损结构分析。结果表明，表面光滑的青铜剑（M10∶4、M41∶1、M96∶2、M120∶4 和 M239∶2），其主要腐蚀产物为孔雀石、锡石和赤铜矿，仅一件（M41∶1）在边缘外壳破损处检测到磷氯铅矿和砷铅矿。表面布满绿锈的青铜剑（M2∶3、M4∶3、M5∶2、M152∶1 和 M244∶1），其

腐蚀产物种类较多，除孔雀石、锡石、蓝铜矿和赤铜矿外，还发现有磷铜矿、蓝磷铜矿、氯铜矿、水胆矾和磷氯铅矿等。第二类青铜剑中，除青铜剑（M244∶1）外，其余青铜剑上均发现有磷酸盐类腐蚀产物，仅青铜剑（M2∶3）发现有硫酸盐类腐蚀产物——水胆矾和铜的氯化物——氯铜矿。青铜剑（M2∶3）的腐蚀产物种类最多，除水胆矾、氯铜矿外，还包括孔雀石、磷氯铅矿、砷铅矿、白铅矿和锡石等。

■ 古陶瓷胎釉、彩绘颜料和釉面析出晶体物相分析

胡林顺等采用共焦显微拉曼光谱仪对广东省江门市上川岛"花碗坪"遗址发掘的青花彩绘瓷片进行了物相结构分析。结果表明，在瓷胎和蓝色颜料瓷釉分界处的曲线中出现一个较强的拉曼峰为 464 cm^{-1}，这是石英（SiO_2）的重要特征峰，归属于 SiO_2 的 O—Si—O 伸缩振动；279 cm^{-1}、1 087 cm^{-1} 的峰位归属于 $CaCO_3$ 的特征峰，这可能是由于瓷片在海水中长时间浸泡，瓷片中的硅酸钙与水、二氧化碳接触后再次分解而生成的。另外一个小拉曼峰 202 cm^{-1} 归属于 $CoAl_2O_4$ 四面体的 Co—O 弯曲振动特征峰，因为在高温烧制过程，蓝色钴料与瓷釉混合形成一种玻璃态，所以测出蓝色钴料的拉曼峰不明显。瓷胎区域的拉曼光谱中出现了着色剂 TiO_2 的拉曼特征峰（144 cm^{-1}）和 $CaCO_3$ 的特征峰（1 087 cm^{-1}），这说明了青花彩瓷中含有大量的石英、文石、钙钛矿等矿物。瓷片表面红褐色颜料区域拉曼光谱的特征峰分别为 227 cm^{-1}、298 cm^{-1}、411 cm^{-1}、500 cm^{-1}、618 cm^{-1}，都归属赤铁矿（α-Fe_2O_3），表明红褐色颜料的显色材料主要是赤铁矿。

王文轩等使用配备有冷却 CCD 探测器的拉曼光谱仪对 5 件景德镇御窑永宣时期青花瓷器样品中"铁锈斑"处晶体的显微形貌与结构进行了解析，样品编号为 YL-6、YL-11、XD-1、XD-2、XD-6（YL 代表永乐时期，XD 代表宣德时期）。结果表明，YL-6 与 YL-11 中枝晶的拉曼峰形与尖晶石型铁酸钴（$CoFe_2O_4$）标准谱图有较好的对应关系（图 2-12）。对比 YL-6 和 YL-11 样品与标准铁酸钴的拉曼峰位，发现样品的 A_{1g}（1）与 T_{2g}（2）模均向低波数的方向移动。根据能谱分析结果，由于枝晶的铁钴原子数比高于铁酸钴的铁钴原子数比 2，因此推测永乐时期"铁锈斑"处的枝晶应属于 $CoFe_2O_4$-Fe_3O_4 固溶体。XD-1、XD-2 与 XD-6 中的枝晶谱图与锰铁尖晶石（$MnFe_2O_4$）有较好的对应（图 2-13）。对比析晶以及非晶釉层区域的能谱实验结果，除了 Mg^{2+} 的取代，枝晶中还存在大量 Co^{2+}，又因枝晶的铁锰原子数比高于铁酸锰的铁锰原子数比 2，因此推测这里的枝晶应为有大量 Mg^{2+}、Co^{2+} 取代的 $MnFe_2O_4$-Mn_3O_4 固溶体。此外，XD-2 与 XD-6 中的网状粗棒状析晶经与标准谱图比对，可确定为钙长石晶体。

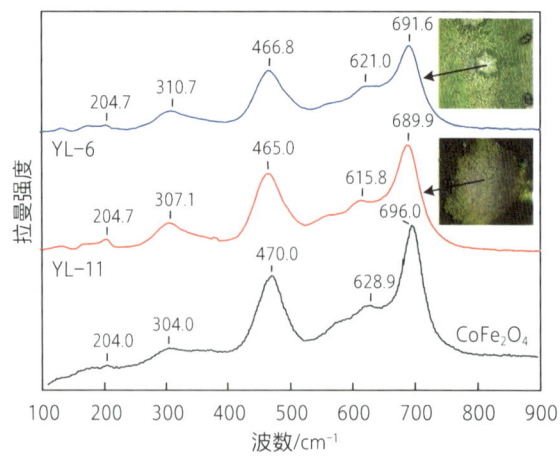

图 2-12　永乐样品"铁锈斑"枝晶及铁酸钴对比拉曼光谱

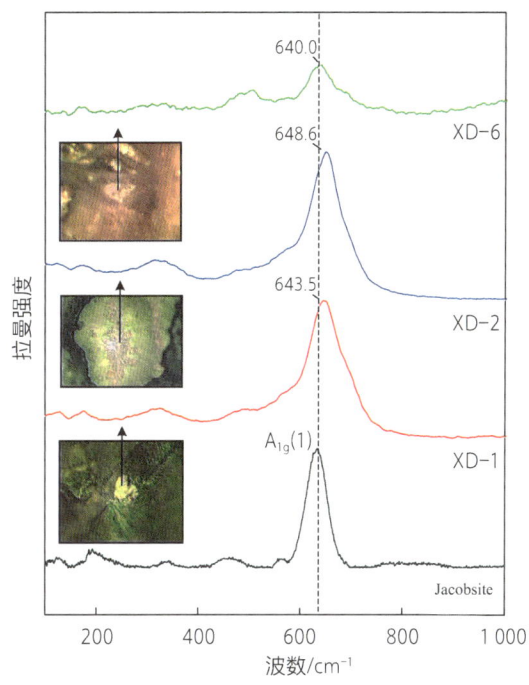

图 2-13　宣德样品"铁锈斑"枝晶及铁酸锰对比拉曼光谱

■ 宝玉石、石质类文物物相分析

李曼等运用共焦显微拉曼光谱等无损分析方法,对郑州商城书院街商代贵族墓地 2 号墓出土玉器进行了物相分析,结果显示:有 10 件样品的拉曼特征峰主要在 1 059 cm^{-1}、673 cm^{-1}、394 cm^{-1}、369 cm^{-1}、225 cm^{-1} 处,经标准谱图对比,与 $[Ca_2(Mg,Fe)_5Si_8O_{22}(OH)_2]$ 透闪石矿物拉曼特征峰一致,该类样品为透闪石(软玉)矿物。玉钺 M2:9 的拉曼峰主要位于 1 086 cm^{-1}、713 cm^{-1}、282 cm^{-1}、156 cm^{-1} 处,样品强峰位于 1 086 cm^{-1},经标准谱图比对,与 $[CaCO_3]$ 方解石特征峰一致,该玉钺为大理石矿物。绿松石 M2:28 样品拉曼峰位于 1 037 cm^{-1}、807 cm^{-1}、646 cm^{-1}、423 cm^{-1} 处,样品强峰位于 1 037 cm^{-1} 附近,经标准谱图对比,与 $[CuAl_6(PO_4)_4(OH)_8·5H_2O]$ 绿松石矿的特征峰一致,该类样品为绿松石矿物。

■ 玻璃类文物及其颜料物相分析

郭思克等利用共焦激光拉曼光谱分析技术对山东曲阜鲁国故城遗址出土的 7 颗蜻蜓眼玻璃珠进行了科学研究,除了对蜻蜓眼玻璃珠基体进行测试分析之外,还对珠体的不同部位进行了测试。结果发现,蜻蜓眼玻璃珠基体的拉曼光谱(图 2-14)在 500 cm^{-1} 和 1 000 cm^{-1} 附近分别有包络存在,分别对应玻璃中 Si—O 键的弯曲和拉伸振动,其他区域无明显特征峰,表明蜻蜓眼珠基体均为玻璃质。在样品 W000701 和 W101402 的蓝色"眼圈"中分别检测到了钠长石($NaAlSi_3O_8$)和无定形炭(C);在 W000703

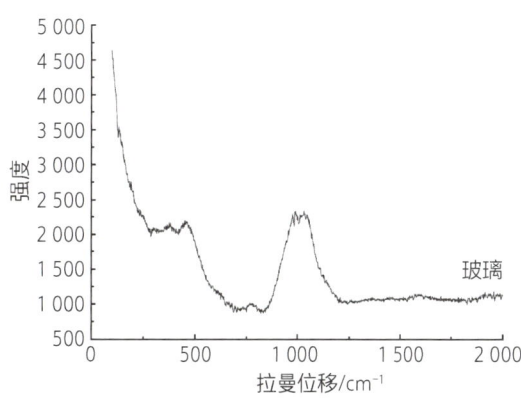

图 2-14　蜻蜓眼玻璃珠基体拉曼光谱:W101403

的棕色"眼圈"中检测到了重晶石（BaSO$_4$）的存在；在W000703和W101403的白色"眼圈"中则检测到了石英（SiO$_2$）、白铅矿（PbCO$_3$）和氧化铅（PbO）等晶体。

■ **漆器漆膜物相分析**

王子尧等利用激光显微拉曼光谱等方法对无锡八士镇宋代墓葬出土的绿髹荷花形漆钵的漆膜进行了分析研究。结果表明，绿色漆膜的拉曼峰与雌黄特征峰基本一致，根据热裂解-气相色谱-质谱分析结果在绿色漆膜中还检测到了四甲基靛蓝、四甲基靛红、三甲基靛蓝等靛蓝裂解产物，说明绿色漆膜中含有靛蓝，推断绿色漆膜的色调是由靛蓝与雌黄调配而成。红色漆膜的拉曼峰与朱砂特征峰基本一致。

■ **纺织品染料分析**

何秋菊使用共焦显微拉曼光谱技术对一组古代丝织品（包括清代传世品扇套、元代鸽子洞出土蓝棉袄和百纳枕顶）上蓝色染料进行了分析鉴定。结果发现，扇套蓝色丝线拉曼峰位与标准靛蓝拉曼光谱相似度较好，而脱色后的丝线完全不具备靛蓝的特征，说明扇套蓝色丝线应系靛蓝染色。鸽子洞出土纺织品蓝色染料拉曼光谱与标准靛蓝的比较，也具有很好的吻合度。由此可见，利用激光拉曼光谱在显微镜下找到适合的测试点，可以实现对纺织品上染料的无损测定，无需烦琐的染料剥离过程。当然由于古织物染料自身、媒染物或其他污染物的影响，染料测试中易出现较强的荧光背景，掩盖了某些拉曼信号，所以共焦显微拉曼光谱技术在古织物染料鉴定中的应用尚存在一定局限性，需要结合其他分析手段予以确认。

■ **纸质类文物染料、颜料分析**

田江南利用拉曼光谱对明代瓷青纸表面的蓝色染料和金色花纹进行了分析。结果发现，样品拉曼峰与靛蓝（indigo，C$_{16}$H$_{10}$N$_2$O$_2$）的拉曼特征峰较为匹配，拉曼光谱信号在1 570～1 701 cm^{-1}范围内为C＝C键、C＝O键和N—H键共轭体系的伸缩振动，是靛系染料分子特有的特征吸收峰。样品蓝色染料出现的强拉曼峰符合靛蓝的拉曼光谱特征，因此可以确定为靛蓝。对金色花纹也进行了拉曼测试，但是并无明显的拉曼峰；推测该金色花纹为金属，金属作为单质没有分子键，因此不会有拉曼峰。

蔡梦玲等利用拉曼光谱仪对西藏档案馆馆藏一份清朝圣旨所用的橘黄色单面洒金蜡笺纸进行了检测与分析。结果表明，纸张正面拉曼检测所得的特征峰由Pb—O键振动产生，表明纸张中含有铅丹（Pb$_3$O$_4$）。铅丹在唐代之前就已作为矿物颜料被广泛使用。由此可推断，铅丹是涂布在纸张表面用来着色的主要成分。

■ **树脂、树胶、胶结材料等分析**

除了上述有机类文物外，研究者们还专门针对树脂、树胶、胶结材料等其他类有机物质进行了拉曼光谱研究，探讨其结构和退化变质机理。周雷等对南京大报恩寺地下宫殿发现的树脂类熏香物质进行了傅里叶变换拉曼光谱测试，发现发掘出土的熏香尽管发生了一定程度的退化变质，但其光谱图仍能较好地反映出其主要物质为乳香物质。黄建华等采用共焦显微拉曼光谱技术分析了猪皮胶、猪骨胶、蛋清、蛋黄、桃胶等中国古代文物彩绘常用胶料，发现蛋白类胶料和桃胶的拉曼光谱存在明显差别；虽然蛋白类胶料间的拉曼光谱具有一定的相似性，但也各有其特点。通过各种胶料光谱特征的分析，证明使用拉曼光谱法可实现文物彩绘常用胶料种类的鉴别。

■ **古建、壁画、泥塑等建筑材料和颜料分析**

尤贵媚等使用共焦显微拉曼光谱仪对故宫奉先殿的彩画颜料进行了分析鉴定。结果表明，故宫奉先殿彩画红色颜料含有朱砂、铅丹和铁红，绿色颜料为氯铜矿，蓝色颜料为石青，打底或调色白色颜料为铅白和高岭土。浅红色由铅丹加铅白调和而成，浅绿色由氯铜矿加铅白调和而成，浅蓝色由石青加高岭土调和而成。

刘照军等使用拉曼光谱对济源、洛阳两处古墓葬壁画石灰质地仗层样品进行了分析。结果显示，济源墓葬壁画石灰质地仗层样品的拉曼光谱与白云石［dolomite，$CaMg(CO_3)_2$］的相符合，而洛阳墓葬壁画石灰质地仗层样品的拉曼光谱与方解石（calcite，$CaCO_3$）的相符合。

麻慧对大同地区寺观壁画的不同颜色进行了拉曼光谱分析。结果显示，常用颜料以无机矿物颜料为主，同时也使用了有机颜料，其中红色颜料有朱砂、铅丹和铁红三种，绿色颜料为氯铜矿和巴黎绿，蓝色颜料为群青、蓝铜矿、普鲁士蓝和靛蓝，黄色颜料为铅黄，白色颜料为钛白和石膏，黑色颜料为炭黑。

参考文献

[1] 孙凤,李依林,马彦妮,等.红外光谱在文物保护中的应用介绍[J].文物保护与考古科学,2019,31(6):112-117.

[2] 徐玉林,徐明波,杨水金.XRD在无机合成中物相分析的应用[J].湖北师范学院学报(自然科学版),2013,33(4):40-46,62.

[3] 张锐,范冰冰.材料现代研究方法[M].北京:化学工业出版社,2022:26-29,58-59.

[4] 马毅龙.材料分析测试技术与应用[M].北京:化学工业出版社,2017:170-173.

[5] 马礼敦.X射线衍射在材料结构表征中的应用[J].理化检验(物理分册),2009,45(8):501-510.

[6] 潘峰,王英华,陈超.X射线衍射技术[M].北京:化学工业出版社,2016:4.

[7] 宋建祥,高飞,吕团结,等.从蟠虺纹簠的分析结果看青铜器修复非遗技艺[J].文物保护与考古科学,2023,35(2):52-61.

[8] 邵金发,李融武,潘秋丽,等.唐三彩烧制工艺的无损分析研究[J].光谱学与光谱分析,2023,43(3):781-787.

[9] 高守雷,张童心.德辅博物馆馆藏矿物颜料的科技分析[J].吉林师范大学学报(人文社会科学版),2020,48(1):47-52.

[10] 魏国锋,秦颍,胡雅丽,等.九连墩楚墓出土璧玉、石磬和镶嵌物的科学分析[J].江汉考古,2011(3):105-109.

[11] 张遥,尹华,郭宏.前蜀永陵地宫石质文物制作材料与工艺研究[J].中国文物科学研究,2022(2):52-58.

[12] 夏晓伟,刘松,王卿,等.鸿山越墓出土战国玻璃的无损分析及相关认识[J].南方文物,2013(3):86,143-149.

[13] 宋佳佳,姚政权,徐靖,等.六安双墩一号汉墓出土耳杯的髹漆工艺研究[J].文物保护与考古科学,2022,34(3):38-44.

[14] 沈大娲,吕健,范菲菲.银雀山汉简残片分析研究[J].出土文献,2023(1):20-30,155.

[15] 姚依璇,黄亚珍,马颖,等.山西公主寺大雄殿水陆壁画制作材料与工艺研究[J].光谱学与光谱分析,2023,43(4):1155-1161.

[16] 尤贵媚,章文杰,曹振伟,等.故宫奉先殿彩画地仗制作材料及工艺研究[J].广西民族大学学报(自然科学版),2022,28(3):9-13.

[17] 尹刚,张海蛟.阳高云林寺彩塑制作工艺与材料研究[J].文物保护与考古科学,2023,35(2):62-71.

[18] 张杰妮,杨璐,豆海锋,等.陕西旬邑西头遗址出土彩绘白灰面的成分和工艺分析[J].文物保护与考古科学,2022,34(4):58-65.

[19] 翁诗甫,徐怡庄.傅里叶变换红外光谱分析[M].北京:化学工业出版社,2016:1-3,97-136.

[20] 王永在,张照录.现代材料分析方法教程[M].北京:化学工业出版社,2023:89.

[21] 张悦,黄继忠.红外技术在文物科学保护中的应用[J].自然杂志,2021,43(3):217-224.

[22] 董少华,杨军昌,束家平,等.显微红外光谱透射法快速鉴别"粉状锈"[J].文物保护与考古科学,2019,31(1):111-117.

[23] 崔名芳,朱建华,胡瑞,等.东门渡窑古陶瓷化学成分与烧制工艺研究[J].光谱学与光谱分析,2022,42(3):726-731.

[24] 李圣清,张义丞,祖恩东,等.南红玛瑙的宝石学特征[J].宝石和宝石学杂志,2014,16(3):46-51.

[25] 蒋晓东,曹建劲,李易安,等.近红外光谱技术在红砂岩文物风化研究中的应用[J].光谱学与光谱分析,2011,31(8):2102-2105.

[26] 董录明,黄琦钧,孙战伟,等.陕西刘家洼遗址出土漆膜劣化机理分析[J].中国生漆,2022,41(3):41-45.

[27] 葛若晨,杨璐,豆海锋,等.对上庙墓地出土西周早期纺织遗痕的红外光谱和显微分析[J].光谱学与光谱分析,2023,43(2):503-507.

[28] 闫玥儿,张宇,段炼,等.红外光谱在传统年画红蓝色料分析中的应用研究[J].文物保护与考古科学,2020,32(4):89-96.

[29] 杨璐,黄建华,陈欣楠,等.红外光谱结合PCA-LDA对嘉峪关戏台文物建筑彩画胶料种类的判别[J].光谱学与光谱分析,2021,41(3):796-800.

[30] 王娜,张学芹,雷勇,等.故宫太和殿护板灰有机组分的红外光谱及热裂解-气相色谱/质谱分析[J].文物保护与考古科学,2018,30(2):121-126.

[31] 姚依璇,黄亚珍,马颖,等.山西公主寺大雄殿水陆壁画制作材料与工艺研究[J].光谱学与光谱分析,2023,43(4):1155-1161.

[32] 王永进,纪娟,董少华,等.山西长子崇庆寺千佛殿彩绘泥塑贴金表面涂层的清洗研究[J].文物保护与考古科学,2020,32(6):40-44.

[33] 徐超.拉曼光谱技术在常见微量物证检验中的应用研究[D].兰州:甘肃政法大学,2022:30-37.

[34] 裔传臻.拉曼光谱在纸质文物研究中的应用[J].文物保护与考古科学,2018,30(3):135-141.

[35] 王洪敏,凡小盼,王青,等.重庆余家坝遗址出土战国青铜剑腐蚀产物的无损原位分析[J].光散射学报,2019,31(2):185-191.

[36] 胡林顺,曾庆光,温锦秀,等.上川岛青花彩瓷的光谱分析[J].光散射学报,2020,32(1):72-77.

[37] 王文轩,温睿,张悦,等.明代永宣时期景德镇御窑青花瓷"铁锈斑"的显微结构研究[J].光谱学与光谱分析,2023,43(1):190-197.

[38] 李曼,吴倩,黄富成,等.郑州商城书院街商代贵族墓地2号墓出土玉器科技分析[J].中原文物,2023(2):129-136,145.

[39] 郭思克,管杰,褚红轩,等.鲁国故城遗址出土蜻蜓眼玻璃珠的科学研究[J].文物保护与考古科学,2021,33(1):64-72.

[40] 王子尧,王娜,雷勇,等.无锡出土宋代绿鬓漆钵的制作工艺研究[J].文物保护与考古科学,2023,35(1):111-118.

[41] 何秋菊.一组古代丝织品上蓝色植物染料的分析鉴定[J].文物保护与考古科学,2012,24(3):59-66.

[42] 田江南.瓷青纸材料与工艺研究——以一张明代瓷青纸为例[D].北京:北京印刷学院,2023:27-28.

[43] 蔡梦玲,张美芳,张大海.西藏档案馆藏清朝圣旨所用纸张的检测与分析研究[J].档案学研究,2022(3):130-135.

[44] ZHOU L,SHEN D,HE J,et al. Multispectroscopic studies for the identification of archaeological frank-incense excavated in the under ground palace of Bao'en Temple, Nanjing: near infrared, midinfrared, and Raman spectroscopies[J]. J Raman Spectrosc, 2012, 43(10): 1504-1509.

[45] 黄建华,杨璐,余珊珊.中国文物彩绘常用胶料的显微共聚焦拉曼光谱特征研究[J].光谱学与光谱分析,2011,31(3):687-690.

[46] 尤贵媚,章文杰,曹振伟,等.故宫奉先殿清初彩画颜料成分分析[J].光谱学与光谱分析,2022,42(6):1874-1880.

[47] 刘照军,王继英,王文佳,等.中国古建筑石灰灰浆的光谱分析技术[J].光散射学报,2016,28(1):45-50.

[48] 麻慧.大同地区寺观壁画常用颜料的拉曼光谱分析[J].文物鉴定与鉴赏,2021(14):96-98.

第 3 章

显微形貌分析

  对文物进行科学保护的第一步是认识文物本体。在认识文物过程中，显微形貌观察是不可或缺的方法和手段，它能够提供肉眼不能分辨的信息，帮助人们深入了解文物的微观世界。文物显微形貌观察主要采用光学显微镜和电子显微镜。光学显微镜可以观测文物表面细微的结构信息，是文物检测中最基础的检测手段，根据观测对象和原理不同可分为体视显微镜、偏光显微镜、金相显微镜、超景深显微镜等。电子显微镜可观察到纳米级的极细微组织形貌与特征，按照结构和用途主要有透射电子显微镜、扫描电子显微镜等。

3.1 体视显微镜

3.1.1 光学原理

体视显微镜是利用光学原理,把人眼所不能分辨的微小物体放大成像,以供人们提取微细结构信息的光学仪器(图 3-1)。其原理是通过光学系统将微小物体所成的像放大后,由双目显微镜中两组同样的成像光路,获得具有立体感觉的清晰图像。体视显微镜主要用于观察物体的表面形貌及组织结构,具有大景深及高分辨力等优点,又称实体显微镜。

3.1.2 仪器类型

体视显微镜按结构形式可分为连续变倍型、有级变换型、物镜卸换型三种,按照技术性能可分为普及型与高性能两种。

3.1.3 特点分析

作为文物保护修复中最常用的放大手段,体视显微镜对于文物简单的放大需求都可以满足,特殊放大需求或观察特殊材质则需使用其他显微镜。体视显微镜的特点是被测样品无须进行前处理,直接放入镜头下配合照明即可观察;样品大小亦无过多限制,尺寸较大的样品可使用悬臂式或可移动式体视显微镜。

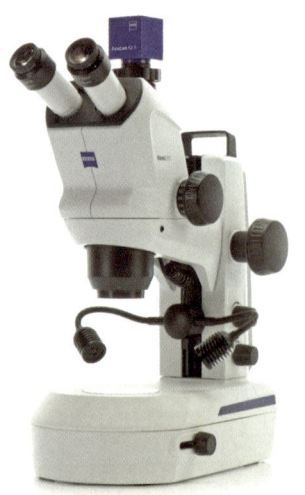

图 3-1　体视显微镜外观图

> **研究案例**

付永海等借助体视显微镜(CHANGFANG/XSP-12CE)对南京大报恩寺遗址出土玻璃瓶上掉落的碎片进行了显微形貌分析,根据 50 倍的显微照片,发现样品为玻璃表面的风化层,基本没有玻璃瓶基体(图 3-2)。从放大 200 倍的样品截面观察可知,玻璃风化层厚度较为均匀,截面大致分为三层,其中最外层为表面污染物(图 3-3)。

张彤等借助体视显微镜（Olympus SZX16）对清宫藏庆成灯角片的彩绘颜料进行了形貌观察，发现中号 1 角片颜料颗粒较粗，且较为致密，分层绘制而成，叠压关系明显，最底层为金色散落颗粒，其上分别绘制白色、红色、蓝色、绿色颜料，与正面观察到的颜料绘制关系正好相反（图 3-4）。同样中号 2 角片、大号角片具有相同的特征，均为单层颜料，反向绘制而成。中号 2 角片龙身处颜料颗粒、胶结物和污染物融为一体，已看不清颜料颗粒的真实状态（图 3-5）。

图 3-2　风化层的显微照片（50×）

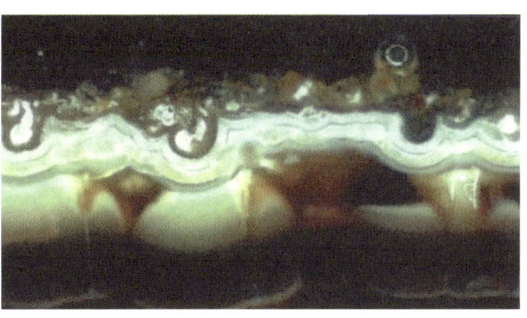

图 3-3　风化层的显微照片（200×）

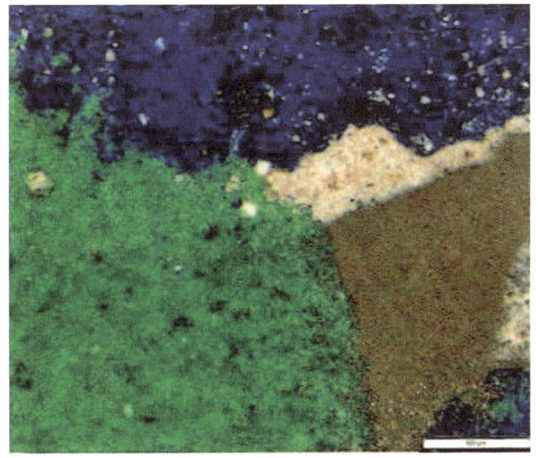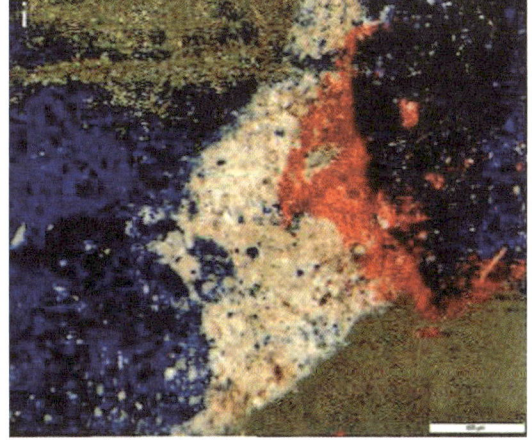

图 3-4　中号 1 角片颜料显微观察（50×）

图 3-5　中号 2 角片颜料显微观察（50×）

陈虹等借助体视显微镜（Olympus SZX16）对乌兰木伦遗址第一地点 2010 年试掘出土的部分石器进行了微痕分析，结果显示不少石器是经过使用的，个别石器还经过装柄，加工对象以动物性物质为主，并据此提出处理肉类可能是乌兰木伦第一地点主要的作用任务之一，特别是剥皮和从骨头上剔肉两种动作（图 3-6）。

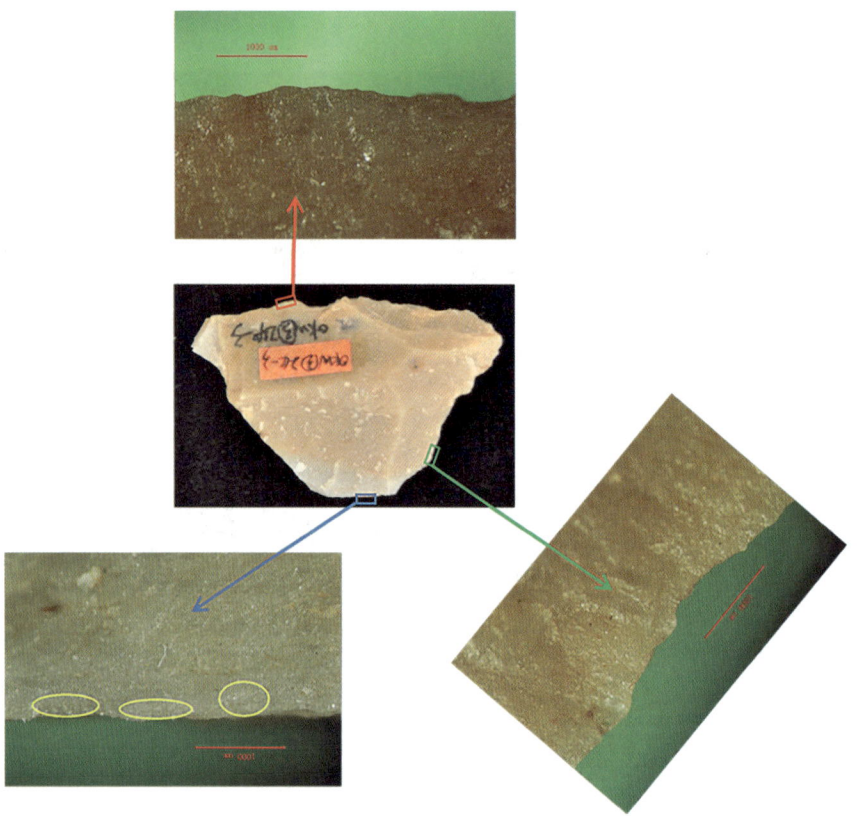

图 3-6 标本 OKW24-3 的使用微痕与装柄微痕

3.2 偏光显微镜

3.2.1 光学原理

偏光显微镜是鉴定物质细微结构光学性质的一种显微镜（图 3-7），通过将普通光改变为偏振光进行检验，以鉴别某一物质是单折射性（各向同性）或双折射性（各向异性），用于研究透明与不透明各向异性材料。偏光显微镜最初主要用于研究矿物与岩石的薄片，其构造比体视显微镜更为复杂，最主要的区别是装有两个偏光镜。其中一个偏光镜在载物台之下，称下偏光镜（起偏镜）；另一个在物镜之上的镜筒中，称上偏光镜（分析镜）。两者透过偏光的振动面通常是互相垂直的。双折射性是晶体的基本特性，凡具有双折射的物质，都可利用偏光显微镜进行分析研究。

3.2.2 仪器类型

偏光显微镜类型较多，但总体构造基本相似，主要分类有双目型偏光显微镜、数码型偏光显微镜和透反射偏光显微镜。

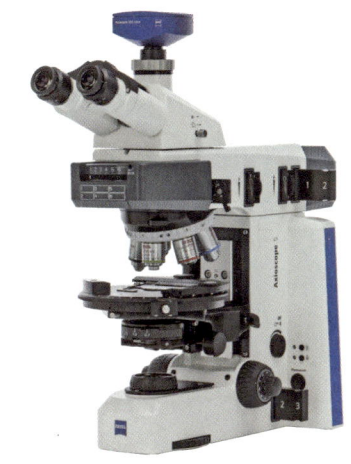

图 3-7　偏光显微镜外观图

3.2.3 特点分析

偏光显微镜已成为对具有双折射性物质进行研究鉴定的必备仪器，可做单偏光观察、正交偏光观察和锥光观察，在古陶瓷、壁画等文物的分析研究中具有重要应用；可以进行岩相薄片分析，观察陶胎薄片中黏土组成、颗粒、包含物、空隙的大小和形状、矿物类型与分布状况，通过定性和定量的方法统计各种颗粒的特征与含量，分析陶器制作时的陶土配方、陶胎组成、制作工艺、烧制信息等；还可以通过颜色、晶体形状、大小范围、折射率和偏振颜色来验证拉曼光谱或元素分析的结果。古代颜料多为矿物颜料，矿物的双折射性可以通过偏光显微镜加以区分，故偏光显微镜在壁画颜料分析研究中应用更为广泛。偏光显微镜观察的样品需要进行前处理，在开展陶胎岩相薄片显微分析之前，先要对陶器或陶胎样品进行切片，制成 30 μm 厚的光薄片样品。制样步骤主要包括选样、切割、修整、粘合、切片、打磨、抛光、检查、封盖等。

研究案例

张尚欣等对秦陵 K9901 坑出土的一件百戏俑陶片进行了岩相薄片分析，使用偏光显微镜对 10 个陶片的岩相薄片样品进行了观察（图 3-8）。研究结果表明，样品陶片在还原气氛下烧成，但曾在氧化气氛下焙烧；陶片物质组成以砂质黏土和人工添加的砂屑为主，砂屑以石英、长石、岩屑等为主。不同部位砂屑的含量不同，就所观察的样品来看表层陶片砂屑的含量少于内部陶片砂屑的含量。陶胎胎体较为致密，空隙较小，空隙含量在 1%～2%。这些信息为人们科学认知秦陵百戏俑的制作材质和工艺及相关文物保护工作提供了重要信息，同时表明岩相分析法可以在古代陶俑、陶器研究中发挥独特作用，以便更好地揭示陶俑、陶器所蕴藏的重要信息。

黄亚珍等对西藏扎什伦布寺壁画颜料进行了研究，在拉曼光谱分析的基础上，为确认样品 z2 的蓝色颜料是天然颜料或人工合成颜料，剥取部分颜料颗粒，采用偏光显微镜（LeicaDM2700P）进行观察，单偏光下蓝色颜料颗粒大小均匀，边缘光滑圆润，可判断为人工合成群青（图 3-9）。

蔡苗苗等对唐慕容智墓出土的陶质彩绘文物颜料进行了分析，为进一步验证拉曼光谱分析结果，采用偏光显微镜（LeicaDM4500P）对蓝色染料进行偏光分析。结果表明，蓝色染料在单偏光下无晶体边缘，色彩呈晕染状由浅蓝至深蓝变化，或呈蓝色偏绿；在正交偏光下，有个别颗粒显示弱的 4 次消光现象，深色则似全消光（图 3-10）。这具有明显的有机蓝特征，进一步确定蓝色染料为靛蓝。

张尚欣等对秦陵建筑基址壁画上黑色彩绘颜料进行了分析。在拉曼光谱分析和扫描电镜分析的基础上，采用偏光显微镜（Leica DMLSP）对黑色颜料黑铜矿（CuO）进行偏光显微分析表征，样品在单偏光下呈小黑色颗粒聚集状，在正交偏光下全消光（图 3-11）。颜料颗粒直径集中在 8.9～18.7 μm 之间，其中大颗粒约为 134.4 μm、小颗粒约为 11.4 μm。

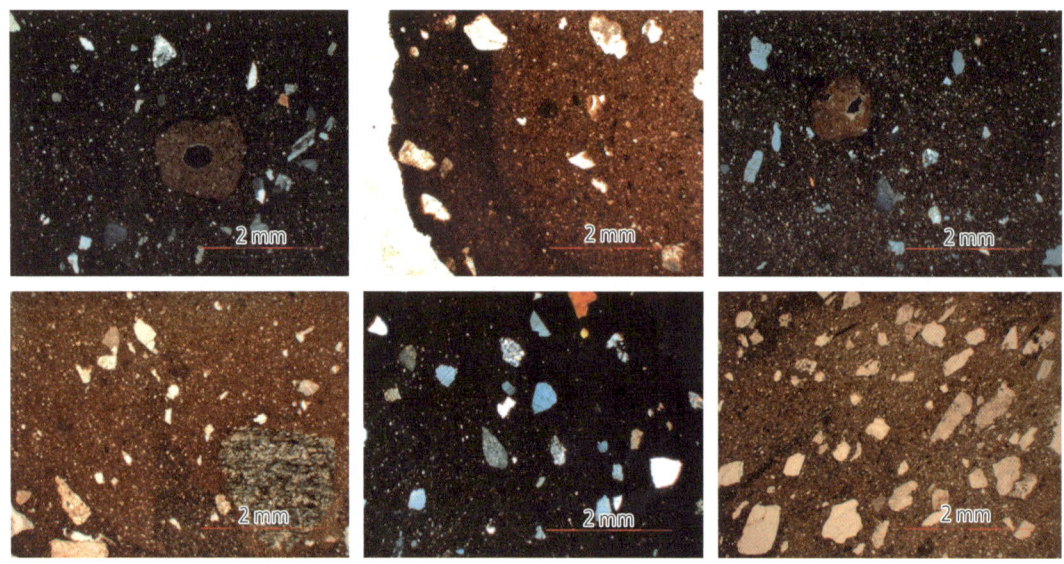

图 3-8　部分陶片岩相薄片的偏光显微分析照片

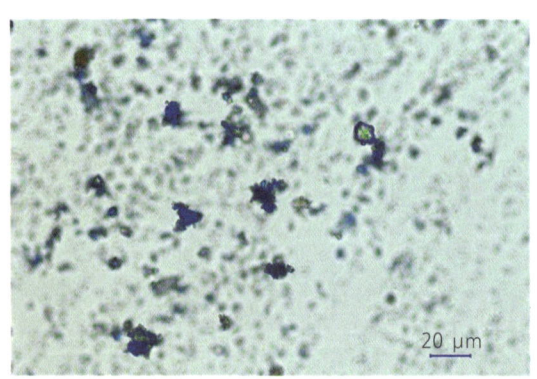

图 3-9　z2 人工合成群青颜料（单偏光 200×）

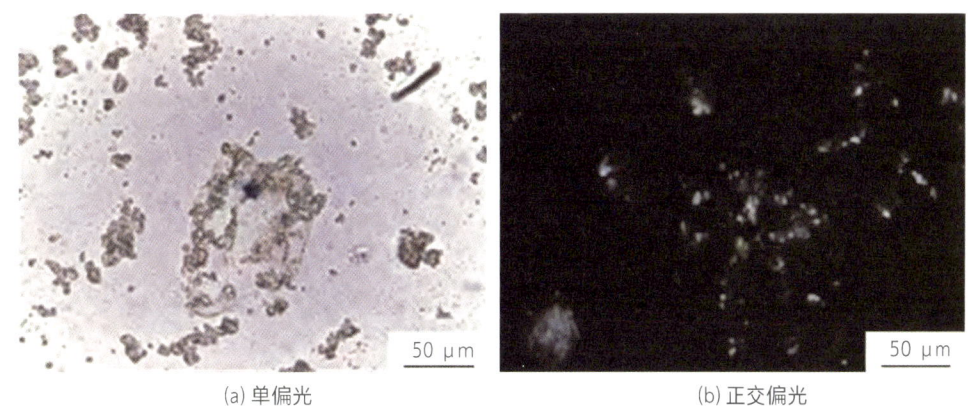

图 3-10 蓝色染料的偏光照片

(a) 单偏光　　(b) 正交偏光

(a) 单偏光　　(b) 正交偏光

图 3-11 黑色颜料偏光显微照片

3.3 金相显微镜

3.3.1 光学原理

金相显微镜又称光学金相显微镜，是观察金属及其合金组织结构的仪器，由照明系统、物镜系统和目镜系统三个部分组成。金相显微镜工作时的照明方式主要有明场和暗场照明两种。明场照明是金相分析中常用的一种照明方式。垂直照明器将来自光源的水平方向光线转成垂直方向的光线，再由物镜将垂直或近似垂直的光线，照射到金相试样平面，然后由试样表面上反射来的光线，又垂直地通过物镜给予放大，最后由目镜再予以第二次放大。如果试样是一个镜面，那么最后的映像是明亮一片，试样的组织将呈黑色映像衬映在明亮的视域内，因此称为"明场照明"。暗场照明的光线经聚光镜获得平行光束，经环形光阑后变成环形光束，再由暗场环形反射镜垂直反射。环形光线不经物镜而直接照射到罩在物镜外面的曲面反射镜上，再以极大的倾角反射到试样表面上。当试样表面为平整镜面时，射到试样上的光线仍以极大的倾角反射回来，它们不通过物镜，故目镜筒内看到一片黑暗；如果试样表面有凹凸不平的显微组织或夹杂物时，会造成光线的漫反射，部分漫反射光线通过物镜，使黑暗的背景上显示出明亮的映像。

3.3.2 仪器类型

金相显微镜在宏观上可以分为正置金相显微镜和倒置金相显微镜两大类。正置金相显微镜的物镜在载物台上面，工件放在载物台上，是一种常见的观察方式。倒置金相显微镜的物镜在载物台下面，工件需要倒扣在载物台上进行观察。

3.3.3 特点分析

金相显微镜主要应用于反光材料上，用以鉴别和分析各种金属及合金的组织结构、形貌、夹杂物形态等；还可用于材料的质量鉴定、失效分析、原材料的检验或金属材料热处理后显微组织的分析等。目前数码金相显微镜已经普及，在金属文物保护领域被广泛应用，主要用于观察金属文物及其腐蚀产物的金相。金相显微镜观察的样品需要前处理，常规制样流程为镶嵌、打磨、抛光、浸蚀，样品可重复利用。

研究案例

胡飞等利用倒置式金相显微镜（Zeiss Axiovert.A1）对青岛城阳财贝沟东周墓出土的11件青铜器样品进行了金相分析。结果表明，11件青铜器，包括铜鼎、铜敦、铜舟、铜壶及铜盘，均是铸造成型，金相组织基本为α固溶体树枝晶偏析明显，（$\alpha+\delta$）共析体数量多、形态细小，有的呈岛屿状分布，也有互连成网络状分布，有的夹杂有自由铜晶粒，晶间多存在铸造缩孔和夹杂物，晶间锈蚀严重，且分布有大量大小不一的铅颗粒（表3-1、图3-12）。

表 3-1 青岛城阳财贝沟墓地出土青铜容器的金相组织、材质及工艺

器物名称	出土编号	金 相 组 织	材质及工艺
铜鼎	M7:1	α固溶体树枝晶偏析明显，($\alpha+\delta$)共析体数量多，呈岛屿状分布，晶间存在少量缩孔和夹杂物，锈蚀严重，分布有大量铅颗粒	锡铅青铜铸造
铜鼎	M7:2	α固溶体树枝晶偏析明显，($\alpha+\delta$)共析体数量多，呈岛屿状分布，存在不少铸造缩孔，锈蚀严重，分布有大量铅颗粒	铅锡青铜铸造
铜盘	M7:3	α固溶体树枝晶偏析明显，($\alpha+\delta$)共析体数量多，呈岛屿状分布，晶间有大量缩孔和夹杂物，锈蚀严重，分布有大量铅颗粒	铅锡青铜铸造
铜壶	M7:6	α固溶体树枝晶偏析明显，($\alpha+\delta$)共析体数量多，呈岛屿状分布，晶间有不少缩孔和夹杂物，锈蚀严重，分布有大量铅颗粒	铅锡青铜铸造
铜敦	M7:7	α固溶体树枝晶偏析明显，($\alpha+\delta$)共析体数量多、形态细小，呈岛屿状分布，夹杂有自由铜晶粒，存在不少铸造缩孔，锈蚀严重，分布有大量铅颗粒	铅锡青铜铸造
铜舟	M7:8	α固溶体树枝晶偏析明显，($\alpha+\delta$)共析体数量多，呈岛屿状分布，晶间有不少缩孔和夹杂物，锈蚀严重，分布有大量铅颗粒	锡铅青铜铸造
铜敦	M7:9-1	α固溶体树枝晶偏析明显，($\alpha+\delta$)共析体数量多、形态细小，呈现岛屿状分布，晶间有不少缩孔和夹杂物，锈蚀严重，分布有大量铅颗粒	锡铅青铜铸造
铜敦	M7:9-2	α固溶体树枝晶偏析明显，($\alpha+\delta$)共析体数量多、形态细小，呈现岛屿状分布，夹杂有自由铜晶粒，晶间有不少缩孔和夹杂物，锈蚀严重，分布大量铅颗粒	锡铅青铜铸造
铜舟	M8:7	α固溶体树枝晶偏析明显，($\alpha+\delta$)共析体数量多、形态细小，呈现岛屿状分布，晶间有不少缩孔和夹杂物，锈蚀严重，分布有大量铅颗粒	铅锡青铜铸造
铜敦	M13:4	α固溶体树枝晶偏析明显，($\alpha+\delta$)共析体数量多，互连成网络状分布，晶间有不少缩孔和夹杂物，夹杂有自由铜晶粒，锈蚀严重，分布有大量铅颗粒	铅锡青铜铸造
铜盘	M16:2	α固溶体树枝晶偏析明显，($\alpha+\delta$)共析体数量多，互连成网络状分布，晶间有不少缩孔和夹杂物，锈蚀严重，分布有大量铅颗粒	锡铅青铜铸造
铜鼎	M16:6	α固溶体树枝晶偏析明显，($\alpha+\delta$)共析体数量多，互连成网络状分布，晶间有不少缩孔和夹杂物，锈蚀严重，分布有大量铅颗粒	铅锡青铜铸造

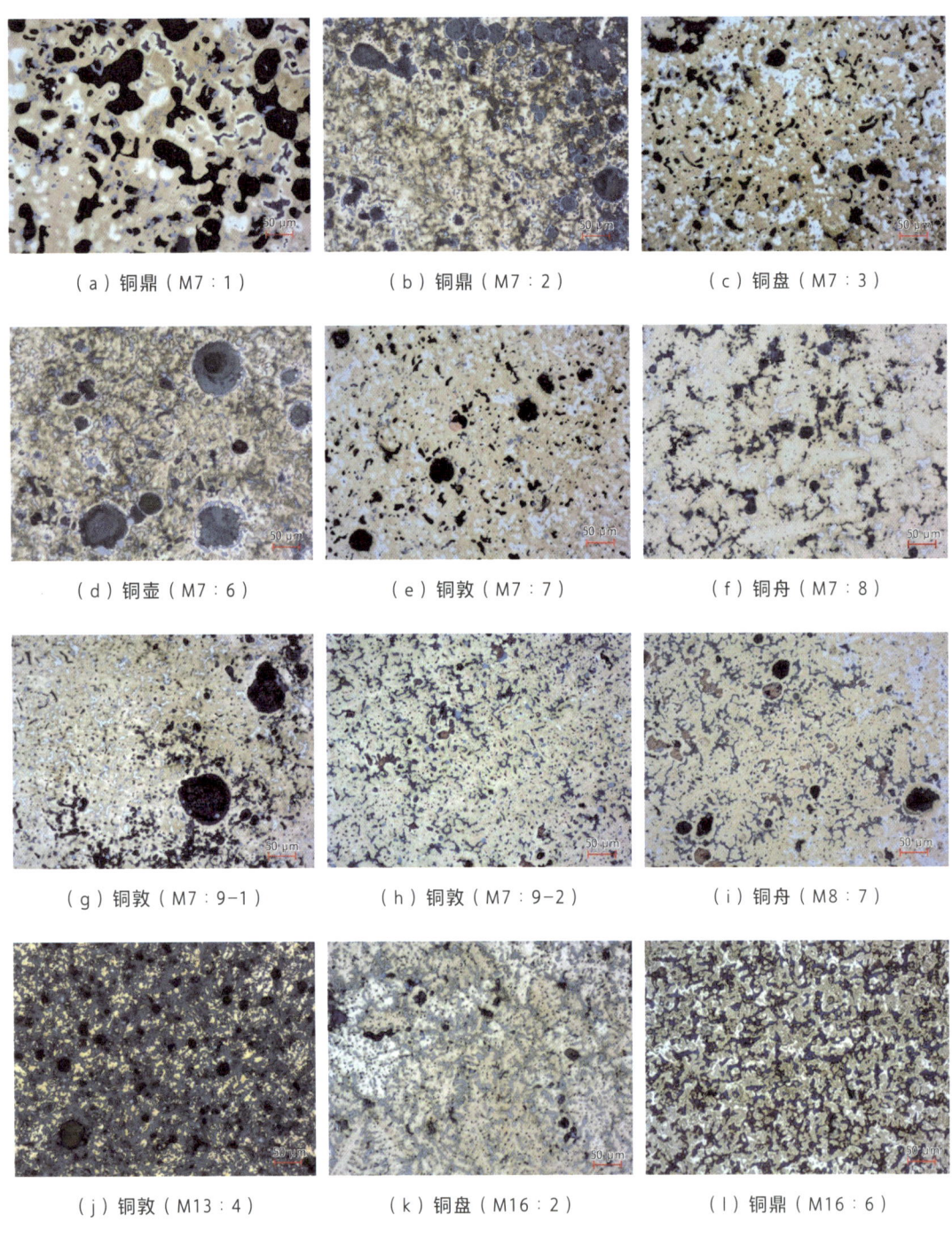

图 3-12　青岛城阳财贝沟东周墓出土青铜器金相组织

石晶晶对西安古桥遗址出土的两件大型铸铁件进行了分析。结果表明，渭河古桥遗址出土的大型铸铁件样品组织为灰口铁，基体为粗片状和球状分布的珠光体及铁素体，石墨条多呈黑灰色条状 A 型和 B 型混合分布，石墨片长度在 100 倍显微镜下为 12～25 mm，石墨长度为 4 级，夹杂物较小且分散（图 3-13）。涝渭河古桥遗址出土的大型铸铁件样品组织为过共晶白口铁，一次粗大渗碳体和莱氏体共晶组织，夹杂物数量少，呈长条形分布（图 3-14）。

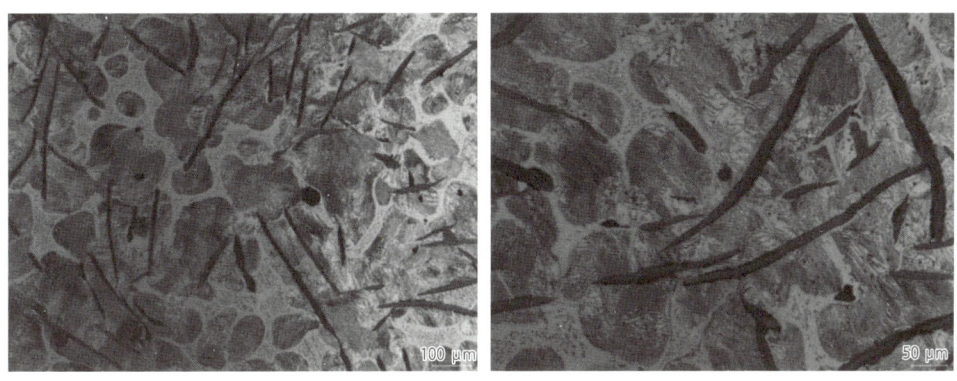

图 3-13　渭河古桥遗址出土大型铸铁件金相组织

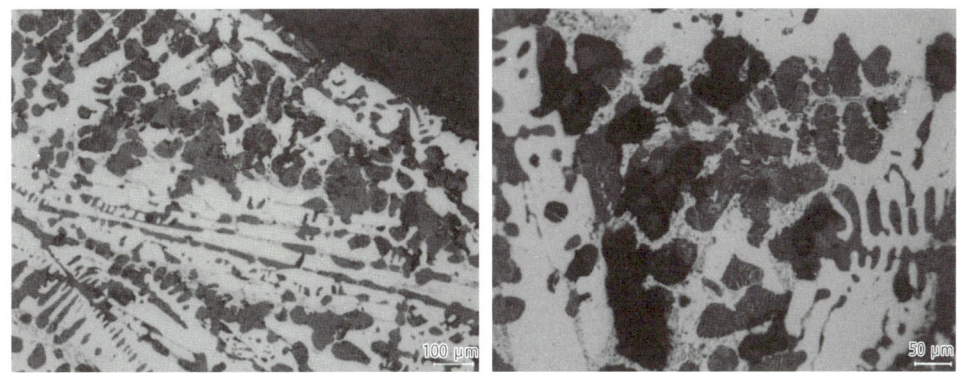

图 3-14　涝渭河古桥遗址出土大型铸铁件金相组织

3.4　超景深显微镜

3.4.1　光学原理

超景深光学显微系统是精密的光学仪器，它将光学显微镜技术、光电转换技术、数字转换技术、图像显示与处理技术等结合在一起，具有高分辨率和超大景深，放大倍率可达上千倍，在观察物体时可对其进行局部放大、拍摄及测量等，通过改变景深还能将不同平面的图像清晰叠加至一张图片上，打破了传统光学显微镜的景深限制（图3-15）。使用超景深显微镜除可以观察薄而透明的材料外，还可以观察表面起伏的不透明样品，同时将高质量的图像实时呈现在显示器屏幕上，弥补了传统光学显微镜只能通过目镜观察的短板。

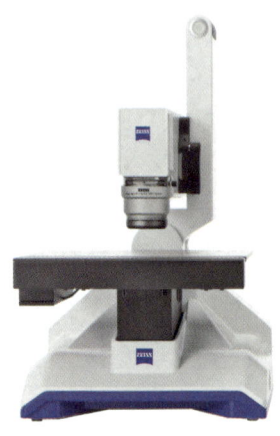

图 3-15 Smartzoom 5 智能三维数码显微镜

与体视显微镜相比，超景深显微镜不仅具有更高的放大倍率，通过配套软件还可以实现样品表面三维复原、实时测量等拓展功能，使用范围更加宽广。

3.4.2 仪器类型

目前，市面上常见的超景深显微镜有日本 Keyence（基恩士）公司的 VHX 系列、Hirox（浩视）公司的 RH 系列、Olympus（奥林巴斯）公司的 DSX 系列以及德国 Leica（徕卡）公司的 DVM 系列、Zeiss（蔡司）公司的 SMARTZOOM 系列等。

3.4.3 特点分析

在文博领域，超景深显微镜的应用主要集中在文物表面及剖面的观察、显微照片拍摄、尺寸数据测量等方面，进而可以对比、推断文物当时的制作工艺等。超景深显微镜大样品台对文物外形限制小，对样品材质亦无过多限制，样品无须前处理。通过不同照明方式以及照明适配器的组合，超景深显微镜也可以实现类似偏光显微镜和金相显微镜的观察效果。此外，相比其他类型的显微镜，超景深显微镜的一体化、自动化程度更高，操作起来更加方便、省力。

研究案例

高守雷等使用超景深三维数字显微镜（Hirox RH-2000），分析了辽宁省朝阳市德辅博物馆采集于内蒙古赤峰市海拉苏红山文化遗址的两块矿物颜料样品。从放大 100 倍后的显微结构上看，样品 YS1 表面十分不规整，有明显的划痕（图 3-16）；样品 YS2 表面明显可见密集的卵圆形颗粒分布于基体之上，有些颗粒已经脱落，留有圆形凹痕，还有些颗粒被磨平，尚有部分嵌于基体之上（图 3-17）。微观图像进一步证实这两块矿物颜料均经过人工研磨。

韩飞采用超景深显微镜（Keyence VHX-3000），对甘肃张家川马家源战国墓地出土的绿松石珠进行了显微放大观察（图 3-18），初步探讨加工制作工艺。通过在超景深数码显微镜下对绿松石珠的微痕分析，认为这批绿松石珠应是利用边角余料，甚至直接利用大件绿松石器物制作过程中的孔芯，初步加工成直径 2~3 mm、有一定长度的圆柱体，再使用直径 1 mm 的微型金属管钻，配合解玉沙对穿打孔，打孔完成后使用高速旋转的砣具，以 1 mm 为标准线切削成型，再经过精细抛光打磨而成。

秦威威等采用超景深显微镜（Keyence VHX-7000）对牧溪《布袋和尚》修补用纸进行了显微放大观察（图 3-19）。其把书画原件的纤维形貌与修补用纸的纤维形貌进行对比分析，寻找到与原件相对最为接近或一致的修复用纸，获得匹配度相对较高的现代桑皮纸来对《布袋和尚》这一作品进行较好的修复。

陈虹等采用超景深显微镜（Keyence VHX-5000）对江苏凤凰山遗址出土磨制石器进行了微痕分析，通过功能研究推测其可能的使用方式和加工对象。获得诸多肉眼不可知的结论如下：石锛和石凿主要用于木材加工，石斧主要用于砍砸中-硬性物质（如木或骨），石铲主要用于掘土，石刀的形制与使用方式较为多样（图 3-20），石镞的主要使用方式确为投射（图 3-21），砺石则主要用于磨制

图 3-16　YS1 表面光学显微镜像（100×）

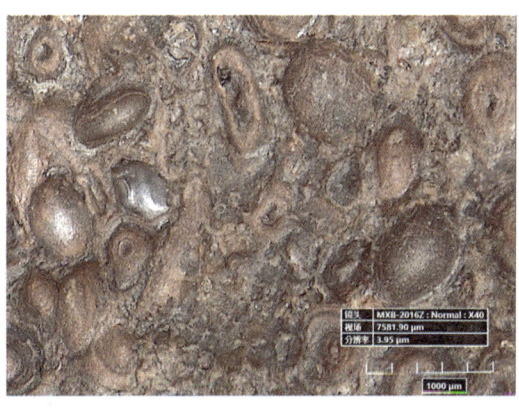

图 3-17　YS2 表面光学显微镜像（100×）

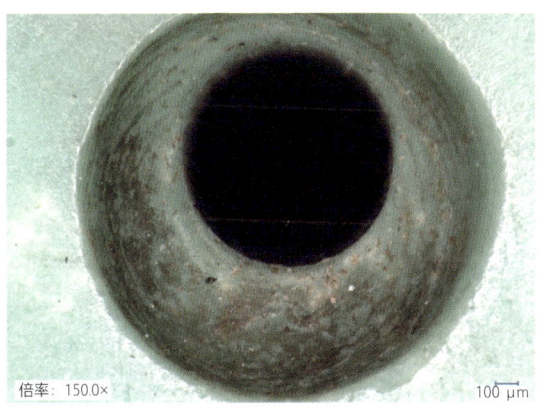

图 3-18　绿松石珠钻孔内壁螺旋凹纹

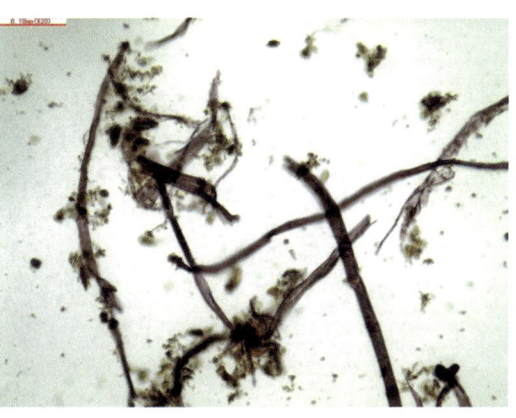

图 3-19　牧溪作品《布袋和尚》纸张纤维观察

加工多种材料。该研究对凤凰山遗址出土各类磨制石器的用途以及当时人类的生产活动有了初步认识,丰富了我们对中国南方早期遗址的认识,相关图像及数据为今后从石器角度理解史前遗址及湖熟文化的内涵奠定了重要基础。

(a) A面 200× 圆顶状光泽　　(b) B面 200× 圆顶状光泽

(c) A面 150× 圆顶状光泽　　(d) B面 50× 光泽

图 3-20　石刀 T5G1 ⑥ : 1 的微痕

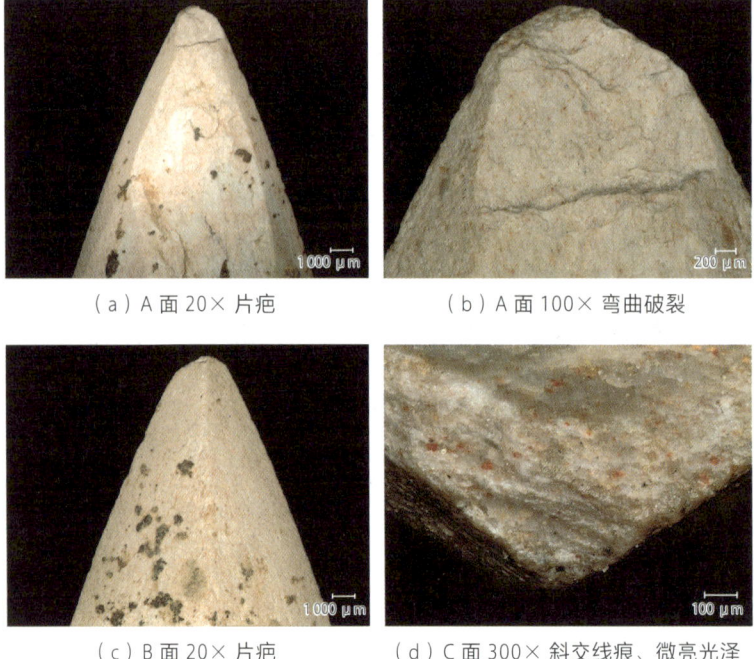

(a) A面 20× 片疤　　(b) A面 100× 弯曲破裂

(c) B面 20× 片疤　　(d) C面 300× 斜交线痕、微亮光泽

图 3-21　石镞 T2 ④ : 1 的微痕

3.5 电子显微镜

3.5.1 光学原理

电子显微镜是一种用电子束代替光学显微镜的光束来放大样品图像的显微镜,具有高分辨率和放大倍数,是观察和研究亚微观世界的重要工具(图 3-22)。电子显微镜的工作原理同光学显微镜相似,但前者利用电子束和电子透镜代替了光束和光学透镜。电子的行为同光波相似,但是其波长较光波的波长小很多,这就使得电子显微镜的分辨率大大提高,可观察到纳米级的极细微组织形貌与特征。

3.5.2 仪器类型

电子显微镜按照结构和用途主要分为透射电子显微镜、扫描电子显微镜、扫描隧道电子显微镜和原子力显微镜等,前两者在文物材料检测中应用较多。

图 3-22 电子显微镜外观图

3.5.3 特点分析

1）透射电子显微镜

透射电子显微镜（TEM）以聚焦电子束作为照明光源，通过电子束与样品作用产生的透射电子束或衍射电子束，经电磁透镜放大所形成的图像来分析样品内部的显微组织结构。电子透射样品后，将与样品内部原子发生相互作用，从而改变其能量及运动方向。不同结构的样品与电子有不同的相互作用，从而获得不同的结构信息。由于电子束的穿透力较弱，透射电镜的样品需制作成厚度小于 100 nm 的超薄切片。透射电镜由于具有可获得高分辨率、高放大倍数图像的优势，能够进行金属、陶瓷、壁画样品的形态观察。

2）扫描电子显微镜

扫描电子显微镜（SEM）的原理是依据电子与物质的相互作用。当一束高能的入射电子轰击物质表面时，被轰击区域将会产生二次电子、背散射电子、透射电子、俄歇电子、特征 X 射线等各种信号，采用不同的信息检测器，对这些激发出来的信号经分别收集、放大，就能得到各种相应信息，从而对样品进行分析。如对二次电子、背散射电子的采集后得到有关物质微观形貌的信息；对 X 射线的采集，可得到物质化学成分的信息。扫描电子显微镜具有放大倍数高且连续可调、景深大、成像富有立体感等特点，便于直接观察各种试样表面的三维立体结构。扫描电子显微镜-X 射线能谱（SEM-EDS）分析技术是最常用的联用技术，是集显微形态观察和微区元素分析于一体的现代分析技术，目前已经广泛应用于文物材料检验领域。

研究案例

张玉芝等使用透射电子显微镜（JEOLJEM-2100）对氢氧化镁-凹凸棒土复合材料进行了观察。结果显示，凹凸棒土为纳米棒状结构，直径约为 20 nm，分散良好，$Mg(OH)_2$-凹凸棒土复合物棒状结构及氢氧化镁团状结构交错，表明一部分氢氧化镁负载到凹凸棒土表面或孔道当中，另有一部分与凹凸棒土混合在一起（图 3-23）。这种复合材料可以应用于纸张脱酸，性能优越，脱酸后纸张性能明显增强，有利于实现保护纸质文物的目的。

陈晖等使用扫描电子显微镜对湖北盘龙城和河南郑州商城出土的陶器进行了初步的显微观察，结果表明盘龙城和郑州商城出土陶器生产差异明显。夹砂灰陶鬲和泥质灰陶大口尊等是郑州商城的典型器，其烧成温度较高，黏土已经收缩形成较多圆形孔隙。而盘龙城鬲多为红色，泥质陶尽管外表多有一层黑衣，但胎也多为红色，其黏土结构依然保留，未明显开始收缩，烧成温度明显低于郑州商城所出同类器（图 3-24、图 3-25）。结合其他陶器薄片的显微观察分析，该研究推断盘龙城典型的印纹硬陶（原始瓷）或来自长江中下游地区，但同时盘龙城也可能存在少量在本地生产的模仿器，并且周边有纯度不高的高岭土来源。

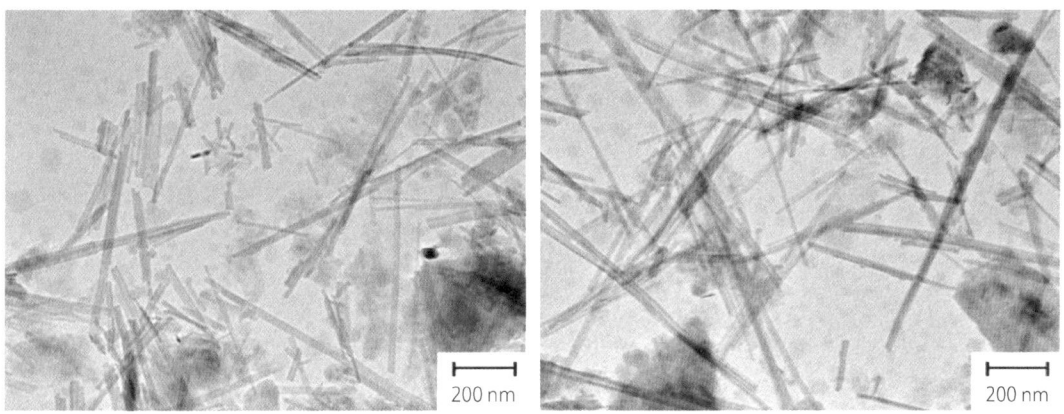

(a)处理后的凹凸棒土

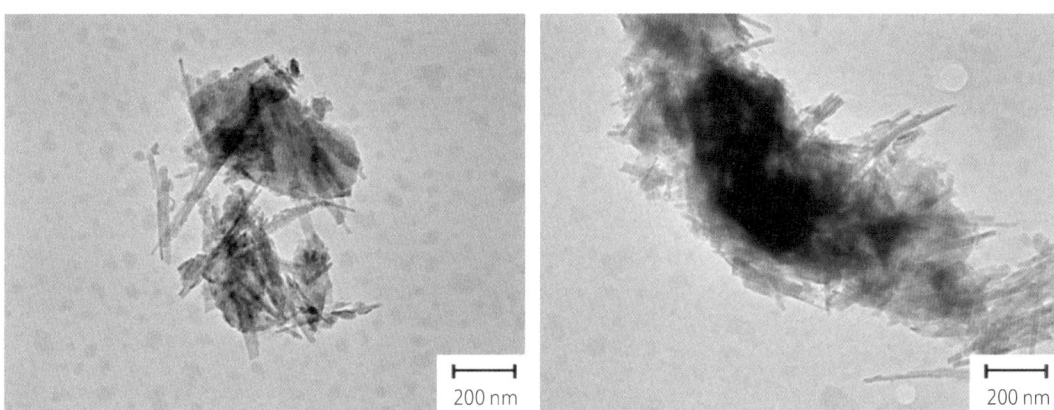

(b) Mg(OH)$_2$-凹凸棒土复合物

图 3-23　Mg(OH)$_2$-凹凸棒土透射电子显微镜图片

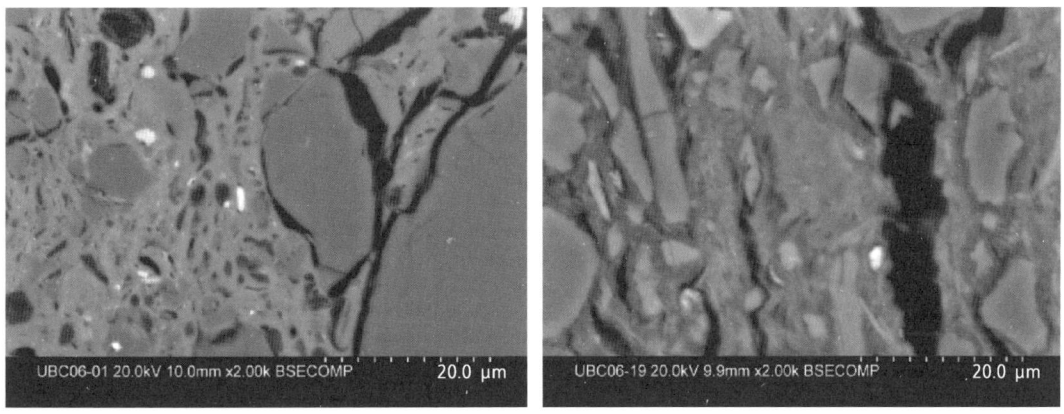

(a) 97ZZH09：25　　　　　　　　　　(b) 2014HPQ1712T1013③：24

图 3-24　郑州商城和盘龙城出土陶鬲薄片显微图

郭建波等使用扫描电子显微镜对三星堆遗址二号祭祀坑出土青铜器表面附着的纺织残留物样品进行了微观形态结构和表截面信息观察分析。从样品的扫描电镜图中可以看出，20SXD-K2：02 显现出清晰的纺织结构、表面和截面形态信息，纤维表面平整、截面呈三角形，与现代桑蚕丝的截面形态一致（图 3-26～图 3-28）。K2 ③：32、20SXD-K2：34 因样品炭化或矿化严重，所以无法获取其表面信息，但还保留着清晰的截面形态，只能依其截面形态做出相应判断。截面显示有两两排列

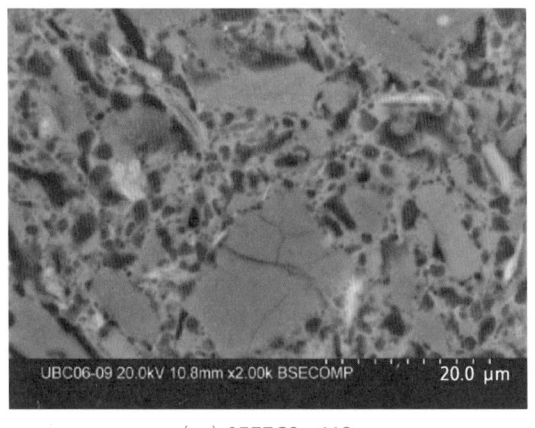

（a）97ZZG2：112

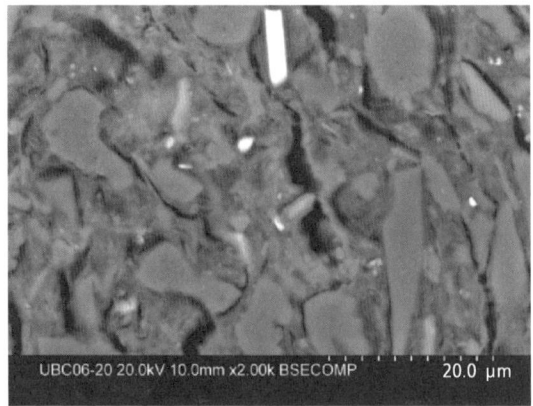

（b）2014HPQ1712T1013 ⑤：3

图 3-25 郑州商城和盘龙城出土大口尊薄片显微图

(a) 纺织结构形态

(b) 表面形态

(c) 截面形态

图 3-26 20SXD-K2：02 扫描电镜图

(a) 表面形态

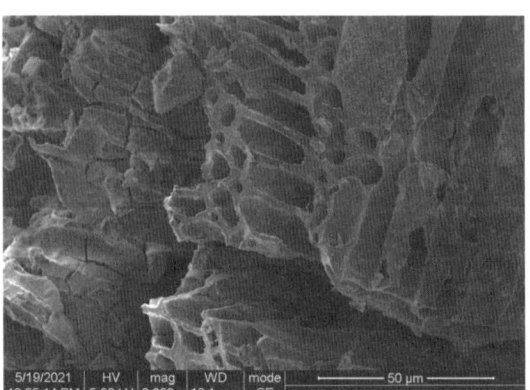

(b) 截面形态

图 3-27 K2 ③：32 扫描电镜图

在一起的直径为5～18 μm的三角形孔洞结构，且孔洞边缘非常平整干净，孔洞内因有机物流失已成空腔，这可能是炭化的结果。从这三件织物纤维微观形态可以看出，丝绸实物的表截面形态与炭化物的表截面形态存在很大差异，实物除了丝胶流失外，丝素还完全保留着与新鲜蚕丝相同的形态结构，炭化物只残留有空腔。通过对青铜器表面附着丝绸残留物的发现与研究，填补了古蜀时期蜀地纺织史研究的实物空白，实证了古蜀文明、三星堆文化的辉煌，对于三星堆文化、器物坑性质、祭祀形态、器物埋藏方式的解读与纺织工艺水平的研究都具有重要意义。

图3-28　20SXD-K2∶34扫描电镜图

周文丽等使用FEI Quanta 200 FEG环境扫描电子显微镜及EDAX Genesis能谱仪对河南桐柏围山遗址出土的坩埚和坩埚渣分别做3处面扫描，所得的平均成分作为其整体成分，另外使用Tescan Vega3扫描电子显微镜及Bruker XFlash 6160能谱仪，分析坩埚渣中硫化物和金属相的成分。结果显示，大部分坩埚含较多的夹杂物，最大的可达1～2 mm，其成分类似于基体，有的坩埚还夹杂有煤炭（TW02和TW13，图3-29）和木炭颗粒（TW09和TW11，图3-30）。制作坩埚的原料可能是含有较多杂质的高岭土。坩埚基体的烧结程度较高，坩埚内侧几乎未与炉渣融合，两者界限清晰。坩埚渣中均匀分布的白色夹杂物为石英颗粒（图3-31）。有的样品（TW03、TW06和TW07）中石英颗粒较少，有的样品（TW09、TW11和TW12）中石英颗粒较大、较多。大部分石英颗粒内部开裂，呈圆角的不规则形状，部分已熔入炉渣基体，TW04石英颗粒的边缘重新结晶出有棱角的细小晶体。有的样品的石英颗粒中夹杂富银相，TW01和TW02石英颗粒中发现Ag_2S颗粒，TW13石英颗粒中也发现2个富银颗粒，含银量分别为79.9%和96.5%（图3-32）。大部分坩埚渣中还发现少量铅冰铜

图3-29　坩埚TW02中的煤炭夹杂物

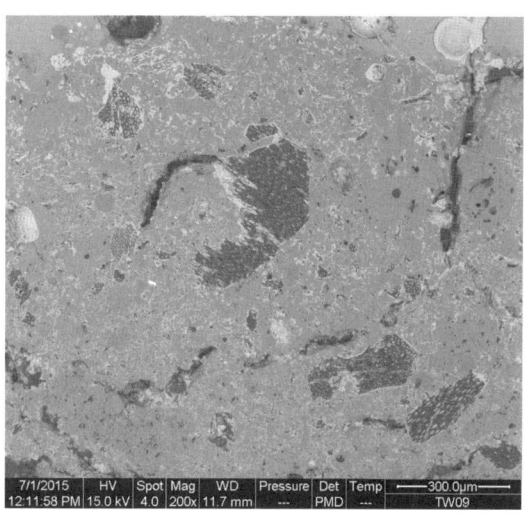

图3-30　坩埚TW09中的木炭夹杂物

和铅颗粒。铅冰铜主要含 FeS、PbS 以及 PbS-（Fe-Cu-S）交织相。TW03 中的 PbS-（Fe-Cu-S）交织相中除了 PbS 和 Fe-Cu-S 外，还有 Fe-Zn-S 相。有的铅冰铜中还存在细小的金属铁颗粒（图 3-33）。铅颗粒通常周围有一圈铅冰铜，铅颗粒的含铅量为 70%~94%（图 3-34）。通过综合分析，可以判定河南桐柏围山冶炼遗址系铁还原法坩埚炼铅（银）遗址，坩埚主要由掺有木炭或煤炭的高岭土类耐火原料制成。

图 3-31　坩埚渣 TW02 中的石英颗粒　　　　图 3-32　坩埚渣 TW13 石英颗粒中的富银相

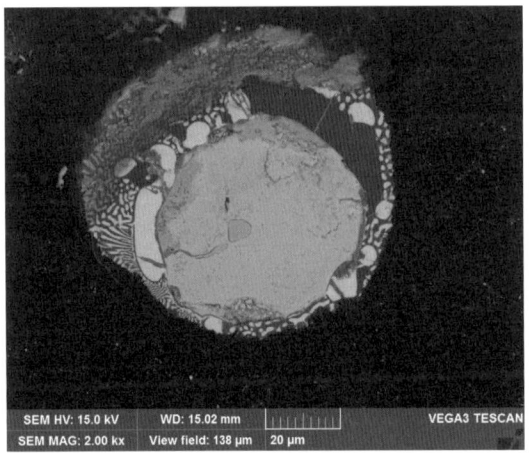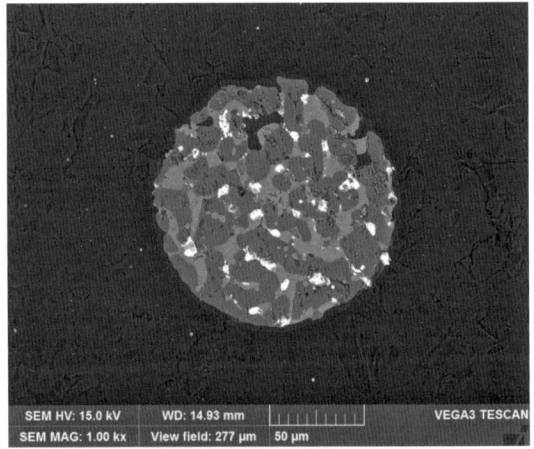

图 3-33　坩埚渣 TW06 冰铜颗粒　　　　　　图 3-34　坩埚渣 TW02 铅颗粒周围的铅冰铜

参考文献

[1] 蒋淑恋,郑伟峰,邓水发.体视显微镜物镜放大倍率误差校准方案设计[J].计量与测试技术,2020,47(4):67-69,72.

[2] 姚兴宇,陈姗姗.对体视显微镜检测方法的探讨[J].计测技术,2017,37(S1):76-77.

[3] 曾赤良,蔡琳,陈纲,等.基于嵌入式系统自动连续变倍视频显微镜[J].电子科技,2013,26(2):110-113.

[4] 付永海,席光兰.南京大报恩寺遗址出土玻璃瓶的实验室微型发掘研究[J].中国文物科学研究,2020(3):67-76.

[5] 张彤,康葆强,刘瀚文.清宫藏庆成灯角片彩绘颜料分析研究[J].中国文物科学研究,2020(2):88-96.

[6] CHEN H, HOU Y, YANG Z, et al. A preliminary study on human behavior and lithic function at the Wulanmulun site, Inner Mongolia, China[J]. Quaternary International, 2014(347): 133-138.

[7] 冯俊环.偏光显微镜在岩矿鉴定工作中的使用技巧和方法[J].甘肃科技,2019,35(5):22-24.

[8] 韩军,刘钧.工程光学[M].2版.北京:国防工业出版社,2016:2.

[9] 张尚欣,付倩丽,马宇,等.秦陵出土百戏俑陶片的岩相薄片分析[J].文博,2019(2):72-78.

[10] 黄亚珍,宋燕,郭巨文.西藏扎什伦布寺壁画的科学研究[J].光谱学与光谱分析,2022,42(8):2488-2493.

[11] 蔡苗苗,李明珂,马宇,等.唐慕容智墓出土陶质彩绘文物颜料分析[J].陶瓷学报,2022,43(3):492-500.

[12] 张尚欣,张卫星,付倩丽,等.秦陵建筑基址壁画材质及制作工艺的初步研究[J].文物保护与考古科学,2021,33(6):20-27.

[13] 李慧,刘建华,杨猛,等.用数码金相显微镜拍摄高质量金相照片的技术要点[J].理化检验(物理分册),2019,55(5):321-325.

[14] 胡飞,张涛,曹琼文,等.青岛城阳财贝沟东周墓出土青铜容器的成分与金相分析[J].有色金属(冶炼部分),2023(3):149-158.

[15] 石晶晶,赵凤燕,李秀辉.西安古桥遗址出土汉代大型铸铁件的分析研究[J].文博,2019(6):91-97.

[16] 滕昭玉.超景深光学显微系统在文博领域的应用现状和展望[J].科技创新与生产力,2022(2):125-127.

[17] 高守雷,张童心.德辅博物馆馆藏矿物颜料的科技分析[J].吉林师范大学学报(人文社会科学版),2020,28(1):47-52.

[18] 韩飞.甘肃张家川马家塬战国墓地出土绿松石珠微痕研究[J].文博,2019(2):35,69-71.

[19] 秦威威,王敏,司红伟.牧溪《布袋和尚》修补用纸的选择及匹配度分析[J].文物保护与考古科学,2022,34(2):62-68.

[20] 陈虹,沈易铭,徐征,等.江苏丹阳凤凰山遗址磨制石器功能初步研究:基于微痕分析的证据[J].江汉考古,2021,184(1):115-123.

[21] CHEN H, XUE L, CHEN R, et al. A functional study of ground stone tools from the Bronze Age site of Dingjiacun in South China: Based on use-wear evidence[J]. Journal of Archaeological Science: Reports, 2021(40): 103215.

[22] 凌雪,吴萌蕾,廖原,等.文物研究与保护中的无损分析技术[J].光谱学与光谱分析,2018,38(7):2026-2031.

[23] 李宏达,土岩.文件材料物证检验[M].北京:群众出版社,2019:22.

[24] 张玉芝,王奇志,张金萍,等.氢氧化镁-凹凸棒土复合材料的合成及在纸质文献脱酸中的应用[J].文物保护与考古科学,2022,34(4):66-71.

[25] 陈晖,荆志淳.盘龙城遗址出土陶器制作技术初步观察[J].江汉考古,2020(6):116-125.

[26] 郭建波,蔡秋彤,罗雁冰,等.三星堆遗址二号坑出土部分青铜器表面附着丝绸残留物的发现与研究[J].四川文物,2022(1):113-120.

[27] 周文丽,刘思然,陈建立.河南桐柏围山遗址坩埚炼铅技术初步研究[J].南方文物,2017(2):131-140.

第 4 章

文物成像技术

进行文物研究时,经常需要了解文物内部结构的情况、提取隐藏的文物信息,这就需要借助文物成像技术。文物内部及表面成像分析包括X射线成像、X射线层析成像和多光谱成像、高光谱成像等,这些技术都是无损检测技术,对文物样品没有过多限制。X射线成像技术通过X射线透射样品获得二维图像信息;X射线层析成像技术可以获得三维图像和位置空间信息,内部结构复杂的文物更适合用层析成像技术;多光谱成像技术可以通过物质的光谱特性准确记录文物表面最本质的色彩信息;高光谱成像是在多光谱的基础上扩展了光谱范围和波段数量,谱图信息维数更加丰富。本章主要从检测方法入手介绍各成像技术的原理及特点,通过实际应用案例聚焦仪器设备信息和实验检测条件,以期为深入开展文物保护工作提供借鉴。

4.1 X射线成像

4.1.1 基本原理

X射线（X-ray）是一种波长范围在0.005～10 nm的电磁波，介于紫外线和γ射线之间，波长更短，光子的能量更大，其穿透能力也更强。当X射线射入物体后会与物体发生复杂的相互作用，即光子与物质原子的相互作用，表现出光电效应、康普顿效应、电子对效应和瑞利散射等现象。由于这些相互作用，一部分射线被物质吸收，一部分射线被散射，因而X射线在穿透物质时产生了衰减。因物质不同成分、厚度、密度的部位对射线的吸收能力不同，射线的衰减程度就不同。因而X射线探测最普遍的方法便是底板成像，透过物体的X射线照射到底板上，经显影后保留黑色，而没有X射线照射即被物体吸收的底片部位经显影后是白色，材质原子质量越大、器壁越厚、密度越高的部位黑度越低，这样透过物体后衰减程度不同的X射线在底板上形成黑度不一的影像，便可获取物体内部成分、结构等重要信息，这就是X射线透射成像检测的基本原理（图4-1）。

具体而言，文物的X射线成像分析最主要的应用是研究其内部信息，包括文物的质地、结构、包含物等，进而研究其制作工艺、保存状况、修复情况等。这些内部现象在文物的外表常不可见，又不可以破坏性的方法进行研究，X射线成像分析在解决这些问题时可以提供很大的帮助。X射线在穿透文物的过程中会与其内部物质发生相互作用，并因吸收和散射作用而使其强度发生衰减，衰减的程度取决于文物各种组成成分的衰减系数和射线在各成分中穿透的厚度。如果被透照的文物内部存在不均匀的结构或者包含物，那么该局部区域透射线的强度就会与周围产生差异，而底片上各点的黑化程度取决于射线照射量（射线强度 × 照射时间）的大小。因此，基于文物内部的具体差异，透射线强度亦有不同，底片上相应部位即会出现黑度差异。相邻区域的黑度差称为对比度。根据对比度构成的影像轮廓，便可判断文物的内部情况。

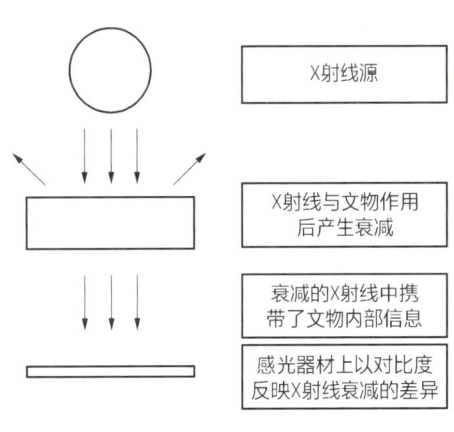

图 4-1 文物 X 射线成像的基本原理

4.1.2 仪器设备

X射线机属于高压精密仪器。为了在拍摄文物时能够正确使用，以充分发挥仪器的性能，并保障操作人员的安全，需要了解它的分类、工作原理、结构和使用性能。

携带式 X 射线机将 X 射线管、高压发生器、冷却系统共同安装在一个机壳中，称为组合式，为了防止高压放电，其中充满了绝缘介质。另外还有属于低压电路的控制器部分，与射线发生器通过低压电缆相连。目前常见的携带式 X 射线机使用玻璃或陶瓷 X 射线管，冷却系统以风冷为主。携带式 X 射线机的管电压一般不超过 320 kV，管电流经常固定在 5 mA，一些进口携带式 X 射线探伤机管电流可以在 0.5～9 mA 的范围内调节，步幅为 0.5 mA。携带式 X 射线机具有体积小、质量轻、便于携带至工作现场进行 X 射线成像检测等优点。

固定式 X 射线机采用分立的射线发生器、高压发生器、冷却系统和控制系统，整机结构完善，功能强大。管电压可达 450 kV，管电流可达 30 mA 以上，工作效率比较高。缺点是体积和质量很大，不便移动。

在文物研究中，根据工作要求和特点，通常使用工业低能定向 X 射线机，而且以携带式居多。随着科技的发展，携带式 X 射线机在小型化、轻量化、自动化方面进行了多次改进，减轻了 X 射线照相工作的劳动强度，提高了工作效率以及系统的可靠性。目前应用了微电脑技术的 X 射线机具有自动试机及间隙休息等多种功能，可进一步提高成像过程的自动化程度。此外，附加使用曝光计时器（电离器）可自动控制曝光量，将其放在被检器物后面，紧贴暗袋，与胶片一同接收透射 X 射线，当产生的电信号达到设定值后，控制系统自动切断高压停止曝光，从而可以精确地控制胶片接收的射线剂量，以获得相同黑度的底片。

X 射线机主要包含以下四个组成部分。

1）X 射线发生器

X 射线发生器的主要结构包括 X 射线管、外壳和充填的绝缘介质，在外壳内部还衬有一定厚度的铅屏蔽层，以降低泄漏的辐射量。X 射线管是 X 射线机的核心部分，主要由阳极、阴极和管壳构成。阳极是产生 X 射线的部位，其结构包括阳极体、阳极靶和阳极罩。阳极体是具有良好导热性的金属电极，一般由无氧铜制成，其除了支撑阳极靶之外，同时还起到散热的作用，避免靶面烧毁。阳极靶的作用是承受高速电子的轰击，产生 X 射线。X 射线管工作时电子的绝大部分动能在阳极靶上转化为热量，所以靶材料必须耐高温。此外，高原子序数靶材料的 X 射线转换效率更高，因此射线成像所用 X 射线管的阳极靶一般用钨制成。高速电子轰击阳极靶时会打出二次电子，如果这些二次电子聚集在管壳上，形成电势差，就会影响电子束的聚焦，所以通常使用铜制成阳极罩以吸收二次电子。阴极的作用是发射电子，由灯丝和金属电极（聚焦杯）构成。灯丝通电加热后可发射热电子，这些电子在管内高压作用下加速飞向阳极靶。由于灯丝的温度越高，电子发射能力越大，所以灯丝通常也是用耐高温的钨制成。灯丝和聚焦杯的形状、尺寸以及相对位置等，都是影响 X 射线管焦点的重要因素。阴极发射电子的数量基本上决定了从阴极飞往阳极的电子流即管电流的大小，而 X 射线的波长则取决于每个电子的动能，它与加于两极之间的电压即管电压直接相关。当管电压上升时，X 射线管发射出的 X 射线强度增大，并且会出现更短波长的 X 射线。为了使电子在飞行过程中不受阻碍，X 射线管内必须保持高度真空，管壳即起到封装的作用。管壳必须具有足够高的机械强度和绝缘能力。射线成像检测用的 X 射线管的管壳主要采用玻璃与金属或陶瓷与金属制作。管壳由玻璃与金属制成的 X 射线管，称为玻璃 X 射线管。采用陶瓷与金属制作管壳的 X 射线管分为两类：金属陶瓷 X 射线管和波纹陶瓷 X 射线管，其主要特点是结构牢固、抗震性强、寿命长。普通玻璃 X 射线管的寿命一般为 400~500 h，陶瓷 X 射线管的寿命一般在 1 000 h 以上（这里所说的寿命，并不是指 X 射线管损坏，而是指 X 射线管相关的辐射量降低到规定值的 80% 以下）。

2）高压发生器

高压发生器的作用是为 X 射线管提供加速电压，即阳极与阴极之间的电位差。高压整流电路有多种形式，典型的有半波自整流电路、全波整流电路和全波恒压整流电路。半波自整流电路多用于携带式 X 射线机，其优点是结构简单、部件少、体积小。但它也存在明显缺点，主要是仅在交流高压的半个周期内发射 X 射线，电源利用率低；此外，在高压的负半周，X 射线管要承受很高的反向电压，如果阳极温度很高，可能会因发射电子而出现反向电流。全波整流电路的电源利用率高，X 射线管也不承受反向高压，但其仍然存在输出电压波形不稳定，也就是输出 X 射线强度不稳定的缺点。全波恒压整流电路输出的电压波形稳定，X 射线管上的电压变化较小，不仅减少了输出 X 射线强度的波动，而且具有倍压作用，因此其应用越来越广泛。

3）冷却系统

在一般的低压 X 射线机中，X 射线管只能将电子能量的 1% 左右转换为 X 射线，绝大部分的能量在阳极靶上转换为热量。因此 X 射线机必须有良好的冷却系统，否则高热会将阳极靶损坏。X 射线机常用的冷却方式大致可以分为辐射散热冷却、风冷却、水循环冷却和油循环冷却。

4）控制系统

X 射线机的控制系统是用来控制 X 射线管的管电压、管电流、工作和冷却时间的。它由基本电路、电压和电流调整部分、冷却和时间控制部分、保护装置等组成。

4.1.3 应用领域

中国 X 射线成像技术在文物研究领域的应用始于 20 世纪 70 年代，上海博物馆针对书画及漆木器等文物的无损检测和科学鉴定，率先使用了 DGX-4 型软 X 射线机进行检测，经过一系列的实验和应用获得了理想的效果和经验。西安文物保护修复中心在与意大利合作期间（从 1995 年开始），把 X 射线成像技术系统地用于不同材质的文物研究中，如青铜器、陶瓷器、铁器、金银器、骨质文物，以考察其保存状况、内部形貌、器物的古代制作工艺特征等。近十几年来，X 射线成像检测技术在金属文物（尤其是青铜器）检测中的应用更加普遍，几乎是研究金属文物必不可少的检测手段。具体而言，凭借 X 射线的穿透性能，肉眼和显微镜下发现不了的器物内部结构（如包裹物、缺陷、材质的异同、不同部位的连接方式等）得以观察。X 射线成像技术在科技考古和文物保护领域的文物内部结构研究、修复情况调查、文物鉴定和器物考古学分期中发挥了重要作用。

1）文物内部结构研究

在进行实验室考古发掘时，文物常处于复杂的堆积状态，此时通过 X 射线成像，可以辅助判断各类文物的准确位置与相互关系。对于金属质文物来说，通过 X 射线检测技术可以使研究者透视器物的内部，即从 X 射线成像底片上对其纹饰、铭文、铸造工艺特征等方面的信息有更加清晰准确的辨认，从而获取不可直接观察的重要信息。因此，X 射线成像是研究金属器铸造、保存状况的有效方法，还可应用于木质、油画、壁画等其他类文物上。

2）文物腐蚀和修复情况调查

文物的 X 射线成像还可以帮助研究者了解文物的腐蚀状况、修复情况（如青铜器的焊接、修补、粘接等），通过这种无损的分析检测方法了解文物的保存状况，为制定相应的保护方案提供依据。由于对此认识较晚以及样品稀缺，导致相关的基础研究一直处于空白状态。依托有限的青铜样品，研究者正积极进行这方面的尝试，试图通过 X 射线成像中的不同表现形式，揭示出青铜器内部不同形式和不同程度的腐蚀。

3）为文物鉴定和考古学分期等研究提供依据

文物的 X 射线成像检测结果还可以应用于文物鉴定及探究考古学分期、文化面貌等方面。传统的考古学研究通常是根据纹饰、器形等外部信息来进行上述领域的研究，而 X 射线成像检测技术可以获取外表不可见的制造工艺等内部信息，研究者可通过探究这些制造工艺中潜在的规律，结合纹饰器形等信息，来研究、鉴定分期及文化面貌等问题。

研究案例
- 文物制作工艺研究
- 青铜器修复情况调查
- 青铜器铭文鉴定研究

■ 文物制作工艺研究

郭苗苗等在对咸阳龚西战国秦墓出土铜壶（M8∶322、326）的制作工艺进行研究时发现，两件铜壶壶底为分铸，其内外边缘一周均可见壶身夹裹壶底痕迹。推断圆片形壶底是预先铸制，在组范时置于芯范之间，浇铸时被壶身铜液夹裹形成完整器物。壶底近边缘处可见两道平行凸线，由外而内渐细，可能是浇铸圆片形壶底时，为利于铜液流入而在范内设置的导流沟槽痕迹。壶底外中心见锥形凸起，高 0.3 cm，功用不明，可能与制作圆片形壶底范时使用圆规有关。以上痕迹在 X 射线成像中均可见（图 4-2）。通过 X 射线成像观察可知，壶底无垫片，壶身从颈部至底腹部分布 7 圈垫片，由于脱落、残缺以及部分垫片被完全包埋，具体数量不明。观察到的垫片均为较规则方形小片，宽约 0.6 cm。

孔艳菊等在对故宫博物院收藏的紫檀木边嵌牙香港图插屏的组装方法进行研究时发现，整个插屏使用拼合组装的方法制作，插屏芯分为正面和背面两部分。正面的主题内容包括背板、玻璃基板、象牙嵌件、外框及玻璃面五大部分。首先将楠木材质的背板准备好，将背后反绘有海水天空背景的玻璃基板固定于木质背板上，玻璃基板上钻有小洞可以使用金属丝将其与木质背板连接。通过 X 射线成像，可以明显看出象牙底下的玻璃并不是一块完整的玻璃，而是将象牙主体的位置空出来，以便将象牙构件更好地固定于背板上（图 4-3），而且为牢固起见，象牙和玻璃均被金属丝固定在木板之上。

谢扬帆对故宫博物院收藏的辽代木雕菩萨立像的胎体固定方式进行了研究。通过 X 射线成像发现，雕塑从头到脚有很多金属钉子固定，背部上端正中间有一颗金属钉子，其形状有别于其他部分的钉子种类，尾部呈圆环状（图 4-4）。其功能有两种可能性：一种作用是吊上绳子与墙体牵拉后防止雕塑倒塌；第二种可能是插口，菩萨头部背面原有圆光装饰物，此处是插口，用来固定圆光。肘部和肩部的长钉没有钉帽，由于这两处为拼接结构，且出于视觉的需要，在结构固定的同时又不能漏出钉帽，因此在制作时可能专门锻造了这一类无钉帽的钉子，用特殊的工具敲到木头深处后，又填平了缺口。除了肩膀和肘部等大的结构连接处有钉子外，如头冠、身体、莲蓬的花瓣等装饰性小配件的部位也有很多中小型钉子，且这些钉子都是起直接固定的作用，说明这件木雕的工艺并不同于大多数家具的结构，分件衔接主要采用榫卯，此件木雕结构大多数采用的是铁钉固定的方式，只有大的结构衔接处采用榫卯和铁钉固定结合的方式。

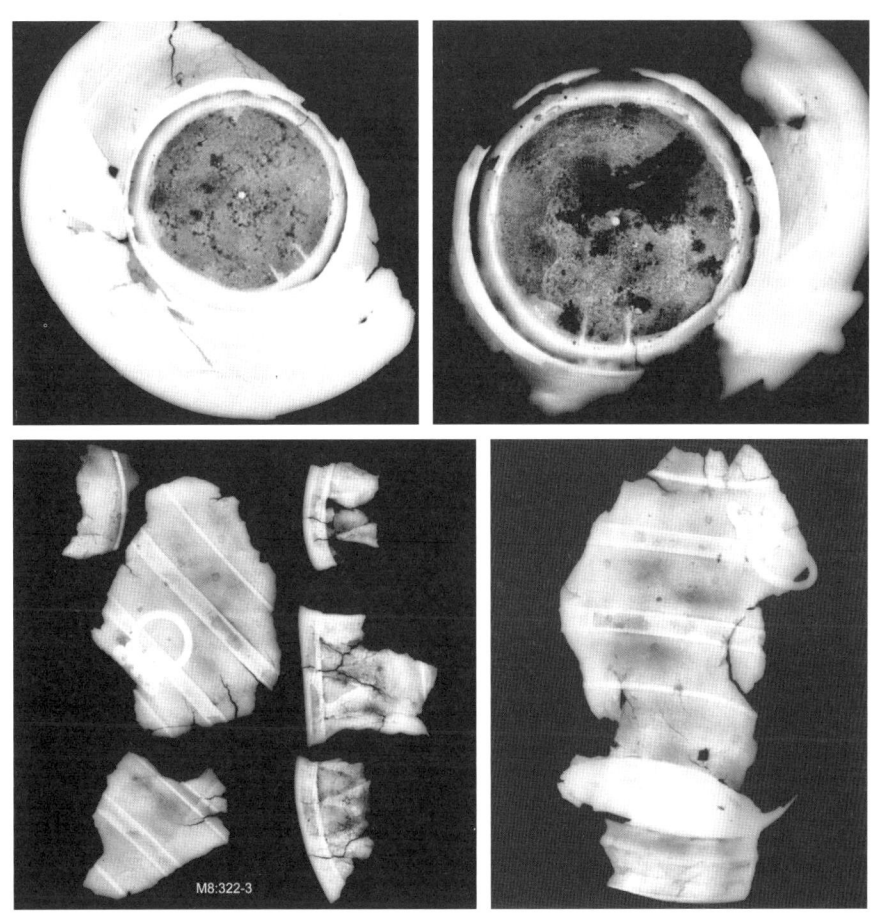

图 4-2　咸阳龚西战国秦墓出土铜壶底部（上）及残片（下）X 光片

(a) (b)

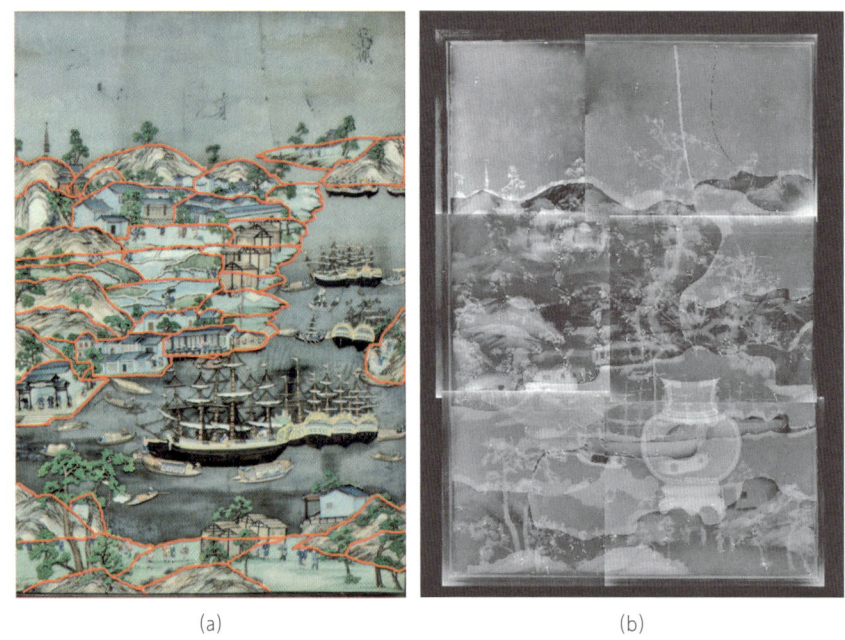

图 4-3 紫檀木边嵌牙香港图插屏（a）及其 X 光片 (b)

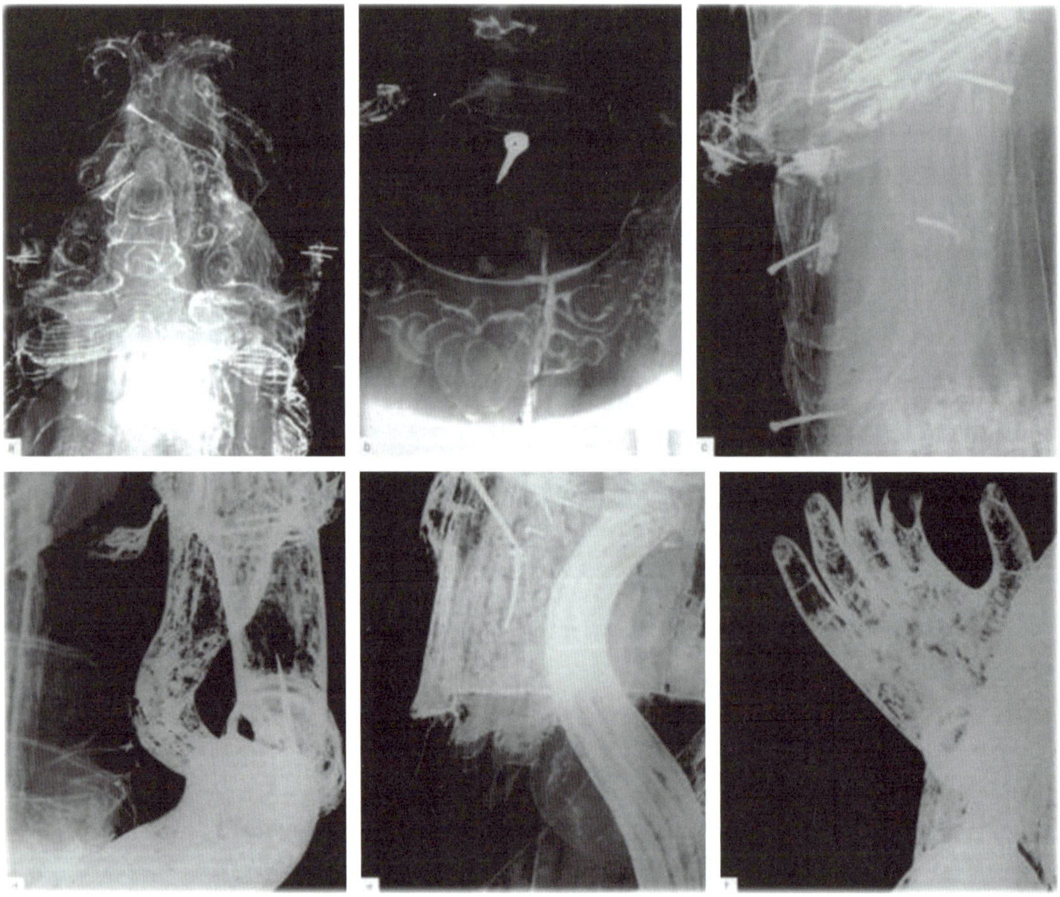

图 4-4 木雕菩萨立像 X 光片

■ 青铜器修复情况调查

王琦对大英博物馆馆藏西周早期三件青铜器进行了技术研究。其中，邢侯簋保存状况很差，肉眼可见很多锈蚀坑，而X射线成像发现其实际状况更糟（图4-5）。器物由四个半环耳分成四个扇面，每个扇面上有一个抽象的大象图案。X光片显示在一个扇面上有两条细微的焊线（图4-5b中红色箭头所示），说明可能是修补的。用X射线荧光光谱仪进行表面成分分析后发现这个扇面的材质是黄铜而非原始的青铜，说明这个扇面破损缺失了，修复工匠是在保存完好的扇面上翻模做范，用黄铜制作了一片焊接上去，然后再上色做旧，看上去非常逼真。

■ 青铜器铭文鉴定研究

冯峰等在对故宫博物院藏杨宁史旧藏饕餮纹簋进行X射线成像分析时，发现铜簋器底有铭文两行10字（图4-6）。铭文内容较之器物时代（商末周初）相对较晚，与器型时代不甚相符，且铭文字体生硬、粗陋，仿写意味浓厚，作器者之名也不合常规，因此铭文应是伪刻，但有所本。可能的情况是，本器的伪铭被识破后，即成为其"负资产"，当时的拥有者因此做了遮盖处理。现在通过X射线照射，才重新显露了曾经的作伪痕迹。

 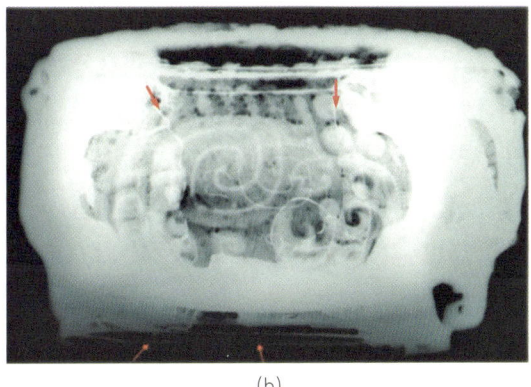

(a) (b)

图4-5 大英博物馆馆藏邢侯簋（a）X光片显示两条焊线（b）

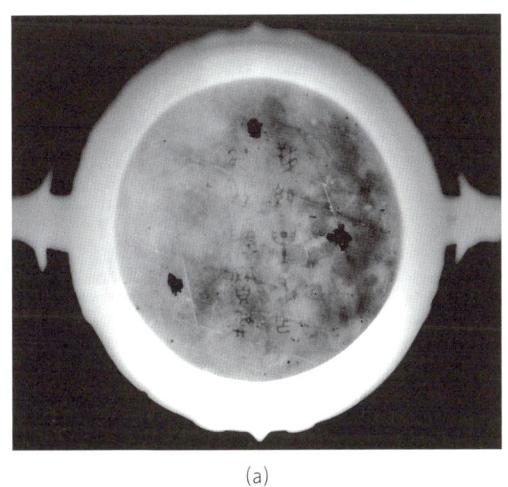 

(a) (b)

图4-6 杨宁史旧藏饕餮纹簋（a）及铭文（b）X光片

4.2 X射线层析成像

传统的X射线成像于底片上,只适用于平面,对于具有复杂器型的器物难以实现不同角度的成像;对于具有空腔的对称器物(如青铜礼器),则难以区分两面特征。而X射线层析成像的出现解决了这一问题,实现了X射线多角度、多层次穿透目标,可360°无死角成像,所获目标的构造信息更加详细。

4.2.1 基本原理

计算机X射线层析成像技术是在不破坏物体结构的情况下,利用X射线的穿透能力,通过计算机算法重建物体二维或三维图像的检测方法。当一束X射线射入某种物质时,将发生光电效应、康普顿散射及电子对的生成等多种形式的作用,其结果是入射线的强度随入射深度的增加而减弱,并服从比尔指数规律。取一理想的X射线源,它发出的X射线经准直后成为极细的单束X射线,在其对面放置一个探测器(图4-7)。测出X射线源发出的强度,以及经过一定厚度物体衰减以后到达探测器的强度,再将X射线源与探测器在观测平面内同步平移一定的步数,平移的步长决定了系统的测量精度,每平移一步均做同样的测量,如此取得一组数据;旋转一定角度,再同步平移一定的步数,取得新角度下的另一组数据;如此重复,直至旋转次数与每次旋转角度的积至少应为180°。通过数据观察与

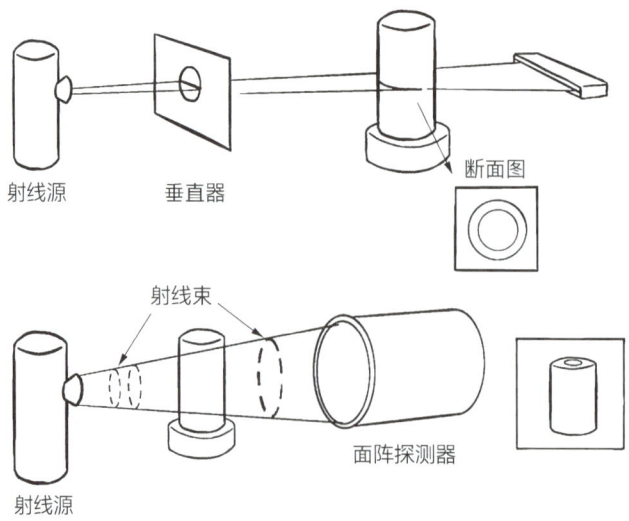

图4-7 线阵与面阵X射线层析成像系统工作原理示意图

分析，可以测得单束 X 射线在经过一定厚度物体后的衰减总量，进而通过计算得出 X 射线于该物体内不同密度区域中的衰减系数，再由多角度的衰减系数变化反向求出各截面内不同衰减系数区域的具体位置与面积，即密度分布图像。这就是由投影重建图像的大致思路。因此，计算机 X 射线层析成像技术的工作过程大致可以分为两步：第一步，利用组成 CT 系统的各硬件（射线源、运动平台、探测器等）获得被检测物体在某一平面上多个角度下的射线投影；第二步，运用某种数学方法从射线投影组中求解出断面各点的线性吸收系数分布，即被检物体某断层的密度分布，再利用图像灰度值表示密度大小分布可得该断层 CT 图像。

4.2.2 仪器设备

计算机 X 射线层析成像（X-ray computed tomography，X-ray CT）系统属个性化产品，依据用户实际需求在配置上常有很大差异，但其基本组成是一样的，包含射线源、机械扫描系统、探测器系统、计算机系统、屏蔽设施等部分。射线源提供 CT 扫描成像的能量射束，以穿透试件，根据射线在试件内的衰减情况实现以各点的衰减系数为表征的 CT 图像重建。与射线源紧密相关的是射线前准直器和后准直器及射线控制系统，用以实现射线强度、射线能量、射线形状的调节。机械扫描系统实现 CT 扫描时试件的旋转或平移以及射线源-物体-探测器之间物理位置的相对调整。探测器系统用来测量穿透试件后的射线信号，经放大和模数转换后，送入计算机进行图像重建。计算机系统完成扫描过程控制、参数调整、图像重建、显示处理等。屏蔽设施用于射线安全防护。射线源-机械扫描系统-探测器系统的组合对一台计算机 X 射线层析成像设备的性能起着决定作用，它决定了 CT 系统可能获得的信息质量，再好的图像重建方法、再好的计算机系统也不可能还原不存在的信息。

4.2.3 应用领域

与 X 射线成像技术原理相同，不同材质文物适用于不同波长的 X 射线，在此二维成像的基础上，CT 技术增加了三维微观结构扫描、检测和评定等功能，扫描模式也更加多样。其中，光学相干层析成像（optical coherence tomography，OCT）技术针对文物研究较为合适，该技术结合了共焦显微和低相干光干涉技术，以微米级的分辨率在数毫米的深度上实时测量一维深度方向、二维断层图像以及三维体积图像，具有无辐射损伤、非侵入性等优点，现已经广泛应用于中国古代瓷釉断层结构分析。当折射率突变时，散射光增强，在 OCT 图像上为灰度值较高的区域，如瓷釉表面、胎釉结合面、釉层内部晶体、瓷釉中的气泡等，亦可扩展到相近材质文物。与传统 X 射线成像技术相比，计算机 X 射线成像技术可将成像结果转化为数字化图像，优化了使用条件，得到的数字图像也更易于编辑保存，可以任意角度进行图片切割，观察断面结构。

在实际工作中，金属材质文物使用的 CT 拍摄电压普遍高于有机质文物，例如出土棺木

（含墓主人身体、棺木、玉器等随葬品）拍摄电压为 200 kV，铜器、青铜器文物 CT 拍摄电压在 400 kV 左右，这是由于金属文物器壁较为厚重，X 射线的吸收比率也相对较大。便携式 X 射线探伤机与固定式 X 射线机相比使用更为灵活，在做好防护工作的前提下，可用于野外考古等特殊场合的快速检测。

研究案例

- 文物制作工艺研究
- 瓷器釉层分类研究
- 文物内部成像分析

■ 文物制作工艺研究

丁忠明等在对春秋早期晋国青铜器子仲姜盘制作工艺的研究中，使用 CT 技术对其进行全面剖析。从 X-CT 截面来看，12 只圆雕水生动物与盘底通过一个圆柱形轴连接，轴铸接在盘底上，但不穿透盘底。具体而言，青蛙与盘底连接的轴如蘑菇形，即一个圆柱体上设有柱帽。圆柱体下部与盘底铸接，穿过青蛙腹部伸入体内，与腹部穿孔留有很小间隙，在其顶端是一个直径大于腹部穿孔的蘑菇头柱帽，用以防止青蛙从圆柱体转轴上拔出。转轴垂直于盘底，青蛙在盘中呈蹲伏状，所以原始制作中转轴与青蛙腹部水平面应呈一定的倾斜角度。且 CT 对被检测物体具有较高的密度分辨能力，从 X-CT 截面图的灰度值可以发现青蛙体内有陶范，但在转轴周围都出现陶范磨损后留下的空腔（图 4-8）。这一现象表明，青蛙在长期旋转过程中，转轴周围的陶芯被轴逐渐磨损。随着时间的推移，转轴受陶芯的约束越来越小，最后只受制于青蛙腹部穿孔对转轴左右偏移运动的限制，以及柱帽防止青蛙脱落的约束。

郭思克等在对鲁国故城遗址出土蜻蜓眼玻璃珠进行制作工艺分析时，使用三维 OCT 图像观测发现，样品 W000699 表面呈现为一颗半透明的深蓝色眼珠，以及半透明蓝色和乳浊白色相间的"眼

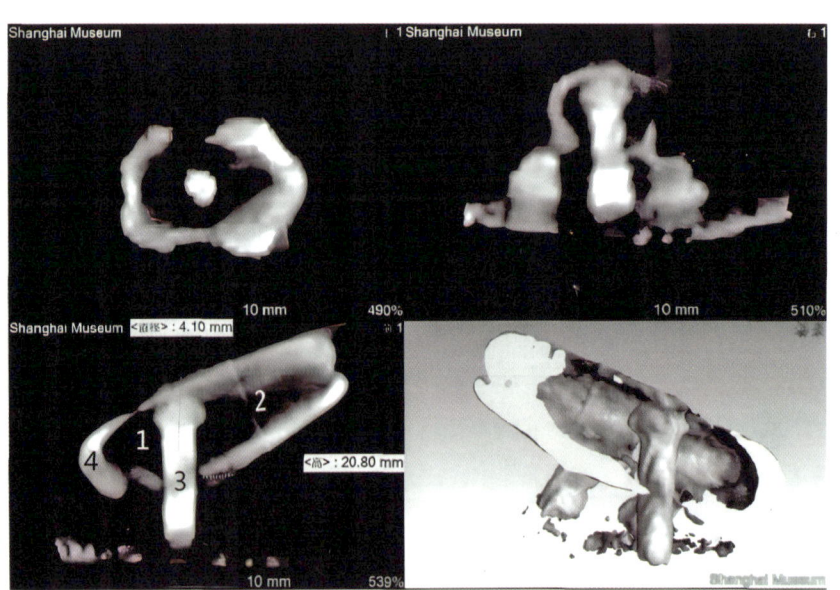

1—空腔；2—泥芯；3—转轴；4—青蛙

图 4-8 青铜圆雕动物 CT 截面

圈",其中不透明部分为乳浊白色"眼圈",透明部分则为深蓝色"眼珠"和"眼圈"。二维OCT图像中,黑色部分为半透明深蓝色的"眼珠"和"眼纹",白色半圆圈结构为乳浊白色"眼圈",清晰地显示了"眼睛"部分的分层结构,表明"眼睛"部分在制作时是采用了分层制作工艺(图4-9)。样品W000703则为七星纹式蜻蜓眼玻璃珠,三维和二维OCT图像中亦可明显区分半透明深蓝色"眼珠"和"眼圈",以及乳浊白色"眼圈",同样采用了分层制作工艺(图4-10)。

■ **文物内部成像分析**

段佩权等在对故宫博物院收藏的养心殿宝匣内五色珠饰进行科学分析时,由于玻璃表层风化严重,无法通过普通光学观察的方式来获取内部情况,故使用X-CT技术对其中黄色和蓝色玻璃珠饰进行内部成像分析。从三维视图来看,黄色玻璃内部较为"纯净",只存在少量的圆形小气泡,一方面印证了这两块玻璃采用了模压法制作,另一方面也说明该玻璃的制作工艺已经十分成熟,对原始材料、熔制温度以及澄清剂选择等均有了相当程度的了解(图4-11)。这种"纯净"存在于四块玻

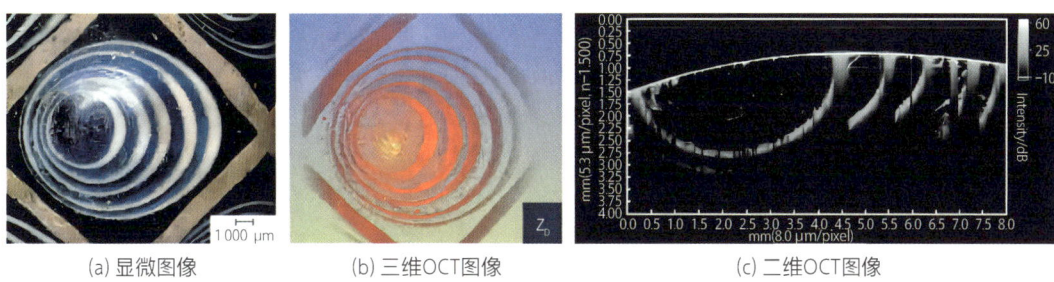

(a) 显微图像　　　(b) 三维OCT图像　　　(c) 二维OCT图像

图 4-9　W000699 偏心圆眼珠显微及 OCT 图像

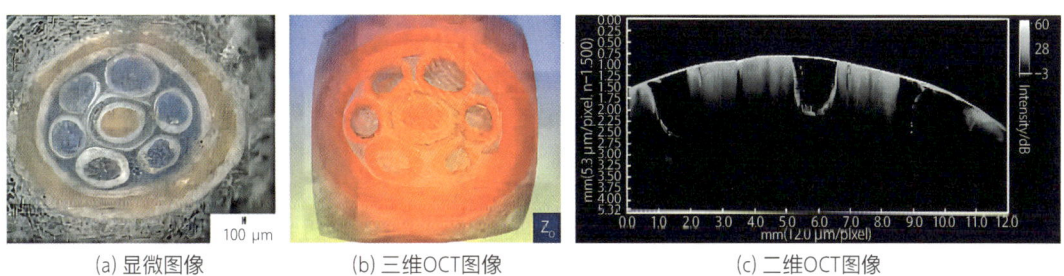

(a) 显微图像　　　(b) 三维OCT图像　　　(c) 二维OCT图像

图 4-10　W000703 嵌套"眼睛"纹饰显微及 OCT 图像

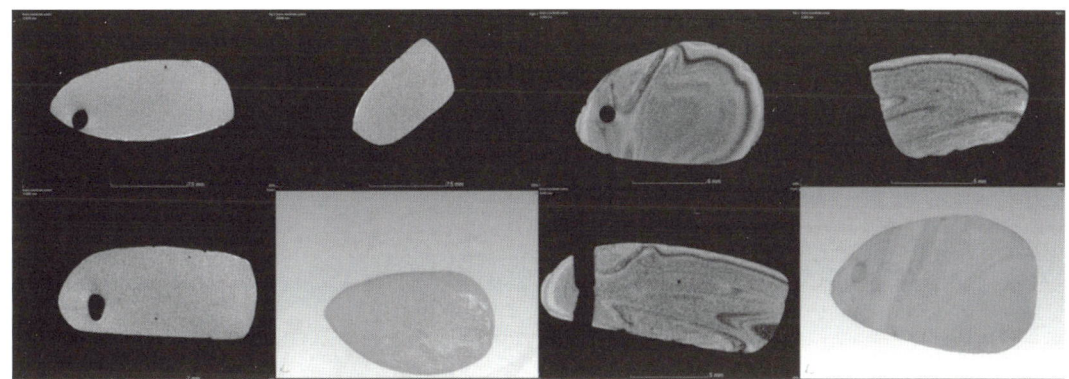

图 4-11　玻璃珠饰 CT 截面

璃中，说明此四块玻璃制作工艺的成熟度是基本相近的。另外，在蓝色玻璃中可见清晰的条纹分布，推测是由于被搅动等原因导致玻璃液未能充分融合，在依旧保持被搅动状态的情况下冷却成型。

■ **瓷器釉层分类研究**

钟丹霞等在对河南省宝丰县清凉寺窑址出土的 29 件金元时期青釉瓷、钧釉瓷进行研究时，使用 OCT 技术进行测试分析，探索基于 OCT 技术对釉层微观结构的分类研究（图 4-12）。具体而言，不同类型的釉层在釉层散射相的数量及分布状况等方面存在差异，故可根据釉层 OCT 图像中散射相特征对釉层进行分类。分类过程主要包括釉层 OCT 图像兴趣区域提取及目标图像增强，基于灰度共生矩阵（GLCM）及 Gabor 小波的目标图像纹理特征提取，基于 MATLAB、SPSS 等软件利用主成分分析（PCA）法对釉层进行分类。分类结果基本一致，OCT 作为一种新型成像技术，在古代瓷器釉层物理结构分类研究中得到了成功应用。

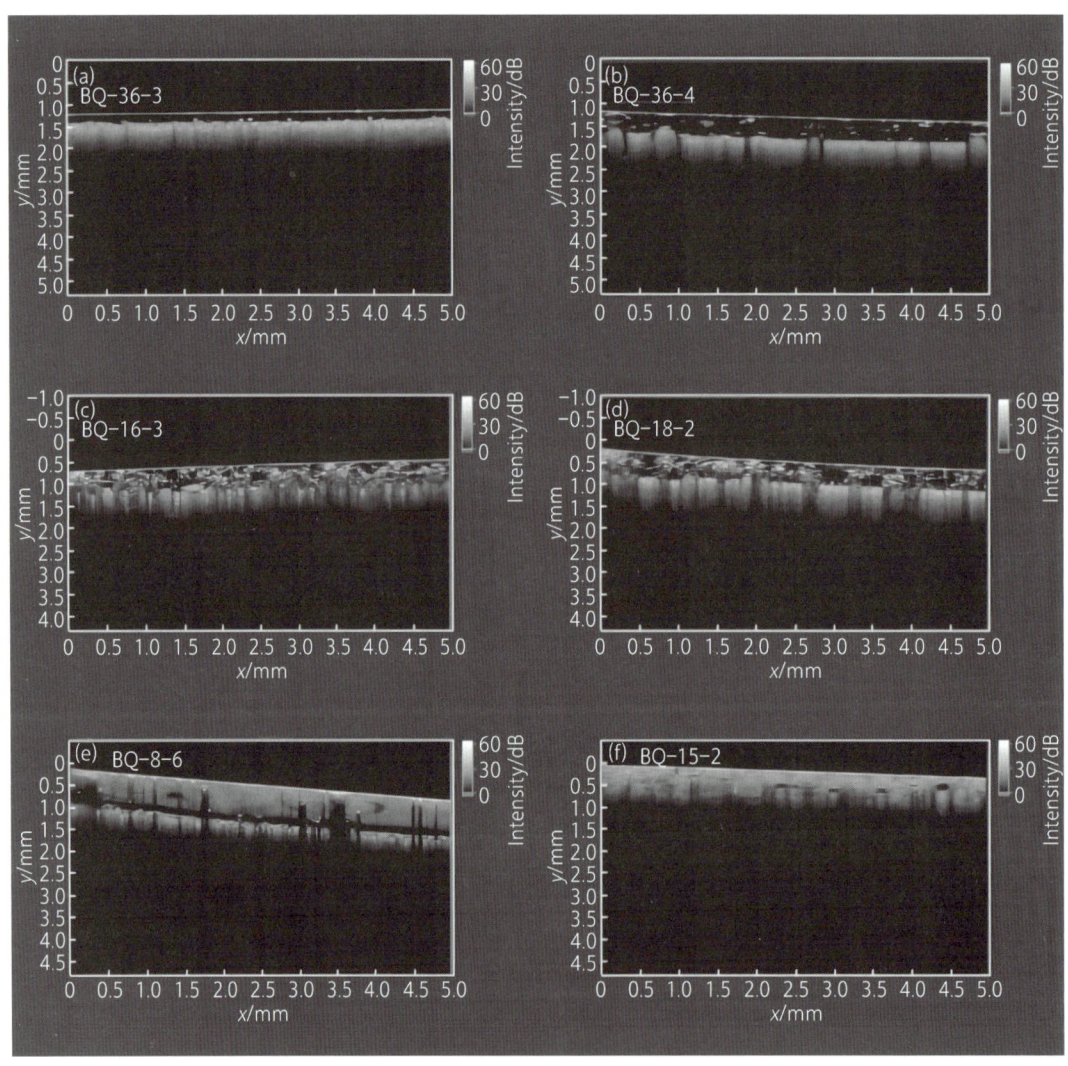

图 4-12　瓷器釉层 OCT 图像

4.3 多光谱成像

传统文物信息采集方式虽可获得高分辨率的文物表面空间像素信息,但在彩绘文物真实颜色信息的记录和应用方面具有明显的局限性。传统的彩绘文物数字化采用的是基于色度的颜色表征方式,该方式以三原色科学理论为基础,只能表征物质表面在特定环境与特定设备条件下的颜色信息,记录的并非颜料呈色的本质颜色。多光谱图像获取方法不受周围光源照射条件、采集设备色彩特性的影响,克服了传统图像采集方式中的"颜色失真"和"同色异谱"问题,能够准确记录文物表面最本质的色彩信息。

4.3.1 基本原理

多光谱成像(multispectral imaging,MSI)技术全称为多通道光谱成像技术,是利用分光元件在一定光谱范围内(300~1 000 nm)对目标样品的多个窄波段单色光的反射光亮度或荧光亮度分布图像进行记录。光谱的波段数取决于仪器滤光片的个数,多光谱仪一般具有3~20个非连续波段的通道。通过对目标场景进行多通道成像和重建,最终获得场景图像每个像素的光谱反射率信息,在记录成像场景二维空间信息的同时获取光谱反射率信息,得到的多光谱图像可看成一个三维数据立方体。虽然构成多光谱成像系统的设备在工作方式、组成、结构上会有不同,但基本组成通常包括CCD相机、滤光片和光源,如图4-13所示。光源位于相机两侧,相机与成像场景表面垂直,多通道图像采集时滤光片依次放置于镜头前。

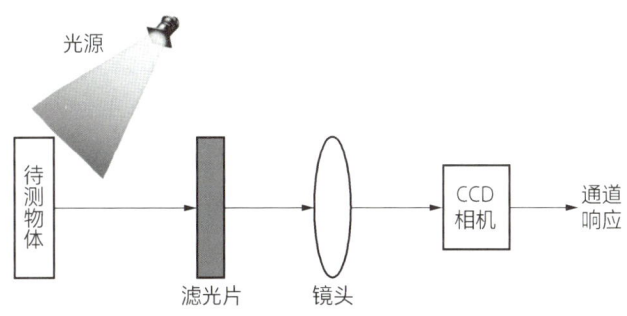

图4-13 多光谱图像采集系统组成

理想的线性成像系统中，假设 E 为照明光源的相对光谱功率分布函数，r 为成像物体表面的光谱反射率，T 为滤光片的光谱透射率，s 为成像设备的光谱灵敏度函数，n 为成像系统噪声，成像系统第 i 个通道的相机响应值 C_i 可用下式计算：

$$C_i = \int_{\lambda_{min}}^{\lambda_{max}} E(\lambda) T(\lambda) s_i(\lambda) r(\lambda) d(\lambda) + n_i \quad (4-1)$$

令 $M = ETs$，上式用矩阵可简化为

$$c = Mr + n \quad (4-2)$$

式中，M 为多通道成像系统中光信号（光谱反射率）-电信号（CCD 响应值）的转换矩阵，一般为了方便计算，积分式（4-1）通常在可见光波长范围内转化为离散点求和的方式进行计算。显然，多光谱图像获取精度一方面与成像系统设备特性息息相关，如相机的光电转换特性、光谱灵敏度、相机镜头的辐射能量传递特性、镜头畸变、系统噪声等；另一方面受图像采集光照环境的影响，如照明光源的种类、成像场景表面光照均匀性等。因此，在正式进行多通道图像采集前，需对影响多光谱图像获取精度的因素进行标定和校正。

4.3.2　仪器设备

多光谱相机的主要硬件组件包括准直镜、光栅光谱仪、聚焦透镜以及面阵 CCD，其基本原理是物体表面的光首先通过光栅被分解成单色光，色散后的单色光在面阵 CCD 上成像，生成二维平面图像；与成像平面垂直的方向为光色散方向，称为光谱维，光谱维的数量由 CCD 波长响应范围和设备光谱分辨率决定，每一维均可生成一幅平面图像。多光谱相机虽可采集具有较高光谱分辨率的多光谱图像，但成像质量差，空间分辨率低。为了解决这一问题，多通道光谱成像系统应运而生，其主要硬件组件为高物理分辨率面阵 CCD 和滤光片，利用宽带或窄带滤光片对 CCD 响应全波段进行分割细化采样，每个采样波段的图像分别成像，从而获取多通道图像信息，而后通过选择合适的光谱重建算法重构原始光谱信息。

多光谱成像系统主要有以下几种实现方式：

（1）基于滤波片的多光谱成像系统。又称多镜头型多光谱成像系统。一般在成像芯片前端配置多个特定波段，通过有选择的特殊滤波片来实现多光谱成像。

（2）多相机型多光谱成像系统。一般由几台感应光谱范围不同的相机组合在一起，每台相机可能还会配置不同的滤光片。总体上技术方案与多镜头型多光谱成像系统类似。

（3）单镜头多光谱成像系统。一般采用一个镜头拍摄，其在探测器像元上分别镀有不同波段的滤波膜实现多光谱成像。单镜头多光谱成像系统结构简单，图像重叠精度较高，但是相机成本较高。

（4）基于液晶可调谐滤波器的多光谱成像系统。准确地说这是一种高光谱成像系统，可以通过调制液晶来实现多光谱成像。这种系统的成像装置复杂度低、体积小、功率消耗

小，且可以实现温度补偿和快速驱动结合，适用于恶劣条件下的成像。

（5）基于发光二极管（light emitting diode，LED）灯珠频闪的多光谱成像系统。这是一种成本非常低且切实可行的解决方案。还有研究者设计了一种基于脉冲调制的低成本多光谱成像系统，采用软硬件结合的方式，将低成本相机模组和多波段LED合理匹配，捕捉不同波段图像，取得了较好的成效。

4.3.3　应用领域

多光谱图像获取方法于20世纪末已开始应用于文物数字化与研究。一方面，该技术大大提高了颜色记录、复制或再现的精度。D. Saunders等使用多通道光谱相机进行英国国家美术馆样品典藏，这是多光谱图像获取方法用于数字典藏领域中最早的应用实例之一；Cotte等采用CCD与干涉滤光片搭建的多光谱成像系统对蒙娜丽莎画像进行了数据采集，用光谱数据记录颜色信息；孟塞尔颜色科学实验室的Imai、Rosen等对美国华盛顿国家艺术馆的 Van Gogh's Self-portrait（《梵高自画像》）采用多光谱成像系统获取图像，以像素为单位重建光谱图像，并使用6色打印机输出，颜色复制精度得以提高。另一方面，通过光谱反射率可以获取物质材料的成分信息，实现非接触式的颜色测量，进而为文物修复、鉴别等提供重要参考。S. Baronti用成像光谱技术分析了收藏于佛罗伦萨乌菲兹艺术馆的Luca Signorelli的油画 Holy Trinity Predella（《圣三位一体》），并利用光谱分析技术对颜料进行提取分析；Hideaki Haneishi等利用多光谱遥感技术扫描壁画，获取其多光谱影像数据，采用图像分割技术，对壁画中的颜料区域进行提取分类，获得了壁画典型颜料的提取结果分布图；Casini等利用400～1 600 nm光谱范围的成像光谱系统来研究油画颜料成分，对于油画中的两种颜色相近的黄色颜料，提取光谱特征曲线，进行辨别分析。

在中国，伴随着多光谱图像获取方法于文博行业内的全面推广，该项技术得到了广泛应用。同时，随着需求的提出和研究的深入，众多配置不同的多光谱成像系统相继出现，大范围应用于画稿、文稿等平面文物的高保真复制、物质分析、真伪鉴定、数字典藏等方面。近年来，相关研究者已经在多光谱成像系统搭建、多通道图像预处理、光谱重建算法、光谱重建精度评价等方面提出了若干方法，基本构建了多光谱图像获取流程。

研究案例
- 瓷片多光谱成像研究
- 古代料器光谱学分析研究
- 织物表面图像信息提取研究

■ **瓷片多光谱成像研究**

赵灵委等在对景德镇御窑厂出土的明成化斗彩MCH-1、MCH-2和采集的明代斗彩样品MCH-3、MCH-4以及山西新绛县绛州州署衙遗址出土的2件清代粉彩样品进行科学分析时，采用了多光谱成像技术。图像显示（图4-14），利用光谱响应与波长之间的关系曲线来选择不同的目标，可提取文物的隐藏信息，如在700 nm波段发现MCH-4、QJZ-1和QJZ-2线条处红彩的灰度图像比QJZ-2叶子部分的深红彩颜色淡，推测QJZ-2叶子处的红色颜料与其他样品的红彩不同；在850 nm波段下，QJZ-2叶子的脉络清晰，但在裸眼的情况下叶子的脉络完全被表面的颜料所覆盖。该技术可应用于彩绘文物、釉上彩瓷器的分析中。

■ 古代料器光谱学分析研究

王雪培等在对上海玻璃博物馆提供的5件战国料器，包括2件蜻蜓眼珠、2件管状器物、1件八棱柱状制品，进行多光谱图像分析时，发现颜色相近的B2绿色区域与绿色Bosha-1灰度响应差异明显，而B2紫色区域和紫色LQH-23灰度响应近似，说明B2绿色区域与绿色Bosha-1物相组成不同，而B2紫色区域和紫色LQH-23的成分组成可能接近。另外，在可见光源激发下，850 nm、910 nm、1 000 nm近红外光谱图像中荧光主要集中出现在蓝绿系区域和紫色系区域，但B2的绿色区域除外，颜色越深，风化程度越轻，荧光越强；在相同条件下使用365 nm紫外光源激发，结果显示只有部分紫色区域产生近红外荧光。由此可知，多光谱图像显示了料器样品中各色物质的近紫外至近红外波段的光谱特性，突出了颜色相近物质的光谱特性差异，清晰显示了人眼不易分辨的痕迹物质，并对产生荧光区域的分布和荧光特性进行了整体表征，按照光谱响应情况将每件样品的表面物质进行了区域归类。

■ 织物表面图像信息提取研究

杨海亮等在对正德八年何鉴诰命提取图像信息时发现，对于细微破裂之处，常受织物表面颜色影响而使视觉干扰，不能快速、准确地观察到一些细微的破裂部位，而配置滤光片的多光谱，在拍摄时可以形成每个像素只有一个采样颜色的图像，即灰度图像，图像上每个像素点的灰度值都存在不同波段下的光谱吸收反射特性信息，因此，采集破裂之处与文物完好部位差距最大的光谱波段的多光谱图像来进行细微破裂病害的检测，即可观察丝织品文物的纹理细节，从而找出细微破裂之处。同时，在背景颜色和图案较为丰富的丝织品文物上书写的墨书，由于埋藏环境和保存环境的影响，

(a) 500 nm下MCH-4灰度图像

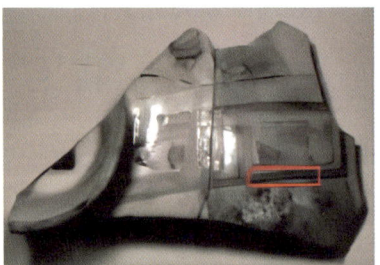
(b) 500 nm下QJZ-1灰度图像

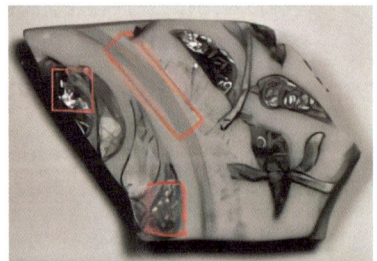
(c) 500 nm下QJZ-2灰度图像

(d) 700 nm下MCH-4灰度图像

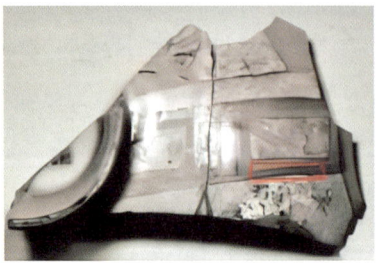
(e) 700 nm下QJZ-1灰度图像

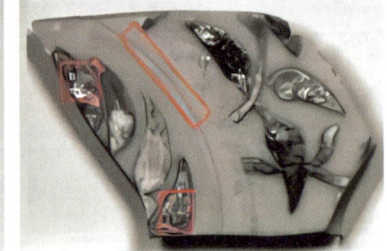
(f) 700 nm下QJZ-2灰度图像

图4-14 瓷片多光谱图像

常出现污染和褪色现象，导致字迹不清晰或被污迹覆盖无法识别，亦可通过多光谱进行拍摄，利用滤波片显示不可见的红外光波段，在过滤掉可见光的颜色反射波段的同时，可透过表层观察到一定的图像信息（图 4-15）。

中心波长 615 nm 滤波片条件下的图像　　　　　中心波长 675 nm 滤波片条件下的图像

（a）可见光滤光条件下的图像

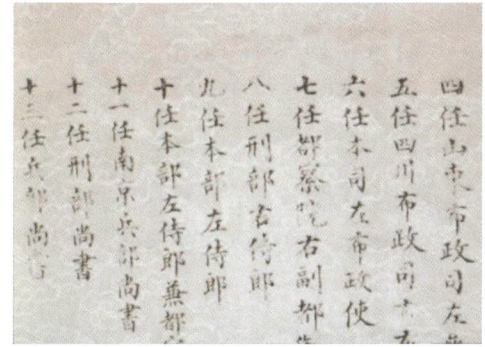

中心波长 775 nm 滤波片条件下的图像　　　　　中心波长 850 nm 滤波片条件下的图像

（b）含有红外光波段滤光条件下的图像

图 4-15　丝织品文物上的墨书字迹多光谱图像

4.4　高光谱成像

高光谱成像（hyperspectral imaging，HSI）技术是在多光谱成像的基础上，在更宽的光谱覆盖范围内（200～2 500 nm），将光谱密集连续地分为数百条窄波段，对目标物体进行连续成像。与多光谱成像技术相比，高光谱成像技术最显著的特点是波段多、谱带窄、波段连续、光谱分辨率高，可获得的谱图信息量远远大于多光谱成像。

4.4.1 基本原理

高光谱镜头与多光谱镜头功能一样，即收集光源，末端通过面阵 CCD 将光信号转换成数字信号，最后存储为图片。不同的是，高光谱相机还配有马达，其作用是带动镜头上下移动。因为高光谱相机的镜头前面是一条狭缝，所以当相机不动时，视线中能看到的只有狭缝这一部分区域，马达的作用就是移动镜头，让相机看到更多其他区域的图像——当光线通过狭缝进入相机内部后，首先要通过分光棱镜，将全波段的光分解为多个波段的光。具体的分解情况根据相机光谱采样间隔的大小而定，一般为 1～20 nm，可见光部分（400～700 nm）则被分为 15～300 个波段，每个波段通过 CCD 记录其波段能量的大小，并以强度（灰度）的形式记录下来。每次记录一行狭缝图像的数据，扫完过后这一行狭缝中的每一个像素都会记录自己位置上不同波段光的强度，继而形成每个像素自己的光谱曲线。当马达移动结束，就可以记录狭缝移动过程所看到的整幅图像的信息，形成高光谱图像立方体，沿波段方向，从可见光波段到近红外波段，由同一区域内不同波段的几十到几千张图像叠加构成（图 4-16）。依托于此，高光谱相机近景成像可同时获得所摄景物的图像信息和每个像素的光谱信息，即"图谱合一"，由空间中的像素点可以方便快速地获取该像素点的光谱曲线，由光谱曲线可以快速得到目标物质的空间分布，快速实现了图与谱的交互处理。然而，确保谱图信息完整的同时，也就意味着数据将变得庞大与冗余，针对这一问题，许多数据分析处理方法应运而生，如主成分分析（PCA）、光谱角分类（SAM）和最小噪声分离变换（MNF）等。

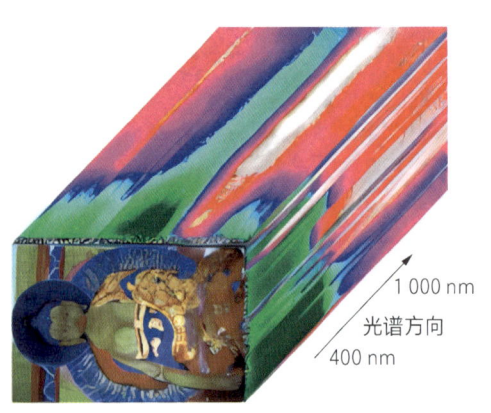

图 4-16　高光谱图像立方体

4.4.2 仪器设备

光谱相机是一种将成像光谱仪和面阵单色照相机完整结合的系统。成像光谱仪每次所成之像皆为目标物品上一条线，并分光使每个光谱成分对应线阵上的一个像素点。因此，每一幅来自光谱相机的图像结构包括一个维度（空间轴）上的线阵像素和在另一个维度（光谱轴）上的光谱分布（光在光谱元素的强度）。

光谱相机的成像光谱仪通常使用准直（轴上）光学构造和一个全息透射光栅（图 4-17）。

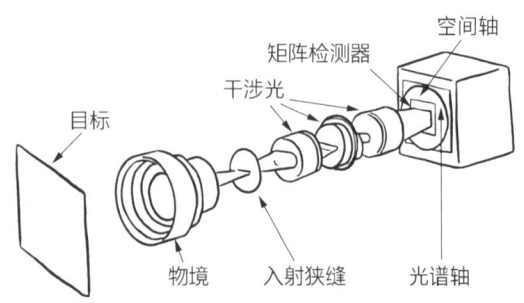

图 4-17　光谱相机的工作原理

这种构造可以提供较高的衍射效率，形成优质的线性光谱，避免由于轴上操作引起的几何畸变和透射光学应用引起的独立入射光偏振。其中，透射光栅是人造全息在两块玻璃粘板之间的重铬酸盐明胶（dichromated gelation, DCG；具有很高的衍射效率、较低的色散、较低的多级衍射且不易产生鬼线，因此广泛用于光学元件的生产）。由于其密封性，使得透射光栅可以承受相当大的湿度、物理撞击和振动，适应温度范围在 -20～120 ℃。

光谱仪的光谱分辨率由狭缝的宽度和光学光谱仪产生的线性色散确定。最小光谱分辨率是由光学系统的成像性能确定的（点扩展大小）。表 4-1 中提供了标准光谱相机模型在标准狭缝宽度下的光谱分辨率。

表 4-1　光谱相机的光学光谱分辨率

缝宽 /μm	光谱分辨率 /nm			
	V7.N10 400～710 nm	V8 380～780 nm	V9 430～900 nm	V7 400～710 nm
25	1.9	2.5	2.9	2.6
50	3.2	4.1	4.9	4.4
150	9.4	12.2	14.3	12.9

由于光谱相机是一种基本的"线扫描"系统，也就是说它每一次只测量目标表面上一条线的光谱。为了确保线性图像是在目标表面上想要获取的位置上，光源照在正确的地方且均匀分布，物镜的前焦点精确地落在样品表面，需要完成光谱相机调焦和样品的空间对准工作（图 4-18）。具体而言，首先将目标放在样品表面对准，确定 A-B 线；对准光源使视觉上的最大光度对准 A-B 线；最后完成校对后取走。光谱相机生成光谱图像，在一维上是线性维，而在另一维上是光谱维。当有色物体被观测时，目标上线的位置很难解释图像上空间和光谱的变化，所以用黑白测试目标能给出最好的结果。黑色目标在整个光谱空间内都是黑色的，而白色在整个波长范围内都有信号，测试图案很容易实现复印、放大或缩小等。

校准工作主要针对三种可能出现的偏离情况进行调整：

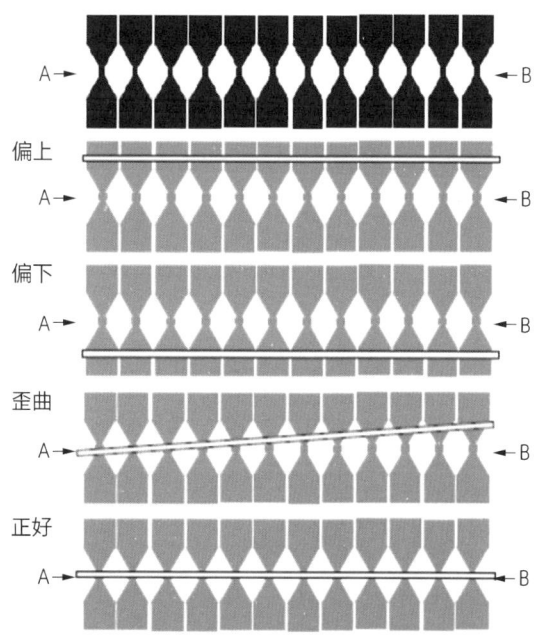

图 4-18　以 A-B 为测试线可能的错误和正确的对准

（1）如图 4-19 所示，未对准光谱相机焦点，调整前方物镜获得清晰图像。

（2）如图 4-20 所示，光谱相机没有对准 A-B 线，旋转光谱相机使所有黑带线宽度相等。

（3）如图 4-21 所示，光谱相机照在 A-B 线上面或者下面，向上或向下移动光谱相机使图像中黑条带的宽度最窄。

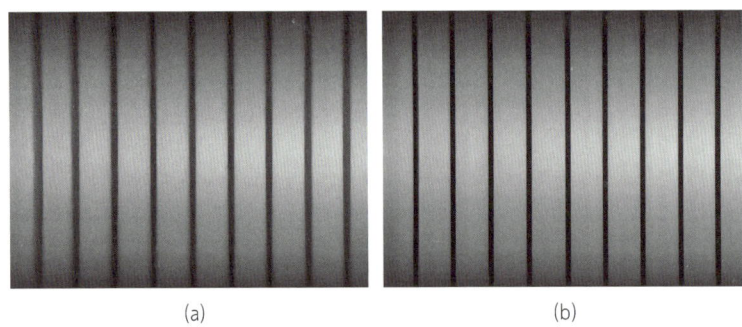

图 4-19　图像不在（a）或在（b）焦点上

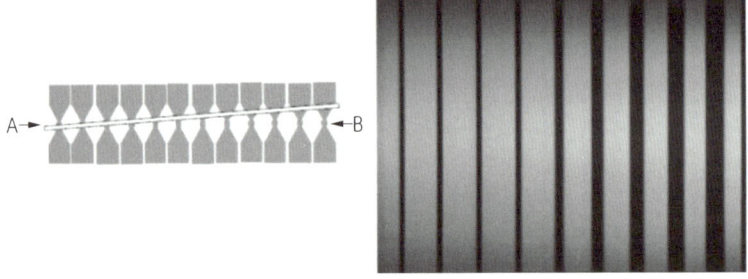

图 4-20　光谱相机没有对准 A-B 线

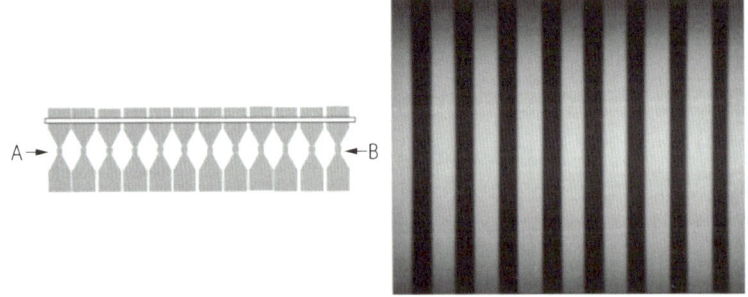

图 4-21　光谱相机照在 A-B 线上面

4.4.3　应用领域

高光谱成像技术获取的光谱信息可以捕捉地物之间的微弱差别，不同地物的光谱曲线就类似生物的 DNA，极大程度地提高了观测者对于地物的识别与分类能力。此外，高光谱影像可以同时记录目标地物的空间信息、光谱信息以及辐射信息，可以在无损检测的条件下对目标地物进行成像，对文物信息探测非常适用。因此，利用高光谱遥感技术对文物进行扫描成像，并提取有效文物信息，可以有效地解决传统文物保护中效率与准确度的问题，并且相比多光谱遥感方式，其于波段范围与波段间隔上的优势，也可以更有效地提高提取信息的效率与准确性，为文物保护与修复提供有效的指导与帮助。

近年来，伴随成像光谱仪的愈发先进，国内外研究人员利用高光谱遥感技术对地物进行成像分析分类的技术也越发成熟。奥地利 Gurschle 等利用高光谱成像光谱仪对绿宝石进行扫描，对影像进行聚类分析，实现分类识别，可以准确地将真假宝石区分开来。希腊 Costas Balas 等利用高光谱成像系统对画作进行扫描成像，获得其高光谱影像数据，通过分析其光谱差异，对绘画材质进行了鉴定识别工作；Dimitrios Alexakis 等对塞萨里地区的影像数据进行处理，发现了古代人类的居住地，对于探究古文明有很大的帮助。塞浦路斯 Athos Agapiou 等团队人员利用高光谱遥感数据对文物遗址进行探测追寻，通过光谱信息的响应，发现了埋藏于地下的建筑群。可以看出，高光谱遥感技术对于文物鉴定、古遗址探寻等方面具有很好的导向作用，其与多种测绘技术相结合，取得了很多重要的研究成果。中国文博行业对于高光谱遥感技术的应用，一方面集中在对于文物的宏观观测，常见于遗址探寻，如周小虎等利用高光谱遥感技术，对秦始皇陵墓进行探测，通过分析该地区的异常光谱信息，就区域功能进行分类，得到了墓道的分布情况。另一方面，学者们对于文物的微观探测研究亦呈迅猛发展之势，如王聪采集了单组分胶料和无机颜料胶料混合物的全波段反射光谱及反射光谱的一阶导数谱图，结合两种谱图与吸收谷、反射峰特征，完成了胶黏物的种类鉴别。

研究案例

- 书画信息提取研究
- 古陶瓷演变规律和断代研究

■ 书画信息提取研究

武望婷等在对清代张士保《论道图》进行信息提取时，发现画中有两处印章已无法通过人眼识别出印章的内容，右下角的印章相比之下较为清晰，仍可看出印章的轮廓（图 4-22）。因此，采用高光谱成像仪数据采集技术分别对这两处印章进行处理，为印章的恢复提供参考。具体波段范围为 400～2 500 nm，包含 20 个波段数目，输出前 10 个波段作为最小噪声分离变换（MNF）处理对象。通过目视选择，发现两处印章 MNF 第 7 波段的图像最为清楚，可以清晰地区别出印章和纸张，因此选择第 7 波段的图像来进行掩膜处理，转变成黑白图像（图 4-23），增加了人眼识别度。同时，《论道图》画心底色由于宣纸长时间老化呈暗黄色，且通篇由墨线勾勒出山石景色和人物形象，线条颜色和背景颜色相差不大，导致人眼对这幅画的分辨、影像信息的判别和读取能力降低。通过图像处理，发现 MNF 第 2 波段的灰度图像可突出画作中的墨线信息，淡化纸的颜色，提高字体的分辨率，易于辨认。此外，在 MNF 第 2 波段图像中还可以清晰地看出和尚袈裟的袖子上绘有无法以肉眼观察的线条和点组成的图案（图 4-24）。隐含信息和图像增强效果对实际工作中的书画鉴定和书画修复提供了重要依据。

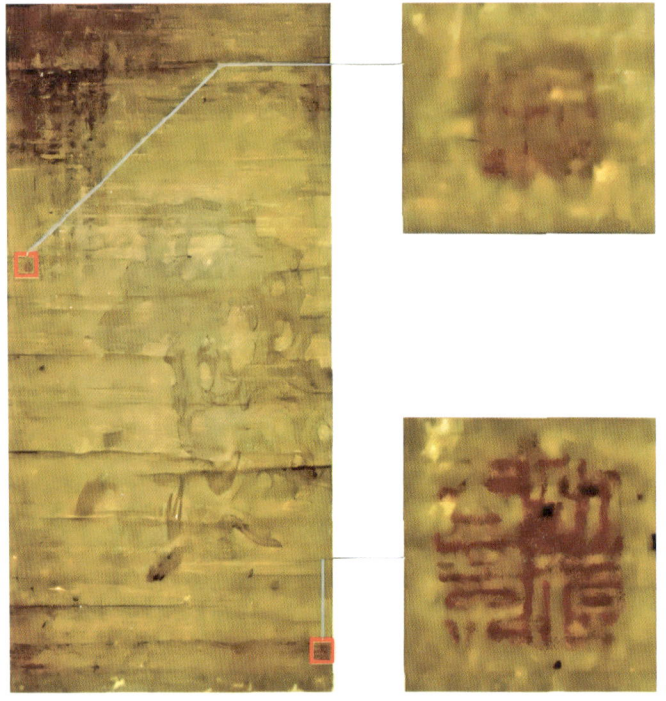

图 4-22 《论道图》画心及两处印章位置

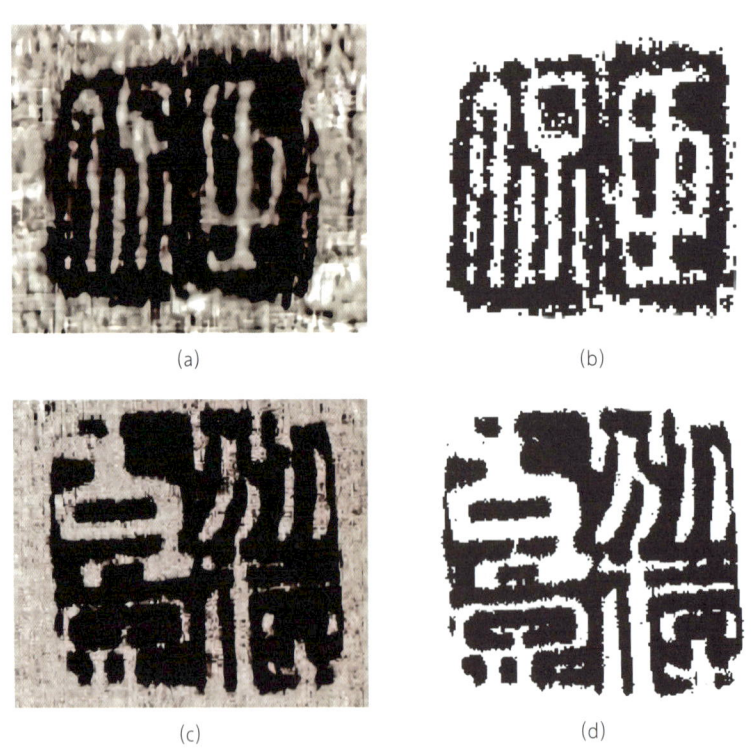

图 4-23 图 4-22 中两处印章 MNF 图像处理前后效果对比
a、b 为左上角印章，c、d 为右下角印章；
a、c 为 MNF 第 7 波段灰度图像，b、d 为掩膜处理后的 MNF 第 7 波段黑白图像

(a)处理前的高光谱合成图像　　　　　(b)MNF第2波段灰度图像

图 4-24　人物高光谱影像和 MNF 第 2 波段图像

周新光等在对上海博物馆馆藏莫晋书法立轴进行研究时，发现该立轴破损较为严重，在"连"字的右侧似乎有印章一枚，已不可辨识，故采用高光谱成像技术采集莫晋书法立轴图像数据，并运用 MNF 完成对于光谱图像数据的处理。经过对疑似印章处和本底的光谱曲线提取分析，最终确定了在 560～850 nm 波段范围内进行 MNF，该处印章得以成功提取。经鉴别，此印章为作者莫晋的一枚闲章"和以天睨"（图 4-25）。此外，经过 MNF 处理后的图像信息亦可将立轴的修复痕迹清晰表现出来。

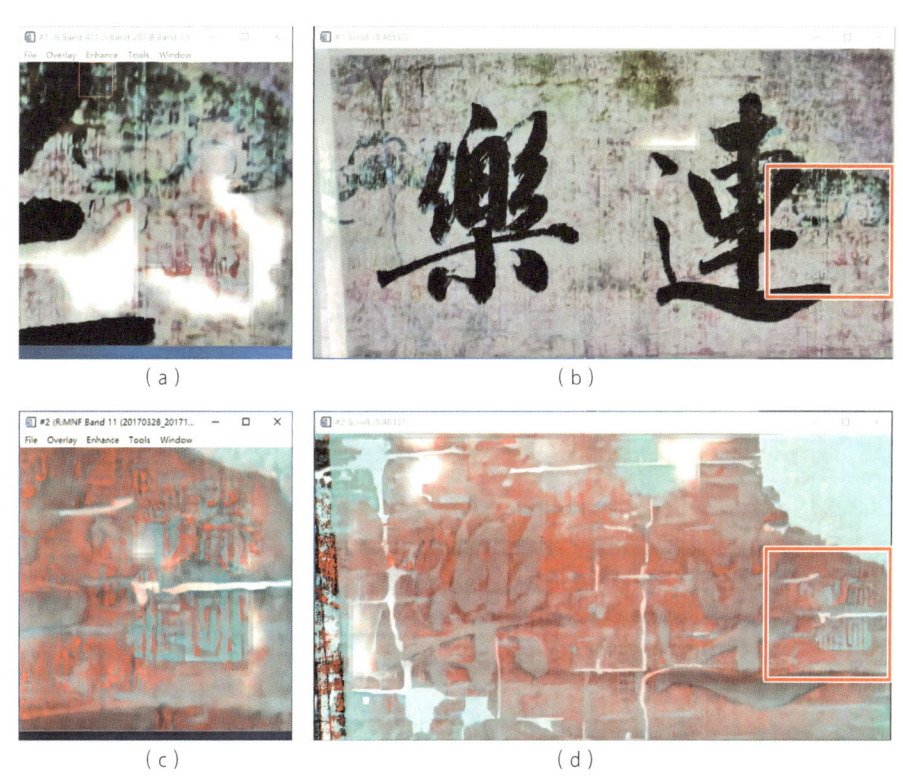

图 4-25　模糊印章 MNF 处理前后效果对比图像
a、b 为处理前的高光谱合成图像，a 为 b 的局部；
c、d 为 MNF 560～850 nm 波段灰度图像，c 为 d 的局部

古陶瓷演变规律和断代研究

赵恒谦等在对28个景德镇青花瓷碎片样本（青花料类别涵盖苏料、平等青等7种，出自元代、明代、清代、民国等不同历史时期）进行光谱特征分析时，在每个青花瓷样本上分别选取典型蓝色青花料部位以及纯净胎釉部位，利用美国SVC1024i便携式地物光谱仪测定样本青花料和胎釉光谱，波长范围340～2 510 nm，得到了各个样本的青花料反射率光谱和胎釉反射率光谱，发现青花料在可见光近红外波段有三个典型的反射峰，并在其两两之间形成吸收谷，而青花瓷胎釉部位光谱仅有一个典型反射峰。具体而言，不同类别胎釉光谱波形比较相近，仅在青色（510 nm左右）波段有一典型反射峰，而青花料光谱特征更为丰富，比如在蓝色（430 nm左右）、绿色（550 nm左右）、近红外（710 nm左右）波段都有较为明显的反射峰，其中蓝色波段反射峰命名为BG、绿色波段反射峰命名为GN、近红外波段放射峰命名为NP，且各波段反射峰之间皆形成两个吸收谷。此外，不同类别青花料光谱差异也更为显著。因此，在对青花瓷进行高光谱分析时发现，青花料部位能够提供更丰富的信息——在可见近红外波段光谱特征较为显著，有蓝峰、绿峰、近红外峰三个反射峰，并在其之间形成BG吸收谷和GN吸收谷，能够通过光谱特征中心波长和中心反射率对不同类别青花瓷进行区分；历代青花料光谱特征参量有较明显的变化规律，其中绿峰和近红外峰中心波长之间的距离逐渐增大，GN吸收谷的对称因子逐渐降低。该研究表明，高光谱技术在青花瓷文物研究中有非常大的潜力，为历代景德镇青花瓷的演变规律和断代研究提供了新思路和新方法。

参考文献

[1] 胡东波.文物的X射线成像[M].北京：科学出版社，2012：1-31.

[2] 谢扬帆.故宫博物院藏辽代木雕菩萨立像修复研究[J].文物天地，2021（12）：108-116.

[3] 孔艳菊，李广华，雷勇."香港图"插屏命名考证及修复[J].故宫博物院院刊，2020（6）：92-101.

[4] 郭苗苗，李建西，邵安定，等.咸阳龚西战国秦墓出土铜壶制作工艺研究[J].文博，2021（1）：104-112.

[5] WANG Q. Technical studies of three Gui vessels of the early Western Zhou period in the British Museum collection[C]//JETT P, MCCARTHY B, DOUGLAS J G. Scientific Research on Ancient Asian Metallurgy: Proceedings of the Fifth Forbes Symposium at the Freer Gallery of Art. London: Archetype Publications Ltd., 2012: 63-72.

[6] 冯峰，刘建宇，张雪雁.故宫博物院藏杨宁史旧藏饕餮纹簋[J].故宫博物院院刊，2020（6）：76-82.

[7] 叶云长.计算机层析成像检测[M].北京：机械工业出版社，2006：8-56.

[8] 丁忠明，周亚，吴来明.计算机断层扫描技术（X-CT）在子仲姜盘制作工艺研究中的应用[J].文物保护与考古科学，2017，29（5）：12-25.

[9] 段佩权，罗涵，刘瀚文，等.养心殿宝匣内五色珠饰的科学分析[J].文博，2021（4）：92-97.

[10] 钟丹霞，郭木森，胡永庆，等.基于光学相干层析成像的古代瓷器釉层分类[J].中国激光，2018，45（1）：146-157.

[11] 郭思克，管杰，褚红轩，等.鲁国故城遗址出土蜻蜓眼玻璃珠的科学研究[J].文物保护与考古科学，2021，33（1）：64-72.

[12] 李靖.彩绘文物多通道光谱图像获取方法研究[D].武汉：武汉大学，2016：1-23.

[13] 朱豪男，胡孟晗，张健，等.低成本便携式多光谱成像系统的研发及优化[J].中国图象图形学报，2021，26（8）：1796-1808.

[14] 赵灵委，李青会，董俊卿，等.几件明代斗彩和清代粉彩瓷片的科学分析[J].文物保护与考古科学，2018，30（5）：98-109.

[15] 王雪培,赵虹霞,刘松,等.古代多色硅酸盐制品的光谱学分析及方法学研究[J].光谱学与光谱分析,2016,36(12):4045-4051.

[16] 杨海亮,周旸,刘剑,等.多光谱摄影技术在印绘纺织品文物信息提取中的应用——以正德八年诰命为例[J].文物保护与考古科学,2017,29(2):33-37.

[17] 丁新峰.基于高光谱成像技术的文物颜料研究[D].北京:北京建筑大学,2015:9-19.

[18] 赵恒谦,强加成,赵红蕊,等.历代景德镇青花瓷光谱特征分析研究[J].光谱学与光谱分析,2019,39(3):942-947.

[19] 周小虎,谭克龙,万余庆,等.现代遥感技术在秦始皇陵考古研究中的应用[J].现代地质,2007(1):157-162.

[20] 王聪,Mara Camaiti,铁付德,等.便携式高光谱感应器在有机胶料无损分析中的应用初探[J].光谱学与光谱分析,2021,41(9):2886-2891.

[21] 武望婷,张陈锋,高爱东,等.基于高光谱技术对一幅清代画信息提取研究[J].文物保护与考古科学,2017,29(4):45-52.

[22] 周新光,沈骅,吴来明.高光谱图像系统应用于模糊印章的提取研究[J].文物保护与考古科学,2020,32(1):56-60.

第 5 章

文物年代分析

对于一件文物、一个遗址，人们通常关心的第一个问题是：它是什么年代的？近现代以来，随着自然科学的发展，一些科学技术手段可以被用来进行年代的测定。其中最常用和最重要的方法是碳十四测年法，此外还有释光测年法等。碳十四测年法是考古学中确定绝对年代的主要方法，从理论上讲，碳十四测年法可测范围达到距今 5 万年左右，而目前树轮校正的范围只能达到距今 2 万年左右。释光测年法包括热释光测年和光释光测年，测定对象主要是陶瓷器、砖瓦、火烧土中的石英、长石等，在考古文物领域可广泛应用，特别是对于没有碳十四标本或标本可疑的遗址，释光测年法对考古学文化的年代确定具有重要作用。

5.1 碳十四测年法

碳十四年代学是通过应用碳同位素碳十四（^{14}C）的放射性特征为考古、地学等研究提供绝对年代的测年研究方法，其测年对象为含碳物质，如木炭、木头、植物、骨头等。从人类历史发展的过程来看，碳十四测年法可测范围恰是旧石器时代晚期以来所涵盖的时间范围，是考古学的重点研究时段，而作为含碳样品的典型物质，又是考古遗址中常见的遗存。在夏商周断代工程中，碳十四测年法与考古学密切结合，通过配合考古发掘的高精度系列样品研究，建立了夏商周考古-碳十四年代框架，为三代年表的建立提供了依据，也把中国的碳十四测年研究引领上了新的水平。随着碳十四测年方法、技术的不断发展，中国社会科学院考古研究所年代学实验室完成了数以千计的碳十四数据的测定，新石器时代晚期以来史前考古年代序列由此得以建立。同时，被国家标准局定名为"中国糖碳"，这种用于测年的标准物质的研制成功，标志着中国的碳十四年代学研究已达到较高的水平。

5.1.1 测年原理

碳十四产生于高空大气中，由宇宙射线中子与大气中的氮相互作用而生成。所生成的碳十四与氧结合成为二氧化碳很快进入碳的各个交换库中。大气本身就是一个交换库，二氧化碳首先进入大气，通过大气气流的运动，再扩散到其他碳的交换库中。植物通过光合作用吸收二氧化碳而生长，动物直接或间接地依赖植物而生存，因此，生物界都处于与大气的交换状态，都含有碳十四放射性，是又一个碳十四交换储存库。沉积物中的动植物遗骸腐烂发育形成的土壤、淤泥、泥炭等也由此而带有碳十四放射性。江、河、湖泊，还有海洋与空气的接触面积大，交换面积也大，因而其中的生物、沉积物等也都具有碳十四放射性。总之，所产生的碳十四经过地球物理化学过程到达各个碳储存库中，使其带有放射性。

碳十四测年法的基本原理是放射性元素碳十四的衰变规律。生物体内的碳十四水平总是处于一个交换平衡状态。碳在自然界的这种交换循环相当快，因而与大气互相交换的各种物质在各地的碳十四水平基本上是一致的。处于碳交换平衡状态的生物或其他含碳物质，一旦脱离交换状态，其碳十四得不到补充，碳十四放射性水平就会按衰变规律降低。目前，国际上采用 5 730 年为碳十四的半衰期，即生物体或其他含碳物质中的碳十四浓度，在得不到补充的条件下，每经过 5 730 年，浓度就降低一半。时间愈久远，碳十四的浓度就愈低。动植物死亡后，交换平衡被打破，其体内碳十四得不到补充，浓度随时间而降低，将测得的碳十四水平与其原始水平相比较，就可获知生物死亡或停止交换的年代。该过程发生的是核变化，这种变化不受周围环境因素的影响。由于其原始碳十四水平实际无法得到，而假定碳十四产生的现象在过去的几万年以来没有什么变化，就可以将目前处于交换平衡状态的动植物放射性水平作为标本的原始性放射性水平，即所谓"现代碳"放射性标准。因此，采集考古遗址出土的动植物遗存或其他含碳物质，通过测量获得其碳十四浓度，再与活体碳十四浓度进行比较，即可得知其死亡的时间。

5.1.2　测年方法

碳十四衰变为 β 衰变，年代测定就是通过计数发生 β 衰变的次数或计数碳十四粒子的个数来计算年代。碳十四测年方法主要包括常规测年法和加速器质谱测年法。较早发展的是常规方法，也称为 β 计数法，该方法通过计数碳十四衰变释放出的 β 电子来测定年代。20 世纪 70 年代后期出现了加速器质谱计数法，通过直接测量碳十四原子数目进行年代测定。与常规方法相比，加速器质谱测年法所需样品量大大减少，而且测量时间短、精度高，现已被广泛应用。

1）仪器设备

加速器质谱计数法主要使用加速器质谱仪（AMS）。中国社会科学院考古研究所、北京大学、中国原子能科学研究院、中国科学院地球环境研究所等多家单位都已建立了碳十四实验室。

2）测年样品

碳十四测年所需的样品为含碳物质。考古遗存中常见的动物遗骨、植物、炭化物、白灰面，以及丝、棉、麻等各类含碳物质都可以作为测年样品。常规碳十四测年用样量较大，木头、木炭样品一般要用十几克，骨样品一般要用 1 kg 左右。但正是由于用量较大，抗污染能力强。加速器质谱测年法用样量小，仅需毫克级的碳，为常规方法的千分之一，样品容易采集，制样测年所用时间短，省时省力。而正是由于所用样品量少，样品本身去除污染以及制样、测量过程中避免污染是特别应该注意的问题。

3）具体方法

碳十四测年的具体方法是采集考古遗址中具有年代特征的含碳样品，应用物理化学方法进行处理，再通过专门的技术手段将其中的碳提取出来，制备成便于测定的样品，然后经过分析测定和各种校正，再经过数据处理获得年代结果。其实验室工作过程可简单表示为

样品采集 ⟶ 样品制备 ⟶ 样品测量及数据处理 ⟶ 年代校正

样品采集可参照国家文物局行业标准《碳十四年代测定考古样品采集规范》(WWT 0042—2012)。骨质样品的处理方法可参照国家文物局行业标准《碳十四年代测定骨质样品的处理方法》(WWT 0043—2012)。

5.1.3 年代校正

1) 碳十四半衰期

20世纪50年代时，碳十四的年代计算所用的半衰期是5 568年。60年代初，通过进一步的测算，确认了较精确的半衰期值为5 730年。但由于已应用5 568年的半衰期值计算了大量的碳十四数据，所以国际上基本是沿用这一半衰期值。中国两个半衰期值都使用过，有时同时给出两个半衰期计算出的碳十四年代，但目前用得较多的半衰期是5 568年。半衰期不同，计算出的年代也不同，所以给出的碳十四年代值，应注明是使用了哪个半衰期值。

如果给出的是树轮校正年代，就不需要考虑半衰期问题。将测得的碳十四年代值进行树轮年代校正时，首先要看原先算得的值是应用了哪个半衰期。现在应用的校正程序一般是采用5 568年半衰期值的碳十四年代，如果用的是5 730年半衰期，先要将其进行转换，即由5 730年半衰期得到的年代值除以1.029，然后输入程序进行校正。

2) 碳十四年代误差

实验室发表的碳十四年代数据都标出了年代误差，这是统计学上的标准偏差。一般实验室是在制样方法规范、测量仪器稳定的基础上，通过对测量数据的统计处理得到的，是整个碳十四测年由制样到测量过程中的不确定性程度的表征。对数据使用者来说，应注重了解的是其统计学意义。现举例解读如下：如5 000±100，表示标本的碳十四年代在5 100~4 900年间的概率约为68%，在5 200~4 800年间的概率约为95%，即标本的碳十四年代还有约32%的可能会超出5 100~4 900年的范围，但要超出5 200~4 800年这个范围就只有约5%的可能了。对于概率为68%范围内给出的误差值，也即前面所举例子里的100年，称为一个标准偏差，通常以1σ表示；概率为95%范围内给出的误差值，也即前面所举例子里的200年，称为两个标准偏差，以2σ表示。

3) 数据年代校正

碳十四测年以三个基本假设为前提：一是从古至今大气碳十四水平恒定不变，且整个大气圈碳十四水平是均匀的；二是生物圈、水圈等碳十四水平与大气圈碳十四水平均保持一致，处于交换平衡状态；三是处于交换状态的含碳物质脱离交换状态后，一直处于封闭状态。但在碳十四方法建立不久后就发现，这些假设与实际存在一定偏离。例如，通过对确定年份年轮中碳十四浓度的测定和比较，学者发现大气中碳十四的浓度既存在周期性变化又有突变。造成大气碳十四浓度不稳定的原因非常复杂，不仅包括地球磁场、太阳活动等周期运动，还存在宇宙射线、人类活动（例如核实验、工业革命等）等不确定因素。因此，校正是碳十四年代研究中必不可少的一步，单纯的碳十四年代数据并没有任何时间意义，必须经过校正曲线转换为日历年份后才可以用于考古学研究。对于给出的碳十四数据，首先要看注明的是碳十四年代，还是树轮校正年代。碳十四年代通常以"BP"年的形式报告，"BP"表示距今，"BP"的起始年规定为1950年。如果是碳十四年代，必须要校正到树轮年代才能使用。

数据年代校正的核心工作是碳十四-树轮年代校正曲线的研究与建立。这项工作最先是对树木年轮的研究，即首先是依据树轮年代学建立由近至远的长系列年代序列，然后取其中的树轮木质进行碳十四测年，再将所得到的测年结果绘入以树轮年代为横坐标、以碳十四年代为纵坐标所建立的坐标系中，形成碳十四-树轮年代校正曲线。鉴于每一个碳十四年代都需要校正，校正曲线的精确程度则变得至关重要。最初主要以树木年轮样品为主，但随着碳十四技术在各个学科中的广泛使用，越来越多的环境记录也被吸收进入碳十四校正曲线当中，校正曲线由一系列有确定日历年代信息和碳十四年代（浓度）的样品经过特定的统计算法拟合而成。2020年，碳十四国际校正组织（International Calibration Working Group，I-WG）发布最新校正曲线IntCal20（International Calibration 2020）。IntCal20包含三组校正曲线：① 适用于北半球碳十四样品的IntCal20；② 适用于南半球碳十四样品的SHCal20；③ 适用于浅海样品的Marine20。采用三条不同校正曲线的根本原因是南北半球及海洋环境中的碳库本身 $^{14}C/^{12}C$ 存在显著差异。在目前中国考古研究中，主要采用第一条校正曲线，后两条很少涉及。新一代校正曲线IntCal20不仅在基础数据和拟合算法上均有重要改进，将碳十四测年上限大大提高，上溯了55 000年，而且在全新世以来的大部分时段可以做到一年取样，较之以往10年或5年取样的年代分辨率明显提高，为高精度测年研究提供了条件，为进一步拓展碳十四测年技术在考古领域中的应用打下了良好的基础。通过细致比对，研究者发现IntCal20在公元前54000—公元前30000、公元前11000—公元前10000两个大的年代范围内与IntCal13相比存在明显差异，同样在公元50—250年等小区间内也有所不同，但在其他时间段内，IntCal20和IntCal13的差异不大，尤其是对于目前中国新石器时代、青铜时代和历史时期的碳十四校正结果影响甚微。具体的校正可以通过计算机软件实施，数万次至几十万次的统计运算瞬间就可完成，而且易操作，高效便捷。

研究案例
- 四川广汉三星堆遗址四号祭祀坑的年代研究
- 敦煌莫高窟中石窟的年代研究
- 中国古代建筑的建造年代研究

四川广汉三星堆遗址四号祭祀坑的年代研究

为解决广汉三星堆遗址新发现祭祀坑的年代问题，国家文物局考古研究中心与北京大学考古文博学院考古年代学联合实验室对四号祭祀坑（简称"K4"）开展了碳十四年代研究。在发掘过程中，从 K4 竹炭灰烬层采集了 15 份碳十四测年样品，基本上是炭屑、骨渣与淤泥混杂，在北京大学加速器质谱仪上完成了碳十四年代数据的测量。由于样品中骨质细碎，保存状态很差，有机质几乎没有保留下来，所以最后得到的 6 个碳十四年代数据几乎全部来自竹炭样品，相关的样品和数据情况见表 5-1。为了得到 K4 的 6 个碳十四数据的日历年代，研究者利用 OxCal V4.4.3 进行了贝叶斯统计树轮校正，所用的树轮校正曲线为 IntCal20。K4 的 6 个碳十四数据的日历年代分布如图 5-1 所示。考虑到三星堆祭祀坑的形成应该是人类短期行为所致，取自 K4 灰烬层的样品所代表的年代应该是相同的，OxCal 程序为处理这一类碳十四数据提供了 R_Combine 指令，允许把这 6 个样品所获得的碳十四数据作为平行样品数值取平均后进行贝叶斯统计树轮校正，得出了 K4 碳十四数据树轮校正后的日历年代（图 5-2）。由此针对 K4 的年代可以得到以下结论：K4 的埋藏时间有 68.3% 的概率落在距今 3 072～3 003（cal.BP）时间范围内，有 95.4% 的概率落在距今 3 148～2 966（cal.BP）时间范围之内。对比《夏商周断代工程 1996—2000 年阶段成果报告》简本中的年表，这个时间当属殷商晚期。

表 5-1　K4 碳十四年代数据

实验室编号	样品编号	样品物质	出土地点	碳十四年代（BP, 1σ）
BA210001	K4X② CS9-1	炭样（骨渣）	K4 灰烬层	2 940 ± 25
BA210002	K4X② CS12-1	炭样	K4 灰烬层	2 930 ± 25
BA210003	K4X② CS13-1	炭样	K4 灰烬层	2 875 ± 25
BA210009	K4X② CS24-1	炭样	K4 灰烬层	2 915 ± 30
BA210010	K4X② CS26-1	炭样	K4 灰烬层	2 950 ± 30
BA210011	K4X② CS27-1	炭样	K4 灰烬层	2 850 ± 30

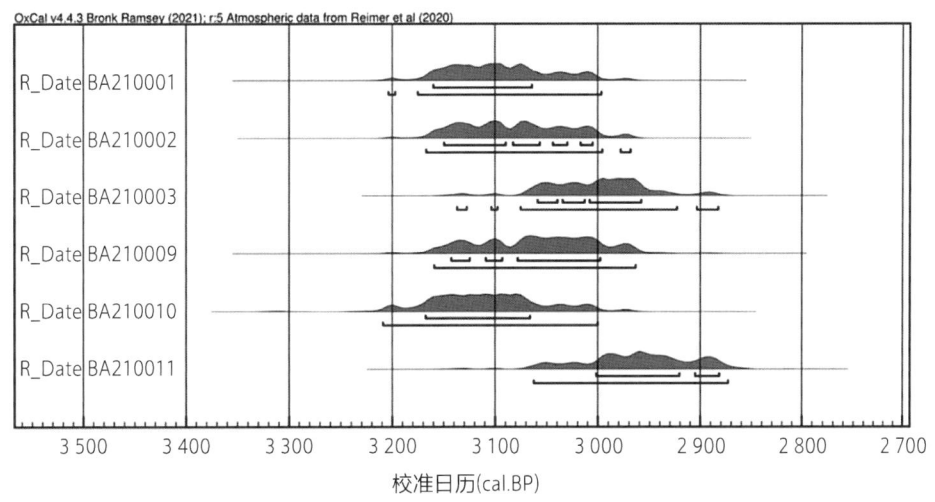

图 5-1　K4 碳十四数据树轮校正后日历年代分布

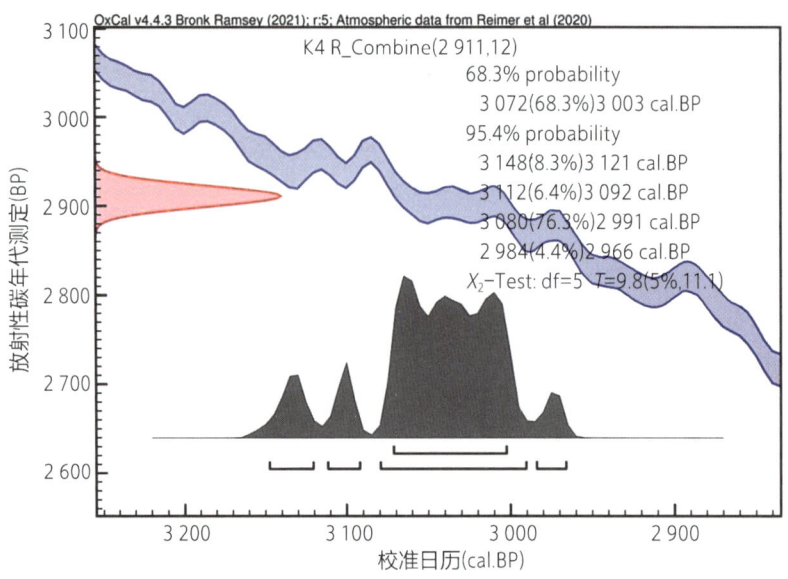

图 5-2　K4 碳十四数据 R_Combine 模型树轮校正后日历年代

■ **敦煌莫高窟中石窟的年代研究**

敦煌莫高窟早期三窟（268/272/275）建造年代一直是敦煌学研究的重要议题之一，归纳起来，各家学说大致分为北魏说、北凉说、西凉说和北凉—西凉说。为进一步缩小早期三窟碳十四数据的年代跨度，郭青林等运用贝叶斯模型（OxCal）和考古信息来提高碳十四测年精度，经过贝叶斯建模后重新计算的碳十四年代分布更加精确，进一步为学者探讨敦煌早期三窟的建成年代和历史背景提供了有力的证据。研究表明，在 84.4%～84.5% 的置信度下，敦煌莫高窟第 268、272、275 窟的建成年代应分别在公元 410—437 年、公元 412—438 年和公元 408—443 年之间。如图 5-3 所示是第

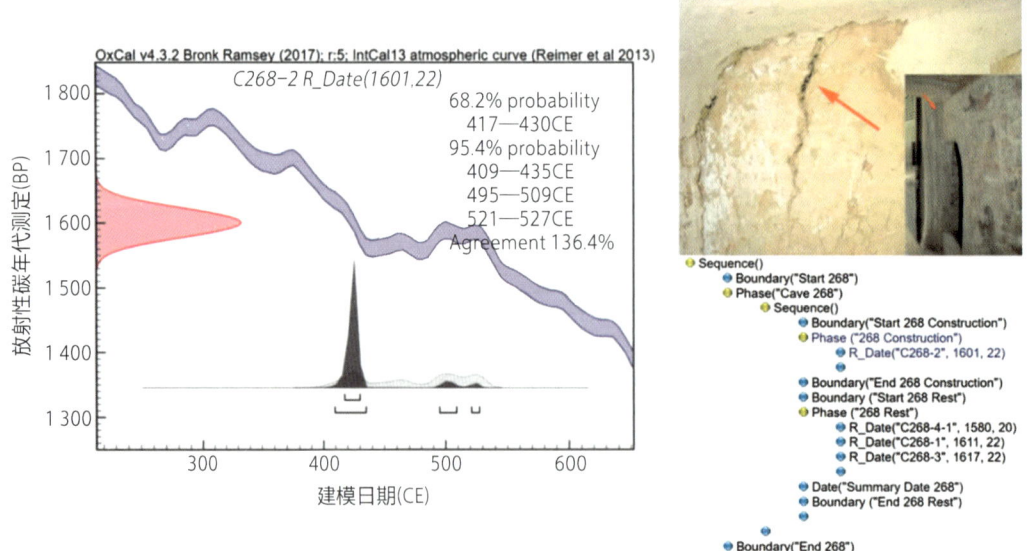

图 5-3　敦煌莫高窟第 268 窟最底层样品测年结果、OxCal 模型框架以及采样位置

（图片来源：郭青林，卢春，刘睿良，等. 佛教石窟断代方法新进展：如何基于贝叶斯模型（OxCal）和考古信息提高碳十四测年精度［J］. 敦煌研究，2018（6）：168-176）

268窟壁画底层样品的测年结果，理论上，该样品的年代有可能早于其他样品，或许可代表第268窟的始建年代，但该样品的最后建模结果为公元409—435年，并没有早于其他样品。基于贝叶斯模型（OxCal）和考古信息所得年代的精度可以直接说明三个问题：一是敦煌莫高窟早期三窟的具体朝代在公元410—445年间，敦煌地区经历了西凉（403—421）和北凉（421—439）两个朝代，通过进一步使用Order算法来比较早期三窟碳十四结果和西凉、北凉的具体年代，可以看出该三窟建成于北凉的可能性要远远高于西凉。二是为跨区域的比较提供更加精确的时代刻度，从这一结果来看，敦煌早期三窟要早于云冈石窟一期（460—465）。除此之外，还从碳十四概率分布的角度，进一步分析早期三窟的建成年代之间是否存在相对关系。同样利用Order算法，可以看出早期三窟早于或者晚于彼此的概率基本都在50%，这一结果表示在现有的数据和测年精度（AMS）下，碳十四分析并没有提供直接的证据支持早期三窟之间的任意早晚关系，该三窟之间的建成年代应该在统一区间内（410—445）。三是敦煌最早洞窟的问题，据莫高窟碑刻记载，最早之洞窟建造于前秦建元二年（公元366年），现存的敦煌莫高窟第268、272、275窟的壁画的制作年代与莫高窟碑文记载的最早开凿年代依然有着较大差距。因此，至少存在两种可能性：一是早期三窟就是莫高窟最早开凿的洞窟，只是壁画绘制的时间明显晚于洞窟开凿时间，或者早期绘制的壁画已经不复存在；二是莫高窟最早开凿的洞窟并不是早期三窟。无论是哪一种可能，从目前数据和专家研究结果来看，现存早期三窟的壁画应为莫高窟最早的壁画。

■ 中国古代建筑的建造年代研究

为验证稷王庙大殿的年代问题，北京大学考古文博学院、山西省古建筑保护研究所等单位组成的课题组对大殿木构件样本进行了碳十四年代研究。在稷王庙大殿上共获取了斗、拱、昂、梁栿、枋、柱等21个样本，由北京大学考古文博学院第四纪年代测定实验室及北京大学加速器质谱实验室，分两批次进行检测，测试结果见表5-2。根据碳十四测年结果与天圣元年（1023年）的偏离关系，21个样本可分成四组，其中三组早于天圣元年，一组晚于天圣元年。由8、10~12、14、18号构成的C组偏差最小，其下限仅早于天圣元年数年；由1、5~7、15、17、19号构成的B组，下限早于天圣元年约130年；由2~4、9号构成的A组早于天圣元年约240年；由13、16、20、21号构成的D组又可分为两部分，其中13、16号上限仅晚于天圣元年数年，下限不晚于金代，而20、21号晚于天圣元年200余年，且两个样本的时代很一致，其交集为1250—1295年，正好涵盖了大殿上元至元二十五年（1288年）重修题记的年代。由上述数据可知，如果没有构件形制类型学、建筑材料和"天圣元年"题记相互印证的前期研究，仅凭碳十四测年结论，要证明稷王庙大殿为晚唐、五代、宋乃至金、元时期的建筑，似乎都可以从报告中找到依据。由于古建筑存在建造和遗存的复杂性，如木料采伐后经历一段不等的时间才使用、使用旧料盖新房、修缮中更换晚期构件、史料纪年材料多时代层叠、取样部位不同造成误差等，若未能有效地过滤古建筑上的各类影响因素，碳十四技术的测年结果将极易产生误导或困扰。研究者本着树木死亡之后才加工为建筑构件的事实，推导出构件的文字纪年与碳十四测年数据之间关系的规律，即构件的建造纪年不早于其碳十四测年区间的上限。在稷王庙大殿的21个碳十四测年数据中，"天圣元年"位于样本中全部17个原构构件碳十四年代所构成的年代区间之后，而"至元二十五年"也不早于20、21号样本的碳十四年代区间上限。碳十四测年结果在天圣元年之后的共有4个样本——13、16、20、21号构件（D组），经形制比对确认均为后期更换构件。在分析A、B、C三组构件的类型后，可发现各组样本之间存在一定的规律性，即与天圣元年最为接近的C组，均为梁、柱、槫、叉手等容易取到接近圆木外皮样本的大料。B组的年代区间与天圣元年的距离居中，组内混合了昂、拱、椽等小料，亦有柱、槫、乳栿等大

表 5-2　稷王庙大殿木构件碳十四测试报告

Lab 编号	序号	采样位置	碳十四年代（BP）	树轮校正后年代（BC）	
				1σ（68.2%）	2σ（95.4%）
BA110069	1	东北角柱	1 250 ± 25	685AD（54.6%）755AD 760AD（13.6%）780AD	670AD（95.4%）870AD
BA110070	2	前檐东次梢间普拍枋	1 295 ± 35	665AD（44.8%）715AD 740AD（23.4%）770AD	650AD（95.4%）780AD
BA110071	3	3 组一层正心栱	1 310 ± 25	660AD（48.6%）710AD 740AD（19.6%）770AD	650AD（95.4%）780AD
BA110072	4	3 组一层昂	1 290 ± 30	670AD（42.8%）720AD 740AD（25.4%）770AD	660AD（95.4%）780AD
BA110073	5	27 组二层北向昂	1 215 ± 25	770AD（68.2%）870AD	700AD（11.4%）750AD 760AD（84.0%）890AD
BA110074	6	26 组里转鞾楔栱	1 210 ± 30	775AD（68.2%）875AD	690AD（12.2%）750AD 760AD（83.2%）900AD
BA110075	7	25 组蚂蚱头（乳栿）	1 210 ± 25	775AD（68.2%）870AD	710AD（7.9%）750AD 760AD（87.5%）890AD
BA110076	8	东南角老角梁	1 160 ± 25	780AD（3.4%）790AD 810AD（49.9%）900AD 920AD（14.9%）950AD	770AD（95.4%）970AD
BA110077	9	后上金东 5 补间大斗	1 290 ± 30	670AD（42.8%）720AD 740AD（25.4%）770AD	660AD（95.4%）780AD
BA110078	10	明间东平梁	1 120 ± 25	890AD（9.4%）905AD 910AD（58.8%）970AD	870AD（95.4%）990AD
BA110079	11	明间东平梁下顺梁	1 140 ± 25	880AD（18.3%）905AD 915AD（49.9%）970AD	780AD（1.4%）790AD 810AD（94.0%）990AD
BA110080	12	脊东 2 前下叉手	1 120 ± 25	890AD（9.4%）905AD 910AD（58.8%）970AD	870AD（95.4%）990AD
BA110081	13	脊东 4 蚂蚱头	930 ± 25	1040AD（12.5%）1060AD 1070AD（55.7%）1160AD	1030AD（95.4%）1160AD
BA110082	14	西山下金南一槫	1 140 ± 25	880AD（18.3%）755AD 915AD（49.9%）780AD	780AD（1.4%）790AD 810AD（94.0%）990AD
BA110083	15	西次间方脊槫	1 225 ± 30	710AD（12.3%）750AD 760AD（55.9%）870AD	680AD（25.5%）750AD 760AD（69.9%）890AD
BA110084	16	续角梁（上开榫置橼）	810 ± 70	1160AD（68.2%）1280AD	1030AD（95.4%）1300AD
BA110085	17	椽（尾开榫口）	1 205 ± 25	775AD（42.4%）830AD 835AD（25.8%）870AD	720AD（4.6%）750AD 760AD（90.8%）890AD

(续表)

Lab 编号	序号	采样位置	碳十四年代（BP）	树轮校正后年代（BC）	
				1σ（68.2%）	2σ（95.4%）
BA110774	18	前檐明间东金柱	1 120±35	890AD（68.2%）975AD	810AD（95.4%）1020AD
BA110775	19	前檐明间西金柱	1 270±30	685AD（36.9%）730AD 735AD（31.3%）775AD	660AD（94.4%）820AD 840AD（1.0%）860AD
BA110776	20	后檐明间西乳栿	710±30	1265AD（68.2%）1295AD	1250AD（83.6%）1310AD 1360AD（11.8%）1390AD
BA110777	21	后檐明间东乳栿	750±35	1225AD（2.6%）1235AD 1240AD（65.6%）1285AD	1215AD（95.4%）1295AD

注：表中"AD"表示"公元"，如685AD表示公元685年。

料。A组的年代区间距离天圣元年最远，均为昂、斗、拱枋、普拍枋等小料。由此可见，构件的尺度与"天圣元年"题记之间的时差呈现出一定的正向关系。上述碳十四测年数据与被测木构件尺度的规律性关系说明，在运用碳十四测年结论时，不能仅检测斗拱等小尺度构件，其检测结果可能偏早100~200年；应重视梁、柱等大料构件，其结论更易接近真实的营造年代。另外，在B、C两组与B、D两组中，均出现了构件类型重合的现象，这提示若要获得更准确的数据，则每种类型的构件不能仅测一个样本，要多获取同类构件的数据。同时，对于具有重要形制意义的样本，应重点予以检测，以便与形制研究等成果相互印证。

5.2 热释光测年法

热释光（thermoluminescence，TL）是一种物理现象，它是固体受到电离辐射激发而积蓄起来的辐射能在加热过程中以光子形式释放出来的一种磷光。热释光测年是20世纪60年代发展起来的一项测定年代的新技术，随着技术的不断完善，不仅可以测定陶瓷器和砖瓦等物体的烧制年代，还能测定地质材料最后一次受热以来所经过的时间，在考古学和地质学上发挥着越来越重要的作用。作为测定年代工具，热释光在文物科技分析领域的最大成功之处就是古陶瓷艺术品的年代测定和真伪鉴别。

5.2.1 测年原理

陶瓷器是用天然黏土烧制的。黏土中含有微量的天然放射性物质和大量的石英等矿物晶体。当晶体受到这些放射性物质产生的天然射线辐照时，会把一部分的辐射能贮藏在晶体中。晶体一旦受热，就会把贮藏的辐射能转变成光能，以光子的形式释放出来，这就是热释光。陶瓷器在古代烧制时经过很高的温度，器物中的晶体在地质时期积累的大量辐射能全部变为光能释放完，好似古人把"热释光时钟"拨回到"零点"，但陶瓷器中的放射性物质是烧不掉的，随着时间的推移，器物中的晶体又以均匀的速率重新积累辐射能。这些辐射能释放出来的热释光很"纯净"，是器物"诞生"后开始逐年增加的，于是就可以作为器物年龄的标志。今天从陶瓷器中取一点样品检测，样品加热时释放出来的光，就代表了这件陶瓷器从烧成那天至检测时所经过的时间，也就是器物的年代。测量得到的热释光越强，经过的时间越长；反之，则短。这个热释光被称为"自然辐照累积热释光"或"古热释光"。这就是陶瓷器热释光测定年代的基本原理，也是所有烧过物质的热释光测定年代原理。但是这个古热释光量的大小只能作为器物相对年龄的标志，因为每一件陶瓷器内部和外部放射性物质提供的辐射剂量是不一样的，所以只测量一件陶瓷器的自然热释光强度，仅能得到这件器物的"相对年代"。这个相对年代需要用已知年代的器物作对照，或者比较两件器物测量得到的热释光强弱，以确定两件器物的烧制年代哪一个长，但不能确定它们在什么时候烧制，这是早期使用过的方法，现在一般都是测定器物的"绝对年代"。要得到器物烧制的"绝对年代"，需要知道这件器物内外放射性物质每年向器物中矿物晶体提供多少热释光量，这个热释光量称为"年热释光"。将这件陶瓷器自然辐照所累积的古热释光量，除以这件陶瓷器一年吸收的年热释光量，就得到了这件器物烧制的"绝对年代"。

在实际应用中，陶瓷器的年热释光量非常微弱，很难测定，但热释光是辐射能转变为光能的结果，所以热释光强度就可以用辐射能的单位"吸收剂量"来度量。"古热释光"就是"古剂量"（自陶瓷器烧成以来到测定年代为止所吸收的自然辐照累积剂量），用 P 表示，"年热释光"就是"年剂量"（陶瓷器一年吸收的辐照剂量），用 D 表示，只要将这件陶瓷器的古剂量除以它自己的年剂量，就得到了这件器物的烧制年代或者年龄，用 A 表示，即

$$年代 (A) = \frac{古剂量 (P)}{年剂量 (D)}$$

一件器物的年剂量由四部分组成：陶瓷器内部放射性物质提供的 α 和 β 年剂量，陶瓷器外部环境提供的 γ 年剂量和宇宙空间提供的宇宙射线年剂量。虽然年代测定的原理非常简单，但是要准确测得一件陶瓷器的古剂量和年剂量这两个参数是一件非常复杂和困难的事情，因为影响准确测定这两个参数的因素很多。

5.2.2 测年方法

5.2.2.1 陶器古剂量测量

细粒混合矿物技术和粗粒石英技术是国际上公认的使用热释光测定陶器年代的两个标准方法。细粒混合矿物技术是选择在标本中原来存在的直径为 3～8 μm 的颗粒，不要把标本中原来存在的大颗粒破碎后当作细颗粒选择出来，因为这样的细颗粒实际上是大颗粒，其颗粒内部的剂量已经受到严重的衰减，用这样的细颗粒测量得到的古剂量明显偏小。因为细粒法是测量全部的自然累积剂量，所以又称全剂量法。为了防止样品受光衰退和光激发的影响，样品制备过程和热释光测量要自始至终在红灯或者黄灯下进行。陶器"细粒法"中古剂量分为两部分，分别来自器物内部的陶土和陶器外部的环境。按射线类型分为四种，陶器内部放射性物质提供的 α 和 β 剂量以及由环境辐射提供的 γ 射线和宇宙射线剂量。

粗粒石英技术选择的是直径为 100 μm 左右的粗粒石英样品。为了测量陶器中全部的自然辐照累积剂量，样品的颗粒直径必须选得很小，小于 α 粒子在其中的射程。相反地，为了去掉 α 自然累积剂量，样品的颗粒直径必须选得足够大，使 α 剂量在颗粒中严重衰减，仅作用于颗粒表面，如果颗粒表面再经过氢氟酸蚀刻，那么样品中的 α 剂量可以完全去除，这样测量得到的古剂量就没有 α 辐照的贡献，但是粗颗粒直径也不能太大，否则 β 剂量也会受到严重衰减，所以一般选在 100 μm 左右，国际上称为"石英夹杂物技术"，因为它主要选择夹杂在陶胎中的石英颗粒作为样品。

细粒法和粗粒法各有优缺点。细粒法的优点是它测量的古剂量主要来自陶器内部，这对测定陶器年代特别是鉴定古陶器真伪十分有利。因为在典型的陶器和土壤中，有效 α 剂量占年剂量约 45%，β 剂量约占 30%，这两种剂量都是器物内部的贡献，它们共计约占 75%。土壤提供的 γ 剂量只占 22% 左右，宇宙射线剂量约占 3%。测量陶器内部放射性物质的剂量可以在实验室中进行，一般都可以测量得比较准确。而 γ 剂量则不同，土壤提供的剂量受气候和自然条件的变化，波动很大，没有办法测量得很准确。由于细粒样品的 γ 剂量只占到古剂量的 1/5，所以 γ 剂量的不可靠性对年代测定的影响不是很大。细粒法缺点是样品不是纯石英，而是各种矿物的混合物，混合成分和各种矿物的纯度都未知，测量得到的热释光曲线没有规律，无法分析，其中有不少矿物热释光性能很差。细粒法的缺点正好是粗粒法的优点。粗粒法样品是单一的矿物颗粒，最理想的是石英，其次是长石或方解石。它们的热释光曲线有各自的特征，因此测量目标明确，便于分析研究，测量得到的古剂量也比细粒法准确。缺点是在完整的陶器中很难分离，而且样品需要量大，只能用于某些陶器残片。粗粒法在地质年代测定上用处很大，因为地质样品数量多，不受取样量限制，各种大小的单矿物颗粒都可能存在，所以容易分离和选择出来。

5.2.2.2 瓷器古剂量测量

由于瓷器的原料和烧制工艺与陶器不同，使瓷器中矿物晶体的物理状态和热释光性能在烧制过程中发生变化，测定陶器年代的两个方法都不适用于瓷器。瓷器样品古剂量多是采用热释光前剂量方法测试。前剂量方法主要分为两种：前剂量熄灭法（又称前剂量饱和指数法）和前剂量激活法。在测定距今100～1 000年的年代时，两种方法得到的结果是相同的，但是在测定小于距今100年的年代时，熄灭法出现年龄偏老倾向，测定大于距今1 000～1 200年的年代时，激活法出现年龄偏老倾向，所以高端年龄（大于距今1 000年）适宜用熄灭法，低端年龄（小于距今100年）适宜用激活法。在具体应用中，每一个样品都应该用熄灭法测定，因为从熄灭法测量得到的数据，既可以用熄灭法回归和计算，又可以用激活法回归和计算。因激活法不测量熄灭灵敏度，如果用激活法测量，则无法用熄灭法回归和计算。瓷器古剂量测量常用的仪器为 Risø TL/OSL-DA-20 型全自动热释光年代测量系统（图 5-4）。

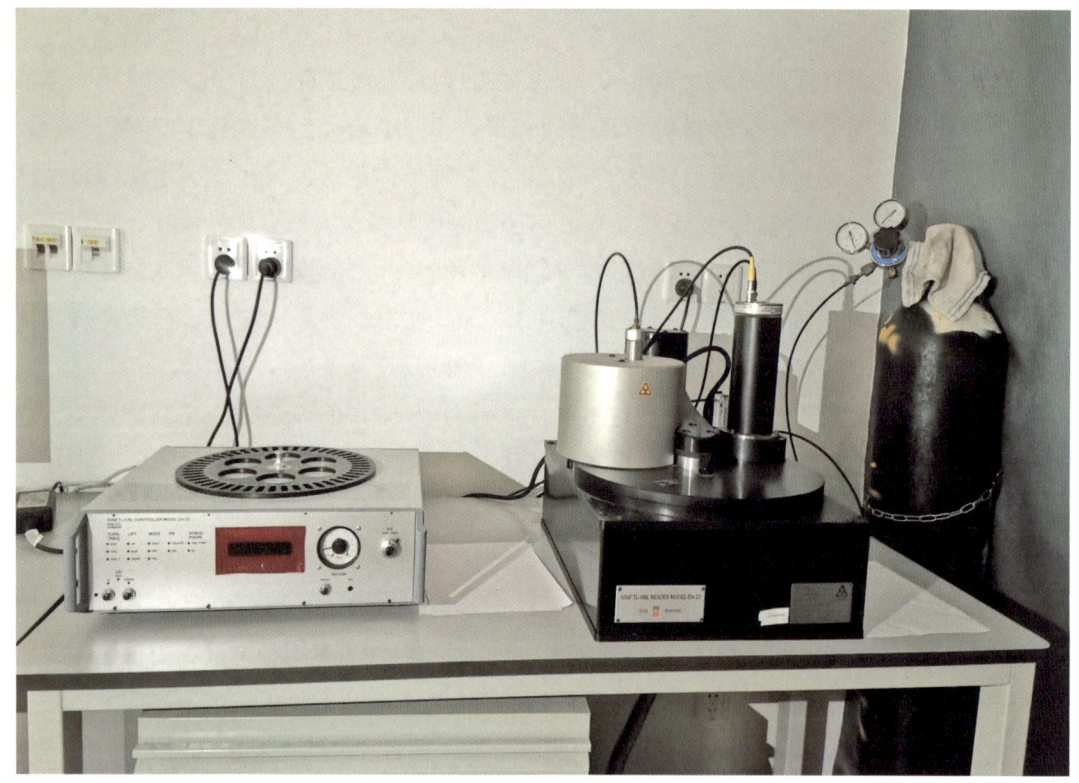

图 5-4　Risø TL/OSL READER MODEL DA-20 型热释光年代测量系统

5.2.2.3　年剂量测量

年剂量是与古剂量相对应的。不同的物体、不同的样品和不同的测量方法，古剂量来源和组成是不同的，这个不同也决定了年剂量的不同。热释光测定瓷器年代主要是采用瓷器的胎，因此瓷器的年剂量是由胎中的天然放射性物质提供的辐照剂量和外部提供的环境辐照剂量组成。年剂量测量方法很多，但是归纳起来主要有三种：元素含量分析、厚源 α 粒子计数法和热释光剂量测定法。

1）元素含量分析

通过各种分析手段，获得器物和其埋藏地周围土壤中 ^{232}Th、^{238}U（包括 ^{235}U）、^{40}K 和 ^{87}Rb 的含量，如中子活化分析、裂变径迹分析以及各种仪器分析，仪器分析中常用的有 γ 能谱分析、原子吸收光谱、X 射线荧光分析仪、火焰光度计等，然后把含量换算成年剂量，这类方法用得比较普遍。现代分析仪器的精确度和准确度已经达到非常高的水平，所以采用含量分析，可以得到准确的结果。缺点是这些方法都假定放射系处于长期平衡状态，事实上不少陶瓷原料中有年轻的沉积物，其平衡状态并未建立，有些原来已经平衡的样品后来遭到破坏，都会给年剂量测定带来一定的误差。另外，有些含量分析设备昂贵，还有一些分析，如中子活化必须送到有反应堆或者中子源的部门进行，这些都会给年代测定工作带来困难。

2）厚源 α 粒子计数法

厚源 α 粒子计数法是测量年剂量最常用的方法，其优点是样品用量少（1 g 左右），仪器简单，成本低，使用方便，测量速度快，普通陶瓷类样品连续测量 24 h 即可。还有一个优点是可以从测量得到的 α 计数率直接得到年剂量。当一个 α 粒子从样品发射到 ZnS 闪烁屏时，ZnS 产生一个闪烁，由光电倍增管光阴极接收放大后，在阳极输出一个脉冲。因为脉冲数与 α 粒子数成正比，所以用率表记录得到的脉冲数也是 α 粒子数。从 α 粒子计数率（包括"总 α 计数率 $\dot{\alpha}$"和"快对"或者"慢对"计数率）可以计算出这个样品的 α、β 和 γ 剂量率。年剂量 D_α、D_β 和 D_γ 分别为

$$D_\alpha = 1.562\dot{\alpha}（\text{mGy}）/a \tag{5-1}$$

$$D_\beta = 0.072\dot{\alpha}（\text{mGy}）/a \tag{5-2}$$

$$D_\gamma = 0.085\dot{\alpha}（\text{mGy}）/a \tag{5-3}$$

式中，a 表示"年"。

可以看出，只要测得一个样品的总 α 计数率 $\dot{\alpha}$，就可以得到样品的 α、β 和 γ 年剂量，这是非常方便的。这是在样品中钍（Th）系和铀（U）系的放射性相同的条件下得到的结果，如果钍/铀比不同，就会产生比较大的误差。在极端情况下，即一个陶瓷样品中只有钍或者只有铀，那么根据式（5-1）得到的 α 年剂量 D_α 的误差只有 5%，换算成有效 α 年剂量时，误差上限在 1%～2%，影响不大，这是因为只有钍的样品的 α 效率与只有铀的样品的 α 效率相比，仅高约 8%，但是 β 和 γ 的情况不同。在 β 剂量中，单位放射性比度的铀链剂量比钍链高，如果样品实际上没有铀，那么根据式（5-2）得到的 β 年剂量将比真实 β 年剂量高 20%；反之，如果样品中没有钍，得到的 β 年剂量比真值低 20%。γ 年剂量对钍/铀比的依赖性与 β 相同，即在两种极端情况中，从式（5-3）得到的结果都与真实剂量率相差 20%，但是高低正好相反。在 γ 辐射中，没有钍高 20%，没有铀低 20%。因为 β 剂量是陶瓷器内部放射性物质提供的，而 γ 剂量是器物的环境提供的，器物内部和外部不大可能有相同的钍/铀比，所以这一高一低不能相互抵消。

3）热释光剂量测定法

热释光剂量测定（TLD）法是用人造磷光体测量陶瓷器内部和外部的环境剂量。最早使用的是测量环境 γ 剂量率，其次是测量陶瓷器内部的 β 剂量率，最困难的是测量器物内部的 α 剂量率。

（1）TLD 测量环境 γ 剂量率。用热释光磷光体测量考古发掘遗址环境辐射测量已经取得成功，发现了一些适用于环境剂量测量的热释光磷光体，用得最广泛的是 CaF_2 和 $CaSO_4$：Tm 或 Dy。后来 Al_2O_3 和 Mg_2SiO_4：Tb 制备成功，又增加了两个灵敏度和稳定性非常好的磷光体，这两个磷光体的最大优点是能量响应与石英非常接近。因此，它们在标定时不需要再等效成石英。$CaSO_4$：Dy 与石英的能量响应相差比较大，而 Al_2O_3 与石英的能量响应非常接近，所以 $CaSO_4$：Dy 的能量响应修正因子可以与 Al_2O_3 进行比较而得到。Al_2O_3 测量时是将其放在一个含铀的异性霞石正长岩的辐照单元中。结果发现，$CaSO_4$：Dy 对 Al_2O_3 的能量响应比率为 1.05。所以只要将 $CaSO_4$：Dy 测量得到的环境剂量率修正 5%，就可以与石英等效。

（2）TLD 测量陶瓷器内部的 β 剂量率。上海博物馆的研究人员先后用颗粒型和超薄型 TLD 对标本内部的 β 剂量率进行测定，并比较原块标本、粉末样品和粉末压制成型样品三种测量形式。超薄型热释光剂量计材料是 $CaSO_4$：Tm 细颗粒，厚度只有 1 mg/cm^2，是一种定型的 TLD。超薄型 TLD 制备方法与细粒样品制备方法相似。将细粒 $CaSO_4$：Tm 沉积在厚度为 10 μm、面积可以根据需要的一张大的铝膜上，用硅油作黏结剂，在高温中将 $CaSO_4$：Tm 和铝膜粘结在一起。黏结剂用量很少，保证铝膜上 $CaSO_4$：Tm 和硅油的厚度只有几个微米。根据需要可以将制备好的大张超薄型 TLD 冲成不同直径的圆片，或者剪成不同形状的剂量片。实验表明，采用粉末样品测量时可以把测量过热释光的剩余样品研磨成粉末，将超薄型 TLD 直接夹在样品中间测量，这是一个比较简便和实用的方法，从制备样品、测量和标定等方面来看，都比其他两种方法方便。从实验中也发现一个重要问题，用超薄型 TLD 测量得到的 D_β 比颗粒型 TLD 测量得到的 D_β 大 37%。这说明颗粒型 TLD 测量得到的 D_β 小于真实剂量，因为入射的 β 粒子进入有一定厚度的磷光体元件时，由于磷光体的阻止作用，使入射粒子的能量随元件的厚度增加而降低，使测量得到的剂量小于真实剂量。颗粒型 $CaSO_4$：Tm 直径约为 100 μm，这样的厚度其能量响应是明显的。而超薄型 $CaSO_4$：Tm 的颗粒直径只有 3～8 μm，可以近似地看作无限薄元件，不少低能 β 粒子都可以穿透，因此发光效率不受影响，能够真实地反映样品的内部剂量。同样道理，如果样品内部 β 能量是变化的，对有一定厚度的元件也会产生类似的能量响应。考古样品中 β 剂量主要来自 ^{40}K，其次来自 Th 系和 U 系。^{40}K 的 β 平均能量为 1.35 MeV，而 Th 系、U 系和其他天然放射性核素的 β 平均能量仅在 0.01～0.8 MeV 之间。另外，元件受辐照时是夹在厚样品中间，由于介质的阻止作用，样品中发射的 β 粒子，从样品与元件的接触面到 β 粒子有效射程内，其能量由大到小，连续变化，因此，$CaSO_4$：Tm 吸收的 β 剂量实际上是一个变化的能量。

（3）超薄型 TLD 测量陶瓷器内部的 α 剂量率。超薄型热释光剂量计可以在一次测量中同时得到样品内部的 α 和 β 剂量率，十分方便。测量步骤如下：

第一步，取直径 8 mm 超薄型 TLD 12 枚，在 400 ℃中退火 60 min，分成 a、b、c 三组，每一组 4 枚 TLD。b 组 TLD 正反面用厚度为 8 mg/cm^2 聚乙烯薄膜屏蔽。a 组 TLD 仅在其铝膜的一面用同样厚度的聚乙烯薄膜屏蔽。

第二步，将制备细粒和粗粒石英样品后剩余的标本粒屑研磨成粉末，在 400 ℃中退火 2 h，将其装入直径 55 mm、高 20 mm 的称量瓶内，粉末高度大约 20 mm。

第三步，用聚乙烯薄膜屏蔽后的 a、b 两组 TLD 一起嵌入被测量的粉末样品之中。b 组 TLD 测量样品 4π 方向的 β 和环境 γ 加宇宙射线的剂量率（α 粒子已经被薄膜阻挡）。a 组 TLD 仅测量样品 2π 方向 α 剂量率。

第四步，c 组 TLD 以完全与 b 组 TLD 相同的条件嵌入另一个称量瓶内的 $CaSO_4$ 或者 SiO_2 粉末的空白样品之中，用于测量环境辐射本底。

第五步，两个称量瓶置于同处，经过时间 t，取出三组 TLD，分别用实验室 β 源标定其吸收剂量率 D_a、D_b 和 D_c。于是，样品的 α 年剂量 $D_α$ 和 β 年剂量 $D_β$ 就可以用下面两个公式计算：

$$D_α = \frac{2(D_a - D_b)}{tK} \tag{5-4}$$

$$D_β = \frac{D_b}{t} - D_c \tag{5-5}$$

式中，$D_c = D_{γ+c}$。对一个固定场所，$D_{γ+c}$ 可以作为一个常数，不需要每次测量。

5.2.3 特点分析

热释光测定陶瓷器年代是一项非常重要的科技考古技术，较其他科技方法其有四个明显的优点：① 能直接测定出器物的烧制年代，测定年代误差为 ±10% 左右；② 真伪鉴定正确率非常高，正常情况下几乎可达到 100%；③ 可测定的年代范围合适，瓷器在 0～1 500 年范围内，陶器可达万年以上；④ 可测率高，除极少数窑址的瓷器样品没有热释光特性或很弱外，几乎都能测定。

由于热释光测定瓷器年代是一项非常复杂的工作，因而各项参数设计得不合理就会引起很大测定误差或得不出结果，甚至得到相反的结果。此外，在古剂量和年剂量测量中也存在着许多复杂因素和尚未解决的问题，主要包括自然热释光的热稳定性、热释光的异常衰退、等效剂量的超线性修正、非辐射激发热释光、光衰退和光激发热释光、含水率对剂量率的衰减作用、放射系中的氡逃逸、钍/铀比的变化和地下水的化学作用等。

> **研究案例**
> - 青龙镇遗址出土的瓷片和砖瓦样品年代研究
> - 富平银沟遗址陶瓷标本年代研究
> - 黑色陶俑的年代研究

■ 青龙镇遗址出土的瓷片和砖瓦样品年代研究

为了解不同历史时期上海青龙镇瓷器贸易的发展状况,吴婧玮等利用热释光测定年代技术对青龙镇出土样品的烧造年代进行了检测分析。检测样品共计67件出土瓷片与砖瓦。瓷器的古剂量测量采用丹麦科技大学 Risø 实验室研发生产的 Risø TL/OSL-DA-20 Dating System,砖瓦样品的古剂量测量采用 Risø TL/OSL-DA-15 Dating System。两台热释光测量仪器的放射源皆为 SIPK 型 $^{90}Sr/^{90}Y$ β 板源。用热释光前剂量饱和指数法测定瓷片样品古剂量,用热释光高温细颗粒技术测定砖瓦样品古剂量,用厚源α粒子计数法和X射线荧光光谱技术测量样品年剂量。根据热释光年代计算公式:年代(A)=古剂量(P)/年剂量(D),计算得到样品的热释光年代。计算结果表明,所测瓷片样品热释光年代结果从唐代至南宋不等,砖瓦样品年代结果为北宋时期烧造,这与文献记载中隆平寺塔的始建时间相符(表5-3)。

表5-3　青龙镇遗址出土瓷片、砖瓦样品热释光年代数据

样品编号	古剂量 /mGy	年剂量 /(mGy/a)	热释光年代 / 年(距今)	所属时代
KG-CS1	5 188 ± 120	3.95 ± 0.20	1 313 ± 73	唐
KG-CS2	4 355 ± 123	3.89 ± 0.19	1 119 ± 63	唐
KG-CS3	4 663 ± 138	3.86 ± 0.19	1 208 ± 69	唐
KG-CS4	4 974 ± 165	4.10 ± 0.20	1 213 ± 72	唐
KG-CS5	4 620 ± 90	4.23 ± 0.21	1 092 ± 58	唐—五代
KG-CS6	5 115 ± 56	4.26 ± 0.21	1 200 ± 61	唐
KG-CS7	4 420 ± 116	4.01 ± 0.20	1 102 ± 62	唐—五代
KG-CS8	4 513 ± 76	4.00 ± 0.20	1 128 ± 60	唐
KG-CS9	4 714 ± 114	4.21 ± 0.21	1 119 ± 62	唐
KG-CS10	4 385 ± 117	3.97 ± 0.20	1 104 ± 63	唐—五代
KG-YY2	6 332 ± 131	4.91 ± 0.24	1 302 ± 70	唐
KG-YY4	5 342 ± 71	4.86 ± 0.24	1 074 ± 54	唐—五代
KG-YY5	6 463 ± 106	4.89 ± 0.24	1 318 ± 67	唐
KG-YY7	6 096 ± 137	4.97 ± 0.25	1 264 ± 71	唐
KG-YY8	6 398 ± 145	5.03 ± 0.25	1 327 ± 75	唐

（续表）

样品编号	古剂量 /mGy	年剂量 /（mGy/a）	热释光年代 / 年（距今）	所属时代
KG-YY10	5 885 ± 75	5.05 ± 0.25	1 153 ± 58	唐
KG-YY11	4 672 ± 205	4.90 ± 0.25	1 020 ± 71	五代—北宋
KG-YY12	4 507 ± 202	4.82 ± 0.24	960 ± 65	北宋
KG-YY13	5 045 ± 101	4.93 ± 0.25	1 046 ± 58	五代—北宋
KG-YY14	5 226 ± 131	5.10 ± 0.25	1 026 ± 57	五代—北宋
KG-YY16	7 200 ± 720	4.58 ± 0.27	1 409 ± 159	唐
KG-YY18	6 500 ± 376	4.69 ± 0.23	1 307 ± 72	唐
KG-YY19	6 302 ± 170	4.82 ± 0.24	1 283 ± 72	唐
KG-YY20	5 035 ± 322	5.09 ± 0.25	1 057 ± 88	五代—北宋
KG-DZ1	4 978 ± 248	4.83 ± 0.24	987 ± 68	北宋
KG-DZ2	5 285 ± 251	5.11 ± 0.26	1 076 ± 77	五代—北宋
KG-DZ3	4 929 ± 209	4.91 ± 0.25	966 ± 63	北宋
KG-DZ4	6 693 ± 73	4.97 ± 0.25	1 325 ± 67	唐
KG-DZ5	4 258 ± 221	4.91 ± 0.25	828 ± 59	南宋
KG-YI1	4 021 ± 143	4.76 ± 0.24	746 ± 43	南宋
KG-YI2	4 337 ± 105	5.04 ± 0.25	860 ± 45	宋
KG-YI3	7 036 ± 703	4.91 ± 0.25	1 432 ± 158	唐
KG-YI4	733 ± 66	5.10 ± 0.25	1 124 ± 53	唐—五代
KG-JDZ1	4 371 ± 201	5.05 ± 0.25	865 ± 59	宋
KG-JDZ2	3 881 ± 98	5.14 ± 0.26	755 ± 44	南宋
KG-JDZ3	4 993 ± 145	4.99 ± 0.25	1 000 ± 59	北宋
KG-TX1	5 816 ± 258	4.87 ± 0.24	1 194 ± 76	唐
KG-TX2	5 513 ± 247	5.04 ± 0.25	1 093 ± 72	五代
KG-TX3	3 994 ± 446	5.31 ± 0.26	741 ± 90	南宋
KG-TX4	3 944 ± 112	5.25 ± 0.26	751 ± 43	南宋
KG-TX5	5 596 ± 201	5.39 ± 0.27	1 038 ± 65	五代—北宋
KG-DQ1	6 042 ± 112	5.21 ± 0.26	1 159 ± 64	唐

(续表)

样品编号	古剂量/mGy	年剂量/(mGy/a)	热释光年代/年(距今)	所属时代
KG-DQ2	5 454 ± 114	5.26 ± 0.26	1 036 ± 59	五代—北宋
KG-DQ3	5 947 ± 87	4.94 ± 0.25	1 180 ± 61	唐
KG-OY1	6 037 ± 192	4.92 ± 0.25	1 222 ± 73	唐
KG-OY2	5 272 ± 49	5.03 ± 0.25	1 071 ± 55	五代
KG-OY3	4 954 ± 113	5.14 ± 0.26	984 ± 56	北宋
KG-OY4	5 008 ± 69	5.39 ± 0.27	929 ± 50	宋
KG-YX1	5 439 ± 106	5.46 ± 0.27	996 ± 59	北宋
KG-YX2	5 435 ± 66	5.35 ± 0.27	1 015 ± 57	北宋
KG-YX3	5 679 ± 183	5.45 ± 0.27	1 042 ± 66	五代—北宋
KG-YX4	4 835 ± 283	4.93 ± 0.25	965 ± 74	北宋
KG-YX5	5 753 ± 125	4.89 ± 0.25	1 176 ± 66	唐
KG-YX6	5 243 ± 139	4.91 ± 0.24	1 067 ± 59	五代
KG-LQ1	5 464 ± 120	6.16 ± 0.31	887 ± 49	宋
KG-FLQ1	4 601 ± 123	4.84 ± 0.24	950 ± 54	北宋
KG-FLQ2	6 007 ± 452	4.92 ± 0.25	1 220 ± 111	唐—五代
KG-YY1	6 203 ± 68	4.82 ± 0.25	1 286 ± 67	唐
KG-YY3	5 468 ± 130	4.90 ± 0.25	1 115 ± 63	唐—五代
KG-YY6	6 439 ± 69	4.93 ± 0.25	1 306 ± 66	唐
KG-YY9	6 434 ± 80	5.01 ± 0.25	1 284 ± 67	唐
KG-YY15	5 816 ± 81	4.87 ± 0.24	1 194 ± 62	唐
KG-YY17	7 159 ± 460	4.94 ± 0.25	1 449 ± 119	唐
KG-W	4 964 ± 60	4.69 ± 0.25	991 ± 54	北宋
KG-M-Z	4 970 ± 191	4.69 ± 0.25	992 ± 67	北宋
KG-SW-Z	5 010 ± 164	4.74 ± 0.26	990 ± 64	北宋
KG-HZ-Z	5 025 ± 210	4.69 ± 0.25	1 003 ± 70	北宋

需要指出的是，3件越窑样品、1件义窑样品的古剂量呈现了饱和的现象。由于前剂量110 ℃热释光峰的饱和剂量很小，可以测定的年龄比较轻，根据测试经验，当样品年龄接近或大于1 400年时，古剂量测试经常出现饱和状态从而无法得到准确的古剂量值。因为它的天然剂量已接近饱和，标定剂量只能很小，但太小又会使热释光测量的灵敏度不够，所以这类样品的测量误差会比较大，

但辨别真伪是没有问题的。义窑一般被认为是宋元时期民间外销瓷窑厂，出现唐代瓷片样品的可能性较小，且文中被认为是义窑的青釉样品与越窑、德清窑的青釉瓷样品有一定相似性，因而研究者怀疑其推测的产地需要重新归类，需配合元素成分分析结果和工艺特征进一步确认。另外，该项研究对象中有4件比较特殊的样品，它们是文献记载中的隆平寺塔的塔基遗址出土的青砖和瓦片，样品编号 KG-HZ-Z、KG-M-Z、KG-SW-Z、KG-W。根据文献记载，青龙镇隆平寺庙始建于唐长庆元年（公元821年），寺内宝塔隆平寺塔始建于北宋天圣年间（公元1023—1032年）。四件样品的热释光年代为距今990~1003年，即公元1015—1028年。建筑构件的烧制时间应早于建筑建成时间，考虑测定合理的误差范围，故而这四件样品的热释光年代是十分符合文献记载的。关于样品的误差问题，样品年代的真实误差会大于年代数据表中列出的测量误差。整个埋藏时期地下水的波动情况、样品高温部分热释光有无在整个历史时期中发生异常衰退、样品接收的内外辐射剂量率是否固定不变，这些复杂因素都会影响热释光年代的准确性，这是由释光测年本身的方法误差决定的。

■ 富平银沟遗址陶瓷标本年代研究

银沟遗址位于陕西省富平县华朱乡银沟村。由于该地区历史上曾战乱不断、不断破坏、不断重建，许多出土的标本由于地层信息混乱，难以用传统的田野考古方法和手段来做断代研究。夏君定等应用热释光前剂量饱和指数法以及前剂量激活法技术，对采、征集于陕西富平银沟遗址大量陶瓷器样品中较典型的101件青白瓷、青瓷、黑釉瓷以及素烧瓷等样品进行年代测定。古剂量测量采用的热释光测量仪为丹麦科技大学核技术实验室研发的 Risø TL/OSL-DA-20 型全自动热释光年代测量系统，β放射源为 SIPK 型 $^{90}Sr/^{90}Y$ 板源。年剂量测量中，U、Th 含量是采用厚源α粒子计数法测定，^{40}K 是采用 QuanX 型能量色散 X 射线荧光分析仪分析测定，环境辐照剂量是采用 $CaSO_4:Dy$ 剂量计测定。测定结果表明这些采集于银沟遗址的陶瓷样品年代在唐代、五代和宋代范围内，表明银沟遗址从唐代就已经开始烧制瓷器，五代与北宋应是烧制瓷器的鼎盛期。研究人员还对10件江西景德镇考古研究所提供的青白瓷样品进行了比对年代测定，得到采集于陕西富平银沟遗址的青白瓷样品的热释光年代明显高于江西景德镇考古所提供的青白瓷样品的年代。

■ 黑色陶俑的年代研究

马宏林等对据称为"西汉窦皇后陵从葬坑"出土的四件陶俑进行了热释光测试，为陶俑的鉴别提供佐证。送检陶俑样品编号为：男俑 XG01，女俑 XG02，两件残腿为 XG03 及 XG04。XG01、XG03、XG04 陶俑表面黝黑，有再次焚烧过的痕迹，疑为炭黑。XG02 受火焚烧的痕迹较轻，还可看到陶体表面的白色地仗，仅在前颈部发现残存红色颜料。从陶俑 XG01、XG02 的左右腿的断面处各取一组样品，编号分别为 D182、D183、D184 及 D185，从残腿 XG03 及 XG04 的断面各取一组样品，编号分别为 D186 及 D187。制备过程采用日常方法，即去掉表层后，用钻机小心地钻取样粉，然后再用丙酮浮选出 1~8 μm 的颗粒，使其均匀沉积到 20 个铝质样品托片上。年剂量率由样品的α粒子计数法和钾元素含量及含水率测量确定。α粒子计数仪采用 AEDIAL03 型，钾元素含量采用 Varian SpectrAA-20plus 原子吸收仪测定。考古剂量测量采用常规细粒技术加剂量法测量。剂量率、年代及误差计算均由根据 Aitken1985 中的计算方法编制的计算软件完成。样品的含水率对剂量率的影响也根据 Aitken 的方法进行了校正。检测结果显示，陶俑 XG01、XG02、XG03 及 XG04 表面覆盖的黑色物质为炭黑，表明其被二次焚烧或埋藏在含碳高的环境中。同时，由于其中钾含量较高，黑色物质中应含有草木灰。热释光测年只能测定样本最后一次被烧超过 400 ℃ 的时间。从样本测年数据看，样本最后受热时间应为：XG01 及 XG03，公元 800 年前后；XG02 及 XG04，公元 400 年前后，此测试结果可为文物鉴定提供参考（表 5-4）。

表 5-4　D182～D187 热释光测年数据

编号	器物	考古剂量 / Gy	值 /Gy	α 值	年剂量率 / (Gy/ka)	年龄
D182	XG01（左）	5.95 ± 0.41	0.39	0.05	5.05 ± 0.43	1 255 ± 131
D183	XG01（右）	7.03 ± 0.46	0.00	0.08	5.65 ± 0.47	1 244 ± 127
D184	XG02（左）	8.04 ± 0.59	0.00	0.10	5.21 ± 0.43	1 540 ± 158
D185	XG02（右）	7.71 ± 0.57	0.00	0.06	4.76 ± 0.41	1 616 ± 175
D186	XG03	6.67 ± 0.41	0.05	0.08	5.65 ± 0.47	1 189 ± 119
D187	XG04	7.79 ± 0.60	0.29	0.09	4.65 ± 0.38	1 733 ± 180

5.3　光释光测年法

光释光（optically stimulated luminescence，OSL）测年是对沉积物上一次曝光事件年代的测定，该方法是在热释光测年的基础上发展起来的，两者有相似的测年原理，统称释光测年。自 20 世纪 80 年代光释光测年被提出以来，其测年精度、分辨率和测年效率不断提高，在地质学和考古学领域得到了越来越广泛的应用，是目前第四纪研究中应用最普遍也是最被认可的测年技术之一，测年范围可从几十年到十几万年，甚至达到 70 多万年（视样品而定）。适用光释光测年的物质是石英或长石，在绝大多数沉积物中含量丰富，所以该方法在考古、文物领域可广泛应用，能够直接测定遗址中的文化层、房址、陶器、陶窑等不同功能的遗迹遗物年代。

5.3.1　测年原理

光释光测年的计时原理与沙漏的计时原理相似，就是将经历最后一次曝光的沉积物重新埋藏之后接收的辐射总量除以接收的速率，即得出埋藏时间（沉积年代）。沉积物中的矿物颗粒（主要是石英或长石）被掩埋之后不再见光，不断接收来自周围环境的辐射，包括沉积物中的 U、Th 和 K 等放射性物质的衰变所产生的射线，以及宇宙射线等的辐射能（图 5-5），这会导致矿物颗粒随时间的增长不断累积辐射能。这些累积的辐射能经过加热或者光照射激发之后会被清空或者降低到可以忽略的水平（释光信号被晒退归零），埋藏之后又会重新累积。在实验室中，用光束照射矿物颗粒能使累积的辐射能以光的形式被激发出来，这就是光释光。被激发的光释光信号是样品最后一次曝光之后所累积的，在通常条件下，矿物埋藏的时间越长，接收辐射的时间越长，其释光信号也就越强。因此，用已知剂量的人工辐照产生的释光信号与自然释光信号对比，就可以计算出矿物颗粒自埋藏以来接收并累积的总辐射能，用等效剂量表示。而通过分析样品中 U、Th 和 K 的含量，综合采样深度、海拔及样品含水率等，可计算出矿物颗粒单位时间内接收的剂量，即累积信号的速率，用年剂量率表示。累积的等效剂量除以年剂量率，即为矿物颗粒最后一次曝光之后接收辐照的时间长度，也即埋藏至今的年代（图 5-6）。公式为：埋藏年代 = 等效剂量 / 年剂量率。

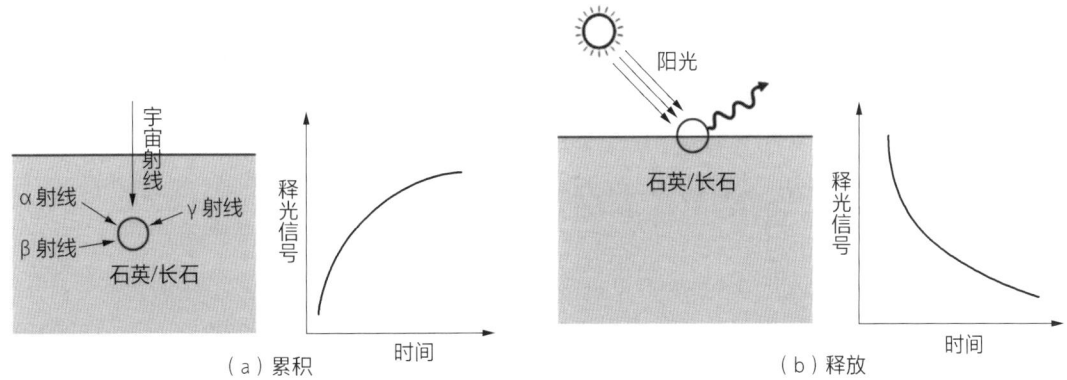

图 5-5　释光信号的累积与释放

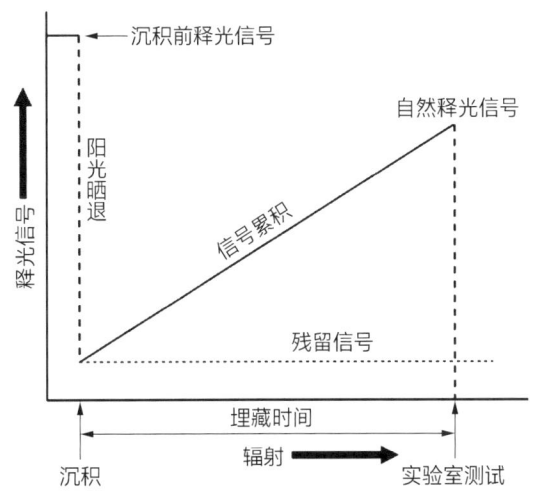

图 5-6　光释光的计时原理

5.3.2 测年方法

5.3.2.1 采样要求

光释光测年样品在采样前先剥去剖面表层至少 30 cm 厚度的物质，以避免采集到表层曝光的样品。在采集、运输、储存以及实验室前处理和测试过程中，都必须确保样品不会被意外曝光（指除实验室安全光源以外的自然光、非自然光、红外光、紫外光等），而且此过程应当避免样品被意外辐射。机场或火车站安检射线非常微弱，不会对样品造成不良影响。还要注意的是，样品的包装应能确保水分不会丢失。

关于样品量，实验室最后只需提取 1～2 g 的纯石英或长石样品。通常采用两种粒径组进行测试：细颗粒通常粒径为 4～11 μm，粗颗粒粒径在 90～300 μm，各实验室不完全相同。但是对于缺乏大于 90 μm 的颗粒（例如中国黄土、一些湖相沉积等）的样品，还发展出一种中颗粒，粒径介于 38～63 μm 之间。

5.3.2.2 测试仪器

目前，国内外各释光测年实验室的光释光测试仪器主要由两家生产商提供，分别是丹麦 Risø National Laboratory 生产的 Risø TL/OSL-DA 系列（目前考古文物领域常用的是 Risø TL/OSL DA-20 型）和美国 Daybreak Nuclear and Medical Systems 公司生产的 Daybreak 系列自动化测量系统（当前主要型号是 Daybreak 2200 型）。这两家生产商的设备所使用的蓝光光源为中心波长 470 nm 的 LED 组，红外光源则略有差异，Daybreak 2200 型释光测试仪采用中心波长为 880 nm 的红外 LED 组，Risø TL-DA 系列释光测试仪采用的是中心波长为 875 nm 的红外 LED 组。随着单颗粒技术的发展，Risø National Laboratory 为 Risø TL-DA 型系列设备增加了适用于测试单颗粒的附加件及相应的激光光源，分别为中心波长 532 nm 的绿光激光和 830 nm 的红外激光。

5.3.2.3 实验室测定

1）等效剂量测试

准确获得样品的等效剂量值是获取高可靠性年龄结果的前提。自光释光测年技术被提出以来，等效剂量值测量技术就一直是各实验室和研究者们重点研究改进的内容。在已有研究成果和进展中，单片技术的提出与完善是其中最突出的成果之一。在探索单片技术实用化过程中，使用实验剂量校正测片测量过程中产生的光释光信号感量变化，是非常重要的实验技术，由此衍生出来的许多其他等效剂量值测试方式均采用这项技术。下面主要介绍单片再生剂量（SAR）法和其与标准生长曲线（SGC）法结合测定等效剂量的方法（SAR-SGC 法）。

（1）SAR 法。为目前解决年轻样品（小于 10 ka）矿物颗粒沉积前晒退不充分问题的最好方法之一，因为与活动构造、古地震等有关的沉积物大多存在晒退不充分的问题，并且越年轻的样品受此问题影响越严重。如果这些沉积物颗粒中，有部分经过了较充分的曝光，并且这些曝光较为充分的颗粒集中在一个测片上，那么理论上这个测片的 SAR 法年龄非常接近或即为该地质事件的发生年代。标准的 SAR 法测试流程见表 5-5。其中，步骤 4～6

表 5-5　SAR 法测量流程

步骤	操 作	说 明
1	辐照剂量 D_i (i = 0, 1, 2, 3, …)	i 为循环数,当 i = 0 时为天然剂量(不辐照)
2	预热(PH1)160～300 ℃,时间 10 s	去除热不稳定信号
3	蓝光激发,激发温度为 125 ℃	获得光释光信号 Lx
4	辐照实验剂量(test dose)	用以校正释光感量变化
5	预热(PH2)160 ℃,时间 0 s	去除热不稳定信号
6	蓝光激发 s,激发温度为 125 ℃	获得实验剂量的光释光响应 Tx
	重复 1～6 步	开始下一个测量循环

为感量校正设立,这是单测片技术中非常重要的组成部分。由于其有效性和广适性,该步骤也被广泛用于其他光释光测年方法学研究中。SAR 法的不足是在同一测片反复辐照、加热和测量产生信号积累,使等效剂量值出现系统性偏小,对较"老"样品尤为不利。

（2）SAR-SGC 法。成功应用于包括黄土、沙漠、湖泊、海洋、冰积物、地震、考古点等各种类型沉积物,其最大优势在于极大地节省了仪器测量时间,提高了测试效率。该方法先用常规 SAR 法测试 6～12 测片,然后用这些测片的 SAR 数据对每个样品分别建立一条 SGC。每个样品再制 12～24 个测片,在同样的测试参数下测试 L_N 和 T_N,将校正后的天然光释光信号（L_N/T_N）插入该样品的 SGC 曲线中就可求得该测片的等效剂量值。绝大多数样品不同样片的生长曲线是相似的,可以建立单个样品的 SGC 曲线。但有研究发现,有些因素可能会影响该方法的应用,如重矿物污染、石英的热历史、长石污染、接收自然剂量的差异等,在应用中应注意。

2）年剂量分析

样品的年剂量与样品中 U、Th 和 K 的含量,样品含水率及宇宙射线等有关。U、Th 和 K 的含量可用电感耦合等离子体质谱法、中子活化法、γ 谱仪法等方法测量。相比其他方法,质谱法的优势比较突出,比如所用样品量少、测试精度非常高等,但前处理难度较高。对于用来进行中子活化分析的样品,在计算完含水率的干样中随机选取 20～30 g,用研钵和球磨机磨成"面粉状"（粒径小于 30 μm）。砂样可直接放入球磨机研磨,胶结的黏土需先用研钵磨散再放入球磨机。颗粒太粗的样品（含较多砾石）需先用研钵研磨一下再用球磨机研磨。从磨好的样品中随机选取 2 g 左右装入小自封袋,写上编号,用于中子活化分析。需要引起注意的是,测量年剂量的样品必须是全样。由于地质历史时期以及不同季节样品的含水率不一样,所以含水率数值应综合采集时的含水率、当地降水量等来估计。根据样品的海拔、地理位置及采样深度等计算出宇宙射线对年剂量的贡献。此外,中颗粒石英样品还考虑了 α 粒子的贡献,系数为 0.035 ± 0.003。多矿物中的长石的 α 系数取 0.1。

5.3.3 特点分析

相比碳十四和热释光测年，光释光测年虽存在误差偏大的不足，但也具有明显优势。

与碳十四相比，光释光测年具有以下四个方面的优势：① 其测年年限范围比前者大得多；② 测年物质（石英或长石）丰富，这在干旱半干旱区的沙漠和湖泊中尤其重要，因为在这些地区很难找到可用于碳十四测年的有机质；③ 对沉积物直接定年；④ 测年事件包括曝光、受热（400 ℃以上）、火山、地震和晶体（方解石等）形成等。

与热释光相比，光释光测年具有以下三个方面的优势：① 沉积物中热释光信号晒退速度远远低于光释光信号的晒退速度，对于一些快速沉积物如洪积、崩积物、泥石流、冰川沉积等，高残留热释光信号将会给结果带来巨大的误差；② 热释光测试需要将样品加热到高温（通常 400～500 ℃），而光释光测年，为了使释光信号更稳定，对样品做低温加热（通常 100～200 ℃）；③ 光释光测年可以有多种测试方法和技术选择，如多片和单片技术、可视光与红外光、预热及测量温度、激发时间、感量校正方式、数据统计方法等，热释光测年无法做到这些。

研究案例
- 江西上湖遗址的年代研究
- 凌家滩遗址外壕沟的年代研究
- 青藏高原陶片光释光年代学研究

■ 江西上湖遗址的年代研究

为了解决上湖遗址的年代学问题，刘剑刚等使用石英光释光（OSL）测年法对该遗址 B 区第 2 文化层的 6 个石英样品（编号 SH01～SH06）进行了年代测定。测试仪器为丹麦产 Risø TL/OSL-DA-20 全自动释光仪，仪器配有 $^{90}Sr/^{90}Y$ β 源。通过 7.5 mm 厚的 U-340 滤光片检测石英 OSL 信号，使用单片再生剂量（SAR）法和标准生长曲线（SGC）法相结合的 SAR-SGC 法来确定样品的 D_e 值。通过电感耦合等离子体质谱（ICP-MS）法测定样品中铀、钍的含量，并通过电感耦合等离子体原子发射光谱（ICP-AES）法测定钾的含量。对于 38～63 μm 的石英颗粒，α 系数值取 0.035±0.003，对于 4～11 μm 的石英颗粒，α 系数取 0.045±0.001。遗址 B 区剖面样品的实测含水率在 19%～21% 范围内变化，历史平均含水率按 20%±5% 估计。环境剂量率通过英国亚伯大学 DRAC1.2 在线计算。根据上湖遗址 B 区第 2 文化层的 6 个石英 OSL 年龄得出以下结论：基于大测片的 OSL 年代结果显示上湖遗址不同粒径（4～11 μm、38～63 μm、63～90 μm）颗粒均存在不同程度的年龄偏老现象，表明样品可能存在显著的晒退不充分问题；基于粗颗粒小测片（1 mm）的 D_e 值分布展现出非常离散的特征，并且 D_e 值的离散度较大，进一步证明样品颗粒之间的晒退不均匀。研究表明小测片、粗颗粒以及最小年龄模型相结合的方法可识别并降低晒退不充分的影响。研究初步确立了上湖遗址古人类活动开始于距今约 30 ka，晚于 47 ka，但这一结果仍然可能存在高估。

■ 凌家滩遗址外壕沟的年代研究

为了探明凌家滩遗址外壕沟内堆积的形成过程和时间，范安川等应用 OSL 测年技术对凌家滩遗址的壕沟沉积层进行了研究。样品取自 2017 年试掘的 TG6 北段的东壁、南段的近东壁沟内坡堆积处。等效剂量测量使用的 OSL 测量仪型号为 Risø TL/OSL READER MODEL DA-20 热释光/光释光仪。为得到样品的环境辐射剂量率，在中国科学技术大学理化科学实验中心分别采用 ICP-MS 和 XRF 方法测量了沉积物的 U、Th 和 K 的含量。U 和 Th 含量使用 Thermo Fisher Scientific 公司 XSeries2 型号的感应耦合等离子体质谱仪；K 含量的测量使用日本 SHIMADZU 公司 XRF1800 型号的 X 射线荧光光谱仪。含水率采用样品采集时的，因样品历史时期含水率的变化无从得知，估计误差为 ±10%。宇宙射线的年剂量据 Prescott 和 Hutton 所提供的方法获得。年剂量计算时所用的公式和参数以 Aitken 提供的公式和参数为标准。所有三个样品的释光年代及其相关的环境剂量测定结果见表 5-6。

表 5-6　TG6 三个地层的释光测年结果

样品编号	所属地层	现场推断年代	元素含量			含水率/%	等效剂量/Gy	年剂量率*/(Gy/ka)	释光年代/ka
			U/(μg/g)	Th/(μg/g)	K/%				
LJT-11	TG6 北段 12 层	新石器	2.72	15.7	1.49	16.7	14.2	3.55 ± 0.11	4.0 ± 0.4
LJT-15	TG6 北段 15 层	新石器	3.03	15.4	1.67	19.17	24.57	3.70 ± 0.16	6.6 ± 0.5
LJT-16	TG6 南段 16 层	更新世末	2.4	14.4	1.44	18.09	84.6	3.50 ± 0.20	24.2 ± 3.6

*：年剂量率的宇宙射线贡献计算中，采样深度采用 2.3 m，采样地理位置北纬 31.7°、东经 118.1°。

经过分析，测年结果与遗址现场判断大致吻合，特别是解决了壕沟内堆积是否全部为汉代及其后堆积的疑虑。测试的三个样品来自壕沟内的沉积层（LJT-11 和 LJT-15）和壕沟南坡（LJT-16）。上层沉积层（TG6 第 12 层）的年代为（4.0±0.4）ka，下层沉积层（TG6 第 15 层）的年代为（6.6±0.5）ka。壕沟南坡生土的 OSL 年代较老，大于 2.4 万年。这个结果表明，外壕沟最下层厚约 1 m 的堆积，是形成于距今 4 000～6 600 年之间，而凌家滩文化则完全落在这个区间内。释光测年结果证明壕沟的开挖年代应为新石器时代，在凌家滩文化时期开挖的可能性很大。壕沟南坡原估计为凌家滩文化时期最早地层的沉积土层（TG6 南段第 16 层），应是生土。壕沟南坡测年结果则反映的是壕沟建筑所在区域的原生沉积物年代，没有经历凌家滩时期人类活动的扰动。

■ 青藏高原陶片光释光年代学研究

孙满平首次对青藏高原陶片进行了 OSL 年代学研究。选取青藏高原东北部柴达木盆地搭里他里哈遗址和天峻石林溶洞遗址作为研究点，选取其中 8 个陶片的 OSL 年代，研究陶片中石英和长石的释光信号特征，对比 11 个地层 OSL 年代，9 个 ^{14}C 年代结果，得出搭里他里哈遗址和天峻石林溶洞遗址年代，并综合分析 OSL 测年应用于陶片的可靠性。等效剂量使用已校准 $^{90}Sr/^{90}Y$ β 源的自动化 Risø RL/OSL-DA-20-C/D 读数器进行测定。陶片的石英 OSL 信号的测量使用单片再生（SAR）法，长石信号的测量采用后红外释光（post-IR IRSL, pIRIR）单片再生法。用电感耦合等离子质谱（ICP-MS）法和中子活化分析（NAA）法来测量陶片和周围环境沉积物中 U、Th、K 的浓度。宇宙射线的贡献参考Prescott & Hutton（1994）来计算。对4个细陶和4个粗陶的饱和含水率做了测试，细陶的饱和含水率为13.96%±0.87%，粗陶的饱和含水率为14.75%±1%，平均含水率为14.35%±0.67%。由于柴达木盆地是一个极端干旱的地区，所以假设埋藏期间环境沉积物和陶片的含水率为5%±4%，最终得到的剂量率是与深度、海拔和地磁纬度的函数。研究结果表明：① 陶片中石英的释光信号很强，为非常合适的测年材料；石英SAR法和长石pIRIR法测年结果有较好的一致性，说明光释光测年应用于陶片是可靠的。② 搭里他里哈遗址中陶片年代与地层和 ^{14}C 年代较为一致，为3 400~2 800 cal yr BP；综合前人研究得出：诺木洪史前人类在3 400~2 450 cal yr BP已经在柴达木盆地定居，是青铜时代青藏高原东北部柴达木盆地唯一生活在海拔2 700 m以上的史前人类群体。③ 天峻石林溶洞遗址由于地层扰动较严重，地层与 ^{14}C 年代混乱，利用陶片光释光测年直接得到该遗址人类活动年代为（1.76±0.12）ka和（1.25±0.06）ka两个时期。

参考文献

[1] 仇士华,陈铁梅,蔡莲珍.中国碳十四年代学研究[M].北京:科学出版社,1990:1-8.

[2] 刘睿良,理查德·斯达夫.碳十四测年技术前沿:新一代校正曲线IntCal20发布[J].江汉考古,2020(5):121-128.

[3] 张雪莲.夏商周断代工程中的碳十四年代学研究[J].中国史研究动态,2020(4):62-66.

[4] 中国社会科学院考古研究所.科技考古的方法与应用[M].北京:文物出版社,2012:26-27.

[5] 姜山.我国加速器质谱仪器技术在国际上的地位[J].质谱学报,2021,42(5):672-680.

[6] 谢振斌,许丹阳,韩玉,等.四川广汉三星堆遗址四号祭祀坑的碳十四年代研究[J].四川文物,2021(2):117-120.

[7] 郭青林,卢春,刘睿良,等.佛教石窟断代方法新进展:如何基于贝叶斯模型（OxCal）和考古信息提高碳十四测年精度[J].敦煌研究,2018(6):168-176.

[8] 徐怡涛.论碳十四测年技术测定中国古代建筑建造年代的基本方法——以山西万荣稷王庙大殿年代研究为例[J].文物,2014(9):91-96.

[9] 王维达.古陶瓷热释光测定年代的研究和进展[J].中国科学（E辑：技术科学）,2009,39(11):1767-1799.

[10] 王维达.古陶瓷热释光测定年代研究[M].上海:上海科学技术出版社,2010:1-3,34-53,158.

[11] 夏君定,王德义,陈建彬,等.富平银沟遗址陶瓷标本热释光测年研究[J].中国陶瓷,2017(S1):50-65,190.

[12] 吴婧玮,熊樱菲,龚玉武,等.上海青龙镇遗址出土瓷器和砖瓦样品热释光特性研究[J].文物保护与考古科学,2018,30(5):36-49.

[13] 马宏林,齐扬,周萍,等.黑色陶俑的热释光年代测定[J].文物鉴定与鉴赏,2010(4):40-44.

[14] 赖忠平,欧先交.光释光测年基本流程[J].地理科学进展,2013,32(5):683-693.

[15] 张克旗,吴中海,吕同艳,等.光释光测年法——综述及进展[J].地质通报,2015,34(1):183-203.

[16] 刘剑刚,文欢,于禄鹏,等.江西上湖遗址的石英光释光年代及其信号晒退研究[J].盐湖研究,2023,31(2):1-8.

[17] 范安川,郁田园,谈金卓,等.凌家滩遗址外壕沟沉积物的光释光测年研究[J].南方文物,2020(3):165-169.

[18] 孙满平.诺木洪搭里他里哈遗址与天峻石林溶洞遗址陶片光释光年代学研究[D].西宁:青海师范大学,2020:15-35.

第 6 章

产地来源
分　析

　　碳十四等测年技术较好地解决了考古文物的"何时"问题，但在实际工作中，有时还要探究人类、文物来自"何地"的问题，以揭示不同地区物质、技术与文化交流等信息。解决这些问题需要进行产地来源分析。目前，应用较多的是铅同位素分析、碳氮同位素分析和锶同位素分析。在古代青铜器、玻璃、陶釉等文物生产中，都会以铅作为原料，通过对比文物的铅同位素比值和矿山的铅同位素比值，就可进行产地溯源。弄清楚古人的食物来源，有助于回答关于人类演化和社会历史发展的重大问题，人骨稳定同位素 $\delta^{13}C$、$\delta^{15}N$ 分析是古人类食物状况研究的主要方法。$\delta^{13}C$ 可以显示人的主食状况，$\delta^{15}N$ 则反映其食肉程度的多少，两种分析手段结合揭示了许多遗址古代居民的食物来源状况。生活在不同锶同位素组成地质背景中的人，其体内锶同位素组成可能存在不同或差异，这种不同或差异就成为追溯人类生存地的依据，锶同位素分析已经成为国际考古学界探索古代人类迁徙活动的主要方法。

6.1 铅同位素分析

从 20 世纪 80 年代开始,中国学者就已开始利用铅同位素方法探索青铜器矿料来源,金正耀先生最早检测发现殷墟妇好墓的青铜器有相当一部分含有高放射性铅同位素,并推断部分商代金属资源可能来源于中国西南地区,他的结论引起了很多的讨论,考古学家也因此了解了铅同位素的分析方法,并逐渐将其广泛应用到中国青铜器研究中,至今已积累了大量的数据。随着电感耦合等离子体质谱仪(inductively coupled plasma mass spectrometry,ICP-MS)技术水平的提高,铅同位素分析测试周期缩短,制样步骤简化,测试费用大幅度下降,其已成为研究青铜器等含铅器物矿料来源最为可行的方法。

6.1.1 分析原理

自然界中,地球上岩石、矿物、水土和各种生物体内大多含有铅。铅同位素主要有 ^{204}Pb、^{206}Pb、^{207}Pb、^{208}Pb 四种,均为稳定同位素。^{204}Pb 半衰期超过地球寿命,其丰度不随时间而发生改变。^{206}Pb、^{207}Pb、^{208}Pb 是 U 和 Th 的衰变产物,其中 ^{206}Pb 部分由 ^{238}U 衰变而成,^{207}Pb 部分由 ^{235}U 衰变而成,^{208}Pb 部分由 ^{232}Th 衰变而成,衰变方程和半衰期见表 6-1。

表 6-1 ^{238}U、^{235}U、^{232}Th 放射性衰变及半衰期

衰 变 方 程	半衰期/亿年
^{238}U → ^{206}Pb+8^{4}He+6β+E	45
^{235}U → ^{207}Pb+7^{4}He+4β+E	7.1
^{232}Th → ^{208}Pb+6^{4}He+4β+E	140

地球上的 ^{238}U、^{235}U、^{232}Th 是在不断减少,而 ^{206}Pb、^{207}Pb、^{208}Pb 这三种铅的同位素是在不断增加。科学工作者认为,地球形成前,铅的这四种同位素含量比值是一定的,根据陨石内部铅含量可以测得

$$a_0 = {}^{206}Pb/{}^{204}Pb = 9.307$$
$$b_0 = {}^{207}Pb/{}^{204}Pb = 10.294$$
$$c_0 = {}^{208}Pb/{}^{204}Pb = 29.476$$

这种铅称为原始铅，即地球形成时的铅，它包含原生铅和元素形成到地球形成这段时间内铀、钍放射衰变形成的铅（图6-1）。地球形成时，元素发生分离，铀、钍和铅等浓缩于靠近地表的场所（上地幔和地壳），在某一时期，铅从其他元素中游离出来形成矿床。成矿后，由于矿体中铀、钍与铅相比，数量极微，因此铅的同位素比值不再变化。地球上不同区域的矿床，其成矿时间一般不同，形成过程中环境物质所含的铀和钍浓度完全相同的概率很小，因而不同矿床的铅同位素比值通常也不同，即不同矿床具有不同的铅同位素比值特征。在古代很多文物的生产中，铅或多或少会成为原料之一，例如青铜器、玻璃、陶釉、颜料等，而这些铅均采自金属矿床，铅同位素比值在整个矿物中是均匀的。在冶矿、熔铸等生产过程中，它仍能保持原产地的铅同位素比值不变，这样最终生产出的器物中的铅同位素比值与矿源中的一致。因此，通过对比文物的铅同位素比值和矿山的铅同位素比值，就可进行产地溯源，此即铅同位素比值示踪原料产地的原理。

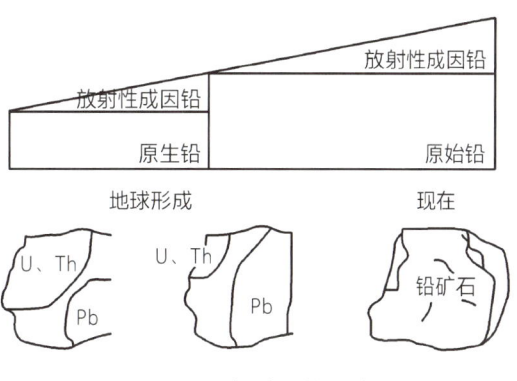

图 6-1 铅矿石的形成

6.1.2 铅的提取方法

由于同位素的化学性质一样，青铜器在腐蚀过程中，其铅同位素比值依旧保持不变，所以古器物表面的锈渣也能满足分析要求。古代青铜器一般为多种元素合金，故必须将铅提纯后才可以进行质谱分析。目前常采用电解沉积法提取青铜器中的铅，其操作流程为：① 打磨样品；② 分别用丙酮、去离子水超声波清洗；③ 稀硝酸清洗，干燥；④ 浓硝酸溶解（如难溶，可适当加热）；⑤ 稀释成 0.2～0.4 mol/L 溶液，控制电压 1.5 V 左右，以铂金作电极进行电解沉积；⑥ 取阳极板沉积的二氧化铅，以含有过氧化氢（H_2O_2）的硝酸溶解，制成铅溶液。

6.1.3 分析方法及分析仪器

6.1.3.1 分析方法

铅同位素比值测定多采用质谱分析。质谱分析法（mass spectrometry, MS）是将样品离子化后，通过质量分析器测定样品的分子、离子及碎片的质量数，最终确定样品的相对分子质量或分子结构的方法。目标化合物的分子被不同电离方式离子化后，如高能电子轰击等，样品分子失去电子或被打碎，变为带正电荷的分子离子和碎片离子，按照质量 m 和电荷 z 的比值大小，即质荷比大小依次排列而被记录下来的谱图，称为质谱图。质谱分析法应用范围广，测定的样品可以是有机物，也可以是无机物，被分析的样品形态可以是气体、液体或固体；灵敏度高，样品用量少；能够实现多组分同时检测，分析速度快。

6.1.3.2 分析仪器组成

采用质谱分析法来获得目标物质量数信息的分析仪器，称为质谱仪。每台质谱仪都需要一个把样品分子电离成离子的电离装置，也需要把不同质荷比的离子排序分离开的质量分析器，符合条件的离子经过检测器的放大信号后，再经计算机数据处理，绘制成质谱图。不同种类质谱仪所采用的检测器、电离装置、质量分析器是不同的，但基本组成结构是相似的，都包括进样系统、离子源、质量分析器、检测器和真空系统等，如图 6-2 所示。

1）进样系统

进样系统待分析的样品一般都处于常压状态，但大多数质谱仪的离子源处于高真空状态，质量分析器也处于高真空状态，样品只有通过特殊手段才能引入离子源进行离子化，然后进入质量分析器进行质荷比大小排序。进样系统的作用就是把样品传输到质谱仪的离子源部分，按照不同的样品导入方法分为直接进样法和间接进样法。

直接进样法使化合物的定性分析更简单，将低挥发性的样品装在进样杆的前端，然后将进样杆直接插入真空腔的离子源附近，真空再次稳定后，通过施加大电流的方法给进样杆前端样品部分快速加热，进样杆前端的温度急速上升（500 ℃ 为上限），样品分子受热后瞬间汽化变成样品蒸气，该样品蒸气就位于离子源部分，直接被离子化成分子离子。由于温度对样品的挥发性影响较大，所以需要精确控制温度，但这也使这种方式可以分析气相色谱不能汽化的液体、固体或热不稳定的样品，使固体样品的分析成为可能。但此方法的局限性是，样品必须是纯品，混合物无法进行分析，因为混合物得到的离子碎片信息会有干扰。

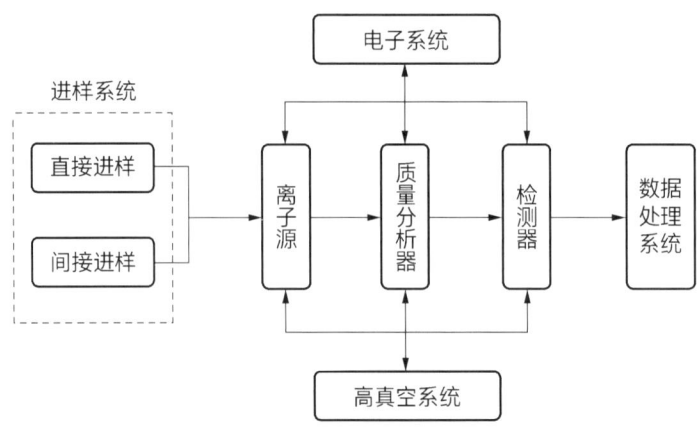

图 6-2 质谱仪的基本组成结构

间接进样法中与色谱技术联用的进样方法是常用的重要进样方法之一。将色谱柱分离的组分导入质谱，可以使混合物的直接质谱分析成为可能，间接进样法极大地拓宽了质谱仪的应用范围。气相色谱-质谱联用仪（GC-MS）就是一种间接进样法质谱仪，这类分析仪器非常普及。近几年，液相色谱-质谱联用仪（LC-MS）也取得了飞速发展。色谱仪和质谱仪之间的接口技术是间接进样法的研究热点。通过毛细管色谱柱可将 GC-MS 的样品直接导入离子源。采用电喷雾（ESI）技术可将 LC-MS 的液相色谱馏分液滴挥发，产生带电离子。此外，毛细管电泳（CE）、超临界流体色谱（SFC）等分离技术也都可与质谱技术联用。

2）离子源

离子源的主要功能是为样品离子化提供能量，将样品分子或者中性原子进行电离，形成具有不同质荷比的离子束。这些离子束经过透镜聚焦后，再转移到质量分析器中进行质荷比的筛选。离子源的种类有许多，常用的为以下几种：电子轰击源（electron ionization，EI）；化学电离源（chemical ionization，CI）；快原子轰击源（fast atomic bombardment，FAR）；电喷雾源（electron spray ionization，ESI）；大气压化学电离源（atmospheric pressure chemical ionization，APCI）；大气压光学电离源（atmospheric pressure photo ionization，APPI）；基质辅助激光解析电离源（matrix assisted laser desorption ionization，MALDI）；电感耦合等离子体离子源（inductively coupled plasma ionization，ICP）。

3）质量分析器

质谱仪通常以质量分析器的种类而命名，质量分析器位于离子源和检测器之间，是质谱仪的核心组成部件。质量分析器的作用是将离子源所产生的离子变为有序的离子束，按照质荷比的顺序进行排序或分离。常见的质量分析器有扇形磁场、四极杆、离子阱、飞行时间、傅里叶变换离子回旋共振等。几种质量分析器的特点与比较见表 6-2。

表 6-2　几种质量分析器的特点与比较

质量分析器	测定参数	质量范围 m/z	分辨率	特　点
扇形磁场	动量/电荷	20 000	>10 000	分辨率高，相对分子质量测试准确
四极杆	质荷比大小过滤	3 000	2 000	适合不同离子源，易于正负离子模式切换，体积小，易加工
离子阱	共振频率	2 000	2 000	体积小，中等分辨率，设计简单价格低，适合多级质谱
飞行时间	离子飞行时间	>100 000	>10 000	质量范围宽，扫描速度快，设计简单，高分辨，高灵敏度
傅里叶变换离子回旋共振	共振频率	10 000	100 000	超高分辨率，适合多级质谱，价格昂贵

4）检测器

经由质量分析器筛选后的目标离子最终到达检测器，但这部分离子的数量是有限的，需要将有限的信息放大，才能得到足够的信号响应。电子倍增器是一类常见的检测器，所有的检测器作用都是将得到的目标离子转化为电子，再将电子数量通过多个电极呈指数倍数放大，电子倍增器的放大倍数通常在 $10^5 \sim 10^8$。打在收集器上的正离子流产生与离子流丰度成正比的信号，常以电子倍增器检测离子流。电子在检测器内部的作用时间很短，可以实现高灵敏度、快速检测。质谱仪检测器的种类很多，不同类型的质量分析器会配备不同的检测器，常用的有：电子倍增器、光电倍增器、微通道板检测器等。

5）数据处理系统

所有的质谱仪都需要一台计算机来配合使用：一是用于仪器的控制，二是用于数据的接收、存储和处理。计算机内还可以存有标准图谱，用于对样品数据作自动检索，并给出合适的结构式，进行定性分析；还可将质谱数据的定量分析结果生成分析报告；也可以进行报表打印，完成数据格式之间的转换等辅助功能。

6）高真空系统

质谱仪必须在高真空下才能工作，好的真空系统可以保证足够的离子飞行自由程，获得更高的灵敏度，同时还可以防止大量的氧气缩短离子源灯丝的寿命。质谱仪的真空系统由前级泵（常用机械泵）和高真空泵（油扩散泵或涡轮分子泵）组成。机械泵可以提供初始的低真空，极限真空度为 0.1 Torr（1 Torr ≈ 133.3 Pa）左右，为高真空泵的启动做准备。涡轮分子泵可以获得很高的真空度，一般可到 10^{-4} Torr。扩散泵性能稳定可靠，但是启动较慢，获得的真空度没有涡轮分子泵高，而且扩散泵以油为媒介，容易污染质谱系统。涡轮分子泵仪器启动速度快，数小时内就可以到达实验条件，但寿命不如扩散泵，成本比扩散泵高许多。近年来主流质谱仪制造商的中高端质谱仪都使用涡轮分子泵作为高真空泵。

6.1.3.3 仪器分类与应用

质谱仪的分类方法有很多种，按照仪器尺寸可以粗略地分为大型、中型、小型三类；按照仪器性能可分为高档、中档、低档质谱仪；按照质量分析器的类型可以分为扇形磁场质谱仪、四极杆质谱仪、离子阱质谱仪、飞行时间质谱仪等；按照仪器分辨率，可以分为高分辨（通常 5 000 以上）、中分辨（通常 1 000～5 000）、低分辨（低于 1 000）质谱仪。以上的分类并不十分严谨，因为有些仪器带有不同的附件，具有不同的功能，甚至还有杂交质谱并不容易界定分类。例如四极杆串联飞行时间质谱仪，两种不同类型的质量分析器在同一台质谱仪中，这类串联质谱就不易归类了。质谱仪还有一种分类方式是按应用范围划分，可分为三大类：有机质谱仪、无机质谱仪和同位素质谱仪。

1）有机质谱仪

有机质谱仪能够提供化合物的相对分子质量、官能团结构等信息，主要用于有机化合物的定性和定量。有机质谱仪通常与气相色谱、液相色谱等技术联用，将复杂的有机混合物分离成纯组分再进入质谱仪，解决了质谱只能分析纯品的弊端，充分发挥质谱仪的分析速度快、灵敏度高的特长。

2）无机质谱仪

无机质谱仪检测的目标物是微量的无机元素。无机质谱仪与有机质谱仪工作原理有所不同，区别在于离子化的方式不一样，质量分析器部分可能是相同的，比如主流的无机质谱仪的质量分析器都是四极杆。无机质谱仪主要是以电感耦合高频放电（ICP）将待测物进行离子化。ICP-MS 的谱线简单易认，可以同时测量多种元素，灵敏度与精度很高，广泛用于地质学、矿物学、重金属测定、核工业、环境监测等领域。按照不同的离子化方式，无机质谱仪可分为火花源质谱仪、辉光放电质谱仪、离子探针质谱仪、激光探针质谱仪等。

3）同位素质谱仪

同位素质谱仪用于同位素分析，能够精确测定元素的同位素比值，对于核反应研究有重大意义。其特点是检测速度快、样品用量少、结果精确。同位素质谱仪广泛应用于原子核科学、同位素示踪分析、考古学、地质年代测定等。

6.1.3.4 铅同位素分析仪器

铅同位素分析多采用电感耦合等离子体质谱仪和热电离质谱仪。

1）电感耦合等离子体质谱仪

电感耦合等离子体质谱仪（ICP-MS）是将电感耦合等离子体高温电离特性及质谱仪低检出限特性结合起来，形成一种强有力的多元素同时测定、检出限低的痕量元素分析技术。最初电感耦合等离子体质谱仪主要是指普通的四极杆质谱仪（ICP-QMS），随着分析仪器技术的发展，逐渐扩展到其他类型的等离子质谱技术，如飞行时间质谱仪（ICP-TOF-MS）、双聚焦扇形场质谱仪，以及等离子体离子阱质谱仪（ICP-IT-MS）等。ICP-MS 的结构虽然不同厂家有不同的设计，但基本结构类似，如图 6-3 所示。

（1）进样系统。将样品直接汽化或转化为气态或气溶胶的形式送入高温等离子体炬。

（2）ICP 离子源。使待测样品中的原子、分子在高温等离子体中电离转化为带电离子。

（3）接口室。连接常压高温等离子体及高真空质谱仪，从 ICP 离子源中提取样品离子流。

（4）离子透镜。将接口室提取的离子流聚焦成散角尽可能小的离子束，同时去除电子、

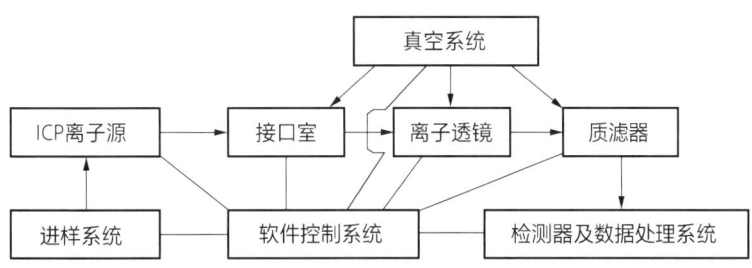

图 6-3 ICP-MS 典型基本结构

光子、颗粒物等形成背景噪声的离子。

（5）四极杆质滤器。根据离子质荷比 m/z 分离离子，使不同质荷比的离子顺次通过。

（6）检测器及数据处理系统。接收被质滤器分离的离子，同时将离子信号转化为电信号，经转换、放大、处理后给出分析结果。

（7）真空系统。确保离子具有足够的平均自由程，降低离子之间的碰撞概率，通常由机械泵、涡轮分子泵来实现。

（8）软件控制系统。监测仪器工作状态，控制仪器个工作参数设定值。

2）热电离质谱仪

热电离质谱（thermal ionization mass spectrometry，TIMS）法是通过加热涂敷在金属带表面的样品，使样品的原子电离后引入质谱仪分析。该方法能分析从 Li 到 U 的大部分元素，是一种单元素测定技术，主要用于同位素分析。热电离质谱仪主要由进样系统、离子源、质量分析器、检测器及数据处理系统组成。进样系统把待分析的样品送进离子源；离子源为热电离型离子源，当中性分子或者原子从一个灼热的金属表面蒸发出来，或者与一个灼热的金属表面相碰撞时，部分中性分子或者原子以正离子的形式发射出来，故习惯称之为热电离；质量分析器使离子按照质荷比的大小分离开来；检测器用以测量、记录离子流强度而得出质谱图，常用的有法拉第杯、电子倍增器、微信道板和闪烁计数器。热电离质谱法被认为是测定痕量、超痕量钕同位素组成最有力的分析技术，具有灵敏度高、同质异位素干扰少、测试精度高等特点。

研究案例
- 湖北随州叶家山墓地青铜器铅同位素比值研究
- 海岱地区商代青铜器的铅同位素分析
- 皖北地区周代青铜器的铅同位素比值分析
- 湖南望城高砂脊遗址铅同位素比值分析

■ 湖北随州叶家山墓地青铜器铅同位素比值研究

郁永彬等使用多接收电感耦合等离子体质谱仪（MC-ICP-MS），对湖北随州叶家山西周早期高等级贵族墓地出土的青铜器的铅同位素比值特征等进行了研究。叶家山墓地曾国铜器包括铅锡青铜和锡青铜两种合金类型，使用纯铅焊料，还有孔雀石和铜锭等。根据这些样品铅同位素比值测定结果，结合其他地区出土同时期纯锡器物铅同位素比值结果，分别以 $^{207}Pb/^{206}Pb$ 和 $^{208}Pb/^{206}Pb$ 为横、纵坐标作散点图（图6-4），容易看出这几组数据的 $^{207}Pb/^{206}Pb$ 值分布区间差别明显，西周锡器铅同位素比值分布在 A 区，锡青铜曾国铜器铅同位素比值分布在 B 区，孔雀石铅同位素比值分布在 C 区；铅锡青铜曾国铜器铅同位素比值散点分布在两个区域，表明其使用的铅料来源不同，其中分布在 D 区的称为铅锡曾器 I 组，铅金属焊料与铅锡青铜曾器 I 组的区间重合，另一部分与锡青铜曾器区域重合的称为铅锡曾器 II 组。如图 6-5 所示铅同位素比值中位数差异亦较为明显，从中容易看出：锡青铜铅

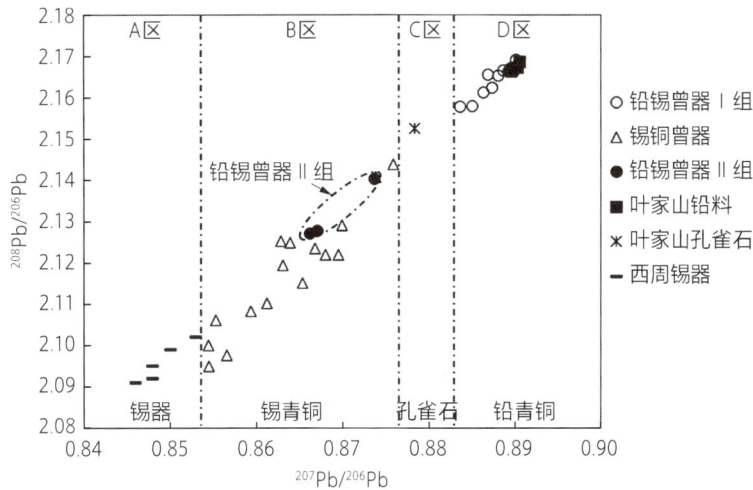

图 6-4 叶家山曾国铜器、铅焊料和孔雀石与西周锡器的钍铅-铀铅图

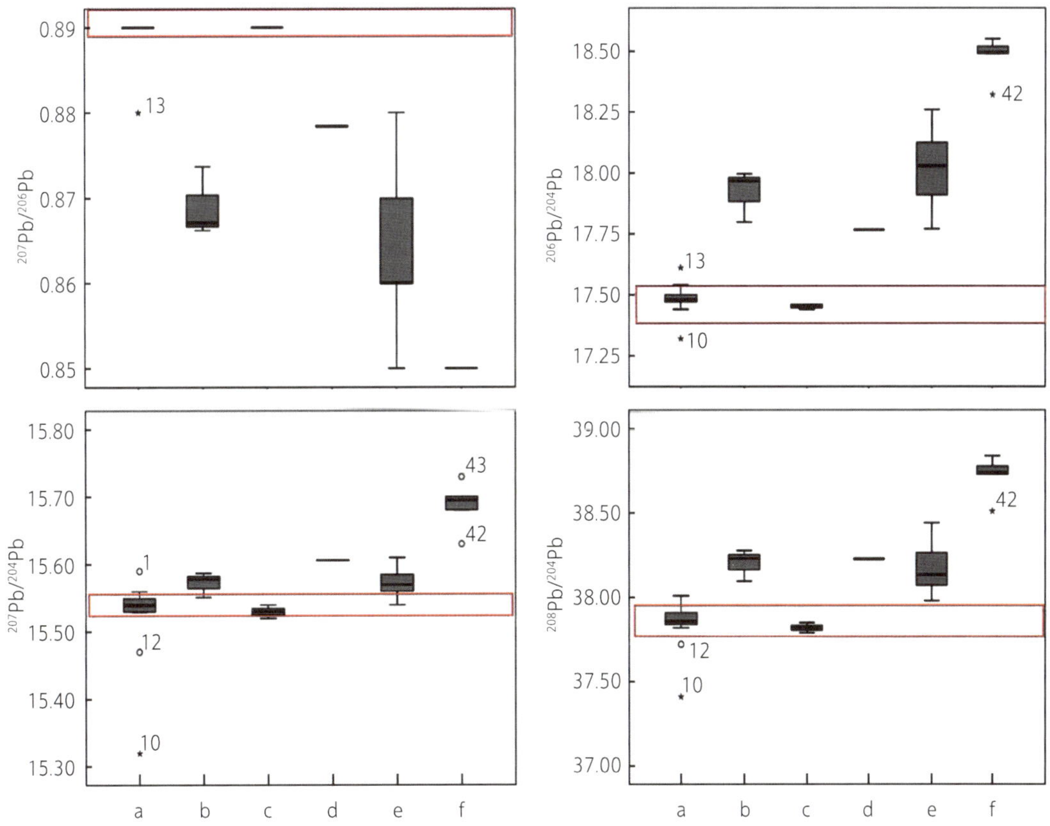

a—铅锡曾器Ⅰ组；b—铅锡曾器Ⅱ组；c—铅焊料；d—孔雀石；
e—锡青铜；f—西周锡器（来自大河口墓地、晋国遗址和横水墓地）

图 6-5 叶家山曾国铜器、铅焊料和孔雀石与西周锡器的铅同位素比值箱式图

同位素比值落在原始铜矿源和锡矿源的铅同位素比值为端点的区间内，由于锡矿源铅同位素信号较弱，其主要反映铜矿源的信息；铅锡曾器Ⅰ组与铅焊料的铅同位素比值聚在一起，箱式图显示它们的中位数接近，表明铅锡曾器Ⅰ组和铅焊料可能使用相同来源的铅料，因此铅锡青铜的铅同位素主要反映铅料的信息；铅锡曾器Ⅰ组和锡青铜曾器的铅同位素比值分布在不同区域内，而铅锡曾器Ⅱ组的铅同位素比值落在锡青铜曾器分布范围内，意味着在探讨叶家山铜器群构成和原料来源时，需分别对锡青铜和铅锡青铜进行分析讨论。

■ **海岱地区商代青铜器的铅同位素分析**

王庆铸等使用MC-ICP-MS对海岱地区济南刘家庄遗址出土的39件商代铜器进行了铅同位素分析。检测结果显示，有29件铜器的 $^{208}Pb/^{204}Pb$ 比值集中在41~43，$^{206}Pb/^{204}Pb$ 比值集中在20.5~22，属于所谓的高放射性成因铅（$^{208}Pb/^{204}Pb>40$，$^{206}Pb/^{204}Pb>20$，$^{207}Pb/^{206}Pb<0.84$）。另有9件铜器的 $^{208}Pb/^{204}Pb$ 比值在38~40，$^{206}Pb/^{204}Pb$ 的比值集中在17.6~19.5；还有1件铜器铅同位素比值远低于其他器物，$^{208}Pb/^{204}Pb$ 的比值为36.1831，$^{206}Pb/^{204}Pb$ 的比值为16.3168。研究者将合金类型、器物类型与铅同位素结合起来对比分析。从合金类型看，高放射性成因铅存在于各种合金类型的铜器中，但似乎含铅量高的铜器放射性铅同位素的比值要更高一些（图6-6、图6-7）。从器物类型看，高放射性铅存在于各种器类中，未表现出明显规律性（图6-8）。从年代看，高放射性铅主要集中在殷墟二、三期器物中（图6-9）。所测的39件铜器中，殷墟二期的只有1件，为高放射性成因铅铜器。殷墟三期的33件铜器中，有7件为普通铅铜器（约占21.2%）、26件为高放射性成因铅铜器（约占78.8%）。殷墟四期的2件铜器均为普通铅铜器。经过分析讨论，研究者认为刘家庄遗址出土铜器主要含有高放射性铅同位素，也有少量含有普通铅同位素。铅同位素比值与器物类型以及合金类型并没有直接的相关性。刘家庄遗址高放射性铅同位素比值数据比较集中，提供了一个与其他遗址比较的标准。

■ **皖北地区周代青铜器的铅同位素比值分析**

李强等采用激光剥蚀多接收器等离子体质谱（LA-MC-ICP-MS）等手段对4件皖北地区出土青铜器和4件湖北吉家院战国楚墓出土青铜器的成分及铅同位素比值进行了检测，并与长江中下游铜多金属成矿带矿石的铅同位素比值进行了对比，以此探讨皖北地区青铜器矿料来源的变化。

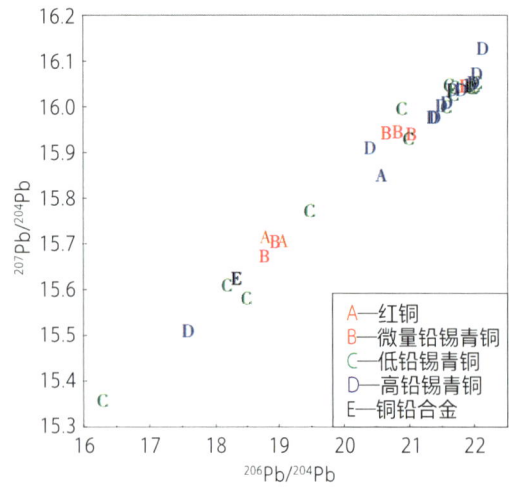 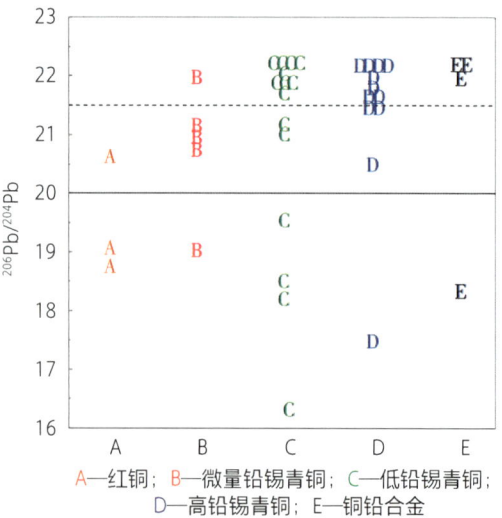

图6-6 铜器 $^{207}Pb/^{204}Pb$ 与 $^{206}Pb/^{204}Pb$ 比值分布　　图6-7 不同合金类型铜器与 $^{206}Pb/^{204}Pb$ 比值分布

检测结果表明，样品的 $^{206}Pb/^{204}Pb$ 比值的分布范围为 17.808～18.630，$^{207}Pb/^{204}Pb$ 比值的分布范围为 15.582～15.696，$^{208}Pb/^{204}Pb$ 比值的分布范围为 38.328～38.931。一般而言，高放射性成因铅的 $^{207}Pb/^{206}Pb$ < 0.8，$^{206}Pb/^{204}Pb$ > 20.0，而普通铅的 $^{207}Pb/^{206}Pb$ > 0.8，$^{206}Pb/^{204}Pb$ < 20.0，因此，所检测样品的铅同位素比值均在普通铅的分布范围内。研究者将皖北地区青铜器与湖北吉家院战国楚墓出土青铜器进行了对比研究，从图 6-10 中可以看出，皖北地区的 2 件铅锡青铜落在 A 区，表明其所用铅料可能来自同一矿区。吉家院青铜器及皖北的 2 件青铜器分布在 B 区，且所有数据点沿同一条斜率线分布。两件锡青铜 WB-3 和 JJY-1 均处于 B 区，表明 B 区的铅同位素比值较为复杂，指示了铜料和铅料两种金属矿料的信息，但其很可能来自同一多金属成矿带。皖北地区指示铅料来源的样品在 A、B 区域内都有分布，暗示战国时期皖北地区使用的铅料可能有多个来源。为进一步探明皖北及湖北吉家院战国楚墓出土青铜器的矿料来源，研究者将皖北地区样品与铜陵、南陵等地区的铅同位素数据进行对比研究，由图 6-11 可知，皖北地区的 2 件青铜器及湖北吉家院墓地出土青铜器与湖北矿区的铅同位素比值较为接近，因此其可能使用了湖北铜绿山的金属资源；而皖北地区的 2 件铅锡青铜（WB-1、WB-2）与皖南矿区的铅同位素数据契合度高，其所用铅料可能来自皖南矿区。湖

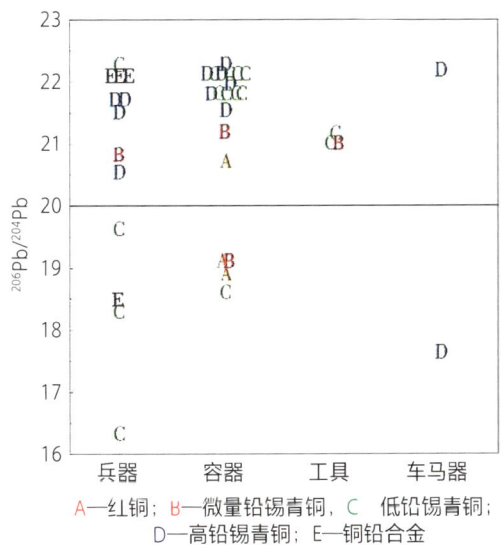

图 6-8 不同器类铜器与 $^{206}Pb/^{204}Pb$ 比值分布

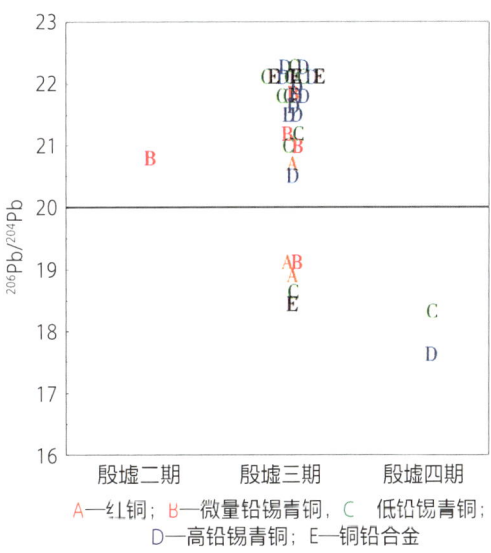

图 6-9 不同时期铜器与 $^{206}Pb/^{204}Pb$ 比值分布

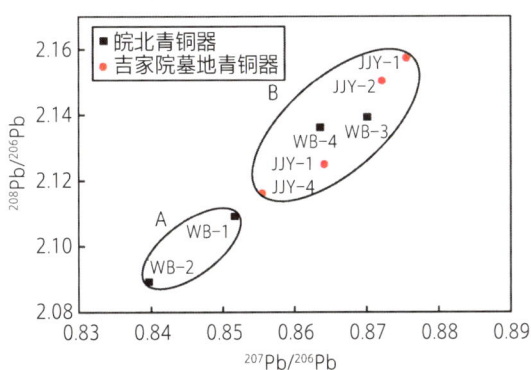

图 6-10 皖北和吉家院墓地青铜器铅同位素比值分布图

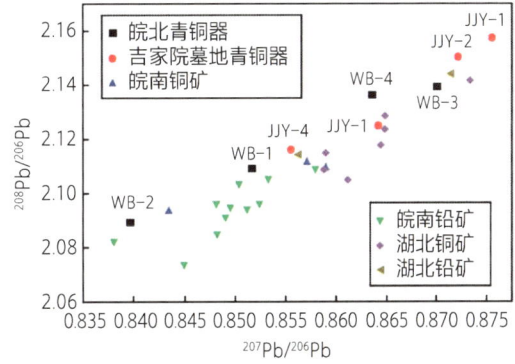

图 6-11 样品与各矿区铅同位素比值对比

北吉家院墓地锡青铜和铅锡青铜的铅同位素比值，主要集中在湖北铜绿山矿区，但JJY-4与皖南矿区和湖北矿区的铅同位素比值都较为接近，考虑到吉家院样品出土自同一墓葬群，且距离湖北铜绿山矿区更近，因此吉家院墓地出土青铜器所用矿料可能都来自湖北本地的矿区。对皖北铅锡青铜和锡青铜而言，其所用金属资源虽均来自长江中下游成矿带，但其矿料来源相对较为复杂。西周时期，皖北的1件锡青铜样品WB-3，其铅同位素比值数据点与湖北矿区的数据相近，其所用铜料可能来自铜绿山及其周边矿ζ；至战国时期，皖北的2件铅锡青铜样品落在了皖南矿区范围内，1件铅锡青铜WB-4与湖北铜绿山的铅同位素比值接近，表明从西周至战国，皖北地区使用的金属资源开始从湖北铜绿山地区逐渐向皖南沿江地区转变；湖北铜绿山地区的金属资源，输入到皖北地区的时间可能早于皖南沿江地区。

湖南望城高砂脊遗址铅同位素比值分析

马江波等利用固体表面热电离质谱仪（TIMS）分析了湖南望城高砂脊遗址出土的22件铜器、1件铜块和1件铜渣的铅同位素比值。结果显示，高砂脊遗址出土的22件铜器及2件冶铸遗物的铅同位素组成都为普通铅。根据墓葬和器类分组，数据分布范围可分为a、b、c三个区域，如图6-12所示。a区域有9件铜器，其中6件是M5出土的容器，还有矛形器。T7第4层出土的铜块也落入该区域。T7出土铜块的铅同位素组成反映了铜料的产地。M5出土的3件铜器残片均是铅锡青铜，铅含量分别是7.5%、8.4%和6.5%，铅同位素指征铅料产地。红铜块与3件铅锡青铜的铅同位素组成相同，说明a区域铜器所用的铜料和铅料来自邻近地区。b区域有11件铜器，其中有M5出土的3件容器，还有矛、刮刀、斧和耳环；另有M12出土的矛和M20填土出土的刮刀；M20填土出土的铜渣也落入该区域。AM5∶38含铅38.2%，铅同位素指征铅料产地。3件锡青铜的铅同位素数据反映铜、锡料的可能性皆有，说明b区域铜器所用铜、锡、铅料有相近的铅同位素组成，来自同一产地的可能性较大，但与a区域反映的原料产地有明显的区别。c区域包含M1的2件鼎，属中原型器。这两件鼎的铅同位素组成与a、b区域皆不同，反映的是其他矿山的金属资源。由此可见，中原型器的铅同位素组成与混合型、地方型器明显不同，从一定程度上反映高砂脊遗址的混合型、地方型铜器虽然带有典型的商文化纹饰，但所用铸铜原料与中原型的不同，结合发现的铜块、铜料、铜渣及残陶范等冶铸遗物，说明除了中原型器，这批铜器应为本地铸造。

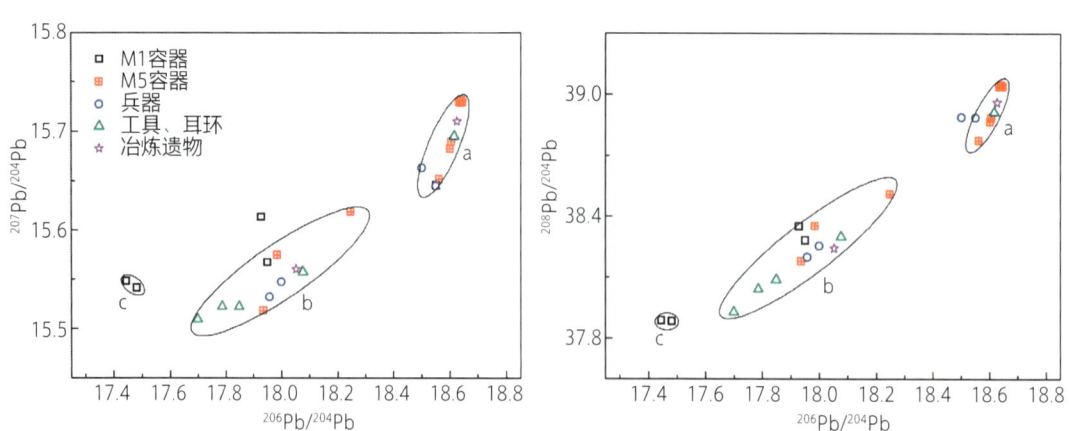

图 6-12　高砂脊遗址铜器及冶铸遗物的铅同位素比值分布图

6.2 碳氮稳定同位素分析

20世纪70年代发展起来的碳氮稳定同位素分析方法目前已经成为研究农业起源与发展、先民食物结构和个体差异最为有效的手段之一。研究表明，生物体内蛋白质的稳定同位素值与其食物中的稳定同位素值密切相关，即"我即我食"原理，这一方法在国内外考古遗址中已得到大量应用。近年来，有研究者还利用稳定同位素分析技术进行丝织品文物溯源，也取得了较好的成果。

6.2.1 分析原理

碳十三（^{13}C）和氮十五（^{15}N）分别是碳和氮的稳定同位素，它们在生物体中的含量通常分别用其与一种标准物质的比较值来表示，即 $\delta^{13}C$ 和 $\delta^{15}N$。生物体中 $\delta^{13}C$ 和 $\delta^{15}N$ 的变化在于同位素的分馏效应。所谓同位素分馏效应是指化学性质相同而相对原子质量不同的同位素在参与各种化学或生理变化过程中，由于活泼程度不同使反应前后的同位素组成发生变化。

1）$\delta^{13}C$ 分析

自然界的植物依据光合作用途径的不同可分为三类：一是卡尔文途径。通过这种途径获得的最初产物是一种三个碳的化合物，一般称为 C_3 化合物，所以这类植物也称为 C_3 植物。这类植物的 $\delta^{13}C$ 值范围为 -23‰~-30‰，平均值为 -26‰。与人类生活关系密切的 C_3 类植物包括稻米、小麦等。二是哈-斯途径。这种途径的最初产物是四个碳的化合物，所以这类植物也称为 C_4 植物。这类植物的 $\delta^{13}C$ 值范围为 -8‰~-14‰，平均值为 -11‰。与人类生活关系密切的 C_4 类植物包括玉米、小米、高粱等。三是少数多汁植物所遵循的称为 CAM 的光合作用途径。这类植物的 $\delta^{13}C$ 值范围为 -12‰~-23‰，平均值为 -17‰。CAM 类植物主要包括菠萝、甜菜等。

发生光合作用的植物作为食物进入人或动物体内，人或动物如果长期食用某类植物，其体内就会富集相应的 $\delta^{13}C$ 值，但人或动物体组织的 $\delta^{13}C$ 值与所食植物的 $\delta^{13}C$ 值有差别，这是由于在消化、吸收过程中，人或动物体组织对于植物的分馏效应所致。实验表明，人或动物体组织中各个部分的分馏效应不同，所以各自的 $\delta^{13}C$ 值也不相同。人或动物体肉质部分对于所食植物的分馏效应约为 1‰，骨胶原约为 5‰，而皮肤可能会富集得更多一些。应用 $\delta^{13}C$ 分析方法研究人或动物的食物组成可以取人或动物体的不同组织进行分析，由于在考古遗址中能够保存下来的往往只有骨骼，因此一般应用骨骼进行 $\delta^{13}C$ 分析。

2）$\delta^{15}N$ 分析

人或动物体中吸收的氮主要有两个来源：一是通过食用豆科类植物，另一种是通过食用非豆科类植物、陆生动物、海洋生物等食物。根据氮的来源不同，植物可分为豆科类和非豆科类。豆科类植物均为 C_3 类植物，由于这类植物是通过固氮作用吸收大气中的氮，而大气中的 $\delta^{15}N$ 值较低，所以豆科类植物的 $\delta^{15}N$ 值相应也较低，为 0～1‰。非豆科类植物是通过吸收土壤中的硝酸盐和铵来获得氮，这类含氮物质的 $\delta^{15}N$ 值稍高一些，所以非豆科类植物的 $\delta^{15}N$ 值比之豆科类的也高一些，约为 3‰。同样，海洋植物也可分成海洋豆类和海洋非豆类两类。海洋豆类其实不能算作植物，它是一种蓝绿藻，由于同样是吸收大气中的氮，所以其 $\delta^{15}N$ 为 0～1‰。海洋非豆类吸收的是海洋中溶解的硝酸根和铵，其 $\delta^{15}N$ 为 7‰左右。

一般来说，海洋哺乳动物的 $\delta^{15}N$ 值约为 15‰，陆生食肉动物的 $\delta^{15}N$ 值约为 9‰，陆生食草动物的 $\delta^{15}N$ 值约为 6‰。每一营养级之间 $\delta^{15}N$ 的差别约为 3‰。相应地，人或动物体骨胶原对于所食食物分馏效应的 $\delta^{15}N$ 值差别约为 3‰。海生动植物的 $\delta^{15}N$ 值一般要高于陆生的，这是因为海生环境中含氮化合物的含量大大优于陆生环境。海生或陆生本身的动植物之间，其 $\delta^{15}N$ 值一般与营养级有关。食肉类的要高于食草类的，植物中非豆类的 $\delta^{15}N$ 值高于豆类的。因此，$\delta^{15}N$ 值可用于揭示动物或人类营养级别，了解其食物是否来自陆地、淡水和海洋资源。

6.2.2 取样和检测

目前，稳定同位素分析中的研究材料，主要是动物或人类遗留的硬组织，即骨骼和牙齿。对于骨骼而言，其在个体的生命周期中不断更新，并且不同种类或部位的骨骼更新速率，也存在一定差异。例如，皮质骨（如股骨）中的化学组成完全发生替换，至少需要 10 年；而松质骨（如肋骨）则明显较短，在 2～5 年即可完成。因此，对具有不同更新速率的骨骼进行取样，通过其稳定同位素数据的比较，就可释读该个体死亡前的食物来源变化及可能的迁徙活动。研究显示，纯母乳喂养婴儿的头发和指甲角蛋白，其 $\delta^{13}C$ 和 $\delta^{15}N$ 值较母亲分别富集 1‰和 2～3‰。随着断奶过程的开始和辅食的摄入，两者之间的差异逐渐减小，直至母乳喂养完全停止。因此，通过比较未成年群体与成年群体（近似代表其母亲）骨骼的稳定同位素值，就可揭示群体的断奶模式和童年时期的食物结构。与骨骼不断更新相反，牙齿自形成之后就保持恒定。故此，牙釉质或牙本质的稳定同位素比值，提供了个体在牙齿形成期间的食物结构信息。恒齿在个体出生后即开始生长发育，并在不同年龄段（8～20 岁）停止发育。具体的停止发育时间，依牙齿类型不同而存在差异。例如，第一磨牙在出生后不久就开始形成，并在 9～10 岁完成发育；而第二磨牙形成于 3～4 岁，并在

15 岁左右完成发育。假设牙本质的发育速度较为平均，对牙本质进行序列取样，则每个序列的牙本质部分，就对应于牙齿生长期间的某一个特定时期。因此，通过牙本质序列的稳定同位素分析，就可在较高时间分辨率下（小于 1 年）重建个体从出生到青春期的生活史。

1）取样方法

进行碳/氮稳定同位素分析一般应用的是骨样品。其采样要点如下：

（1）样品采集要考虑到骨骼的考古分期、出土背景、性别和年龄、动物种类等各个方面的因素。

（2）骨骼采样最好在经过人骨研究和动物骨骼研究后进行，其采样部位也最好与从事人骨研究和动物骨骼研究人员沟通，以尽可能既满足碳/氮稳定同位素分析的要求，又使其对骨骼造成的破坏最小。

（3）骨样品取样量需依据其保存状况而定，一般选择骨壁较厚的肢骨，采样长度为 3 cm 左右、宽度为 1 cm 左右。

（4）在采样时要有数量概念，做到对样品的测试结果进行分析时，有统计学意义上的保证。

（5）每个样品在采样时都要拍照和登记，然后分别装袋。样品袋里必须放入写有关于此样品种属、部位、性别、年龄及详细出土背景等情况的标签。为防止标签破损，标签应单独放入小塑封袋中。

（6）样品采集应填写样品采集信息表。表格内容参见中华人民共和国文物保护行业标准《碳氮同位素食性分析骨质样品采集及实验室操作规范》（WW/T 0045—2012）。

2）样品制备和分析检测

进行 $\delta^{13}C$ 和 $\delta^{15}N$ 分析的步骤是同时进行的，首先进行样品制备，之后进行样品的分析测试。样品制备的基本程序如下：

（1）样品处理前的观察记录。样品处理前要置于显微镜下仔细观察，记录其外观形貌及糟朽状况，并拍照留底。称重。

（2）样品前处理。物理清洗和破碎。去除有污染的部分及外表面，超声清洗，适当破碎。

（3）样品骨胶原提取。0.1 mol/L 稀盐酸溶液浸泡去除无机组分，1% 氢氧化钠溶液浸泡去除腐殖酸，去离子水清洗至中性后在稀盐酸溶液中再次浸泡，再清洗至中性制得骨胶原。

（4）样品明胶制备。置骨胶原于 pH 为 2～3 的盐酸溶液中，90 ℃水解完全。离心提取上层清液，冷冻干燥，制得明胶。

将制得的明胶样品通过碳氮元素-质谱测定仪分析得到 $\delta^{13}C$、$\delta^{15}N$、碳百分含量（C%）、氮百分含量（N%）以及 C/N 摩尔值比。按照 C/N 摩尔值比判断骨样的保存状况，以碳氮比 2.9～3.6 的范围为骨样品保存较好状态的参考范围。碳、氮稳定同位素比值分别以 PDB 为基准和大气为基准进行标定，分析精度一般为 ±0.1‰ 和 ±0.2‰。

6.2.3 分析仪器

碳氮稳定同位素分析主要使用稳定同位素质谱仪。稳定同位素质谱仪是指一种专门测定 C、O、N 和 S 等稳定同位素比值的质谱仪器。在轻元素的稳定性同位素分析时均以气体形式进行质谱测定，因此，首先要将被分析的样品转化成气体，在离子源中气体分子被电离成带正电荷的离子，并经电场和磁场的作用将离子按照它们的质荷比分开，然后根据不同离子束流的强度测定稳定性同位素比值。

稳定性同位素质谱测定可采用单路测量，或采用双路（样品路和标准路）测量。单路测量是气体样品从进样系统的一路进入质谱中即可测得所需离子束的强度，并由比值计算出样品中同位素的原子百分数；而双路测量时，样品气体必须与工作标准气体进行交替比较测量，得出气体样品相对于标准气体某种同位素的丰度比。为了同时检测多种成分，一般采用多接收器，根据接收器结构的不同，又分为可调式多接收器和固定式多接收器。可调式多接收器法拉第杯可通过电机控制来调节，能够对众多元素进行测量，但结构复杂、造价高昂且对加工精度有极高的要求。固定式多接收器只能对部分元素进行测量，但结构简单且易加工。

在实际工作中，稳定同位素质谱仪常与元素分析仪联用，该方法具有测试速度快、结果精确、样品用量少等优点。质谱仪适合分析简单的气体样品，如 CO_2、N_2、CO、SO_2 和 H_2，元素分析仪则用于将固体或液体样品转化为上述气体。

研究案例
- 新石器时代人和动物骨骼稳定同位素分析
- 丝织物等稳定同位素分析
- 郑州商城遗址人和动物骨骼稳定同位素分析

■ 新石器时代人和动物骨骼稳定同位素分析

刘晓迪等使用与元素分析仪联用的同位素质谱仪对广西桂林甑皮岩和大岩遗址出土的人和动物骨骼进行了碳氮稳定同位素分析。挑选两个遗址出土的人和动物骨骼样品共 68 例。所选取人骨样品多属甑皮岩遗址和大岩遗址第五期，即新石器时代中期，少部分属甑皮岩遗址第三期，即新石器时代早期。结果显示，甑皮岩遗址动物群的 $\delta^{13}C$ 值分布范围为 –23.8‰～–10.2‰，$\delta^{15}N$ 值介于 3.4‰～8.2‰（$n=20$）之间，说明不同种类动物的食物结构和生存环境存在较大差异。此外，不同时段的同种动物，其同位素数据较为相似，说明新石器时代早中期的生境较为稳定，食物来源未发生较大变化。不同种类的鹿科动物，其同位素数据存在明显的差异。大型鹿的 $\delta^{13}C$ 和 $\delta^{15}N$ 平均值分别为 –21.5‰±1.6‰（$n=3$）和 3.6‰±0.3‰（$n=3$），而中、小型鹿则分别为 –21.9‰±1.4‰（$n=5$）和 6.4‰±0.3‰（$n=5$），这说明两者虽主要摄取 C_3 植物，但栖息环境和食物来源皆有所差异。与鹿科动物不同，水牛的 $\delta^{13}C$ 和 $\delta^{15}N$ 平均值分别为 –12.8‰±3.7‰（$n=2$）和 5.2‰±0.2‰（$n=2$），说明其食物中包含了大量的 C_4 植物。以上动物的 $\delta^{15}N$ 平均值为 5.3‰±1.3‰（$n=10$），可视为食草类

动物营养级的 δ^{15}N 值。作为杂食动物，猪的 δ^{13}C 和 δ^{15}N 平均值分别为 $-21.9‰±0.1‰$（$n=3$）和 $4.9‰±0.7‰$（$n=3$），说明其主要以 C_3 植物为食。陆生食肉类及小型食肉类动物的 δ^{13}C 和 δ^{15}N 平均值分别为 $-17.2‰±2.4‰$（$n=5$）和 $7.3‰±0.5‰$（$n=5$），说明其摄取了一定量的 C_4 类食物。其 δ^{15}N 值较以上食草类动物高 2‰，说明其食物主要来自陆生生态系统。与陆生动物不同，淡水鱼的 δ^{13}C 和 δ^{15}N 平均值分别为 $-22.5‰±0.2‰$ 和 $7.0‰±0.0‰$（$n=2$）。其 δ^{15}N 值明显高于陆生食草类动物且与食肉类动物相近，体现了淡水生态系统的同位素特征。从图 6-13 中可看出，人骨的同位素数据明显异于动物，其 δ^{13}C 值分布范围为 $-22.6‰～-20.6‰$，平均值为 $-21.2‰±0.6‰$（$n=17$）；δ^{15}N 值的范围为 $7.5‰～11.6‰$，平均值为 $10.2‰±1.2‰$（$n=17$）。由此可以看出，先民的食物来源非常多样，动物蛋白的摄取差异明显。此外，其 δ^{15}N 平均值远高于陆生的食草类动物（$5.3‰±1.3‰$）和食肉类动物（$7.3‰±0.5‰$），差值分别为 4.9‰ 和 2.9‰，说明其摄取的动物蛋白并非主要来自陆生系统。人的同位素数据更接近于淡水鱼，两者的 δ^{13}C 和 δ^{15}N 平均值差分别为 1.3‰ 和 3.2‰，接近于营养级间的富集效应（约 1‰ 和 3‰）。由此可说明先民摄取了大量的淡水类动物资源。此外，人骨碳氮同位素数据的统计分析表明，不同性别人群的 δ^{13}C 值（$P=0.2$）和 δ^{15}N 值（$P=0.3$）以及不同年龄人群的 δ^{13}C 值（$P=0.3$）和 δ^{15}N 值（$P=0.3$）均无明显差异，说明其对食物资源的获取较为一致。然而，人群在不同时段内（新石器时代早期和中期）却存在明显的同位素数据差异。

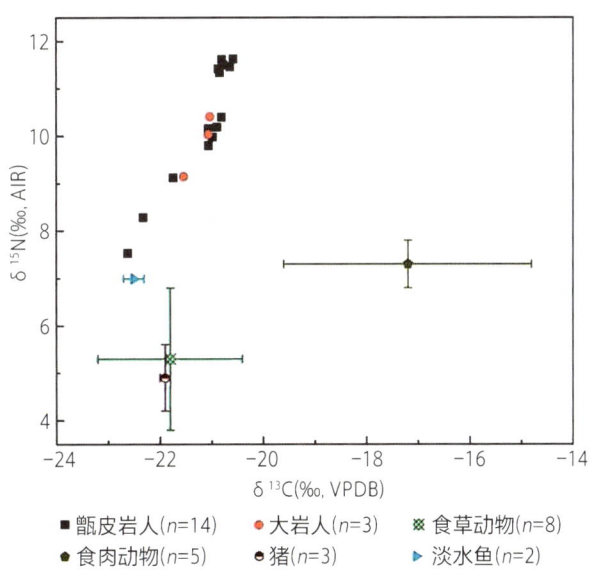

图 6-13　甑皮岩和大岩遗址人与动物骨胶原 δ^{13}C 和 δ^{15}N 值散点及误差棒图

■ 郑州商城遗址人和动物骨骼稳定同位素分析

王宁等使用稳定同位素质谱分析仪对郑州商城遗址考古发掘出土的 74 例骨骼标本进行稳定同位素分析，其中人骨 60 例、动物 14 例（5 猪、5 狗、2 牛、1 羊、1 鹿）。图 6-14 为郑州商城遗址先民和动物骨胶原 δ^{13}C 与 δ^{15}N 值的测试结果，表明不同种属动物和不同个体先民的 δ^{13}C 与 δ^{15}N 值存在明显区别，个体之间的食物结构差异较大。依据某一地区野生植被稳定同位素基准值可以参考该地区野生草食动物稳定同位素比值的理论，郑州商城遗址中鹿的 δ^{13}C 值最小（$-20.8‰$），说明此鹿以 C_3 类植物野果和树叶为食。除此以外，猪（$-8.4‰±0.4‰$，$n=5$）、羊（$-8.5‰$）和狗（$-8.5‰±0.7‰$，$n=4$）的 δ^{13}C 值极为接近，牛的 δ^{13}C 值略低（$-9.2‰$ 和 $-12.4‰$），表明在猪、牛、羊和狗的食物中，C_4类食物占有重要地位。动物骨胶原的$\delta^{15}N$值以野生草食类动物鹿（5.3‰）最低，人工饲养的草食类动物牛（5.0‰、7.5‰）和羊（8.1‰）略高，杂食类动物猪（8.8‰±0.5‰，$n=5$）更高，肉食类动物狗（9.6‰±2.8‰，$n=4$）最高，符合生物个体$\delta^{15}N$值随食物链升高而逐渐增高的趋势，印证了骨胶原$\delta^{15}N$值与营养等级的对应关系。58例先民骨胶原$\delta^{13}C$均值为 –9.6‰±2.8‰，分布范围为 –20.1‰～–6.8‰，差异十分明显，高达13.3‰。其中，除去明显偏低的6例特殊值（<–12‰）以外，其余52例个体的$\delta^{13}C$均值为 –8.8‰±1.1‰（$n=52$），分布较为集中，表明郑州商城遗址中的绝大部分先民（52/58）以C_4类食物为主要食物来源，同时少部分先民（6/58）摄取了更多的C_3类食物，初步体现了都城居民主食结构的多样性和复杂性。58例先民骨胶原的$\delta^{15}N$均值为9.9‰±1.6‰，分布范围为6.2‰～14.7‰，个体之间差异同样十分明显、高达8.5‰，表明先民在肉食资源消费方面存在巨大差异。除去上述$\delta^{13}C$值明显偏低（<–12‰）的6例特殊个体以外，剩余52例先民的$\delta^{15}N$值中，有7例个体显著偏高（>12‰），均值为13.6‰±0.6‰（$n=7$），与剩余45例先民的$\delta^{15}N$值（9.2‰±1.1‰，$n=45$）差异十分明显，再次印证了都城居民食物结构的多样性和复杂性。研究表明，自农业诞生以来，粟作农业就在中原地区占有重要的地位，到了商代，虽然水稻和小麦逐渐增多，但是相对而言，粟作农业仍然占据主导地位。粟黍是典型的C_4类植物，郑州商城遗址中大部分先民较高的$\delta^{13}C$值表明其以粟黍为主要粮食作物。遗址中的猪、狗、牛、羊与先民的$\delta^{13}C$值十分接近（$P=0.330>0.05$，t test），表明猪、狗、牛、羊的食物结构，受到了人类的显著影响，表明当地居民以粟黍及与粟黍伴生的杂草秸秆喂养猪、狗、牛、羊等家畜动物。相对而言，牛的食物中，粟黍类比例较低，可能与牛野外放养有关。同时，猪、狗、牛、羊也极有可能是大部分先民的肉食来源，但猪、狗、牛、羊与58例先民的N稳定同位素存在一定的差异性（$P=0.046<0.05$，t test），暗示郑州商城遗址部分先民的肉食来源，可能不仅仅局限在本地饲养的家畜范围内。

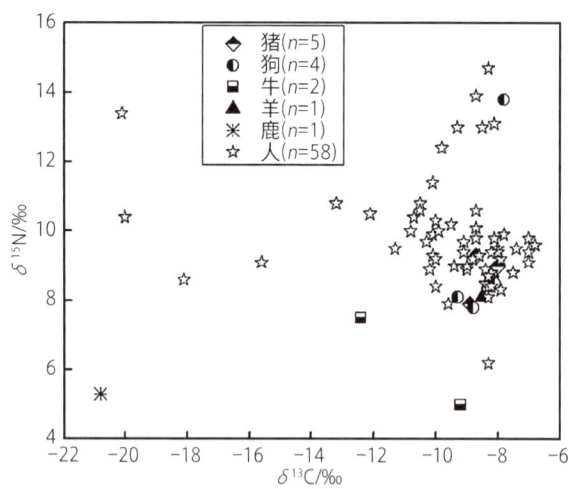

图6-14 郑州商城遗址先民和动物骨胶原的$\delta^{13}C$与$\delta^{15}N$散点图

■ 丝织物等稳定同位素分析

何宇杰等使用稳定同位素比质谱仪、元素分析仪、热表面电离质谱仪等仪器，研究了丝织品在强碱条件下老化至不同程度时的形貌结构状态及轻稳定同位素比值变化情况。从碱老化处理后丝织品样品中的轻稳定同位素比值测试结果（表6-3）可知，该实验研究丝织品的D变化范围为 –85.30‰～–59.32‰，其中未老化的丝织品的D值最低，为 –85.30‰。所有经过碱老化后的丝织品中 D 值都比未老化丝织品中的 D 值要高，其中最大相差 26‰ 左右。这说明丝织品碱老化过程中伴随的涉及结构变化（如红外和 XRD 分析所反映）的老化反应会明显影响丝纤维的重轻氢元素组成，其中重氢元素整体趋向富集。碱老化处理对丝织品样品中的轻同位素比值影响大致是一个先增加后减小的过程，这符合动力学同位素分馏与反应程度的关系，即在反应的最初时刻，反应物优先分离轻同位素组分，反应产物优先富集轻同位素；随着反应的继续，反应物中一些相对较重的同位素组分也逐步从反应物中进入反应产物中。未老化丝织品中的 ^{18}O 值为 22.40‰，用碱老化方式老化一段时间后，到结束时丝织品中的 ^{18}O 值变化能达到 0.29‰ 左右，碱老化处理对丝织品中氧同位素整体的变化规律影响并不明确。碱老化处理对丝织品中氮同位素的影响大致是一个同位素比值先增大后减小的过程，最终趋于重氮同位素富集的状态，这同样符合动力学同位素分馏与反应程度的关系，但是碱老化后丝织品的氮同位素比值的变化程度较小，能达到 0.10‰ 左右；而碳同位素比值整体呈增大的趋势，整个碱老化过程中，^{13}C 变化程度能到达 1.38‰ 左右。分析认为，在碱老化过程中，丝纤维的非晶区先受到破坏，快速分解产生大量氨基酸基团。在分解肽链产生氨基酸的过程中，伴随着氨基酸中氢键的断裂与形成及盐式键的生成与断裂。氢、氧和氮元素是形成氢键的重要元素，由于氢元素的相对分子质量较小，使得丝织品的氢稳定同位素比值在碱老化过程中变化较大，而且因为同位素反应动力学原理，由轻同位素组成的键在这些老化反应过程中容易断键解离，使得老化样品中余下较多氢的重同位素，D 值增大，呈富集状态。而氧元素的相对分子质量相对较大，变化一般不会如氢元素那样明显，又因为在碱处理过程中实际除了氢键的断裂，还会有氢键的形成及盐式键的形成与断裂，这个过程对于氧的重、轻同位素的选择反应会比较复杂，因此氧稳定同位素比值的变化没有明显的规律，呈小的波动状。氮稳定同位素比值则出现了先变大再减小的小波动，但整体也呈重氮元素富集状态，符合反应动力学分馏规律。而碳元素是组成丝纤维的主要元素，随着老化反应的进行，氨基酸基团中含碳键的轻碳同位素优先断裂，使得最终老化产物中碳的重同位素较多，^{13}C 变大，整体呈富集状态。综合以上，在碱老化这样剧烈的条件下，碳、氮、氧三种同位素比值的变化程度都在 1.5‰ 以内，说明老化对丝织品文物中同位素变化的影响有限，经过一定的数据校正，利用同位素技术进行丝织品文物溯源是可行的。

表 6-3　常规碱老化丝织品样品中的轻稳定同位素比值测试结果

编号	老化温度/℃	老化处理时间/h	同位素比值 /‰			
			D	O	C	N
1	50		−85.30 ± 7.56	22.40 ± 0.80	−25.42 ± 0.04	1.72 ± 0.16
2	50	1	−65.28 ± 0.80	21.41 ± 0.52	−25.33 ± 0.03	1.60 ± 0.10
3	50	2	−65.72 ± 1.65	22.52 ± 0.41	−25.25 ± 0.04	1.80 ± 0.03
4	50	3	−64.29 ± 0.58	22.70 ± 0.75	−24.93 ± 0.05	1.63 ± 0.17
5	50	4	−66.94 ± 0.76	22.27 ± 0.19	−26.16 ± 0.03	1.91 ± 0.09
6	50	5	−66.85 ± 0.33	22.24 ± 0.29	−24.81 ± 0.14	2.00 ± 0.03
7	50	6	−58.36 ± 2.16	22.33 ± 0.40	−23.94 ± 0.19	1.95 ± 0.04
8	50	8	−59:32 ± 1.70	22.69 ± 0.47	−24.04 ± 0.14	1.82 ± 0.05

6.3 锶同位素分析

20世纪80年代中期，锶同位素分析技术开始用于追踪古代人和动物的迁移行为。人类的迁移不仅意味着社会的发展和变化，同时也可能隐含着自然环境的变迁，用传统的考古类型学研究方法来推测可能存在的人群的迁徙只是间接证据，而锶同位素分析方法可以获得古代人群迁移的直接证据，所以锶同位素分析方法从一开始出现就受到众多考古学家的重视，至今已经被考古学者普遍接受，成为国际考古学界探索古代人类迁移活动的主要方法。除此之外，在科技考古领域，锶同位素在其他材质文物产源研究中也发挥着越来越多的作用。锶元素常在不同的矿物体中赋存，这些赋存的锶元素的来源其实有着多元途径，而且岩石中所含锶的多少也与其晶体结构存在某种关联，使其锶含量在不同岩石、地质环境中产生了差异。^{87}Sr为^{87}Rb的放射成因同位素，岩石中$^{87}Sr/^{86}Sr$值差异可能反映出其生成年龄或来源的不同，且^{87}Sr、^{86}Sr属稳定同位素，不易发生分馏作用。因此，利用Sr含量与Sr同位素比值这两个因子，可以很好地反映样品的产地特征。

6.3.1 分析原理

在考古学的研究中，可以通过分析人体骨骼和牙釉质的锶同位素比值来研究古人类的迁移。锶有4种天然同位素（^{88}Sr、^{87}Sr、^{86}Sr和^{84}Sr），在地球物质中分布很不均一，不仅表现在相同时间不同区域内形成岩石的锶同位素组成不同，而且在同一区域不同时期，甚至在同一区域同一时期形成的岩石中，锶同位素组成也存在着明显的差异。锶同位素地域分布的差异性是研究古人类迁移的基础。锶同位素的组成一般用$^{87}Sr/^{86}Sr$比值表示，不同地区的岩石具有不同的$^{87}Sr/^{86}Sr$比值。当岩石风化形成土壤后，生长在这些土壤中的植物就会获得这些岩石的$^{87}Sr/^{86}Sr$比值；吃这些植物的食草动物会把锶同位素摄入并保存在体内的骨骼中，以这些食草动物为食物来源的食肉动物，同样会把锶同位素保存在骨骼中。由于锶相对原子质量比较大，同位素间（^{87}Sr和^{86}Sr之间）的相对质量差很小，当锶同位素从风化的岩石进入食物链到保存在人体骨骼中时，^{87}Sr和^{86}Sr的分馏非常小，可以忽略不计，即$^{87}Sr/^{86}Sr$的比值基本保持不变。史前时期人类的主要食物应该基本都是当地生产的，其体内的锶同位素比值与各个地区的当地值相同，生活在不同地区的人们则必然存在着差异。由此可见，人体内的锶同位素比值可以反映人类居住地区的锶同位素特征，这是研究古代人类迁移的理论基础。

人体骨骼和牙齿中的矿物基体主要由大量不可溶解的羟磷灰石晶体组成 [$Ca_{10}(PO_4)_6(OH)_2$]。由于锶的化学性质和原子半径与钙相似，在牙齿和骨骼形成的过程中，锶可以取代羟磷灰石中的钙，浓度可达到（$10^2 \sim 10^3$）$\times 10^{-6}$ 数量级。人体乳齿或恒齿的牙釉质在形成后其结构不再发生变化，其中的锶同位素组成也不会发生改变，因此牙釉质的 $^{87}Sr/^{86}Sr$ 比值记录着乳齿或恒齿形成时期生活地区的锶同位素比值；由于骨骼不断地与外界物质发生交换，并且骨骼的不同部分具有不同的转换速率，比如骨密质的转换速率大约是每年 3%、骨松质的大约是每年 26%，因此骨骼的 $^{87}Sr/^{86}Sr$ 比值可以反映个体死亡前 2～20 年所在地区的锶同位素特征。经过学者一系列的研究后，认为用遗址出土的当地动物牙釉质 $^{87}Sr/^{86}Sr$ 比值的平均值 ±2 倍标准偏差可以反映当地的锶同位素状况。确定一个地区的锶同位素特征，可以选择史前时期遗址里出土的年龄在 1 岁左右的 5 个以上个体的家猪牙齿进行测试。因为在史前时期家猪往往是在当地饲养的，带有明显的当地的标记。

综上所述，通过比较遗址出土的人或动物的骨骼和牙釉质以及遗址当地锶同位素比值，可以判断这些古代个体的居住地是否发生过变化，推断个体在生活过程中是否发生过迁移。同一个体牙釉质与骨骼的锶同位素比值，如果存在着差别，表明个体幼年和成年时期生活在不同的地区，发生过迁移；如果一致，则表明该个体一直生活在同一个地区。个体牙釉质和骨骼的锶同位素比值如果与遗址当地的锶同位素比值一致，表明该个体一直在遗址当地生活；如果不一致，则表明该个体是从其他地区迁移到遗址当地生活的。

6.3.2 取样和检测

采样方法与碳氮稳定同位素分析有相同之处，需强调的是，考虑到牙齿中牙釉质的锶同位素比值不会改变，而骨骼中的锶同位素比值会与外界转换，因此，采样时最好采集人或动物的牙齿。

样品的准备和化学分离需要在超净实验室内进行。实验室操作间的洁净度要好于 1 000 级，洁净工作台要好于 100 级。

在处理样品时首先用工具打磨每一个样品表面，除去任何可见的污垢或杂色物质，然后加入超纯水，超声清洗 30 min。清洗过的样品加入 5% 的稀醋酸（优级纯），再超声清洗 30 min，并密封静置。再用超纯水清洗，除去稀醋酸后烘干。在烘干后的样品中加入少量二次亚沸蒸馏的纯浓硝酸，放入马弗炉中，调节至 825 ℃ 并且保持 8 h，灰化样品。称取约 0.01 g 的灰化样品，溶解定容后在电感耦合等离子体质谱仪（ICP-MS）上测定锶的浓度。称取约 0.1 g 的灰化样品，利用 AG50W×8、200～400 目的阳离子交换柱将锶与其他元素分离开来。分离后的样品点在铼带上用硅胶作为发射剂进行 $^{87}Sr/^{86}Sr$ 比值测定，使用的仪器是多接收器表面热电离质谱仪（MAT-262）。在测定的过程中，用国际标准样品

NBS987 监控仪器的工作状态，^{86}Sr/^{88}Sr 比值标准化到 0.119 40，而且在测定的过程中将 ^{88}Sr 和 ^{86}Sr 分馏控制在 0～0.7，整个实验过程的总空白为 100～200 pg（1 pg=10^{-12} g）。

6.3.3 分析仪器

锶同位素分析多采用电感耦合等离子体质谱仪和热电离质谱仪，详见本章 6.1 节。

研究案例
- 牙齿和骨骼的锶同位素分析
- 瓷器釉料的锶同位素分析
- 绿松石的锶同位素分析

■ **牙齿和骨骼的锶同位素分析**

何晓歌等使用 MC-ICP-MS 对湖北省随州市叶家山墓地人骨的锶同位素比值进行了分析。共选择了 64 座墓葬的臼齿和 1 座墓葬的颅骨作为人骨样品。叶家山墓地出土的动物骨骼较少，仅有 M1 和 M3 的 2 只殉狗及马坑中的殉马骨骼保存较好，但无法获知其是否来自本地。因此，选择了北距叶家山墓地约 1 公里、可能是西周早期曾国都城所在的庙台子遗址出土的 8 份家猪臼齿样品。通过分析叶家山墓地和庙台子遗址出土家养动物的骨骼，建立起本地锶同位素比值范围。利用该范围，对叶家山墓地 65 座墓的人骨进行了全面分析，对叶家山墓地的人群构成情况有了新的认识。从图 6-15 可以看出，叶家山墓地的外来人群比例（55%）超过本地人群（45%），显示出较为浓烈的始封地色彩。根据分析，三座曾侯级别大墓中，M111 和 M28 为外来人口，M65 为本地人口。结合文献记载及墓地地形，认为 M111 最早、M28 次之、M65 最晚。这为聚讼纷纭的三座曾侯级别大墓的排序问题提供了新的科技证据。锶同位素结果显示，在墓地南部，外来人口中的男性比例超过女性；而在墓地北部，外来人口中的性别比例趋于平衡。这应与墓地人群的动态变迁有关，亦表现了墓地布局

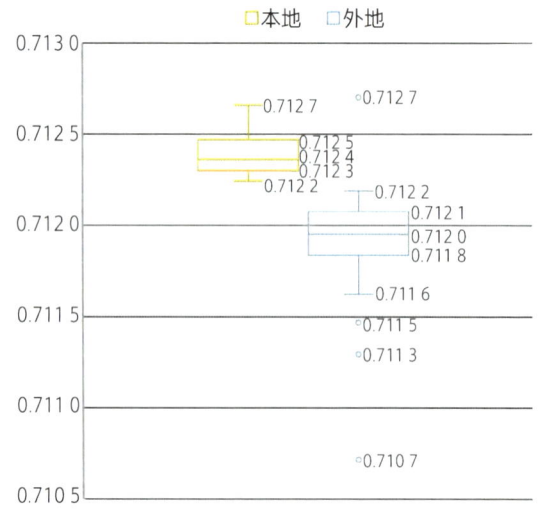

图 6-15 叶家山墓地本地与外来人口锶同位素比值箱式图

南早北晚的特征。参考最新关于锶同位素地质分布的基础研究，认为 M111、M28 及 M109 等曾侯及其直系亲族可能来自郑州—洛阳地区，由此推测西周早期南宫氏的封地也可能位于郑洛地区。

■ **绿松石的锶同位素分析**

艾昊等使用 MC-ICP-MS 对河南卢氏县拐峪采矿遗址的 7 个绿松石样品开展了 Sr、Pb 同位素分析。为分析拐峪绿松石的产源特征，在本次测试数据的基础上，另外还统计了秦岭地区其他产地绿松石的 Sr、Pb 同位素组成，包括陕西洛南辣子崖采矿遗址、湖北郧县鲍峡云盖寺矿点和竹山麻家渡喇嘛山矿点、陕西白河冷水白龙洞矿点和河南淅川大石桥刘家坪矿点。结果发现卢氏拐峪绿松石的 $^{87}Sr/^{86}Sr$ 值高于其他产地，且整体 >0.719 0，明显高于其他产地绿松石，分布在第Ⅳ个数据聚集区内（图 6-16）；Sr、Pb 同位素联合示踪法表明，卢氏拐峪绿松石分别位于 $^{208}Pb/^{204}Pb-^{87}Sr/^{86}Sr$ 和 $^{207}Pb/^{208}Pb-^{87}Sr/^{86}Sr$ 图解（图 6-17、图 6-18）的Ⅰ号数据聚集区内，不仅具有独立的数据集中区，且与其他产地之间的界线清晰。河南卢氏拐峪绿松石独特的 Sr、Pb 同位素组成，主要与矿体赋存地层和秦岭东段其他绿松石矿床不同以及独特的成矿地质背景有关。秦岭地区绿松石 $^{87}Sr/^{86}Sr$ 值变异系数较小，具有良好的一致性和稳定性，利用 Sr 同位素组成可初步判断秦岭地区绿松石的产地；

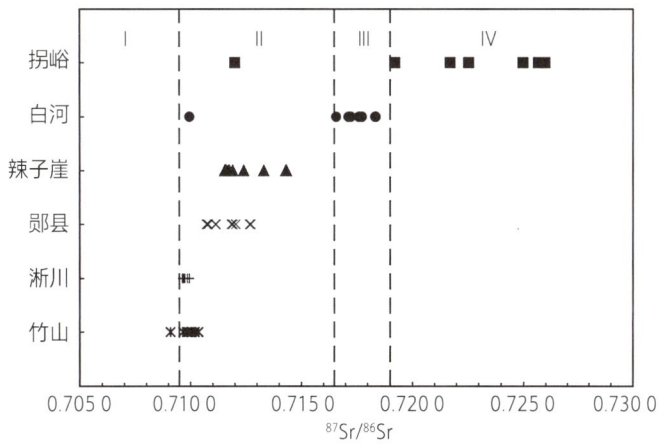

图 6-16 绿松石 Sr 同位素组成散点图

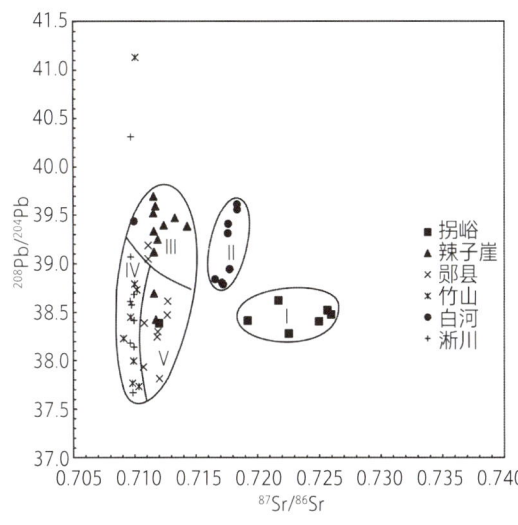

图 6-17 绿松石 $^{208}Pb/^{204}Pb-^{87}Sr/^{86}Sr$ 图解

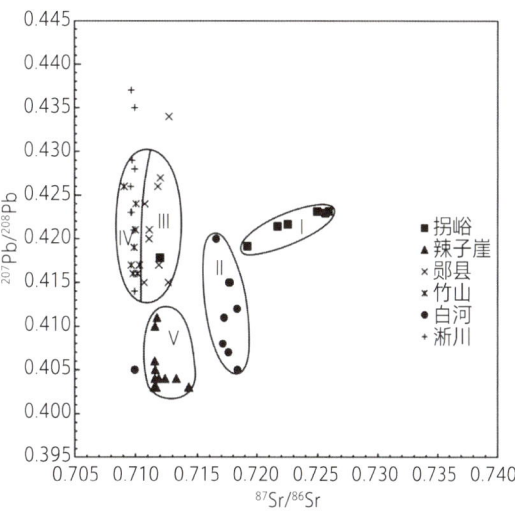

图 6-18 绿松石 $^{207}Pb/^{208}Pb-^{87}Sr/^{86}Sr$ 图解

^{208}Pb/^{204}Pb–^{207}Pb/^{208}Pb图解和Sr、Pb同位素联合示踪可作为判断秦岭地区绿松石产源的基础,卢氏拐峪、白河、郧县和辣子崖绿松石产地特征明显,竹山和淅川绿松石数据重叠较高,需结合其他证据进一步判别。

■ 瓷器釉料的锶同位素分析

李合等使用热电离质谱仪对老虎洞窑宋代地层出土官窑青瓷标本的釉以及杭州当地草木灰、石灰石样品进行了锶同位素比值分析。结果表明,老虎洞窑址青瓷釉料的锶同位素比值(^{87}Sr/^{86}Sr)介于0.719 670和0.722 059之间,数值相对比较集中,波动较小,这说明南宋官窑青瓷釉的制作原料并未发生明显的改变。同时,老虎洞窑青瓷釉料的锶同位素比值数据也呈现一定的时代变化规律:南宋早期官窑青瓷釉的锶同位素比值平均为0.719 928,而晚期青瓷釉料锶同位素比值平均为0.721 361,即早期和晚期釉的^{87}Sr/^{86}Sr比值不同(图6-19)。从这一角度而言,锶同位素比值方法可对老虎洞官窑青瓷烧制时期的早晚进行分期研究。老虎洞窑早期青瓷釉料中氧化钾的含量较低,锶同位素比值也较低;晚期青瓷釉料的氧化钾含量有所提高,锶同位素比值也较高。表明老虎洞窑晚期青瓷釉料中可能使用了一种含有高氧化钾含量、高锶同位素比值的原料。结合元素分析结果,推测老虎洞窑晚期青瓷釉料中氧化钾含量和锶同位素比值的升高,与使用了风化较浅的高硅质原料且其用量有所提高是相关的。

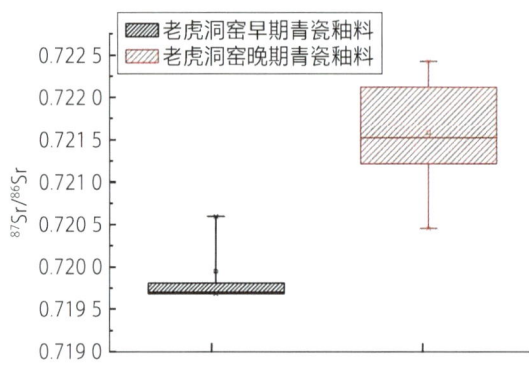

图 6-19 老虎洞窑早期和晚期青瓷釉料的锶同位素比值箱式图

参考文献

[1] 生膨菲,朱思媚.稳定同位素古食谱分析在历史研究中的应用[J].学术月刊,2022,54(9):201-211.

[2] 张雪莲,徐广德,何毓灵,等.殷墟54号墓出土人骨的碳氮稳定同位素分析[J].考古,2017(3):100-109.

[3] 赵春燕.锶同位素分析技术追踪古人类迁移活动的研究[J].北方文物,2019(3):43-49.

[4] 张兴香,闫雪芹,张合荣,等.贵州威宁中水遗址群人类迁徙与饮食特征初探——基于牙釉质多种同位素分析[J].四川文物,2022(5):95-105.

[5] 金正耀.晚商中原青铜的锡料问题[J].自然辩证法通讯,1987(4):47-55,80.

[6] 汪海港.铅同位素考古的理论、方法与实践[J].文物鉴定与鉴赏,2010(3):22-25.

[7] 贾腊江.秦早期青铜器科技考古学研究[M].北京:科学出版社,2011:84.

[8] 姜啸龙.质谱仪的发展研究报告[D].北京:北京工业大学,2017:1-16.

[9] 游小燕,郑建明,余正东.电感耦合等离子体质谱原理与应用[M].北京:化学工业出版社,2014:1-2.

[10] 郁永彬,陈建立,梅建军,等.关于叶家山青铜器铅同位素比值研究的几个问题[J].南方文物,2016(1):94-102.

[11] 王庆铸,郭俊峰,陈建立,等.济南市刘家庄遗址出土商代青铜器的铅同位素分析[J].考古,2021(7):2,106-120.

[12] 李强,黄海燕,李立新,等.皖北地区出土几件周代青铜器的铅同位素比值分析[J].岩矿测试,2022,41(1):14-21.

[13] 马江波,吴晓桐,金正耀,等.湖南望城高砂脊遗址出土青铜器科技分析[J].考古,2021(10):109-120.

[14] 胡耀武.古代人类食谱及相关研究[D].合肥:中国科学技术大学,2002:14-20.

[15] 王宁,乌琳莉,刘雪荻,等.稳定同位素视角下的郑州商城居民构成分析[J].华夏考古,2022(5):106-115.

[16] 中国社会科学院考古研究所.科技考古的方法与应用[M].北京:文物出版社,2012:128-135.

[17] 易冰,刘祥宇,原海兵,等.四川大邑县高山古城遗址宝墩文化先民牙本质序列的碳氮稳定同位素分析[J].四川文物,2020(1):96-106.

[18] 刘晓迪,王然,胡耀武,等.桂林市甑皮岩与大岩遗址人和动物骨骼的碳氮稳定同位素研究[J].考古,2021(7):2,83-95.

[19] 苗凯,杨少华,李皓云.一种专用稳定同位素质谱仪接收器的研制[J].中国新技术新产品,2022(8):20-22.

[20] 严玉鹏,郭智成,张丽梅.元素分析仪-稳定同位素比例质谱仪的使用及维护[J].实验科学与技术,2018,16(3):67-71.

[21] 何宇杰,彭志勤,贾丽玲,等.碱老化对丝织物结构及稳定同位素比值的影响[J].丝绸,2022,59(5):14-19.

[22] 先怡衡,樊静怡,李欣桐,等.陕西洛南绿松石的锶同位素特征及其产地意义——兼论二里头出土绿松石的产源[J].西北地质,2018,51(2):108-115.

[23] 何晓歌,崔剑锋.叶家山墓地人骨的锶同位素比值分析——兼论墓地排序的新证据[J].中国国家博物馆馆刊,2023(4):53-65.

[24] 艾昊,先怡衡,王英,等.河南卢氏县拐峪采矿遗址出产绿松石的Sr、Pb同位素产地特征探析[J].岩石矿物学杂志,2023,42(2):250-262.

[25] 李合,侯佳钰,丁银忠,等.杭州老虎洞南宋官窑的制釉技术研究[J].中国陶瓷,2021,57(4):56-61.

第 7 章

分离分析技术

在文物科技分析领域，有时需要对微量样品中的组分进行检测分析，如文物上的染料和颜料、彩绘文物中的胶结材料、文物表面涂层和残留物、文物保存环境中的气体等，解决这些问题就需要用到分离分析技术。分离的主要目的是，去除复杂样品中共存组分对目标物分析的干扰，以提高分析的选择性和灵敏度；通过分离纯化获得目标物的纯品，进行结构分析或作为标准品；去除有毒有害物质等。现代科学发展离不开分离科学，分离科学帮助解决了众多复杂的科学问题。分离方法可以根据不同的分离手段进行分类，但无论何种分离方法，都大致分为两类：一类是只进行组分的分离，如沉淀、蒸馏、萃取和重结晶等；另一类是分离分析方法，在分离的基础上直接完成分析，如气相色谱法、液相色谱法、毛细管电泳法和离子色谱法等。本章主要介绍在文物领域应用比较多的三种分离分析方法：气相色谱法、液相色谱法和离子色谱法。

7.1 气相色谱法

我们生活中遇到的物质多数是混合物。若欲知其中各组分为何种物质及其含量是多少，通常有两种方法：一种是先将各组分分离开，然后对已分离的组分进行测定；另一种是无须将组分分离开，直接对感兴趣的组分进行测定。色谱法是属于前者的分离、测定方法。在色谱技术中，流动相为气体的称为气相色谱，流动相为液体的称为液相色谱。固定相可以装在柱内，也可以做成薄层，前者称为柱色谱，后者称为薄层色谱。

气相色谱法是以惰性气体（又称载气）作为流动相，以固定液或固体吸附剂作为固定相的色谱法。气相色谱法按不同的分类方式可分为不同的类别，按使用固定相的类型分为气液色谱法和气固色谱法。以固相液（如聚甲基硅氧烷类、聚乙二醇类等）作为固定相的色谱法称为气液色谱法，以固体吸附剂（如分子筛、硅胶、氧化铝、高分子小球等）作为固定相的色谱法称为气固色谱法。按照使用色谱柱的内径可分为填充柱色谱法、毛细管柱色谱法以及大口径柱色谱法。填充柱色谱法一般采用内径为 3 mm 或 2 mm 的不锈钢柱或玻璃柱作为分离柱，填充柱色谱法有较好的柱容量，但柱效相对较低，适用于较简单组分的分离测定；毛细管柱色谱法一般采用内径为 0.2 mm、0.25 mm 或 0.32 mm 的石英柱作为分离柱，现在也有采用 0.1 mm 内径的石英柱作为分离柱用于复杂组分的分析。用于高温分析的色谱柱一般使用不锈钢柱。在毛细管气相色谱柱中，使用的色谱柱柱长一般在 15～30 m。毛细管柱色谱法有较高的柱效，但柱容量低。大口径柱一般为 0.53 mm 内径的毛细管柱，其柱效和柱容量介于填充柱色谱法和毛细管柱色谱法之间，适用于复杂组分的分析。

7.1.1 基本原理

在气液色谱法中，主要是基于不同的组分在固定液中溶解度的差异实现组分的分离。当载气携带被测样品进入色谱柱后，气相中的被测组分就溶解到固定液中。载气连续流经色谱柱，溶解在固定液中的组分会从固定液中挥发到气相中，随着载气的流动，挥发到气相中的组分又会溶解到前面的固定液中。这样反复多次溶解、挥发、再溶解、再挥发，实现被测组分的分离。由于各组分在固定液中的溶解度不同，溶解度大的组分较难挥发，停留在色谱柱中的时间就长些；而溶解度小的组分易挥发，停留在色谱柱中的时间就短些，经过一定时间后，各组分就彼此分离并依次流出色谱柱被检测器检测。

在气固色谱法中，主要是基于不同的组分在固体吸附剂上吸附能力的差别实现组分的分离。气固色谱中的固定相是一种具有多孔性及比表面积较大的吸附剂。样品由载气携带进入色谱柱时，立即被吸附剂所吸附。载气不断通过吸附剂，使吸附的被测组分被洗脱下来，洗脱的组分随载气流动，又被前面的吸附剂所吸附。随着载气的流动，被测组分在气固吸附剂表面进行反复的吸附、解吸。由于各被测组分在气固吸附剂表面吸附能力不同，吸附能力强的组分停留在色谱柱中的时间就长些，而吸附能力弱的组分停留在色谱柱中的时间就短些，经过一定时间后，各组分就彼此分离并依次流出色谱柱被检测器检测。

被测组分在流动相与固定相之间的吸附、解吸和溶解、挥发的过程，称为分配过程。气相色谱分离的基本原理即基于被测组分在色谱柱内流动相和固定相分配系数的不同而实现分离的。当载气携带样品进入色谱柱后，样品中的各个组分就在两相间进行多次的分配，即使原来分配系数相差较小的组分也会在色谱分离过程中分离开来。

7.1.2 分析仪器

7.1.2.1 填充柱气相色谱仪

填充柱气相色谱仪是采用填充柱进行组分分析的色谱仪器。主要包括气路系统、进样系统、分离系统、检测系统和数据处理系统。

（1）气路系统。包括气体、气体净化管、气体流量控制。常用的气体有氮气、氢气和空气等。填充柱气相色谱仪多用氮气作载气，配置氢火焰离子化检测器，需使用氢气和空气分别作燃烧气和助燃气。载气由高压钢瓶或其他高压气源经减压阀进入净化及干燥管，再经稳压阀、稳流阀后以一定的流速通过汽化室、色谱柱、检测器，最后被放空。

（2）进样系统。将样品定量地引入色谱系统，使之瞬间汽化，并用载气将汽化样品快速带入色谱柱。进样系统包括进样器和汽化室，根据样本的性质可分为气体进样器和液体进样器。

（3）分离系统。主要包括填充柱和温控系统，填充柱通常为内径 2～4 mm、长 1～3 mm 的不锈钢或玻璃柱，内装填固定相。温控系统主要用来控制柱温箱、汽化室和检测器的温度。

（4）检测系统。检测经色谱柱分离的组分。组分在检测器中被测量并转化为电信号，经微电流放大器放大后送到数据处理系统。

（5）数据处理系统。处理检测器输出的信号，给出分析的结果。

7.1.2.2 毛细管柱气相色谱仪

毛细管柱气相色谱法是采用毛细管柱进行高效分析的色谱方法。采用毛细管柱为内径较细的开管柱。与填充柱相比，毛细管柱具有分离效能高、分析速度快和样本用量少的特点。常用的毛细管柱一般柱长在 15～60 m，内径为 0.1～0.53 mm，柱流量为 0.5～2 ml/min，进样量为 10 ng～1 μg。为了充分利用毛细管柱的高效分离特性，需采用与之配套的进样和检测系统。毛细管柱气相色谱的进样系统和检测系统，均与填充柱的系统不同。常用的进样方式有分流进样、分流/不分流进样、柱头进样、直接进样、程序升温汽化进样等。

7.1.2.3 特殊用途气相色谱仪

1）裂解气相色谱仪

裂解气相色谱法是通过热能将高分子及难挥发有机化合物瞬间热裂解成易挥发的小分子，再经载气带入气相色谱系统对裂解产物进行分离和检测，通过分析热裂解产物的色谱信息，来确定或推测原始样品的组成或结构。热裂解技术与气相色谱联用，已成为非挥发性、复杂异质样品表征的有力手段。热裂解气相色谱既具气相色谱法本身特有的分离效率高、灵敏度高、分析速度快等优点，同时还可对气相色谱法无法检测的天然和合成大分子、生物大分子、有机地质大分子等非挥发性有机分子进行检测。随着裂解技术和气相色谱技术的快速发展，裂解气相色谱已经广泛应用于考古和文物科技分析领域。

2）制备气相色谱仪

目前，色谱技术已在复杂混合物分离分析方面应用十分广泛。在色谱技术发展初期其主要用于样本的制备，受气相色谱本身技术特点的限制，制备气相色谱的应用范围不如制备液相色谱广泛，但其仍在挥发性组分的分离、制备方面发挥了重要作用。制备气相色谱仪与分析气相色谱仪在处理样品时都需要先分离样品，两种方法的主要差别在于制备气相色谱仪经色谱柱分离出来的单个馏分绝大部分在冷阱中被收集下来，只有极小的一部分被送入检测器检测。为了提高制备效率，要求进样量大，且色谱柱在保持一定柱效的同时还应有较大的柱容量，并可实现自动操作。

3）过程气相色谱仪

过程气相色谱是一种用于化学工业在线分离和测量混合物中不同组分的分析技术，常用于工业过程的在线监测、自动循环分析等，又被称为流程气相色谱仪或在线气相色谱仪。过程气相色谱仪与普通实验室气相色谱仪的主要区别在于：过程气相色谱仪可看作在线分析仪表，可对工艺操作进行开环指导或参与系统的闭环控制。过程气相色谱仪的分析对象已知，功能专一、自动化程度高、重复性和可靠性好，从取样一直到数据处理全部自动化操作；同时其可长期连续低成本运行，且系统维护少，无需人工干预。实验室气相色谱仪虽可分析多种样品，分析对象包括已知和未知样本，但经常需要人工更换柱系统和分析条件等。

7.1.3 气相色谱-质谱联用法

仪器分析中的联用法是指由两种或多种分析方法联合而组建的新方法，是分析科学领域极具应用性的前沿研究领域，特别是计算机技术的发展和应用，使得联用方法的研究和应用发展迅速。目前，气相色谱-质谱联用（gas chromatography–mass spectrometry，GC-MS）法在有机文物科技分析领域已经得到较为广泛的应用。GC-MS 仪器就是 GC 和 MS 仪器的组合,主要结构如图 7-1 所示,其主要工作流程如下:样品通过气相色谱的进样系统汽化,随载气进入色谱柱进行分离。柱温箱的温控系统能够准确调节色谱柱温度,使样品中的不同沸点及不同结构的组分尽可能分离。分离后的组分通过传输线进入质谱仪的离子源,在电子轰击(EI 源)或者反应气体(CI 源)的作用下产生分子离子和碎片离子。随后离子在电场或者磁场作用下进入质量分析器,在质量分析器中按照质荷比的大小进行分辨分析;最后进入检测器,经过高能打拿极和电子倍增管的双重作用,输出信号到工作站。

GC-MS 的使用也有一定的限制,比如直接进样模式只适用于液体且溶剂为有机溶剂;对于不同介质的样品,如水样、土壤样品等,需要烦琐复杂的前处理技术,如液液萃取、固相微萃取等。为了克服这些缺点和限制,并且满足一些相关领域或者样品的特殊需求,许多设备被开发出来与气质联用仪联机,常见的联用设备有顶空装置、吹扫捕集、热裂解、热脱附及热重分析仪等。这些设备具有不同的工作原理,与气质联用仪联机后,可以极大地简化样品的前处理过程且能够富集目标物质,提高分析效率,在不同的专业领域得到了广泛的应用。在文物科技分析领域,应用比较多的是热裂解-气相色谱-质谱(Py-GC-MS)联用设备,其工作流程如图 7-2 所示。样品置于石英样品舟中,在温度控制器的作用

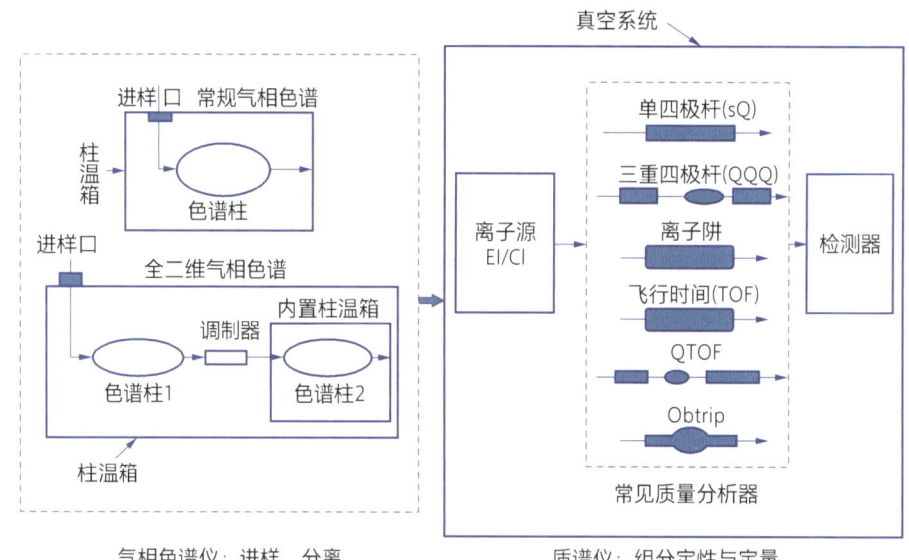

图 7-1 气相色谱-质谱联用仪(简称"气质联用仪")结构简图

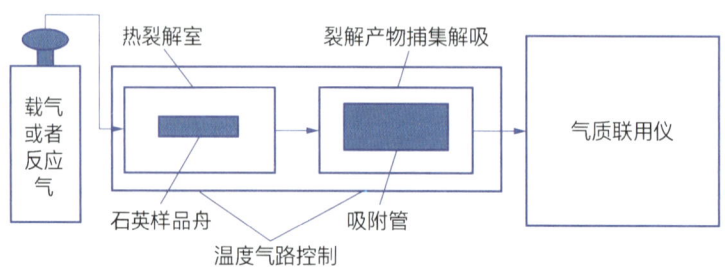

图 7-2 热裂解气质联用结构简图

下迅速升温发生裂解反应，产生的低分子产物被捕集解吸后引入气相色谱质谱仪进行分离分析。

在文物科技分析中，GC-MS 方法具有以下突出优势：

（1）分析准确，定性可靠。

（2）分析高效、快速。随着科技的发展，尤其是空心毛细色谱柱的应用使得 GC-MS 可在极短时间内分析几十种甚至上百种组分的混合物。

（3）灵敏度高。对于有机物，GC-MS 检出限一般达到 μg～ng 级，甚至可达 pg 级。

（4）取样量小。GC-MS 的取样一般在 mg 级别，一次取样可满足多次测量的需要。

Py-GC-MS 兼具 GC-MS 高灵敏度的特点，能分析微量样品，而且无需样品前处理，待测样品可直接进样分析，这样不仅可以简化实验流程，而且能保证样品中所有有机组分都进入分析系统，避免了样品处理过程中待测组分的流失，可同时实现多种材料的识别。需要注意的是，对于热稳定性差、沸点高的组分往往需要衍生化，不适合 GC-MS 方法，可选择高效液相色谱（HPLC-MS）或超高效液相色谱（UPLC-MS）方法直接进行分析。

研究案例

- 文物胶结材料分析与鉴别
- 文物表面涂层和残留物分析与鉴别
- 文物保存环境有害物质检测

文物胶结材料分析与鉴别

彩绘文物中往往是胶料首先产生病害，继而引发其他部分产生病害。准确识别胶结材料，是对文物进行科学研究及合理制定保护修复方案的基础。GC-MS 对胶料的分析结果准确、可靠，如今已广泛应用于彩绘文物胶结材料的分析与鉴别，尤其是 Py-GC-MS 分析技术能够实现微量样品中有机组分的准确、快速检测，非常适用于文物中各类天然有机材料的定性分析。蒋建荣等通过 Py-GC-MS 法详细分析了故宫毓庆宫院不同建筑彩绘所用胶结材料，实验样品采自毓庆宫院中的四座建筑——惇本殿、毓庆宫、继德堂以及后罩房。如图 7-3 所示是惇本殿西稍间与前檐挑檐檩交叉处西南角"王"彩画层样品 DDJW-C 加 TMAH 的热裂解气相色谱图。测定出的主要化合物含有大量脂肪酸（表 7-1），如棕榈酸、硬脂酸以及干燥油类的氧化物：壬二酸、辛二酸、癸二酸等（以酯化物形式被检出），其中棕榈酸与硬脂酸是油中的饱和脂肪酸，壬二酸、辛二酸、癸二酸等二元酸是油中不饱和脂肪酸的氧化产物，且 A/P（壬二酸/棕榈酸）=1.31，检测结果显示该样品含有大量的壬二酸，壬二酸是干燥油氧化降解过程中产生的特征脂肪酸，说明该样品中含有干燥油，P/S（棕榈酸/硬脂酸）=1.23，可能为蓖麻油或者桐油。而吡咯衍生物——吡咯烷酮羧酸与 1-吡咯烷乙胺以及 L-谷氨酰胺的发现，说明样品中可能含有蛋白质类物质。L-谷氨酰胺是蛋白质合成中的编码氨基酸，吡咯及其衍生物是羟脯氨酸的热裂解产物，且羟脯氨酸是仅存在于动物蛋白质中的一种氨基酸，结合红外分析结果，判断该样品中含有动物胶。图 7-4 是毓庆宫前殿前檐挑檐彩画层样品 YQTL-C 加 TMAH 的热裂解气相色谱图。测定出的主要化合物含有大量多糖类物质（表 7-2），如四甲基甘露糖、α-吡喃半乳糖、-（+）-乳糖、-α-D-甘露糖苷、D-（+）-棉子糖、三糖，计算可知该样品的

A/P=1.84、P/S=1.37，结合红外分析结果，判断该样品中除了含有淀粉类物质，同时含有干性油。如图 7-5 所示为继德堂额枋地仗层样品 JDEF-D 加 TMAH 的热裂解气相色谱图。检测出大量松香酸类化合物，可以断定该物质为松香树脂（表 7-3）。从分析结果可知，毓庆宫院不同建筑所用胶结材料具有一定的差异性。惇本殿、毓庆宫、继德堂作为毓庆宫的三大核心建筑，建筑使用材料较为复杂。后罩房等级低于正房和厢房，房屋尺度及质量相比而言也都稍差，实验结果也显示其所用材料较为简单，彩画层为干性油，而地仗层未发现胶结材料。

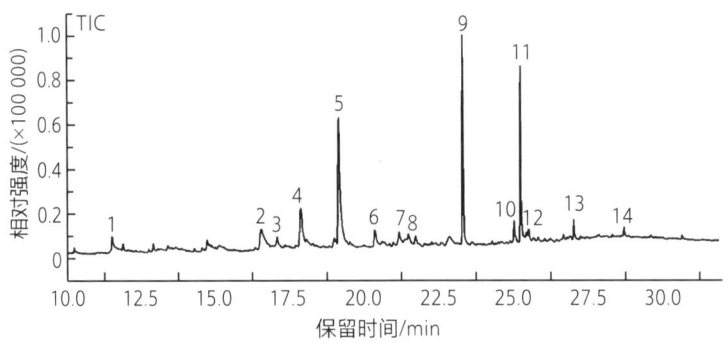

图 7-3　样品 DDJW-C 热裂解气相色谱图 TIC

表 7-1　样品 DDJW-C 的气相色谱-质谱分析结果

峰　标	RT	面积/%	检出特征物质
1	11.536	1.76	1-吡咯烷乙胺
2	16.602	6.79	L-谷氨酰胺
3	17.137	1.32	吡咯烷酮羧酸
4	17.925	9.01	辛二酸
5	19.182	28.4	壬二酸
6	20.404	3.18	癸二酸
7	21.218	1.89	十四烷酸
8	21.534	1.03	十一酸
9	23.348	21.67	棕榈酸
10	25.075	2.41	油酸
11	25.292	17.67	硬脂酸
12	25.494	2.06	亚油酸
13	27.075	1.97	二十烷酸
14	28.751	0.84	二十二烷酸

注：表格中的酸以酯化物形式被检出。

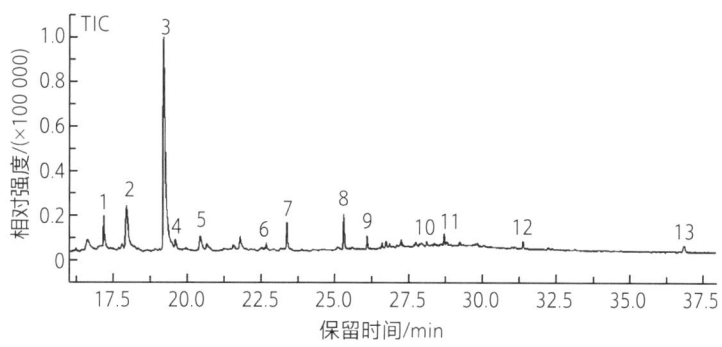

图 7-4　样品 YQTL-C 热裂解气相色谱图 TIC

表 7-2　样品 YQTL-C 的气相色谱-质谱分析结果

峰　标	RT	面积 /%	检出特征物质
1	17.185	4.85	四甲基甘露糖
2	17.948	12.25	辛二酸
3	19.197	62.24	壬二酸
4	19.588	1.42	辛二酸
5	20.43	4.04	癸二酸
6	22.675	0.64	苯基-d-吡喃葡糖苷
7	23.362	3.93	棕榈酸
8	25.306	4.84	硬脂酸
9	26.084	1.5	D-(+)-乳糖
10	28.103	0.86	D-(+)-乳糖
11	28.702	1.19	甲基-α-D-甘露糖苷
12	31.38	1.01	D-(+)-棉子糖
13	36.846	1.23	三糖

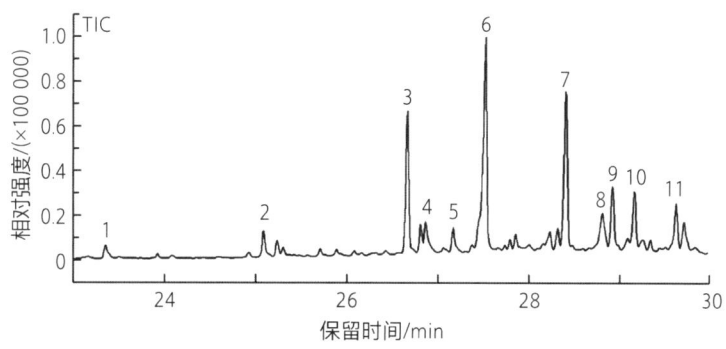

图 7-5　样品 JDEF-D 热裂解气相色谱图 TIC

第 7 章　分离分析技术

表 7-3　样品 JDEF-D 的气相色谱-质谱分析结果

峰　标	RT	面积/%	检出特征物质
1	23.361	1.62	棕榈酸
2	25.089	2.88	油酸
3	26.666	14.97	松香酸乙酯/海松酸
4	26.811	3.26	松香酸乙酯/海松酸
5	27.168	2.92	松香酸乙酯/海松酸
6	27.522	31.38	脱氢松香酸
7	28.403	18.94	脱氢枞酸
8	28.805	5.32	—
9	28.92	7.36	脱氢枞酸
10	29.161	6.47	脱氢松香酸
11	29.624	4.88	氧化脱氢松香酸

注：色谱峰 8 未检测出特征物质。

■ **文物表面涂层和残留物分析与鉴别**

漆膜、涂层等不具有挥发性，理论上不能使用 GC-MS 直接分析，可通过热裂解-气相色谱-质谱（Py-GC-MS）技术，将样品迅速裂解成小分子，进行难挥发固体文物的分析。为辨别故宫藏深粉色暗八仙纹粉蜡笺纸表面蜡质种类，马越在文物残片表面微量取样，采用 Py-GC-MS 法分析了样品中的有机质物质。分析结果表明，样品中含有蛋白质类材料以及虫蜡特征裂解产物。推断深粉色暗八仙纹粉蜡笺纸表面蜡质涂层应为虫蜡，裂解产物中的蛋白质可能是样品中混入铅白层中的胶结材料。

董录明等对陕西刘家洼遗址出土的漆膜进行了 Py-GC-MS 分析，发现生漆的主要裂解产物是邻苯二酚类（catechols：C15）、烷烃、烯烃（hydrocarbons，C7～C15）和烃基苯（alkyl Benzenes：C3、C4、C6）。其中侧链最长的邻苯二酚 C15（3-十五烷基邻苯二酚）是漆树 Rhus vernicifera 的主要漆酚成分 urushiol，说明刘家洼遗址出土漆器所用生漆来自中国漆，这种漆树主要分布在中国和朝鲜半岛。另外，检测到单元脂肪酸和二元脂肪酸的含量极少，因此推断刘家洼出土漆膜在制作过程中没有添加干性油。

韩化蕊等对内蒙古伊和淖尔墓地出土铁灯内的残留物进行了热辅助甲基化-热裂解-气相色谱-质谱（THM-Py-GC-MS）法分析，结果显示，灯内残留物样品中主要成分是 C7～C22 连续碳原子的脂肪酸，含量较高的饱和脂肪酸有十四烷酸、十五烷酸、十六烷酸、十七烷酸、十八烷酸等。对比老化前与老化后猪油、牛油、羊油等动物脂肪参考样品所含主要成分与相对含量，老化后羊油中的奇数碳饱和脂肪酸含量明显高于其他两种动物油，并且这一特征也体现在考古样品中，结合以往文献中动物油成分的研究结果，可以判断出残留物中所含动物油的确切种类属羊油。

■ **文物保存环境有害物质检测**

对文物保存环境进行监控与调节，杜绝有害物质产生，已成为博物馆等文物保存场所的中心工作之一。GC-MS 可用于对博物馆文物保存环境中的微量甚至痕量挥发性有害物质的检测与监控，检出限低、灵敏度高、效果较好，对于馆藏文物的预防性保护有重大意义。虽目前尚未广泛应用，但在未来将有较好的发展前景。

虞爱娜等采用固相微萃取-气相色谱-质谱（SPME-GC-MS）法测定博物馆室内空气中总挥发性有机物（TVOC）的含量，建立了一种更适合于博物馆室内空气中 TVOC 的检测方法。共对 7 种挥发性有机物标样进行 SPME-GC-MS 定性定量分析。结果表明，采用的方法在 0.014～0.914 μg/L 浓度范围内具有良好的线性关系，最低检出限在 1.4～14 μg/L，相对标准偏差小于 5.28%。该方法方便快捷、对待测物的选择性高、重复性好，采样无需电源、无需溶剂。

贾智慧等以樟木为研究对象，采用环境模拟实验舱法与环境因素加速老化系统相结合的方法，探讨了樟木挥发物对档案纸质材料耐久性的影响。结果表明，经樟木挥发物处理后纸质档案的耐久性均有所降低。进一步采用活性炭吸附-脱附法与气质联用（GC-MS）技术，测试出樟木的挥发物主要有烯烃、烷烃、醇类等，除此之外，还包括丙酸、乙酸、氯化氢、丁酸、己酸等有机酸，这类有机酸属于活性污染物，在一定湿度、温度条件下，吸附到纸张纤维之间，对纸张的耐折度、抗张强度、撕裂度、白度、pH 均有一定程度负面影响。因此，在使用樟木作为纸质档案和文物的装具时，建议要尽量避免直接接触，注意库房通风，防止有害气体富集，从而为延长档案寿命创造良好的环境条件。

丁莉等采用固相微萃取-气相色谱-质谱（SPME-GC-MS）技术对中国国家博物馆馆藏《江友渚等七挖书画轴》天头用纸散发的气体进行了采集、分离和分析。结果表明：该书画轴裱纸散发出多种与纸张降解相关的化合物，如脂肪酸、芳香醛、酮等；樟脑等挥发性有机物的检出反映了该书画轴近年来的保存环境信息。此外，还检测出大量沉香生物标记物，并通过模拟实验探讨了沉香的来源，最终推测该沉香可能来自历史保存环境的沾染。指出 SPME-GC-MS 是一种研究文化遗产气味的有效手段，可快速无损地采集纸质文物散发的挥发性有机化合物成分。该方法得到的气体信息与纸张降解的产物直接相关，能够从根本上反映纸质文物降解过程中发生的物质变化，为其老化过程提供直接证据。同时，萦绕在纸张周围的气味分子，也将持续与纸张自身发生作用。因此，了解纸张散发的挥发性有机化合物对于纸质文物的当代保护十分重要。此外，这些气味分子作为一种可以流传的"无形"载体，也为人们了解文化遗产过去的历史增添了一条途径。

7.2 液相色谱法

液相色谱法是指在常压下借助重力或毛细作用输送液体流动相的色谱技术，包括经典柱色谱法和平面色谱法。经典柱色谱法通常使用的固定相是多孔粗粒，装填在大口径长色谱柱（玻璃）管内，流动相是靠重力作用流经色谱柱的，溶质在固定相的传质速度缓慢，柱入口压力低，分析时间长，因此柱效低，分离能力差，难以解决复杂混合物的分离分析。在经典柱色谱法基础上，引入了气相色谱法的理论，在技术上采用高压泵、高效固定相和高灵敏度检测器，实现了分析速度快，分离效率高和操作自动化，这种柱色谱技术称作高效液相色谱（high performance liquid chromatography，HPLC）法，具有分离度好、灵敏度高、分析速度快等优点，而且对分析物的沸点、热稳定性、相对分子质量、极性、活性等没有限制，从毛细管级到制备级均能够实现分离分析或制备。尽管如此，根据色谱法的速率理论，高效液相色谱法的分离分析速度、通量和灵敏度等仍有改进的空间，以满足大量样品的快速分析、复杂样品的高通量分析及与质谱联用所需要的更高要求。依托高效液相色谱法的基本理论，发展形成了超高效液相色谱（ultra performance liquid chromatography，UPLC）法，该方法主要是以小颗粒填料为固定相和超高压系统输送流动相，以优化得非常低的系统体积和快速检测手段实现分析的高通量、高灵敏度和大峰容量的液相色谱新方法。与高效液相色谱法相比，超高效液相色谱法的分析精度、分离速度、柱效、峰容量、灵敏度和溶剂损耗等性能均得到显著提高。2004 年第一台超高效液相色谱仪实现商品化和快速推广，解决了众多的实际复杂问题和学科前沿问题，巩固了液相色谱法在分离科学中的重要地位。本节主要介绍高效液相色谱法和超高效液相色谱法。

7.2.1 基本原理

超高效液相色谱法与高效液相色谱法的基本原理相同，只是前者基于速率理论的范第姆特（van Deemter）方程中影响分离柱效的因素及仪器硬件设计的技术参数，对高压泵、进样器、色谱柱和检测器等进行了较大的改进。速率理论中的范第姆特方程对于分离条件的选择具有指导意义，它可以说明填充均匀程度、填料粒径、载气种类、载气流速、柱温、固定相液膜厚度等因素对柱效、峰扩张的影响：

$$H = 2\lambda d_\mathrm{p} + 2\gamma D_\mathrm{g} + \left[\frac{0.01k^2}{(1+k)^2}\frac{d_\mathrm{p}^2}{D_\mathrm{g}} + \frac{2}{3}\frac{k}{(1+k)^2}\frac{d_\mathrm{f}^2}{D_\mathrm{l}}\right]u \tag{7-1}$$

式中，H 为塔板高度；λ 表示填充的均匀程度；d_p 为色谱分离柱填料粒径；γ 为弯曲因子；D_g 为气体扩散系数；k 为容量因子；d_f 为液膜平均厚度；D_l 为液相扩散系数；u 为流动相线速度。

通过方程（7-1）可知，d_p 减小，H 减小。柱效可以用塔板高度 H 来衡量，H 越小，柱效则越高。超高效液相色谱法色谱柱填料从高效液相色谱法的常规粒径 5 μm 减小到 3.5 μm 或 1.7 μm，显著提高了分离柱效。填料粒径减小，可以获得更高流速的最佳线速度，即伴随着柱效的提高，也有效提高了分析速度。当然，色谱柱填料粒径的减小势必成倍增大系统的压力。超高效液相色谱法采用耐超高压的输液泵解决超高压下的耐压及渗漏问题，以获得理想的流动相线速度，实现 UPIC 的快速分离，也减少了溶剂的损耗。同时，自动快速进样和降低系统体积，特别是减少死体积，都能够减少组分扩散，提高柱效。通过缩小流通池体积、快速灵敏检测以及系统的自动控制和数据处理等，可以实现快速、高柱效和高通量分离分析，能够与质谱完美联用，提高液相色谱法解决相关学科领域前沿问题的能力。

7.2.2 分析仪器

1）高效液相色谱仪

高效液相色谱仪通常由流动相及储液罐、高压输液泵及梯度洗脱装置、进样装置、色谱柱、检测器和色谱工作站组成（图 7-6）。目前，由色谱工作站控制的高效液相色谱仪，其自动化程度很高，既能控制仪器的操作参数（如柱温、流动相流量、溶剂的梯度洗脱、检测器灵敏度、自动进样、洗脱液收集等），又能对获得的色谱图进行收缩、放大、叠加，以及对保留数据、峰高、峰面积进行数据处理，直接提供样品中各个组分的含量，为色谱工作者提供了高效率、功能齐全的分析工具。

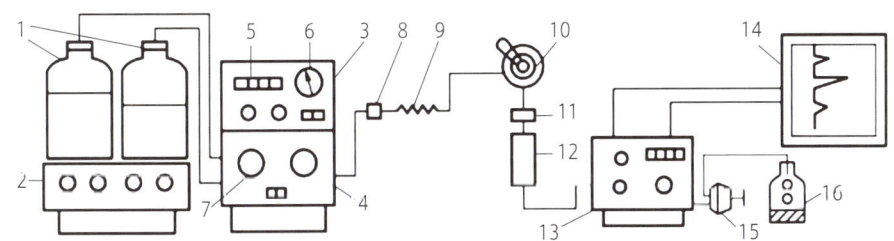

1—储液罐；2—搅拌、超声脱气器；3—梯度洗脱装置；4—高压输液泵；5—流动相流量显示；6—柱前压力表；7—输液泵泵头；8—过滤器；9—阻尼器；10—六通进样阀；11—保护柱；12—色谱柱；13—紫外吸收（或折射率）检测器；14—记录仪（或数据处理装置）；15—背压调节阀；16—废液回收罐

图 7-6 高效液相色谱仪的组成示意图

2）超高效液相色谱仪

超高效液相色谱仪（图 7-7）和高效液相色谱仪基本构成相同，但是超高效液相色谱仪的各部件性能有较大的提升，主要体现在以下几点：

（1）超高压输液泵。超高效液相色谱仪使用超高压输液泵，具有耐高压、精确、可靠、重现的梯度性能，流动相可以采用优化的高流速，以实现快速分离的目的，如流动相流速为 1 ml/min 时柱压可达到约 100 MPa。

（2）自动进样系统。基于快速进样的要求，超高效液相色谱仪的自动进样器中配置了针内进样探头和压力辅助进样装置等配件，保证了进样的可靠性和重现性，降低了死体积，有效降低了组分的扩散和进样时的交叉污染等。

（3）小粒径固定相填料。超高效液相色谱分离柱填料机械强度高、耐高压、耐酸碱、颗粒度分布窄，具有理想的孔体积及孔径，粒径可以达到 1.7 μm，装填技术先进。

（4）快速灵敏检测器。快速响应的检测器可以保证在短时间内对众多非常窄的色谱峰快速进行数据信号采集，同时，使用很小体积的流通池（0～5 μl，仅为高效液相色谱流通池体积的 1/20）降低组分扩散，缩短了组分在检测池中的驻留时间，降低了噪声，以保证检测的灵敏度很高。

就超高效液相色谱仪的整体设计而言，各个硬件在性能改进之后降低了整体系统的体积和死体积，保证组分低扩散和快速分离分析，减少了溶剂的用量，缩短了分析时间，降低了液相色谱分离分析的成本，也实现了与质谱更协调的匹配。同时，以系统控制及数据管理解决仪器的自动化控制、大量数据的采集和处理问题。因此，UPIC 的分析速度、灵敏度及分离度都比 HPLC 有了显著的提高。

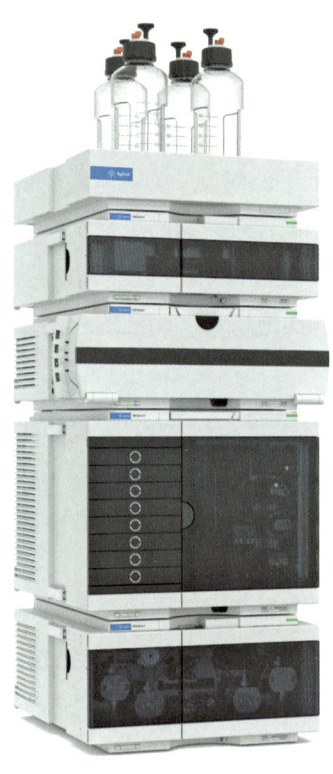

图 7-7　1290 Infinity II 超高效液相色谱仪

3）联用设备

与 GC-MS 一样，高效液相色谱-质谱（HPLC-MS）联用法兼顾了高效液相色谱和质谱的优点，克服了两者的缺点，具有分离效率高、定性能力强、灵敏度高的特点，HPLC 也相当于 MS 的样品预处理器，而 MS 成为 HPLC 的检测器。而且，HPLC-MS 对化合物的热稳定性、沸点、极性和相对分子质量没有限制，比 GC-MS 应用更加广泛。

与 HPLC-MS 相比，UPLC 和 MS 联用更加匹配，更能凸显超高效液相色谱法的优越性。UPLC-MS 联用法具有分离能力强、速度快、灵敏度高、通量高、专属性好的优点，定性和定量分析能力强，同时对组分的热稳定性、沸点、极性、相对分子质量没有限制。在 HPLC-MS 应用领域，UPLC-MS 也得到了广泛的应用。

7.2.3　特点分析

1）高效液相色谱特点

高效液相色谱法与气相色谱有许多相似之处。气相色谱法具有选择性高、分离效率高、灵敏度高、分析速度快的特点，但它仅适于分析蒸气压低、沸点低的样品。高效液相色谱法适合分析高沸点、不易挥发、受热不稳定易分解、相对分子质量大、不同极性的有机化合物、生物活性物质和多种天然产物、高分子化合物等。在全部有机化合物中，仅有 20% 的样品适用于气相色谱分析，高效液相色谱法可对 80% 的有机化合物进行分离分析。

作为一种通用、灵敏的定量分析技术，高效液相色谱具有极好的分离能力，并可与高灵敏度检测器实现完美的结合，对不同类型的样品有广泛的适应性，在例行分析和质量控制中呈现高度的重复性。高效液相色谱主要具有以下特点：

（1）分离效能高。使用新型高效微粒固定相填料，液相色谱填充柱的柱效可达 $5\times10^3 \sim 5\times10^4$ 塔板/m，远远高于气相色谱填充柱 10^3 塔板/m 的柱效。

（2）选择性高。液相色谱柱具有高柱效，并且流动相可以控制和改善分离过程的选择性。因此，高效液相色谱法不仅可以分析不同类型的有机化合物及其同分异构体，还可分析在性质上极为相似的旋光异构体。

（3）检测灵敏度高。在高效液相色谱法中使用的检测器大多具有较高的灵敏度。如被广泛使用的紫外吸收检测器，最小检出限可达 10^{-9}；用于痕量分析的荧光检测器，最小检出限可达 10^{-12}。

（4）分析速度快。由于高压输液泵的作用，相比经典液相色谱，高效液相色谱分析时间大大缩短，当输液压力增加时，流动相流速就会加快，完成一个样品的分析仅需几分钟到几十分钟。

高效液相色谱法虽具有上述优点，但也有其局限性：第一，高效液相色谱法使用多种溶剂作为流动相，进行分析时所需成本高于气相色谱法，且易引起环境污染；当进行梯度洗脱操作时，比气相色谱法的程序升温操作复杂。第二，高效液相色谱法中缺少气相色谱法中使用的通用检测器。第三，高效液相色谱法不能代替气相色谱法，去完成必须用高柱效毛细管气相色谱法分析的组成复杂的具有多种沸程的物质。第四，高效液相色谱法不能代替中、低压柱色谱法，在 200 kPa～1 MPa 柱压下去分析受压易分解、变性的具有生物活性的生化样品。永久性气体、易挥发低沸点及中等相对分子质量的化合物，也只能用气相色谱法进行分析。

2）超高效液相色谱特点

与高效液相色谱法相比，超高效液相色谱法的优点更为突出：

（1）柱效高、速度快。分离柱效高，色谱柱的塔板数可达每米 20 万，分离速度快，比 HPLC 分离速度提高数倍。

（2）分离度好、通量高。分离度明显提高，是高效液相色谱法的数倍，其最大压力高达 130 MPa，实现超快速（约 10 s）进样和样品容量的最大化。

（3）灵敏度高。灵敏度比高效液相色谱法提高 2～3 倍。

（4）实现了自动化。使用针内进样探头等进样装置，压力波动小，死体积小，能够有效阻止谱带扩展，分离柱效高，从进样到分离分析和数据处理可以完全实现自动化分析。

当然，超高效波相色谱仪在分析过程中超高压运行，也会产生相应的问题，如高压泵的寿命受影响、各连接部件容易老化、单向阀等部件损坏较快等，从而增加了成本。

研究案例	■ 有机文物染料分析与鉴别
	■ 考古学领域酒类残留物检测与分析

■ 有机文物染料分析与鉴别

植物染料的化学组成复杂、稳定性差，长时间自然老化后，很容易发生化学变化。一般说来，今天所看到的出土纺织品颜色已非原色。HPLC 和 UPLC 均是分析鉴别有机文物上染料的有效方法，尤其是与质谱联用，可以很大程度地提高分析的灵敏度，从而获取更加详细的染料分子结构信息。

周旸等采用 HPLC-MS 技术对新疆帕米尔吉尔赞喀勒拜火教墓地（因所在地村落名为曲曼，故又称曲曼墓地）出土的 5 件纺织品进行了染料分析，其中 2 个样品为毛线、3 个样品为丝线。检测结果显示，2 个毛线样品上红色染料为西茜草（图 7-8a），蓝色染料来自靛青类植物（图 7-8b）。1 个丝线样品红色染料也是西茜草，2 个丝线样品的红色丝线比较特殊，发现 3 个主要化合物的负离子峰 m/z 值分别为 386、321、277（图 7-8c），类似谱图的染料样品未曾被检测到过，有待于进一步的研究；而蓝绿色丝线上发现有小檗碱（图 7-8d），可能是黄檗染色。根据染料检测结果可以推测，曲曼墓地的毛织物都是本地染色，而部分丝织品可能经中国东部用黄檗染色后输入西北地区。从一件红色丝织品上发现西茜草，说明东部的丝绸也可能在新疆染色。

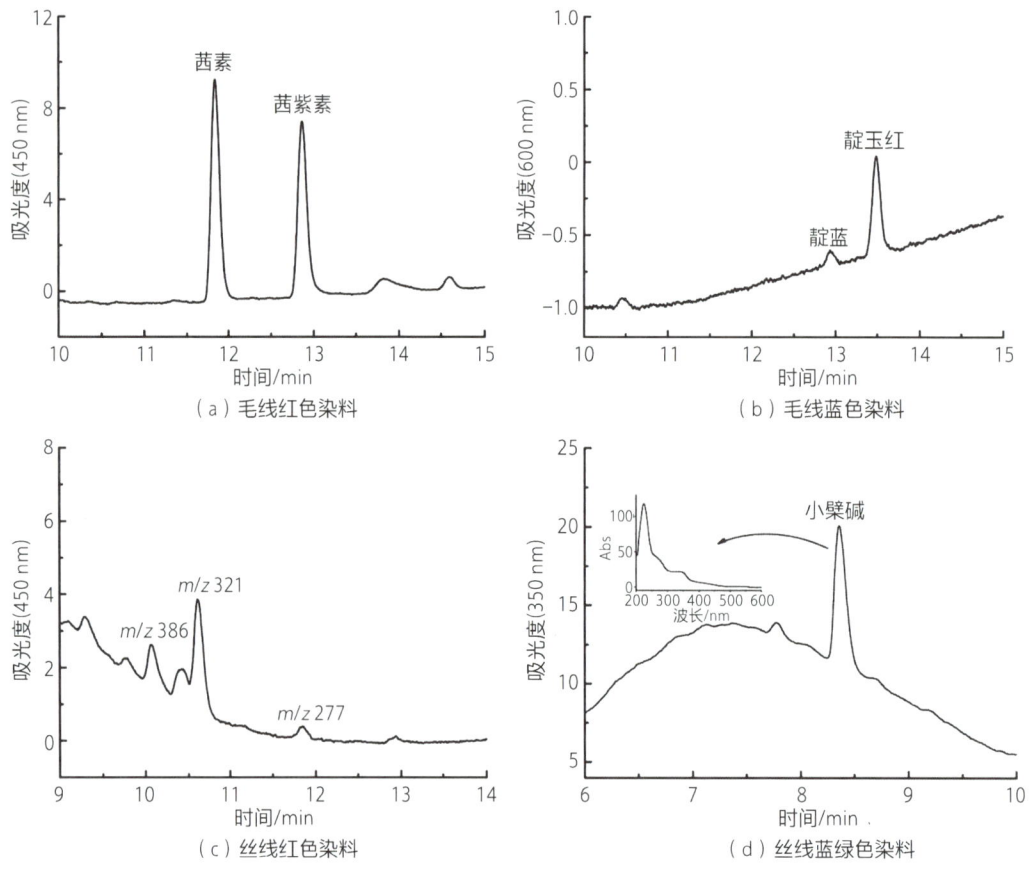

图 7-8　曲曼墓地纺织品染料的高效液相色谱图
（d 中内插图为小檗碱的紫外可见光谱图）

范鲁丹等采用 HPLC-MS 技术对清代小龙袍上的 7 种颜色纱线进行染料鉴别。结果显示，红色纱线为黄檗打底后红花染色，金黄色纱线为黄栌和槐米套染，明黄色纱线为槐米染色，各种蓝色纱线均有靛青染色，天青色纱线由靛青和苏木套染，官绿色和豆绿色分别为槐米和黄檗同靛青套染。染料的检测结果与明清时期的历史文献一一印证，为清代宫廷服饰的色彩复原提供了真实可靠的依据，同时，也有助于文物保护者对这类珍贵文物采取安全保存和展示的措施。研究者也提出，该检测结果仍然无法解析蓝色纱线和天青色纱线中未知染料色素或降解产物的分子结构，有待于今后综合其他技术手段去解决这些问题。

■ **考古学领域酒类残留物检测与分析**

生物标记物检测（气相色谱、液相色谱、红外光谱、质谱等）是检测酒类残留物较为常用的方法，HPLC 和 HPLC-MS 等则是对酒类残留物进行定性分析和定量检测的重要方法。

张恒等利用模拟的考古陶片探究了酒类残留的高效液相色谱分析方法，并结合海岱地区焦家遗址的实际随葬陶片，分析了大汶口时期酒器的使用情况。先选取了酒残留物中常见的苹果酸、酒石酸、柠檬酸、乳酸、草酸进行定性分析和定量检测，得到 5 种有机酸的出峰顺序为草酸（3.219 min）、酒石酸（3.399 min）、苹果酸（4.070 min）、乳酸（4.806 min）、柠檬酸（6.403 min）。按照该实验的液相色谱分析方法，5 种有机酸的检出限分别为：草酸 0.425 7 mg/L、酒石酸 0.888 5 mg/L、苹果酸 6.036 0 mg/L、乳酸 7.109 3 mg/L、柠檬酸 3.467 2 mg/L。对经过不同酒浸泡的陶片样品进行高效液相色谱检测，发现葡萄酒中的特征酸有酒石酸和草酸，啤酒、山楂酒、苹果酒中的特征酸为草酸，说明该方法可以应用于考古出土陶片的酒类残留物分析。据此，对海岱地区焦家遗址的 24 份陶片样品进行 HPLC 检测分析，其中 2 份样品中发现了酒类残留的特征酸（图 7-9），泥质灰陶杯腹片中有酒石酸和草酸残留，泥质红陶鬶腹片中有草酸残留，其特征酸组成可见表 7-4。

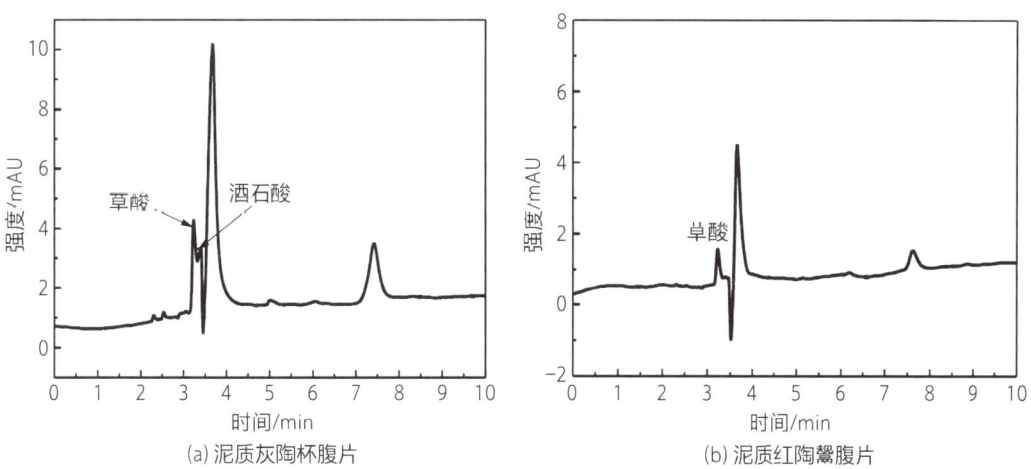

图 7-9 陶片酒类残留的液相色谱图

表 7-4 样品中酒提取物的特征酸含量

考古样品	草酸含量 /（mg/L）	酒石酸含量 /（mg/L）
泥质灰陶杯腹片	38.37	126.0
泥质红陶鬶腹片	4.326	—

李敬朴等选取新疆阿斯塔那墓地、克亚克库都克烽燧遗址出土的葫芦残片和完整葫芦遗存，开展吸附有机残留物的提取，用气相色谱单四极杆质谱仪（GC-MS）对提取物进行定性分析；用高效液相色谱三重四极杆质谱仪（HPLC-MS/MS）定量测试酒石酸、丁香酸、富马酸、草酸、乳酸、苹果酸、琥珀酸 7 种有机酸。HPLC-MS/MS 定量分析表明，现代葫芦中存在酒石酸、乳酸，含量高出古代残片样品 1～2 个数量级，却不含丁香酸；古代完整样品同样不含丁香酸。结果证实，无论是在自然晒干状态下，还是经过长时间的埋藏过程，葫芦本体中均不存在丁香酸的前体锦葵色素。在去除可能存在的游离丁香酸后，这些葫芦残片中检出的丁香酸应当来自盛放物，可作为葫芦装果酒的证据。结合唐代文献记载，推测此种水果酒为新疆军民广泛饮用的葡萄酒。

7.3 离子色谱法

离子色谱（ion chromatography, IC）法是指用电导检测器对阴、阳离子混合物进行分离分析的色谱方法。该方法是由经典的离子交换色谱（ion exchange chromatography, IEC）法发展而来。目前，离子色谱已经发展了多种分离方式和多种检测方法，成为检测糖类、有机酸、有机碱、重金属以及其他常见阴离子、阳离子的重要方法。近年来新型高效分离柱、灵敏的电化学和光化学检测器、梯度泵和耐腐蚀全塑系统的研发和利用，丰富和发展了离子色谱的应用范围。离子色谱法因其选择样品量小，对阴、阳离子分析的灵敏度高，可以一次对多种离子进行同时分析检测，特别是能进行定性、定量分析的突出优点，已越来越多地应用于文物保护领域。

7.3.1 基本原理

离子交换色谱法是高效液相色谱法的一个重要分支，是以具有离子交换基团的固定相和具有淋洗功能的流动相进行离子性组分分离分析的色谱方法。该方法需要使用一定酸度和盐度的缓冲溶液为流动相，进行淋洗分离无机离子和有机离子性组分，而流动相为强电解质溶液时，无法使用电导检测器，只能使用紫外、荧光等光检测器进行检测，由此限制了分析对象，也限制了该方法的分析和使用。

离子色谱法也是利用静电作用的离子交换原理，与传统离子交换色谱法相比，其改进之处是使用细颗粒且交换容量很低的离子交换树脂为固定相，以高压输液泵输送低浓度洗脱液或者在分离柱后串联抑制柱消除高浓度洗脱液的高本底电导影响，再以电导检测器进行组分的信号检测，即离子色谱法有抑制柱法和无抑制柱法两类。为了解决高浓度洗脱液的本底电导干扰问题，在离子交换柱后串联一个另一类型的离子交换柱，即抑制柱，以有效将流动相中的强电解质都转化为低电离的中性分子，便可以使用电导检测器进行离子组分的信号检测，这种抑制离子干扰的离子色谱法称为双柱型离子色谱法，又称化学抑制型离子色谱法。不使用抑制柱的离子色谱法称为单柱型离子色谱法，因为不使用离子抑制柱，所以单柱离子色谱仪更加简单。为了减少洗脱液的影响，单柱型离子色谱以低交换容量的离子交换剂为固定相和低电导洗脱液为流动相，以尽量扩大离子组分与洗脱液离子之间电导的差异，减少流动相的干扰。各种抑制装置及无抑制方法的出现促进了离子色谱的发展，因为单柱型离子色谱法的灵敏度相对较低，应用范围有限，目前双柱型离子色谱法应用较多。

7.3.2 分析仪器

离子色谱仪的基本部件主要包括高压输液系统、进样系统、分离系统和检测系统等。检测系统的核心是电导检测器，其基本构造包括电导池、电子线路、灵敏度调节装置和数字显示仪等。电导池是电导检测器最核心的部件，又称电导传感器，可以对微升或纳升级样品进行电导信号的检测。如图 7-10 所示，电导池位于分离柱（单柱型离子色谱）或抑制柱（双柱型离子色谱）后，依靠流出液中的两根电极获得溶液的电导率。

1）双柱型离子色谱仪

在双柱型离子色谱仪（图 7-11）中，分离柱中填充的是阴离子交换树脂或阳离子交换树脂颗粒，其交换容量通常为 0.01～0.05 mmol/g 干树脂。抑制柱中填充的是高交换容量的阳离子交换树脂或阴离子交换树脂（抑制柱内的洗脱反应是分离柱内离子交换反应的逆反应），其离子抑制原理与离子交换柱的离子交换原理一样，也是利用静电作用力进行离子

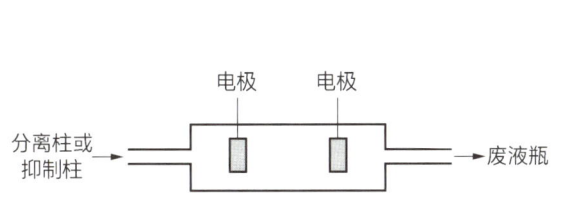

图 7-10 电导池构造示意图

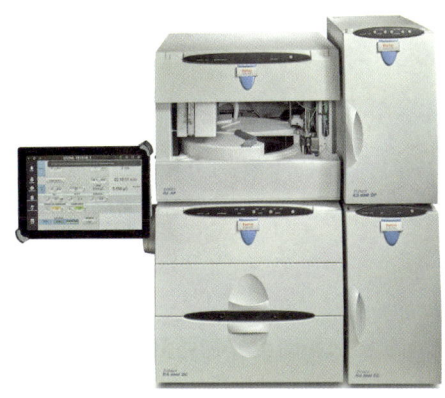

图 7-11 双柱型离子色谱仪

交换，实现强电解质转化为弱电解质的过程，消除洗脱液中高浓度的离子对待测组分电导信号的干扰。

2）单柱型离子色谱仪

双柱型离子色谱仪需要串联分离柱和抑制柱，仪器和操作相对比较复杂，死体积大，影响柱效。1979年，杰尔德（Gjerde）等建立了单柱型离子色谱法，即以电导值较低的低浓度、低电离度的弱电解质为流动相对待测离子进行洗脱，如此洗脱液不会产生电信号的干扰，而不必用抑制柱，又称非抑制型离子色谱法。因为低浓度的弱电解质对离子的洗脱能力有限，所以在单柱型离子色谱仪（图7-12）中，分离柱需要使用低容量的离子交换固定相，以保证洗脱快速，但灵敏度稍有降低。

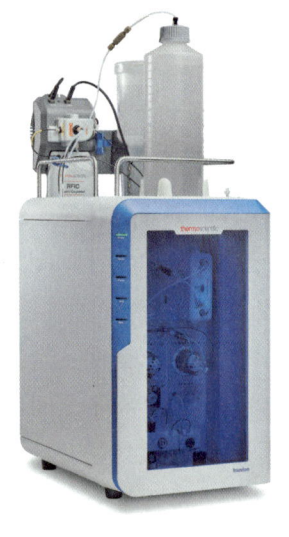

图7-12 单柱型离子色谱仪

7.3.3 特点分析

与其他分离方法相比，离子色谱法有如下优点：

（1）分析速度快。数分钟内完成多种离子组分的分析，如对于常见的无机阴离子（包括F^-、Cl^-、Br^-、NO_2^-、NO_3^-、SO_3^{2-}、SO_4^{2-}和PO_4^{3-}等），可以在10 min内实现高效分离分析。

（2）分离能力强。一定条件下，可以有效分离多组分离子混合物，选择性好。离子色谱法特别适合于阴离子组分的分离分析，如十几分钟内双柱离子色谱法可以完全分离近10种阴离子。

（3）灵敏度高。离子色谱的检测范围一般可以达到µg/L至mg/L级。以电导检测器进行分析，对于常见阴离子的分离分析，检出限一般都可以达到µg/L级。

（4）适用性广。离子色谱分离柱填料耐酸碱性好，可以通过改变强酸或强碱洗脱液，分离不同组分的混合物样品。

（5）耐腐蚀。离子色谱仪的部件采用全塑件和玻璃柱，防止洗脱液的腐蚀。

研究案例
- 出水和出土文物可溶盐的检测分析
- 露天环境中历史遗迹和金属文物盐害的检测分析
- 文物保存环境中有害气体的检测分析

■ **出水和出土文物可溶盐的检测分析**

离子色谱法在出土文物、出水文物和壁画等文物表面附着的可溶盐的分析测定方面发挥了重要的作用，其操作简单、测定快速、灵敏度高、可同时测定多种离子的优点，使得文物工作者可以及时、快速地寻找出文物的盐害原因，为文物盐害机理研究和防治方法提供了科学依据。采用离子色谱法对脱盐溶液进行定时的离子检测，不仅可以判断脱盐工作是否结束，还可以为脱盐试剂效果的评估提供数据，筛选出效果好的脱盐方法和脱盐试剂。杜靖等选取浸泡脱盐中的"小白礁Ⅰ号"典型船体构件作为持续监测观察样本，定期采集脱盐浸泡液样品，采用离子色谱分析检测脱盐溶液中的阴阳离子含量，评估可溶盐的脱除效果。由离子色谱分析测试结果（图7-13）可见，此阶段脱盐溶液中的SO_4^{2-}含量已经相对较少，浸泡时即为最高含量279 mg/L，并在脱盐过程中持续缓慢地波动下降，下降幅度较小，表明SO_4^{2-}含量已处于稳定状态。Cl^-含量相对波动较大，在浸泡127 d时达到最高值2 283 mg/L，而最小值仅为99 mg/L。每个浸泡周期内，Cl^-含量波动范围较小，且大多呈现在下次更换浸泡液前达到较高值的趋势。这说明每个浸泡周期内，Cl^-可以得到一定的脱除，但脱除效率明显降低。同时，脱盐溶液中对木材保存有影响的K^+、Mg^{2+}和Ca^{2+}已经基本检测不到。Na^+含量相对较高，范围处于544～1 715 mg/L，变化趋势与Cl^-含量基本一致。从脱盐现场采集已配置的脱盐试剂，经相同实验条件下离子色谱分析检测发现，脱盐试剂中Cl^-含量最高时约为2 074.02 mg/L，Na^+含量最高时约为1 364.49 mg/L，接近于脱盐池溶液样品所含Cl^-和Na^+含量。考虑到实际脱盐试剂配置误差及投放过程中水体流动、溶剂搅拌以及沉淀的问题，可以认为现阶段脱盐溶液中所检测到的Cl^-和Na^+基本为脱盐试剂引入，木材本身的Cl^-和Na^+含量已经很低，可溶盐的脱除方法有效。

赵静等采用电导率和离子色谱分析了陕西陇县东南镇汉墓酥粉釉陶文物样品含有的可溶盐元素成分和离子浓度，结果显示酥粉样品浸泡溶液的电导率值均大于1 000 μs，可溶盐含量占总样品质量的2%～5%。可溶盐晶体主要以NaCl和$NaNO_3$为主，阳离子主要以Ca^{2+}和Na^+为主，阴离子主要以Cl^-和NO_3^-为主，其中样品溶液中含有的K^+、Mg^{2+}和SO_4^{2-}相对较少，具体离子浓度分布见表7-5。经过分析，提出含量占样品总质量2%～5%的可溶盐NaCl、$NaNO_3$和含水$CaCl_2$是导致东南镇汉墓釉陶文物酥粉的内在因素。大量从釉层表面通往胎体内部的开裂裂纹以及较大孔隙的釉陶胎体结构，为吸收来源于埋藏土壤环境中的可溶盐溶液提供进入通道。根据可溶盐溶液在陶质样品中结晶动力学的初步推测，相比环境温度变化，相对湿度的变化是影响可溶盐NaCl和$NaNO_3$结晶对陶质样品产生破坏的最主要因素，其中NaCl结晶对陶质样品产生的负压压力较大，破坏性最强，$NaNO_3$结晶产生的破坏稍次之；含水$CaCl_2$的结晶产生的负压压力较小，推测不足以对陶质样品产生破坏作用。

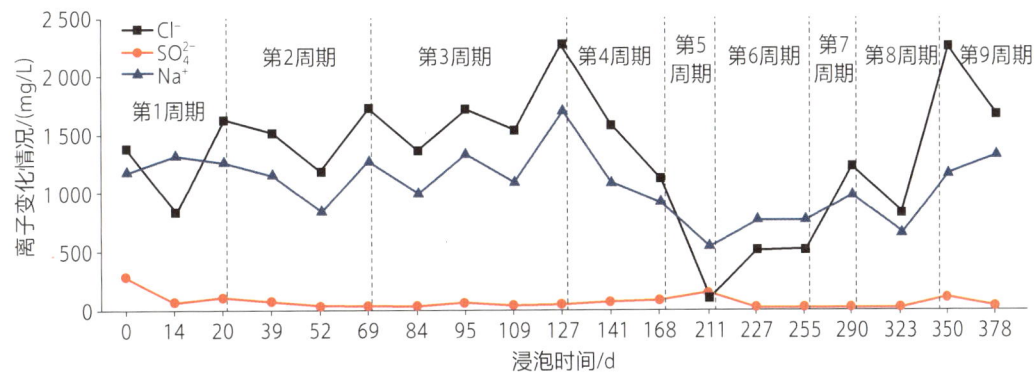

图7-13 各监测点脱盐溶液阴、阳离子变化情况

表 7-5　酥粉样品浸泡后溶液中含有的可溶盐含量和离子浓度

类别	编号	含盐量 /(mg/g)	离子浓度 /%						
			Ca^{2+}	K^+	Mg^{2+}	Na^+	Cl^-	NO_3^-	SO_4^{2-}
绿色釉陶	DG-1	21.50	1.68	0.32	0.43	1.36	1.94	5.54	0.23
	DG-2	45.12	7.69	1.54	1.60	3.96	8.03	21.50	0.80
	DG-3	34.39	4.79	1.32	0.99	4.61	7.59	14.09	1.00
	DG-4	25.12	1.25	0.29	0.54	4.21	6.33	3.82	1.75
黄色釉陶	DY-1	35.78	3.70	1.72	1.22	5.44	6.52	16.58	0.42
	DY-2	49.67	7.62	1.54	1.57	4.29	9.35	24.74	0.56
	DY-3	34.96	5.25	1.22	1.30	3.72	6.30	15.26	0.23
	DY-4	47.14	34.35	0.10	0.12	10.95	44.60	0.00	0.00

■ 露天环境中历史遗迹和金属文物盐害的检测分析

相对馆藏文物而言，长期暴露于露天环境中的历史遗迹，如古建筑、石窟寺、石刻以及近现代重要史迹和标志性建筑等，更易遭受各种环境因素的破坏，尤其是石刻、石桥等石质文物，由于物理因素所造成的表面风化现象十分严重，若不及时处理，则会导致文物表面珍贵信息的丢失。金属文物则容易被酸雨侵蚀，造成外观和结构损坏。离子色谱技术在不可移动文物盐害的检测分析上也具有明显优势，在历史遗迹及金属文物的腐蚀研究中发挥着越来越重要的作用，成为文物保护与腐蚀研究不可或缺的技术手段。

孙满利等通过现场病害调查获得西北地区砂岩石窟盐害的宏观特征，在各石窟不同形式的盐害发育处采样，进行离子色谱分析，测试可溶盐的含量及成分。发现砂岩石窟的含盐总量范围是 0.11%～5.73%，阳离子主要包括 Na^+、K^+、Mg^{2+}、Ca^{2+} 四种，阴离子主要包括 SO_4^{2-}、NO_3^-、Cl^- 三种。不同地区石窟中各阴、阳离子含量差异较大（图 7-14）：从阳离子含量来看，陕北和陇中地区 Na^+ 最高，陇东地区 K^+ 最高，河西地区 Ca^{2+} 最高；从阴离子含量来看，陕北地区 NO_3^- 最高，陇中地区 Cl^-

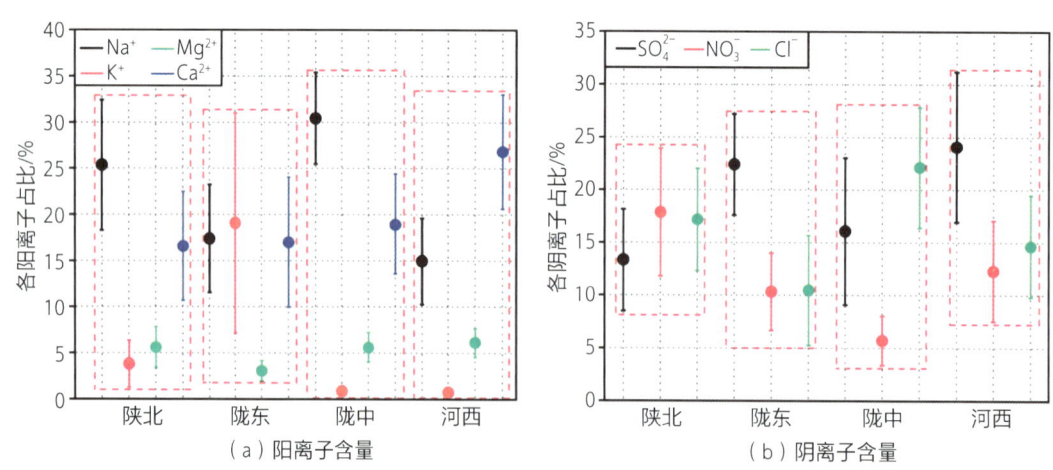

图 7-14　西北不同地区石窟中阴、阳离子含量

最高，河西地区 SO_4^{2-} 最高。

成小林等采用离子色谱等分析方法，对不同保存环境下铁质文物中的氯含量进行了检测分析。结果表明：室外大气环境、近海出土和海水打捞三种保存环境下铁器的平均氯含量差别较大，如室外大气保存的铁器，其氯含量在 1.5 mg/g 以下，平均氯含量在三者中最低，为 0.56 mg/g；其次是近海出土的器物，为 2.86 mg/g；海水打捞的铁器平均氯含量最高，达到 7.47 mg/g。在同一件器物中不同部位的氯含量也不同，有时差别很大。因此，当采集样品时，特别是对于大型的文物，应选择一定数量的取样点，这样可以使获得的数据更加科学。

■ **文物保存环境中有害气体的检测分析**

博物馆的室内气体环境是影响展厅文物是否遭受破坏的主要环境因素，其主要来源包括室内大气环境、木制材料释放的腐蚀性气体以及参观者和外部环境所带来的气体等。通过不同的溶样方式，可以将气体测定转化为水溶液离子的测定。尤其是采样器的应用拓展了离子色谱的应用范围，使大气污染物可以通过离子色谱定性定量分析，这为监测文物保存环境中的大气污染物种类及浓度、研究文物劣化机理、找出不同材质文物的最佳保存条件、监测调控博物馆保存环境等提供了帮助。

为检测评价文物藏展常用木材的挥发性酸特征，徐方圆等采用研发的"无动力扩散采样——离子色谱"检测技术，在密闭空间中以 40 ℃恒温加速挥发，无动力扩散采样 4 h，并用离子色谱双等度分析方法半定量检测挥发性酸，并探讨该项快速评价方法的相关实验参数及其确定方法，共检测了 14 种常用木材。结果显示，红橡、樟木和经过防腐处理的椴木、棱柱木中甲酸与乙酸的挥发量较高，单位表面积乙酸挥发量达到 $4\ mg \cdot m^{-3} \cdot mm^{-2}$ 以上，甲酸挥发量也超过 $0.5\ mg \cdot m^{-3} \cdot mm^{-2}$，故而以上木材应慎用（表 7-6）。为控制木材挥发物影响文物保存环境，实验用铝塑膜包覆封闭木材并做比对检测，结果表明铝塑膜对甲酸、乙酸挥发的阻隔效果明显，单位表面积挥发量均小于 $0.2\ mg \cdot m^{-3} \cdot mm^{-2}$，采用铝塑膜包覆木材能够较好地阻隔木材中污染物的散发，是一种降低展柜内污染物的有效方法。

表 7-6 不同木材甲酸、乙酸挥发量

编号	木材种类	表面积 /cm^2	木材单位表面积有机酸挥发量 / ($mg \cdot m^{-3} \cdot mm^{-2}$)	
			乙 酸	甲 酸
1	环保型刨花板	20.0	1.422 3	0.282 6
2	红橡	24.8	3.712 0	0.385 5
3	桦木	24.0	2.478 9	0.402 6
4	樟木	18.4	4.036 8	0.504 4
5	桦木	24.8	2.425 9	0.375 9
6	樟子松	21.6	2.118 8	0.393 1
7	枫木	21.6	2.112 8	0.340 0
8	柞木	28.8	1.865 8	0.285 1
9	柚木	24.8	2.521 4	0.428 2
10	水曲柳	24.8	2.688 7	0.425 0

（续表）

编号	木材种类	表面积 /cm²	木材单位表面积有机酸挥发量 / (mg·m⁻³·mm⁻²)	
			乙 酸	甲 酸
11	楸木	24.8	2.829 3	0.429 9
12	胡桃木	32.0	1.969 0	0.276 8
13	棱柱木（白木）	14.4	4.114 0	0.537 3
14	椴木	15.2	3.319 1	0.555 9

王倩倩等建立了一种基于离子色谱同时测定博物馆环境空气中甲酸、乙酸、丙酸、丁酸和戊酸五种挥发性有机酸浓度的方法。以超纯水作为吸收液，主动采样法采集博物馆环境空气样品，采用 5 mmol/L 的 KOH 淋洗液等度洗脱，在 9 min 内可同时测定五种挥发性有机酸的浓度。结果表明（表 7-7），在 0.05～0.50 μg/ml 的线性范围内，甲酸根、乙酸根、丙酸根、丁酸根、戊酸根标准曲线的相关系数均高于 0.995，检出限为 0.001～0.009 μg/ml，定量限为 0.004～0.030 μg/ml；五种有机酸根的加标回收率为 91.4%～107.4%，精密度较好；此外，精密度符合 GBZ/T 210.4—2008 的要求。在超纯水吸收空气采样过程中，因空气中 CO_2 及微量 SO_2 和 NO_2 等气体在水中吸收所产生的 CO_3^{2-}、SO_4^{2-} 和 NO_3^- 阴离子均在五种有机酸之后出峰，均不会对五种有机酸的检测分析造成干扰。该方法采样简单，样品无需前处理，易于操作，检测时间短，适用于博物馆的日常检测工作。以超纯水作为吸收液采样的缺点是吸收液样品应尽快检测，若保存必须在冰箱保鲜室 4 ℃温度下，保存时间不应超过 2 天，并且从冰箱保鲜室中取出后不宜放置太久，应立即检测。

表 7-7 挥发性有机酸的保留时间、标准曲线、线性范围、相关系数、检出限和定量限

名称	保留时间 / min	标准曲线	线性范围 / (μg/ml)	相关系数	检出限 / (μg/ml)	定量限 / (μg/ml)
乙酸	3.874	$y = 0.102\ 9x - 0.000\ 7$	0.05～0.50	0.999 0	0.002	0.006
丙酸	4.251	$y = 0.056\ 3x$	0.05～0.50	0.999 5	0.004	0.013
甲酸	4.564	$y = 0.155\ 3x + 0.000\ 3$	0.05～0.50	0.999 1	0.001	0.004
丁酸	4.941	$y = 0.05x + 0.000\ 2$	0.05～0.50	0.999 5	0.004	0.014
戊酸	7.161	$y = 0.043\ 3x + 0.000\ 1$	0.05～0.50	0.998 3	0.009	0.030

参考文献

[1] 陈怀侠.现代分离方法[M].北京：科学出版社,2020：3-5,124-130,162-165.

[2] 许国旺.分析化学手册：气相色谱分析[M].北京：化学工业出版社,2016：2-23.

[3] 冯云峰,吴静,杨小秋,等.气相色谱质谱联用仪与五种加热设备联用的应用进展与比较[J].江汉大学学报（自然科学版）,2022,50（5）：12-21.

[4] 郭郎.气相色谱-质谱联用法在文物保护中的应用[J].中国科技信息,2018(2):87-89.

[5] 王娜,谷岸,闵俊嵘,等.文物中常用蛋白质类胶结材料的热裂解-气相色谱/质谱识别[J].分析化学,2020,48(1):90-96.

[6] 王娜,谷岸,屈雅洁,等.文物中多糖类胶结材料的热裂解-气相色谱/质谱识别[J].色谱,2022,40(8):753-762.

[7] 蒋建荣,魏书亚,陈百发.清代皇家建筑彩画所用胶结材料的分析研究[J].文物,2020(5):89-96.

[8] 马越.故宫博物院藏粉蜡笺纸科技分析[J].文博,2022(3):91-96.

[9] 董录明,黄琦钧,孙战伟,等.陕西刘家洼遗址出土漆膜劣化机理分析[J].中国生漆,2022,41(3):41-45.

[10] 韩化蕊,魏书亚,静永杰,等.THM-Py-GC/MS分析内蒙古伊和淖尔出土照明燃料[J].光谱学与光谱分析,2019,39(12):3868-3872.

[11] 虞爱娜,戎欣,王复,等.固相微萃取-气相色谱/质谱法测定博物馆空气中总挥发性有机物[J].武汉大学学报(理学版),2008(2):153-156.

[12] 贾智慧,李玉虎,鲍甜,等.樟木挥发物对纸质档案耐久性的影响研究[J].中国造纸,2017,36(6):43-48.

[13] 丁莉,杨琴,李郑.固相微萃取-气相色谱-质谱在《江友渚等七挖书画轴》挥发性有机化合物分析中的应用[J].文物保护与考古科学,2022,34(4):105-113.

[14] 于世林.高效液相色谱方法及应用[M].北京:化学工业出版社,2019:22-23.

[15] 周旸,贾丽玲,刘剑.新疆帕米尔吉尔赞喀勒拜火教墓地出土纺织品分析检测[J].文物保护与考古科学,2019,31(4):55-64.

[16] 范鲁丹,郭丹华,刘剑,等.高效液相色谱-质谱联用技术鉴别清代小龙袍染料[J].丝绸,2019,56(2):50-55.

[17] 张恒,刘金帅,魏嘉遁,等."考古"陶片中酒类残留的分析检测[J].大学化学,2023,38(2):207-213.

[18] 李敬朴,胡兴军,王博,等.新疆出土唐代葫芦的有机残留物分析[J].中国科技史杂志,2022,43(4):507-518.

[19] 郭倩,张婷,吕瑞亮.离子色谱法在文物保护方面的应用及前景[J].化学世界,2019,60(8):524-532.

[20] 唐静,赵晟伟,闫海涛,等.离子色谱法在文物保护中的应用[J].化学分析计量,2017,26(4):118-122.

[21] 杜靖,金涛,胡凤丹,等."小白礁Ⅰ号"清代木质沉船构件的脱盐监测[J].光谱学与光谱分析,2021,41(10):3294-3298.

[22] 赵静,罗宏杰,王丽琴.陕西陇县东南镇汉墓酥粉釉陶文物的研究[J].中国科学:技术科学,2014,44(4):398-406.

[23] 孙满利,梁楚昕,沈云霞,等.西北地区砂岩石窟盐害特征及影响因素分析[J].地球环境学报,2022,13(5):543-556.

[24] 成小林,陈淑英,潘路.不同保存环境下铁质文物中氯含量的分析[J].中国历史文物,2010(5):26-29.

[25] 徐方圆,解玉林,刘霞,等.文物藏展常用木材挥发性酸快速检测评价方法研究[J].文物保护与考古科学,2010,22(2):1-5.

[26] 王倩倩,石安美,唐铭,等.博物馆环境空气中五种有机酸的定量分析——离子色谱法[J].文物保护与考古科学,2022,34(5):103-112.

第 8 章

理化性能分析

理化性能是指材料的物理化学性质。文物理化性能主要包括物理性能、化学性质和力学性质等。对文物进行理化性能分析，可获得文物材料的成分、结构、性质、性能和用途等多种有用信息。在文物修复领域，通过理化分析可以达到以下几个目的：

（1）材料选择。通过分析文物的物理和化学特性，可以选择适合的材料进行修复和保护。

（2）病害评估。通过测量文物的力学性能、化学性质等指标，可以准确评估文物的损伤程度和破坏原因，为后续的修复提供依据。

（3）修复方案制定。通过分析文物的物理和化学特性，可以为制定文物修复方案提供依据。

（4）效果评估。通过测试文物修复后的各项性能指标，可以评估修复效果并做出改进。

8.1 物理性能分析

物理性能是指在不改变其化学成分的情况下所表现出的物理性质,包括密度、孔隙率、吸水率、含水率、白度等。

8.1.1 密度

密度是对特定体积内的质量的度量,可以用符号 ρ 表示。密度等于物体的质量除以体积,表示某种物质的质量与体积的比值。在国际单位制和中国法定计量单位中,密度的单位为千克每立方米或者克每立方厘米,符号是 kg/m^3 或 g/cm^3。

对于许多文物来说其形态多种多样,形状很不规整,要计算这种类型物体的密度,一般选择静水称重法。静水称重遵循阿基米德定律:当物体浸入液体中,液体作用于物体的上浮力等于所排开液体的质量。阿基米德定律可以用公式(8-1)表示:

$$M_1 - M_2 = V\rho_{液体} \tag{8-1}$$

式中,M_1 为空气中称量物体的质量(g);M_2 为在液体中称量物体的质量(g);V 为物体的体积(cm^3);$\rho_{液体}$ 为液体的密度(g/cm^3)。

物体的体积为

$$V = \frac{M_1 - M_2}{\rho_{液体}} \tag{8-2}$$

物体的密度为

$$\rho = \frac{M_1}{V} = \frac{M_1}{\frac{M_1 - M_2}{\rho_{液体}}} = \frac{M_1}{M_1 - M_2} \times \rho_{液体} \tag{8-3}$$

1)**测量仪器**

电子天平、烧杯、金属支架等(图8-1)。

2)**操作步骤**

(1)将待测样品表面清洗干净,放在天平上获得样品在空气中的质量,为保证样品的

图 8-1 静水称重装置

数据准确一般测量三次取平均值，记作 M_1。

（2）在装有水的容器中滴两滴洗涤剂用以消除表面张力。

（3）测样品浸没在水中的质量，同样是测三次取平均值，记作 M_2。

（4）代入式（8-3）计算密度。

3）注意事项

（1）称重时注意烧杯、支架不能与天平底部接触，样品不能碰到烧杯杯壁和杯底。

（2）对于特别小的样品，测量时误差大，不适用。

（3）对于吸水性好的样品、多孔的样品，测试不准确。

（4）对于材料组合复杂的样品如合金样品可以进行测量，但无法通过获得的数据判断具体材质。

（5）结果与浸液选择有很大的关系，确定测试时的温度、气压获得准确的浸液密度。

8.1.2 孔隙率

孔隙率是多孔材料中孔隙所占的体积与多孔材料的总体积之比，可用百分数或小数表示。多孔材料内相互连通的微小空隙的总体积与该多孔介质的外表体积的比值称为有效孔隙率；而多孔介质内相通的和不相通的所有微小空隙的总体积与该多孔介质的外表体积的比值称为绝对孔隙率或总孔隙率，通常所说的孔隙率就是指有效孔隙率。

孔隙率可以用于评估文物材料的耐久性和稳定性，对于一些陶瓷砖瓦类材料来说，它们的孔隙率可能会受到环境因素的影响而发生变化，当内部的裂隙和孔隙度超过一定范围，就可能使得陶瓷砖瓦出现结构酥松，导致材料损坏。因此，通过孔隙率的测定，可以了解它们当前的稳定性，并采取相应的保护措施。对于多孔材料，进行测定时获得三个重要数据中的两个即可，即总体积、孔隙体积或固体体积。孔隙率的计算基于密度的测定，也是以阿基米德原理为基础，浮力等于排开液体的重量。

8.1.2.1 总孔隙率的测定

1）测量仪器

恒温干燥箱、电子天平、200 目标准筛、干燥器、研钵、密度瓶等。

2）具体操作

（1）获得体积密度。将样本用刷子清扫干净放入烘箱中干燥 2 h，取出，冷却到室温，称重获得数据 M_0。将样本放入室温的蒸馏水中，浸泡 48 h 后取出，用拧干的湿毛巾擦去表面的水分，在空气中称重计量为 M_1。接着把试样放入静水称重的网篮中，测定其在水中的质量记录为 M_2，所有数据精确到小数点后 3 位。代入下式获得样本的体积密度 ρ_b：

$$\rho_b = \frac{M_0}{M_1 - M_2} \times \rho_水 \text{(4℃，1个标准大气压)} \tag{8-4}$$

体积密度，是指材料在自然状态下单位体积（包括材料实体及其开口孔隙、闭口孔隙）的质量。式（8-4）中，$\rho_水$（4℃，1个标准大气压）=1 g/cm³。

（2）获得密度。将样本表面清扫干净，并对其进行粉碎处理，用研钵研制成粉末并通过 200 目标准筛，将粉末放入烘箱内干燥 4 h 以上，取出稍冷后放入干燥器冷却到室温，称重记录数值 M_0'。选择合适的密度瓶，加蒸馏水至标记处，称重记录为 M_1'。将蒸馏水倒出，密度瓶洗净，粉末样品放入干净的密度瓶中，并倒入蒸馏水。注意倒入的蒸馏水不超过密度瓶体积的一半。将密度瓶放入真空干燥器内排出气泡，加蒸馏水至标记处，称重记录为 M_2'。测试的三个数值都保留到小数点后 3 位。代入密度式：

$$\rho_t = \frac{M_0'}{M_1' + M_0' - M_2'} \times \rho_水 \text{(4℃，1个标准大气压)} = \frac{M_0'}{M_1' + M_0' - M_2'} \tag{8-5}$$

（3）计算出孔隙率。根据测定的体积密度和密度，将数值代入下式：

$$孔隙率 = \left(1 - \frac{\rho_b}{\rho_t}\right) \times 100\% \tag{8-6}$$

8.1.2.2 有效孔隙率的测定

1）测量仪器

真空皿、电子天平、烘箱等。

2）具体操作

（1）测量物体的总体积。将样品置于容器中加入蒸馏水，保证样品完全浸没，抽真空至气泡排出，静置 1 周左右，等待其孔隙空间完全被水充满。取出样品用拧干的湿毛巾擦去表面的水分，称取样品在空气中的质量，记为 M_0。将样品放入静水称重的金属篮中，测其在水中的质量记为 M_1。代入体积计算公式（8-7），获得样品总体积

$$V_总 = \frac{M_0 - M_1}{\rho_水} = M_0 - M_1 \tag{8-7}$$

（2）计算出孔隙体积。将样品置于烘箱内，将其烘干，待样品的质量不变后（$\Delta m < 0.1$ g），称取样品的质量，记为 M_2，则样品孔隙内水分质量为 $M_0 - M_2$，水分体积为

$$V_水 = \frac{M_0 - M_2}{\rho_水} = M_0 - M_2 \tag{8-8}$$

孔隙体积等于水分体积，即 $V_孔 = V_水$。

样品有效孔隙率为

$$有效孔隙率 = \frac{V_孔}{V_总} = \frac{V_水}{V_总} = \frac{M_0 - M_2}{M_0 - M_1} \tag{8-9}$$

8.1.3 吸水率

吸水率常用来评价多孔文物材料的防水性能和透气性能,主要类型有毛细吸水率和大气压吸水率。

8.1.3.1 毛细吸水率的测定

毛细吸水率又称表面吸水系数,是检测材料表面吸水性能的主要指标,根据单位面积表层吸水量与对应吸水时间平方根的关系制作表面毛细吸收曲线,曲线前段近似直线部分的斜率记作表面吸水系数,其吸水性能越强,该数值越大,用于评估材料表面通过毛细作用吸附水的能力,主要的检测方法有采样检测法和卡斯特瓶法,中国文物行业标准 WW/T 0065—2015 中有提到石质文物毛细吸水性能的相关检测方法。

1)采样检测法

(1)检测仪器:天平(最大称量 1 000 g,最小分度值 0.01 g),烘箱(精度 ±0.5 ℃),停表(最小分度 0.1 s),烧杯或带刻度的水槽,铁架台。

(2)样品的采集及制备。采集拟分析的文物或与文物材质相同、风化程度相近的材料,作为实验样块。制成底面积 5 cm×5 cm、高 10~20 cm 的长方体或者直径为 5 cm、高 10~20 cm 的圆柱体。

(3)具体测试步骤。

① 将样本放入 105 ℃ 的烘箱内烘干,时间一般为 24 h,取出置于干燥器内冷却至室温,称重,精确到 0.01 g。

② 样品烘干后,选取原石风化面作为检测面,去除表面浮尘后,对样块下部的外侧面,即样块底边以上 5~6 cm 范围内的外侧进行涂蜡封护,避免外侧面吸水,如图 8-2 所示。密封用的蜡为微晶石蜡和石蜡的混合物(推荐质量比:60% 微晶石蜡,40% 石蜡)。用游标卡尺检测样块测试面的长宽,精确至 0.1 mm,记录并计算测试面面积。将样块用 60 ℃ ±2 ℃ 的烘箱烘 48 h 至恒重。放入干燥器中冷却至室温。

③ 在天平上放置一个 500 ml 的烧杯,将封好的试样顶部用铁架台夹住,测试面向下没入烧杯中,调整试样至合适高度。向烧杯中注水,检测样块面应没入水面以下 3~4 cm,如图 8-3 所示,并记录天平初始读数。

④ 注水完成后即开始计时,前 10 min,每隔 1 min 记录一次天平示数;10~30 min 内,每隔 5 min 记录一次天平示数;0.5~1.5 h 内,每隔 10 min 记录一次天平示数;1.5~5.0 h 内,每隔 30 min 记录一次天平示数;5~10 h 内,每隔 1 h 记录一次天平示数;10~24 h 内,每隔 2 h 记录一次天平示数。注意:该时间间隔为常用经验值,测试过

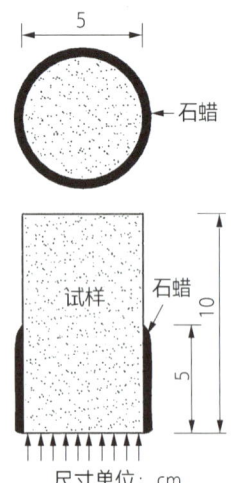

图 8-2 样块底边密闭隔水处理
(摘自 WW/T 0065—2015)

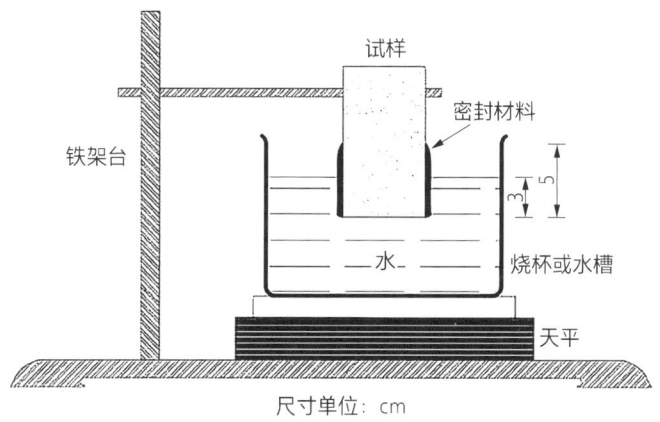

图 8-3 实验装置及样块固定示意图
（摘自 WW/T 0065—2015）

程中也可以自主调整时间间隔读取天平示数；另外，24 h 或液面低于样块检测面结束测量为最长测试时间，实际测量时间可以缩减，一般砂岩或砖体等多孔隙材质 2 h 即可绘制出平滑的表面毛细吸收曲线，实验可以提前终止。

⑤ 依据天平示数变化计算样块在不同时间的吸水量，计入表格（表 8-1），并完成制作表面毛细吸收曲线，取曲线上至少 5 个连续点绘制直线，计算表面吸水系数，该直线斜率即样块的毛细吸水率（kg/m）。

⑥ 为保证实验数据的可信度，每组测样的数量不少于 3 个。

表 8-1 文物表面吸水系数（W_w）采样检测测试实验数据记录表

文物名称		材质类型	
采样日期		测试日期	
实验编号		温度/湿度	
基本描述	（如文物基本信息、类型、材质种类、检测目的等）		
样品实验数据记录			
测试时间 t/s	吸水时间因子 $\sqrt{t}/s^{1/2}$	天平示数 /g	单位面积吸水量 Q /（g/cm²）

⑦ 对于空白试样（施加防水材料前），测试完成后需除去侧面石蜡密封层，将试样重新烘干冷却备用。可将样块放于去离子水中浸泡，泡至表面石蜡封护层开始起皮后，用压舌板或手术刀剥除表面石蜡。表面清理完成后，将样块于烘箱内 105 ℃烘 24 h，后取出置于干燥器中备用。

2）卡斯特瓶法

卡斯特瓶法又称原位检测法。卡斯特瓶按其结构分为水平面测试瓶和竖直面测试瓶两种，如图 8-4 所示。水平面测试瓶用于文物水平部位的检测工作，竖直面测试瓶用于文物竖直面的测试工作。卡斯特瓶常用规格为检测面有效直径 2.6 cm 或 5 cm，有效量程分别为 5 ml 或 10 ml，最小有效示数为 0.1 ml，瓶颈直径一般为 0.8～1 cm。

（1）所需仪器：卡斯特瓶。

（2）测试步骤。

① 选取较为平整的文物表面作为测定区域，对区域内的浮尘等污渍进行清理。

② 按照图 8-5 所示，采用密封材料（如 Bostik 胶或者耐水橡皮泥等）将卡斯特瓶安装于测试对象表面，要求粘接层粘贴平整牢固，不漏水，且卡斯特瓶与测试对象形成的有效吸收面积等于或者接近卡斯特瓶设计吸收面积（密封材料不得占用有效测试空间）。

③ 完成安装后，由卡斯特瓶上孔注水至零点，要求卡斯特瓶内无气泡，不漏水，否则需要重新换位安装。

④ 当测试管水位达到"0"后，开始计时：10 min 内，每隔 1 min 记录一次液面刻度；10～30 min 内，每隔 5 min 记录一次液面刻度；0.5～1.5 h 内，每隔 10 min 记录一次液面刻度；1.5～5.0 h 内，每隔 30 min 记录一次液面刻度；5～10 h 内，每隔 1 h 记录一次液面刻度；10～24 h 内，每隔 2 h 记录一次液面刻度。也可分别在卡斯特瓶刻度读数为整数"0、1、2、3、4、5"时分别记录该点停表读数，直至卡斯特瓶示数范围内的水体全部被吸收，或测定时间超过 24 h，则可以终止实验。注意：液面刻度示数应读凹液面的底

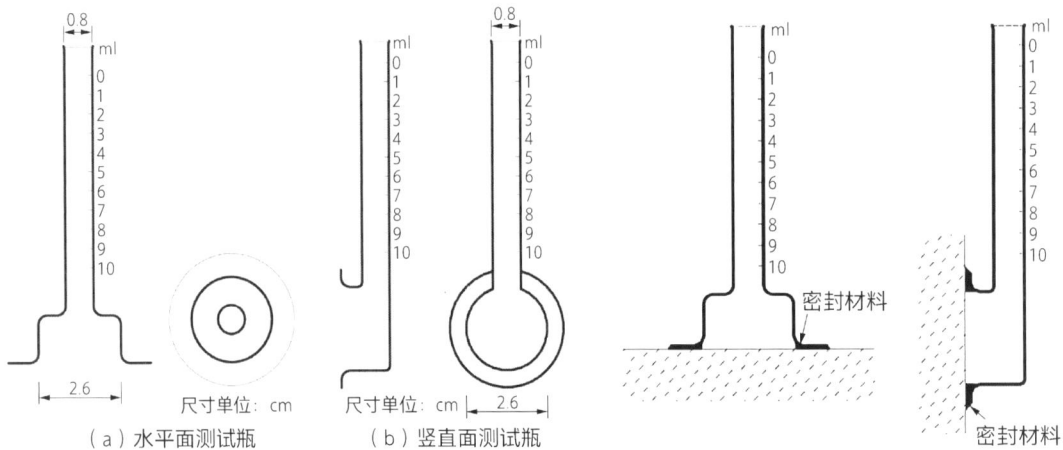

图 8-4　卡斯特瓶结构示意图
（摘自 WW/T 0065—2015）

图 8-5　卡斯特瓶安装方式示意图
（摘自 WW/T 0065—2015）

面,刻度精度为 0.1 ml;列出的时间间隔为常用经验值,测试过程中也可以自主调整合适的时间间隔进行读数。

⑤ 拆除实验装置,去除文物表面的密封材料。

⑥ 依据卡斯特瓶的示数变化记录测试对象表面不同时间的吸水量,计入表格(表 8-2),并完成制作表面毛细吸收曲线与计算表面吸水系数的工作。

表 8-2 文物表面吸水系数(W_w)采样检测测试实验数据记录表

文物名称		材质类型	
采样日期		测试日期	
实验编号		温度/湿度	
基本描述	(如文物基本信息、类型、材质种类、检测目的等)		
样品实验数据记录			
测试时间 t/s	吸水时间因子 $\sqrt{t}$/$s^{1/2}$	刻度示数 /ml	单位面积吸水量 Q/(g/cm^2)

g. 为保证实验数据的可信度,每个检测对象的检测点不少于 5 个。

h. 干燥地区应选择阴凉处并加盖遮挡物防止蒸发。

3)表面毛细吸收曲线绘制、计算表面吸水系数

将吸水时间因子作为横坐标、单位面积吸水量作为纵坐标,按照两个表格中的实验数据分别完成检测对象的表面毛细吸收曲线绘制。截取曲线前段近似直线部分,获取直线斜率,完成检测对象的表面吸水系数 W_w 计算公式如下:

$$W_w = \Delta Q_i / \Delta \sqrt{t_i} \qquad (8-10)$$

式中,W_w 为表面吸水系数 [g/($s^{1/2} \cdot cm^2$)];$\Delta \sqrt{t_i}$ 为测试对象测试点上时间瞬间变化值的平方根($s^{1/2}$);ΔQ_i 为测试时间点上测试对象单位面积的表面吸水量的瞬间变化值(g/cm^2),且有

$$\Delta Q_i \approx (m_i - m_{i-1})/A \qquad (8-11)$$

式中，$(m_i - m_{i-1})$ 为测试时间点前后测试对象表面吸水量的变化值（g）；A 为试样块测试面积，即测试对象与水层的有效接触面积（cm^2）。

8.1.3.2 大气压吸水率的测定

大气压吸水率是指材料在常压下的吸水率，也可以用于评估材料的吸水性能，其检测方法比较简单，具体可参考国内外的行业标准。大气吸水率的测试原理与密度测试一致，也参考的是阿基米德定律。

1）测量仪器

恒温干燥箱，天平等。

2）测试步骤

（1）将样本表面用刷子清扫干净，置于 65 ℃ ±5 ℃ 的干燥箱内干燥 48 h 至恒重，即在干燥 46 h、47 h、48 h 时分别称量试样的质量，质量保持恒定时表明达到恒重，否则继续干燥，直至出现 3 次恒定的质量。放入干燥器中冷却至室温，然后称其质量（m_0），精确至 0.01 g。

（2）将样本置入容器中，加蒸馏水至试样高度的一半，静置 1 h，然后继续加水到试样高度的 3/4，再静置 1 h；继续加满水，水面应超过试样高度 25 mm ± 5 mm。试样在水中浸泡 48 h ± 2 h 后取出，包裹于湿毛巾内，用拧干的湿毛巾擦去试样表面水分，立即称重（m_1），精确至 0.01 g。

（3）代入下式：

$$W = \frac{m_1 - m_0}{m_0} \times 100\% \tag{8-12}$$

式中，W 为吸水率（%）；m_0 为干燥试样在空气中的质量（g）；m_1 为水饱和试样在空气中的质量（g）。

8.1.4 含水率

含水率是指物质中所含水分的质量与全干试样的质量之比。它是衡量物质中水分含量的重要参数，不同物质的含水率对其性质和用途都有着重要影响。

文物含水率测定的常见方法有烘干法（失重法）、红外热成像技术、电导率仪等，其中红外热成像技术和电导率仪在测试时结果受到很多因素的影响，现在最准确的方法还是烘干法。

8.1.4.1 烘干法

1）仪器和工具

天平（测量精度 ±0.000 1 g）、干燥箱（温度能保持在 103 ℃ ± 2 ℃）、玻璃干燥器（含干燥剂）、带盖称量瓶、不锈钢刀和锯。

2）取样

（1）根据实际情况采用不锈钢刀或者锯子选取有代表性的样品进行取样，要求初始质量不小于 2 g，试样内部无明显硬结物，尽量减小对器物完整性的影响。

（2）对于无法取样的完整器，应该寻找同墓葬或者同地层遗址内其他同种属同材质的样本。

（3）清除样品上的漆膜、木屑、碎片和污染物。

3）具体操作

（1）称取干燥带盖称量瓶的重量（m_0），精确到 0.000 1 g。

（2）将试样放入干燥称量瓶并盖好盖子，称重（m_1），精确到 0.000 1 g。

（3）将试样放入干燥箱，揭开称量瓶盖，干燥箱升温至 103 ℃，保持恒温。

（4）恒温 4～6 h 后带盖称量，以后每烘干 2 h 称量一次，当连续两次称量之差小于最后一次称量试样质量的 0.5% 后，即表示试样已经达到全干。

（5）试样冷却后，用干燥的镊子从干燥器中取出装有试样的带盖称量瓶，并称重（m_2），精确到 0.000 1 g。

（6）代入下式，计算含水率，精确至 0.1%：

$$W = \frac{m_1 - m_2}{m_2 - m_0} \times 100\% \tag{8-13}$$

式中，W 为试样含水率（%）；m_1 为起始时试样和称量瓶的质量（g）；m_2 为全干时试样和称量瓶的质量（g）；m_0 为称量瓶的质量（g）。

8.1.4.2 纸张水分测试

1）仪器和工具

便携水分测定仪在文物中最常使用的是纸张水分测定仪，如图 8-6 所示，仪器采用高周波原理，数字显示、传感器与主机合为一体，设有多个挡位；仪器内部设有一固定频率，当被测物体水分不同时，通过传感器传进仪器内频率不同，两者之差通过频率电流转换器转换成电流，再通过模拟数字转换器转换成数字显示。

2）仪器操作

（1）根据测试物体的不同选择不同的挡位，具体选择要参考不同厂家生产仪器的使用说明书。

（2）手持仪表（探头悬空不予任何物体接触），按下电源按钮，调整校零旋钮确保电子显示屏上数字显示在 ±00.5 内。

（3）将探头紧紧压在纸面上，传感器圆头与纸面接触为一条直线，待数字稳定后，显示的数字为被测物体的水分值。

注意：由于高周波有较强的穿透性，在测量时被测物体底部及周围不能有铁板或磁铁。

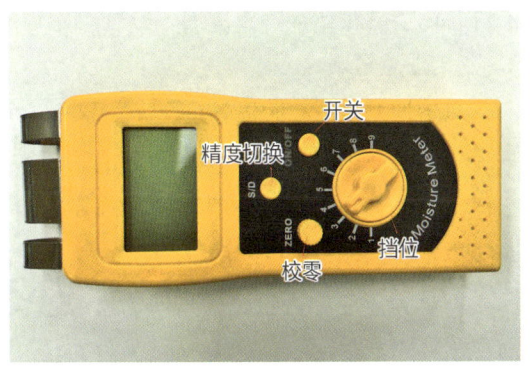

图 8-6　纸张水分测定仪

8.1.5 白度

白度是对白色物质表面白色程度的一维评价，表示物质表面白色的程度，是指物体受到光照后全面反射的能力，也是颜色的一种，在可见光谱区，光谱漫反射比均为 100% 理想表面的白度为 100 度，光谱漫反射比均为 0 的绝对黑表面白度为 0 度。在文物中白度经常用于纸张、丝织品和白瓷的评价。

8.1.5.1 纸张及丝织品白度测试

纸张及丝织品的白度采用荧光白度计（图 8-7）进行测试。

1）试样制备

（1）避开水印、尘埃和明显病害位置，将试样切成约 100 mm×100 mm 正方形试样，叠加至纸样不透光（至少 5 张）。在试样叠的上下各附一页纸以保护试样，避免污染及不必要地暴露在光或热中。

（2）在试样的一角做上标记，以区分试样及其正反面，如能从试样的网面来区分正面，正面应朝上。如果不能区分正面，应保证纸样的同一面朝上，以保试样的每面能分开测定。

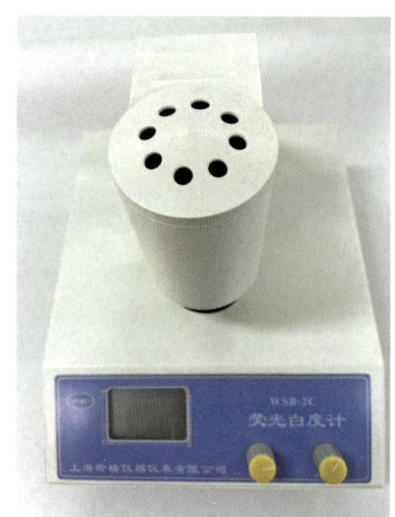

图 8-7 白度计

2）具体操作

（1）打开电源，荧光白度计接通电源预热 30 min。

（2）左手按下测试台，右手将调零黑筒放上去，按照指示进行调零操作。

（3）调零后，换上工作标准白板，校正标准白度值，保证显示器上的白度值与标准白板背面的数值一致。

（4）调试好仪器后，取下标准白板，以正方形试样的对角线与仪器的前后方向平行的位置放在"测试台"上，开始测试样品最上面一层的白度值。得到数值并记录后取下最上面的一层试样放在这一叠试样的底部，重复测试第二张试片。用同样方法依次测试 3～5 张试片。记下测量试样的白度值，并取测定值的算术平均值。

3）注意事项

（1）根据试样有明显的正反面，需要进行正反面测试 3～5 张试片，并取其算术平均值。

（2）由于仪器的线性误差引起的测试数据的误差较大，因此，可以采用不同白度的白板标定仪器来克服。要注意试样的光泽度对白色的测试结果的影响，光泽度越大，对纸的影响也越大。

（3）为避免因纸张纵横方向白度值差异大需要多次测量的情况，测试时采用试样沿纵向 45°角测定方法。

（4）试样测量之前，用干净白纸包好，以免将试样弄脏。

8.1.5.2 陶瓷白度测试

其基本原理是在符合标准规定条件的前提下,测量出试样的三刺激值,先计算色调,再用所规定的分色调类型公式计算出其白度。

1)仪器设备

(1)颜色测定设备,依据 QB/T 1503—2011,选择符合条件的仪器,如 ZB-A 色度仪(图 8-8)、柯尼卡美能达色度仪 CR-10(图 8-9)。

(2)标准白板(白度值大于 87 度)及工作白板(表面平整、无划痕、无裂纹无瑕疵有釉的白色陶瓷板,白度在 80 度左右)。

2)样品制备

试样平整面大小应满足仪器探头的测定要求,试样待测表面必须清洁、平整、无彩饰、无裂纹和其他伤痕。

3)测定步骤

(1)按仪器的操作规程,预热稳定仪器。

(2)用工作白板校准仪器。

(3)按仪器操作说明书逐件对试样表面进行测量。

4)白度计算

根据测得的 X、Y、Z 三刺激值,代入以下公式,分别计算色品坐标、明度指数和色品指数:

$$x = X/(Z+Y+Z) \tag{8-14}$$

$$y = Y/(Z+Y+Z) \tag{8-15}$$

$$L^* = 116(Y/Y_n)^{1/3} \tag{8-16}$$

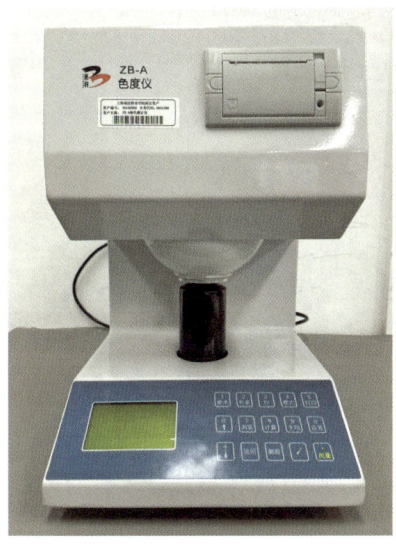

图 8-8 ZB-A 色度仪

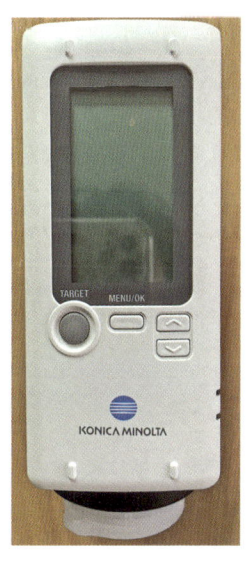

图 8-9 柯尼卡美能达色度仪 CR-10

$$a^* = 500\left[(X/X_n)^{1/3} - (Y/Y_n)^{1/3}\right] \quad (8-17)$$

$$b^* = 200\left[(Y/Y_n)^{1/3} - (Z/Z_n)^{1/3}\right] \quad (8-18)$$

式中，X 为 X 刺激值；Y 为 Y 刺激值；Z 为 Z 刺激值；x、y 为色品坐标；L^* 为明度指数；a^*、b^* 为色品指数；X_n、Y_n、Z_n 为 CIE1964 标准照明体 D_{65} 的三刺激值，$X_n = 94.81$、$Y_n = 100.00$、$Z_n = 107.32$。

按 GB/T 7921 色调角公式计算试样的色调角 h_{ab}：

$$h_{ab} = \arctan(b^*/a^*) \quad (8-19)$$

当 $135° \leq h_{ab} < 315°$ 时，为青白；代入下式：

$$W = Y - 250(x - x_n) + 3(y - y_n) \quad (8-20)$$

当 $h_{ab} < 135°$ 或 $h_{ab} > 315°$ 时，为黄白；代入下式：

$$W = Y + 818(x - x_n) - 1\,365(y - y_n) \quad (8-21)$$

式中，W 为白度值，$x_n = 0.313\,8$、$y_n = 0.331\,0$。

研究案例

- 密度测定
- 毛细吸水率研究
- 含水率研究
- 孔隙率研究
- 大气吸水率研究
- 白度研究

■ 密度测定

密度的测定对于组成成分固定的材料来说有着极为重要的意义，通过测定的数据可以判断材料的大概组成，这在金银和宝玉石材料领域的应用最为广泛，见表 8-3。

表 8-3　常见金银及宝玉石文物密度

材　质	密度 /（g/cm³）	材　质	密度 /（g/cm³）
银	10.49	钻石	3.52
金	18.32	红蓝宝石	3.98～4.10
和田玉（透闪石玉）	2.90～3.10	祖母绿	2.72
岫玉（蛇纹石玉）	2.57	碧玺	3.05
翡翠	3.30～3.36	绿松石	2.60～2.73
石英岩玉	2.60～2.65	水晶	2.65

胡巧等对荆门龙王山墓葬出土玉器进行了密度测试，除了有两件玉器的密度为 2.65 g/cm³、与玛瑙的相对密度一致外，其余样品的相对密度均在 2.63～2.96 g/cm³。根据《和田玉鉴定与分类》(GB/T 38821—2020) 规定，和田玉的相对密度为 2.90～3.10 g/cm³，故其余 71 件样品的相对密度值基本在软玉的相对密度范围内，部分略偏低，偏低的这些样品受沁均较严重。

■ 孔隙率研究

刘妍等研究了以氧化钙-磷酸氢钙的醇悬浮分散液为加固剂保护脆弱骨质文物的新方法。采用水浸质量测定的方法，筛选出加固剂中氧化钙和磷酸氢钙的配比为 1:3 时，刷涂、浸泡、滴渗的方式均能降低脆弱骨样品的开放孔隙率，其中以刷涂方式最为显著，孔隙率的降低是加固剂进入脆弱骨内部的直接结果。

■ 毛细吸水率研究

曹峰等用采样检测法和卡斯特瓶测试法，分别对同一时期同一地区，原料烧制工艺基本相同且体积相同的北京明长城青砖进行毛细吸水性的测定，通过测试可知，青砖毛细吸水过程都是先快速吸水后缓慢直至饱和。通过饱和终点对应的时间可以初步判断青砖毛细吸水性强弱，水作为影响非饱和青砖耐久性的主要因素，毛细吸水系数作为判断青砖抗侵蚀性的重要参数之一，可以为后期修缮选择提供有效依据。在后期选择青砖时 W_w 不能超过 0.35 kg/(m²·s^{1/2})，并且在墙体下部分要选择吸水系数小、抗腐蚀性能好的青砖进行修缮。

■ 大气吸水率研究

赵红英等以河南信阳长台关出土饱水梓木为研究对象，以现代梓木新材为对照样，根据出土梓木与现代新材同一物理化学参数的偏离程度，来判断出土梓木的腐蚀程度，认为含水率可以直接表征饱水木质文物的保存状况，即依据木材样品的含水率，可以有效地判断其腐蚀程度。参考 Macchioni 等的糟朽木材等级划分标准：0 级，< 135%；1 级，135%～225%；2 级，225%～350%；3 级，350%～500%；4 级，> 500%，并通过与木材微观形态划分等级对照，认为 0 级、1 级和 2 级在木材微观结构区分不大，而 3 级和 4 级之间区别明显。可知河南信阳长台关出土梓木的饱和绝对含水率为 629.69%，属于严重糟朽的级别，木材内部多糖类物质发生严重降解和溶出，木材孔隙增加，从而导致含水率增加、密度降低、力学强度降低。

■ 含水率研究

武若斌对麦积山地区及第 3 窟佛像上、中、下三个部分表面的含水率进行监测，发现不同高度表面含水率的变化趋势基本相同，存在较大差异的仍为十月至三月受太阳辐射影响较为明显的月份。上、中、下三个部位的饱和度均在 8%～16% 之间变化，均处于较低的含水率状态。由于水分是造成材料劣化较为重要的驱动因素，而泥塑表面长期相对较低的水分含量，有利于减少佛像与水分有关劣化发生的可能，如水盐运移（盐析、结晶破坏）、冻融破坏等。

■ 白度研究

陈珂然、杨扬等在探讨氨基硅烷偶联剂对加固后纸张的影响时将纸张白度作为重要的判断依据，对三种偶联剂不同浓度（N-氨乙基-3-氨丙基-三乙氧基硅烷，缩写 AETAPTES；3-氨丙基-二乙氧基甲基硅烷，缩写 AMDES；3-氨丙基-三乙氧基硅烷，缩写 APTES）加固前后的纸张进行正反两面在 R457 模式和 Ry 模式下分别进行白度的测试，测 10 个样本取平均值，具体结果见表 8-4。通过分析可见，所有的加固材料都使得纸张白度随偶联剂浓度增加有所降低，但变化轻微，表明偶联剂处理不会对纸张外观造成明显改变，符合文物保护"修旧如旧、保持原貌"的基本原则。三种加固剂在相同浓度、同种测试条件下白度值相差并不大，说明三种加固材料对纸张白度影响基本相同，因而在加固材料选择时需要参考其他机械性能的参数。综合考量，15% 的 AETAPTES 浓度较为合适。

表 8-4 纸张在三种偶联剂不同浓度处理后白度的变化

浓度 /%	AETAPTES		AEDES		APTES	
	R457	Ry	R457	Ry	R457	Ry
0	97.7	82.2	97.7	88.2	97.7	82.2
5	93.9	80.4	96.1	82.1	97.0	82.1
10	89.6	77.4	95.0	80.3	95.4	81.3
15	89.7	77.8	94.3	80.3	95.1	81.1
20	88.2	75.4	93.2	79.4	94.2	80.5

8.2 化学性质分析

化学性质是指材料在发生化学变化时表现出来的性质，对于文物材料而言，化学性质主要探讨的有组成成分、酸碱度。这一部分将主要以纸质类文物为重点，探讨文物常见的化学性质。

8.2.1 纸张纤维

纸质文物纤维分析可以帮助人们了解文物的年代、制作工艺、材料成分、耐久性等信息，从而更好地保护和研究这些珍贵的文物。例如在修复用纸选择上，选用皮纸修补竹纸文物，因应力作用差异大致使文物易断裂损坏；误用草浆纸、竹纸修复用纸修复了麻纸或树皮纸的文献，造成补纸易酸化而先于文物本身损坏；选用一般树皮纸修补狼毒草纸，致使补纸因不具防虫效果而遭虫蛀，等等，因而纸张的纤维分析相当重要。

现在对于纸质文物纤维分析比较可靠的方法是纤维染色显微观察法。实验原理为：不同的纤维在显微镜下会呈现明显不一样的形态，纤维壁、纤维长短、宽度、同种染色剂下显示的颜色都不相同，通过显微镜观察纤维的形态特征和显色反应，能够有效鉴别纤维的类别，从而确定纸张的类型。

1）实验仪器

XWY 纤维分析仪、烘干设备、过滤器、玻璃滴管。

2）实验试剂

赫兹波格（Herzberg）染色剂。

3）样品制备

（1）试样分离。

取有代表性的试样约 0.2 g，根据不同的纸种，按下述方法将其分离：

① 对于不施胶或施胶度较低的试样，可用水将其湿润并撕成小片，然后置于烧杯中，用热蒸馏水浸泡或煮沸。用手指将纸片揉成小球，放入试管中，加少许蒸馏水，轻轻摇动，待水被试样完全吸收后，再加水少许，重复振荡，直至纤维充分分离。

② 对于施胶度较高或不易分散的试样，可用 1% 氢氧化钠溶液煮沸几分钟，倾去碱液，用蒸馏水洗净。然后用适量盐酸浸润几分钟，倾弃酸液，用蒸馏水充分洗涤。再按上述方法将纤维分离。

（2）试片制备。

① 将试样置于滤网上滤干，取少许置于洁净且干燥的载玻片上，加上 1～2 滴染色剂。用解剖针和镊子将纤维均匀分散，盖以盖玻片，并注意防止试片中产生气泡，最后用滤纸吸去多余的染色剂，即可于显微镜下观察。

② 理想的试片应是纤维分散良好、染色均匀、无气泡且纤维疏密程度适宜。每个试样至少制备两个试样片。

（3）纤维观察。纸质文物常见纤维原料有韧皮纤维、竹类纤维和草类纤维等。其中古麻纸基本不含杂细胞，涉及种类主要是苎麻、大麻和亚麻。古树皮纸涉及种类主要为构皮、桑皮、三桠皮、檀皮和雁皮。古竹纸一般涉及苦竹、毛竹且根据蒸煮生熟程度会有不一样的显色。古纸中主要涉及草纤维为稻草纤维，基本都在宣纸中，少量会混入皮纸。具体参考本章末文献［17］《中国造纸原料纤维特性及显微图谱》。

8.2.2　pH

pH 是酸碱度的量度，是指液体中氢离子浓度的负对数，在文物中 pH 的测定主要用于纸张和丝织品这类有机质文物。酸对于这类有机质文物来说是引起老化的主要因素，在制造工艺和保存环境中经常有酸的存在，如纸质品制造时会加入明矾来驱虫防蠹、丝织品保存过程中空气中会存在酸性气体等，酸会使纤维发生降解导致纤维出现断裂、材质强度降低，因而酸性的大小是衡量这类材质耐久性能的重要指标之一。通过掌握纸张和丝织品的酸度，有利于改善这类文物的保护条件，确定修复保护过程中的具体处理方式，在文物修复保护中有着重要意义。

1）酸碱度测定所需仪器和工具

（1）pH 计，配 pH 复合电极（由敏感玻璃电极和银-氯化银参比电极复合而成的电极），适用于测量抽提液的 pH。配 pH 平面复合电极（由玻璃平面电极和参比电极复合而成的电极),适用于无破损方法测量纸的表面。

(2)电子天平、水浴锅、锥形瓶、烧杯、量筒、玻璃棒、移液管。

2)试剂

蒸馏水、标准缓冲溶液(如pH=4.01、pH=7.00、pH=9.21)等。

3)试样制备

(1)准确称取2 g试样(平行作两个试样),精确至0.1 g,将试样撕成10 mm×10 mm的小块置于锥形瓶中。

(2)用移液管量取100 ml蒸馏水注入此瓶中,使试样全部浸泡在水中。用磨口玻璃塞塞好锥形瓶。也可以将试样浸泡在烧杯中,用表面皿盖住,在20~25 ℃条件下放置1 h。

(3)在浸泡期间至少摇动一次。浸泡完毕后,无需过滤,将部分抽提液倒入小烧杯中,用酸度计进行测定。每个溶液测2~3次。

4)实验步骤

(1)电极的使用和维护。

① 测量前取下电极浸泡瓶,将电极在去离子水中清洗干净,并查看电极端玻璃球泡是否有气泡,如有,则应将电极向下轻轻甩动,以清除球泡内的气泡。

② 电极使用时,电极前端的敏感下部不能与硬物接触,任何破损和擦磨都会使电极失效。

③ 电极测量完毕应套上浸泡瓶,浸泡瓶内为3.3 mol KCl溶液,电极频繁使用或较长时间不用时,应倒去浸泡瓶中溶液,将空浸泡瓶套上即可。

④ 电极插头必须保持高度干燥和清洁,如有沾污可用医用棉花和无水酒精擦并吹干。

⑤ 电极敏感玻璃表面污染也会使电极钝化,此时应根据污染物的性质用适当的清洗液清洗。

(2)仪器校准。

① 打开pH校准。按MODE按钮选择好测量pH界面。

② 按上下键进入缓冲液选择界面,选择三点自动校准,缓冲液选择4.01、7.00、9.21,保存设置。

③ 按CAL选择进入校准操作,迅速将电极放到pH为4.01液面下至少10 mm,等待测试完成,观察测试结果是否与缓冲液的pH一致,若不一致需要更换缓冲液。

④ 将电极用蒸馏水清洗干净并用滤纸吸干水分,插入7.00缓冲液中,待稳定后,按上面的操作进行9.21缓冲液的校准。

⑤ 校准完毕后按保存,校准结束,方可进行测试。

(3)萃取液测量。

① 按READ按钮,将第一份萃取液倒入烧杯,迅速把电极浸没到液面下至少10 mm的深度,用玻璃棒轻轻搅动液体直到pH示值稳定(本次测定值不记录)。

② 将第二份萃取液倒入另一个烧杯,迅速把电极(不清洗)浸没到液面下至少10 mm

的深度，静置直到 pH 示值稳定并记录。

③ 取第三份萃取液，迅速把电极（不清洗）浸没到液面下至少 10 mm 的深度，静置直到 pH 稳定并记录。

④ 记录第二份萃取液和第三份萃取液的 pH，取两者的平均值作为测量值。

（4）无损测量。

① 测量时换上平头电极，按照前面的校准操作，重新进行校准设置。仪器校准完毕，即处于测量状态。

② 在待测样品一角选择不明显的位置，滴 1~2 滴蒸馏水，等待样品完全浸润。

③ 用蒸馏水冲洗电极，并用滤纸擦拭干净。按下 READ 键，让平头电极与被蒸馏水润湿的纸面紧密接触，并给予一定压力，此时组成一个微小的测量体系，开始进入测量阶段。

④ 等待显示屏上开始显示数值，至 30 s 后读数，此值为该试样的酸度值。

注意：一张试样上取两点测试，用两次测定的算术平均值表示 pH，并精确至 0.1；准备测试下一试样时，应注意用蒸馏水彻底冲洗电极，以保证读数的准确性；用无损法测定纸的 pH，应严格控制测量时间，以防止蒸馏水渗入纤维内部，影响测量的准确性。

研究案例

■ 纤维分析
■ pH 研究

■ 纤维分析

秦威威、王敏在对明代杨继盛七言古诗书法立轴的修复中，采用纤维显微观察得到原作品画芯的纤维图片（图 8-10）。样本纤维主要呈现紫红色、黄色、棕红色，其中大部分紫红色纤维较短较细，纤维外壁没有明显的胶衣，这一部分纤维是檀皮纤维；黄色纤维较短较粗并含有锯齿状细胞，是典型的稻草纤维；少量粗长的棕红色纤维有明显的胶衣及横节纹，是构皮纤维。因此可知画芯纸张主要成分是青檀皮、稻草和少量构树皮，为后期修复用纸的选择提供了有效依据。

■ pH 研究

陈潇俐等对南京博物院藏清代无款张南坪生平宦迹图册进行了清洗研究，通过册页清洗前后的对比判断清洗效果。利用复合虹吸设备和皂角水配合纳米氢氧化镁和六次甲基四胺的多功能清洗液对册页进行处理，同时做到清洗、脱酸加固，清洗前后用 pH 计对册页左上、左下、右上、右下和中心五个点采用平头电极进行无损测定，通过 pH 的变化判断清洗效果。具体变化见表 8-5。通过表中的数值变化可以看到纸张 pH 明显提高了，从而证实了该处理方法在纸张脱酸上有着显著的效果。

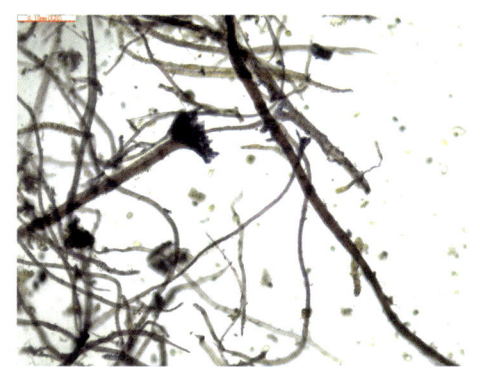

图 8-10　样本纤维显微观察图

表 8-5　册页清洗前后 pH 对比

清洗对象	清洗前 pH	清洗前平均 pH	清洗后 pH	清洗后平均 pH
册页	4.46	4.35	9.42	8.546
	4.18		8.36	
	4.34		8.79	
	4.22		8.54	
	4.55		8.62	

8.3　力学性质分析

> 力学性质是指材料在外力作用下表现出来的变形和破坏方面的特性，常见的力学性质有强度、弹性、塑形、脆性、韧性、硬度与耐磨度等。对于文物材料而言，讨论得比较多的是抗拉强度、抗弯强度、抗压强度和硬度。

8.3.1　抗拉强度

抗拉强度是指材料抵抗外力拉伸的能力。在文物中纸质、丝织品、木材、黏合材料经常会进行抗拉能力的测试。

纸张抗拉强度又称抗张强度，指的是在标准实验方法规定的条件下，单位宽度的纸断裂前所能承受的最大张力。抗张力的大小与纸张纤维间结合力有直接的关系，纤维结合力强抗张力就大。

测试方法如下：抗张强度实验仪在恒速拉伸的条件下，将规定尺寸的试样拉伸至断裂，测定其抗张力。

1）仪器设备

电子拉力机。

2）取样

根据国家标准切取宽 15 mm ± 0.1 mm、最短长度通常为 250 mm 的试样（如有特殊纸张的需要在实验报告中进行备注说明，但要保证纸张能够被夹住），纵横向至少各 10 条，试样要求两边平直，切口整齐无任何损伤，并进行恒温恒湿处理。

3）具体操作

（1）将仪器界面调整至拉力测试，进入设置界面，检查夹头宽度是否与纸样一致，夹头距离是否与规定长度一致，如不一致按照测试要求进行设置。

（2）将纸样夹在夹头上，注意不应用手接触实验区域，建议在处理试样时佩戴一次性或轻质棉手套，摆正并夹紧试样，不留任何可觉察的松弛，并且不产生明显的应变。保证试样平行于所施加的张力方向。

（3）按下测试按钮，直至试样断裂，记录所施加的最大抗张力 F。

注意：应在纸的每个方向上至少测定 10 个试样能得到 10 个有效结果，取平均值 $\bar{F}$。

4）结果计算

抗张强度计算公式为

$$S = \frac{\bar{F}}{w_1} \qquad (8-22)$$

式中，S 为抗张强度（kN/m）；$\bar{F}$ 为平均抗张力（N）；w_1 为试样的初始宽度（mm）。

8.3.2 抗弯强度

抗弯强度是指材料在外力作用下抵抗外力不断裂的能力。文物中木质材料在判断耐久性的时候经常会进行抗弯强度的测试。测试时在试样长度中央以均匀速度加荷，以求出材料的抗弯强度。

1）仪器设备

万能实验机、刚直尺、切割设备等。

2）试样制备

将木材切割成 300 mm×20 mm×20 mm 试样，其中长度为顺纹方向，如图 8-11 所示。

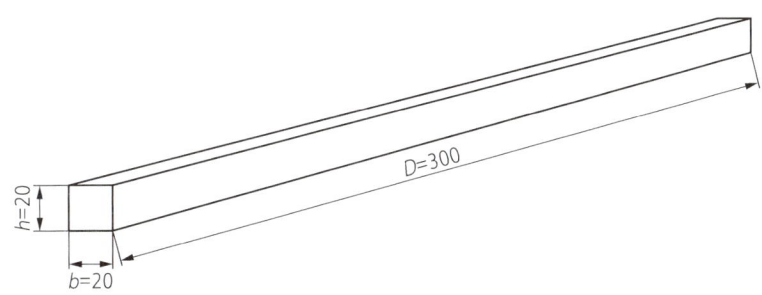

图 8-11 木材试样

3）实验操作

采用中央加荷，将试样放在实验装置的两支座上，在支座间试样中部的径面以均匀速度加荷，在 1~2 min 内使试样破坏（或将加荷速度设定为 5~10 mm/min），将破坏载荷记录，精确至 10 N。

4）结果计算

代入下式计算：

$$\sigma_b = \frac{3P_{max}l}{2bh^2} \quad (8-23)$$

式中，σ_b 为试样的抗弯强度（MPa）；P_{max} 为破坏载荷（N）；l 为两支座间跨距（mm）；b 为试样宽度（m）；h 为试样高度（mm）。

8.3.3 抗压强度

抗压强度是指给材料施加压缩载荷直至试件破坏时的单位面积载荷值。文物中建筑砖材经常进行抗压强度的测试，用以判断砖材的耐久性能。

1）**仪器设备**

微机控制电液伺服万能实验机、刚直尺、切割设备等。

2）**试样制备**

制成 50 mm×50 mm×50 mm 规格的自然干燥状态下青砖试块（当青砖高度不足 50 mm 时，应按青砖高度截取），实验结果应以试块规格为依据进行实验并计算。

3）**实验步骤**

将试块放在实验机的承压板上，使试块的中轴线与承压板的压力中心重合，垂直于受压面加荷，应均匀平稳，不得发生冲击或振动，以 10~30 kN/s 的速度加荷直至试块破坏，记录最大破坏载荷 P。

4）**结果计算**

抗压强度计算公式为

$$R_{压} = \frac{P}{lb} \quad (8-24)$$

式中，$R_{压}$ 为试件的抗压强度（MPa）；P 为最大破坏载荷（N）；l 为受压面长度（mm）；b 为受压面宽度（mm）。

计算结果应精确至 0.1 MPa。

8.3.4 硬度

硬度是指材料在承受载荷的情况下表面抵抗局部变形的能力。常见有两大类，分别为刻划硬度和压入硬度。

刻划硬度是指材料抵抗刻划作用力的能力，又称莫氏硬度。

压入硬度是指材料抵抗其他材料压入的能力，即受压时抵抗局部塑形变形的能力。

8.3.4.1 刻划硬度的测定

刻划硬度在文物中常常用来评价陶瓷器、玉石器这种不适合直接施加载荷材料表面的坚硬程度。莫氏硬度的标度是选定 10 种不同的矿物，从软到硬分为 10 级，由于这种分级在高硬度范围内相邻几种标准物质的硬度相差较大，为了使分级更加准确，后来增加到 15 级，又称李德日维耶硬度，见表 8-6。

表 8-6 刻划硬度顺序

材料名称	莫氏硬度	李德日维耶硬度	材料名称	莫氏硬度	李德日维耶硬度
滑石	1	1	黄玉	8	9
石膏	2	2	石榴石	—	10
方解石	3	3	熔融氧化锆	—	11
萤石	4	4	刚玉	9	12
磷灰石	5	5	碳化硅	—	13
长石	6	6	碳化硼	—	14
SiO_2 玻璃	—	7	金刚石	10	15
石英	7	8			

用硬度笔进行测试应遵循先软后硬的顺序，以便在被测物体表面仅留下唯一刻痕。为了使物体表面的刻痕尽量小，最好用压刻方法，然后用放大镜或显微镜观察是否出现小的压刻痕迹。注意：刻划硬度属于一种破坏性测试方法，宜在物体不显眼的部位进行测试。

8.3.4.2 压入硬度的测定

压入硬度常见有布氏硬度、洛氏硬度、维氏硬度等，主要适用于有较好延展性的材料，如金属器、漆器、文物加固材料等。

1）布氏硬度

布氏硬度使用布氏硬度计来进行测量。测量时首先用规定载荷将一个一定直径（D —

般为 10 mm）的淬火钢球或者硬度合金球直接压在被测材料的表面上，当钢球或合金球压入材料表面后，保持一段时间后卸去测试力，测量物体表面压痕的直径（图 8-12），代入下式计算出布氏硬度值：

$$\text{布氏硬度 HBW} = 0.102 \frac{2F}{\pi D(D-\sqrt{D^2-d^2})} \quad (8-25)$$

式中，F 为试验力（N）；D 为球体直径（mm）；d 为压痕直径（mm）；$0.102 \approx \dfrac{1}{9.80665}$，9.80665 是从 kgf 到 N 的转换因子（s/m^2）。

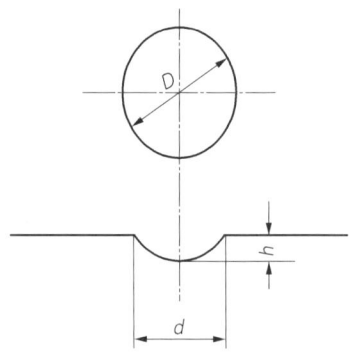

图 8-12 布氏硬度压入直径（摘自 GB 231—84）

注意事项：测试时试样的制备与对应压头和试样力的选择参考 GB/T 231.1—2018；试验力保持的时间通常为 10~15 s；试验时压头要与试样表面接触并垂直于表面施加试验力；压痕中心到试样边缘的距离 ≥ 2.5 压痕平均直径，相邻压痕中心的距离 ≥ 3 压痕平均直径。

2）洛氏硬度

洛氏硬度一般用来测试硬度过高或者试样过小的样品，采用一定形状的硬质压头压入被测试件的表面，停留一段时间，测量压痕的深度计算所得的硬度值，称为洛氏硬度。一般洛氏硬度计上配有显示器，可以直接获得硬度值。

洛氏硬度计能够通过不同压头与载荷的组合测量多种材料的硬度值，并用不同的洛氏硬度标尺予以区分，常用的有三种：

（1）HRA。采用 60 kgf 载荷和金刚石圆锥压头，用于硬度极高的材料。

（2）HRB。采用 100 kgf 载荷和直径 1.5875 mm 淬硬的钢球压头，用于硬度较低的材料（如退火钢、铸铁等）。

（3）HRC。采用 150 kgf 载荷和金刚石圆锥压头，用于硬度中等及偏上的材料。

3）维氏硬度

用顶角为 136° 的金刚石四棱锥体为压头，施加 120 kgf 以内的载荷压入材料表面，保持一段时间，撤去载荷，测量压痕在材料表面所投影的正方形对角线的长（图 8-13），并取平均值，代入下式得到维氏硬度 HV 值：

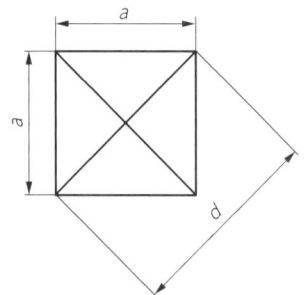

图 8-13 维氏硬度压痕对角线（摘自 GB/T 4340.1—2009）

$$\text{维氏硬度 HV} = \frac{P}{S} = \frac{P}{\dfrac{d^2}{2\sin 68°}} = 1.8544 \frac{P}{d^2} \quad (8-26)$$

式中，P 为施加的载荷（kgf）；d 为正方形对角线平均长度（mm）。

研究案例

- 抗张强度研究
- 抗弯强度研究
- 抗压强度研究
- 硬度研究

■ 抗张强度研究

刘博等对用功能型苯丙乳液处理之后的纸质文物进行加固前后效果评价,抗张强度作为其评价的重要标准之一,采用 PN-TT300 电脑抗张实验机测定宣纸抗张强度。将浸涂待用的宣纸裁剪成 15 mm×260 mm 的纸样,共测试 10 个纸样取平均值。不同浓度溶液浸涂前后宣纸抗张强度见表 8-7。从表中数据可知苯丙乳液质量分数小于 7% 时,宣纸的抗张强度逐渐增加,苯丙乳液质量分数为 7% 时,宣纸抗张强度为 2.78 kN/m,与未浸渍苯丙乳液宣纸相比增加 140%。苯丙乳液质量分数超过 7%,宣纸的抗张强度开始下降。这是因为随着苯丙乳液质量分数增加,部分乳液浸入宣纸,在内部及在表面均匀成膜,使纤维交联、增粗,抗张强度随之增加。当乳液质量分数继续增加时,乳液黏度增加使溶液不能完全浸入宣纸内部,成膜性下降,宣纸发脆。

表 8-7　不同质量分数苯丙乳液浸涂宣纸测定结果

苯丙乳液质量分数 /%	抗张强度
0	1.16
1	1.30
2	1.85
3	1.96
4	2.15
5	2.43
6	2.44
7	2.78
8	2.61

■ 抗弯强度研究

刘文斌对故宫武英殿建筑木构件进行弦向抗弯强度的测试,探讨木材腐朽状态与抗弯强度之间的相关性。取落叶松和软木松两种类别的样本,分别测定热水、冷水、碱液、苯醇抽提物和综纤维素含量,发现武英殿落叶松的上述化学成分在抗弯强度变化不大的条件下(抗弯强度分别为 90 MPa、100 MPa、110 MPa)变化不显著;而对于软木松而言,在抗弯强度变化较大(分别为 50 MPa、80 MPa、100 MPa)的情况下,其 1% NaOH 抽出物、苯醇抽出物、热水抽出物含量随着抗弯强度的降低而增加,而综纤维素含量则随着抗弯强度的降低而减少。

■ 抗压强度研究

郝贠洪、何丹丹等在内蒙古中部隆盛庄古建筑青砖墙体冻害损伤研究中选择与古建筑古青砖接近的青砖材料进行模拟实验,实验青砖是用纯黏土按照古青砖的传统生产工艺进行制作,保证了实验材料和古青砖在原材料及制作工艺上的高度相似。将不同冻融次数的青砖按标准制作成 50 mm×50 mm×50 mm 试样 11 组，每组 5 个样本，进行抗压强度测试。通过绘制青砖试样抗压强度与冻融循环次数的变化关系图，发现抗压强度随冻融次数的增加出现明显的降低。计算出抗压强度下降率，发现在 20 次冻融循环之前，试样抗压强度环比下降率较小，20 次冻融循环之后，抗压强度环比下降率偏大。冻融循环次数为 20~25 次时青砖试样抗压强度环比下降率最大，因为从 20 次冻融循环开始试样产生小裂缝，这些裂缝的产生对抗压强度的影响很大，导致抗压强度环比下降率猛增。未冻融的青砖试样抗压强度为 21.04 MPa，经过 50 次冻融循环后，其抗压强度下降为初始抗压强度的 57.41%。在冻融循环作用下，试样内部孔隙结构在冰晶体产生的膨胀力以及内外部温度差产生的温度应力的作用下产生了变化。青砖试样内部原有孔隙变大，产生新的裂缝，随着冻融次数的增加，其微裂缝会不断增多并形成多条贯通裂缝，导致试样的抗压强度逐渐降低。

■ **硬度研究**

贾涵辉等在探讨粗陶文物常用加固材料性能时将维氏硬度作为材料性能比较的重要参考项目，对正硅酸乙酯、Paraloid B-72、Primal SF-016、氟树脂四种加氟材料进行固化后的维氏硬度测试，结果见表 8-8。从表中可以看到，加固前的粗陶片试片平均硬度值为 107.82，加固后陶片的维氏硬度值比加固前高出 12~40。其中氟树脂的加固强度最强，而正硅酸乙酯的加固强度最弱。

表 8-8 维氏硬度测试结果

对照组	正硅酸乙酯	Paraloid B-72	Primal SF-016	氟树脂
107.82	120.24	131.64	125.88	148.7

参考文献

[1] 秦威威,司红伟,王敏.牧溪《布袋和尚》修补用纸的选择及匹配度分析[J].文物保护与考古科学,2022,32(2):62-68.

[2] 陈港泉.甘肃河西地区馆藏画像砖物理力学性质实验[J].敦煌研究,2011(6):47-50,127.

[3] 胡巧,杨明星,刘越,等.荆门龙王山墓葬出土玉器的材质及矿源特征研究[J].光谱学与光谱分析,2022,42(12):3736-3744.

[4] 刘妍,张宇帆,王茜蔓,等.基于羟基磷灰石材料的风化脆弱骨质文物加固保护研究[J/OL].无机材料学报.https://kns.cnki.net/kcms2/detail/31.1363.TQ.20230609.1755.003.html.

[5] 曹峰,吴玉清,王菊琳.北京明长城青砖毛细吸水性测定及其影响因素[J].科学技术与工程,2019,19(22):286-292.

[6] 中国地质大学(武汉).砖石质文物吸水性能测定——表面毛细吸收曲线法:WW/T 0065—2015[S].北京:文物出版社,2016.

[7] 中国建筑材料联合会.GB/T 9966.3—2020 天然石材实验方法第3部分:吸水率、体积密度、真密度、真气孔率实验[S].北京:中国标准出版社,2020.

[8] 赵红英,王经武,崔国士.饱水木质文物的理化性能和微观结构表征[J].东南文化,2008(94):88-92.

[9] MACCHIONI N, CAPRETTI C, SOZZI L. Grading the decay of water logged archaeological wood according to anatomical characterisation[J]. International Biodeterioration and Biodegradation, 2013(4): 54-64.

[10] 中华人民共和国国家文物局.出土竹木漆器类文物含水率测定 失重法:WW/T 0086-2018[S].北京:文物出版社,2018.

[11] 武若斌.麦积山石窟千佛廊本体劣化风险评估与保护研究[D].南京:东南大学,2021.

[12] 中国轻工业联合会.GB/T 7974—2013 纸,纸板和纸浆 蓝光漫反射因素D65亮度的测定(漫射/垂直法,室外日光条件)[S].北京:中国标准出版社,2013.

[13] 唐跃进,张美芳.档案保护技术实验教程[M].北京:中国人民大学出版社,2013:47-52.

[14] 轻工业标准化编辑出版委员会.QB/T 1503—2011 日用陶瓷白度测得方法[M].北京:中国轻工业出版社,2011.

[15] 陈珂然,杨扬,李萍,等.氨基硅烷偶联剂强化纸质文物研究[J].广东化工,2017,44(1):11-13.

[16] 宋晖.现代显微技术在纸质文物鉴定与修复中的应用[J].文物保护与考古科学,2015,27(2):52-57.

[17] 王菊华.中国造纸原料纤维特性及显微图谱[M].北京:中国轻工业出版社,1999.

[18] 秦威威,王敏.杨继盛七言古诗书法立轴的修复[J].文物保护与考古科学,2023,35(3):102-111.

[19] 陈潇倒,张金萍,张诺.纸张文物的清洗研究——以清代册页清洗为例[J].文物保护与考古科学,2013,25(2):65-68.

[20] COOKE R U. Laboratory simulation of salt weathering processes in arid environments[J]. Earth Surface Processes, 1979, 4(4): 347-359.

[21] 纪娟,王永进,马涛,等.茂陵石刻表面污染物和可溶盐的分析研究[J].文物保护与考古科学,2020,32(2):22-28.

[22] 刘博,齐迎萍.功能型苯丙乳液在纸质文物保护中的应用研究[J].中国造纸,2018,37(6):44-48.

[23] 刘文斌.故宫古建筑木构件化学成分及抗弯强度的变化与腐朽的相关性研究[D].北京:北京林业大学,2006:50-51.

[24] 郝贠洪,何丹丹,吴日根,等.内蒙古中部隆盛庄古建筑青砖墙体冻害损伤研究[J].硅酸盐通报,2022,41(7):2438-2446,2473.

[25] 贾涵辉,杨佳星,温建华,等.几种粗陶文物常用加固材料性能的比较研究[J].陶瓷,2023(3):27-29,41.

第 9 章

数据分析方法

　　文物研究中，一方面要分析其成分确定其材质，另一方面在分析文物材料损坏的过程和探讨损坏机理时，也要了解其腐蚀产物的成分，最后对于保护效果的评价也需要通过成分的变化与否来判断。本章主要学习如何对检测的成分数据进行定性与定量分析，考虑到文物样品的特殊性，重点探讨了不同材质文物需要重点分析的元素、不同材质文物测试时建标样品的选择等实际问题。通过具体案例，介绍了成分数据的处理方法，以及使用统计软件进行因子分析和聚类分析的方法。

9.1 定性分析

9.1.1 特征谱线

不同元素受 X 射线激发后，会发射出特征 X 射线。这些特征谱线是识别样品中存在某一元素的指纹信息。通过确定样品中特征 X 射线的波长或能量，就可以判定未知样品中存在何种元素。然而，如果样品并不是纯元素，而是含有其他元素，就会存在谱线重叠。同时，光谱仪、样品等有关因素也会带来干扰，因此，寻找证实特征谱线的存在，判断、识别干扰就是定性分析中的主要工作。

对不同文物分析时，所关注的元素种类不一样，以不同材质文物为例：

对高温陶瓷器胎釉进行荧光光谱分析，主要关注 Na、Mg、Al、Si、P、K、Ca、Ti、Mn、Fe 等轻元素的存在及比例（以氧化物计），这些元素含量能为分析胎釉制作工艺提供依据。而 Rb、Sr、Zr 等微量元素的存在及比例，可以辅助判断产地、原料来源。对于陶瓷器釉彩的荧光光谱分析，如青花及蓝釉主要关注 Fe、Co、Mn 三元素的存在及比值，绿彩及铜红釉主要关注 Cu 的存在及含量，黄彩关注 As 的存在，黑褐彩关注 Fe、Mn 的存在。

对玉石器进行荧光光谱分析，主要关注 Mg、Ca、Fe 等元素比例，可以辅助判别玉石属于透闪石、阳起石或蛇纹石大类。

对青铜器荧光光谱分析，主要关注 Cu、Sn、Pb 等元素比例，可辅助判断铸造工艺；还可以关注锈蚀产物是否存在 Cl，是否为粉状有害锈。

对书画中无机矿物颜料荧光光谱分析，主要定性判断 Hg、S（朱砂）、Cu（石青、石绿）、As（雄黄、雌黄）的存在。书画颜料一般只做定性分析，验证某种矿物存在与否，因整体书画材料为有机物，故定量分析无意义。

通常，在对一个未知样进行定性分析时，应采取如下策略：

1）从所有谱线中寻找最强线

多数情况下，当原子序数 Z 小于 40 时，应寻找 K 系线；大于 40 时，可寻找 L 系线。这主要取决于可用或所用的激发电压。

尽管 M 系线也可应用于此目的，但 M 系线的分布和强度变化较大，且可能来源于那些只是部分填充的轨道，甚至是分子轨道，故相对而言，M 系线较少应用于定性分析的目的。M 系线多用于 Z 大于 71 的情况。

如果一个谱线系被干扰，应选择其他谱系，并寻找最强线。

2）多条特征光谱线同时存在，且相互间的强度比正确

在 X 射线荧光光谱（XRF）分析中，应证实同系列多个特征光谱线同时存在，必要时还需证实不同谱系特征线的存在。例如,当发现 K_α 线时,则应同时证实有 K_β 线的存在;否则,不能确认在未知样品中存在该种元素。应用其他谱线或谱系时亦如此。例如在青铜器及铅釉中常见的 Pb 与 As 元素,PbL_α 和 AsK_α 几乎完全重叠,这时一般需通过 PbL_β 和 AsK_β 来分别确定是否存在 Pb 和 As。

在同一谱线系中,不同特征谱线的强度比例一定。当相互间的强度比例正确时,才可确定某一元素真实存在。在多数情况下,$K_{\alpha 1}$、$K_{\alpha 2}$ 在 K 系线中占据主导地位。低原子序数的 K_β 线要比 K_α 线弱得多。对 L 系线而言,则较为复杂。例如,Sr 的 $L_{\alpha 1} : L_{\beta 1} = 100 : 65$,而 Au 的 $L_{\alpha 1} : L_{\beta 1} = 89 : 100$。

X 射线谱线绝对测量强度尽管受多种因素影响,但主要由荧光产额和溢余临界电压值决定。溢余临界电压值是指光管激发电压(V)超出被测元素的临界激发电压($V_{临}$)的多余部分,荧光强度与溢余临界电压的 1.6 次幂成正比,即荧光强度随 $(V-V_{临})^{1.6}$ 而变。

9.1.2 干扰识别

在 XRF 实际分析应用中,最困难的工作之一就是识别样品中可能存在的干扰。在识别干扰时,可根据表 9-1 判断主要的干扰来源。在测试过程中,元素间谱线重叠是最容易造成判断错误的因素。

表 9-1 XRF 中主要的干扰来源

干 扰 来 源	特 性	干 扰 来 源	特 性
元素间谱线重叠	K 系线相互干扰;高 Z 元素 L、M 系线对低 Z 元素的 K 系线产生干扰	样品衍射	样品衍射线也会产生干扰
连续谱的相干、非相干散射	随原子序数降低,干扰显著增强;低衍射角最大	分光晶体产生的高次线	WDXRF 中,高次线比衍射级次低的谱线强度弱
光管靶线相干、非相干散射	随原子序数降低,干扰明显增强	康普顿棱	EDXRF 中不相干逃逸峰产生的康普顿棱
靶材及其污染	Cu、W、Ni、Au 等靶材使用时间越长,干扰越强	合峰	EDXRF 中的合峰

对于能量色散 XRF 而言,合峰一般容易被认为是元素谱线,需要特别注意。以仿烧无釉青花瓷样品为例,直接测试青花料部分,可以看到明显的 Fe、Co、Mn 的 K_α 峰(图 9-1),尽管 Co 元素的 K_α 峰与 Fe 元素的 K_α 峰有一些重叠,但因为不存在透明釉的阻挡,因此三元素能显示出明显的区别。从仿烧釉下青花荧光光谱图可以看到 Fe、Mn 的峰较为明显,而 Co 的峰因为透明釉对 X 射线的阻挡较弱(图 9-2),这样就与 Fe 的 K_α 峰稍有重合,难以区分两者的峰形。

可定期使用低原子序数的纯有机样品如有机玻璃等,检查仪器通道中的各种谱线干扰。除一直存在的连续谱、特征靶线(铜靶、铑靶等)外,可以检测到由于钨制灯丝以及铍窗

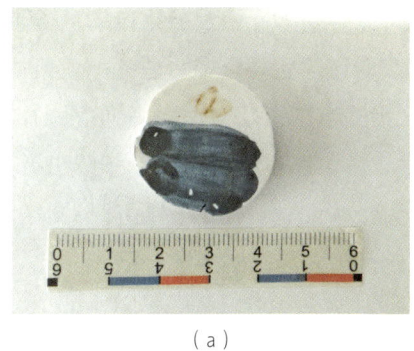 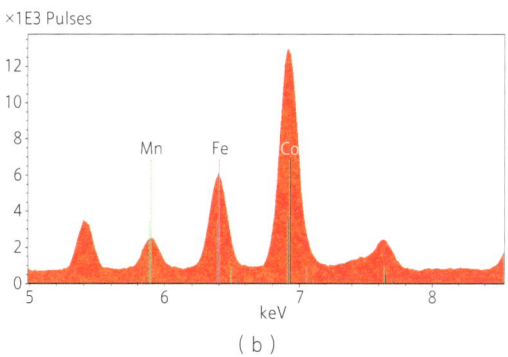

图 9-1　无釉青花样品（a）及其 X 射线荧光光谱图（b）

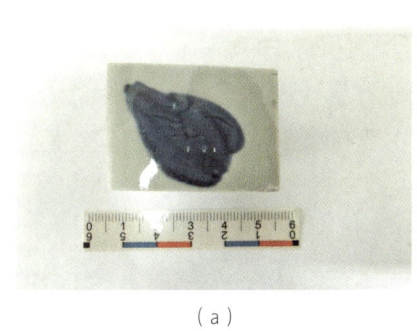 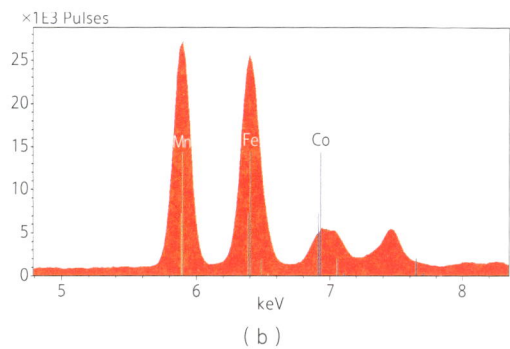

图 9-2　釉下青花样品（a）及其 X 射线荧光光谱图（b）

所用密封材料 Ni、Ca、Fe 产生的干扰线。借此还可以判断是否有来源于粉末或液体样品对光管、准直器的污染。有时样品杯或衬底材料也可能产生干扰谱线。

尽管通常情况下，高次线是干扰因素，需用脉冲高度分析器去除，但有时可使用高次线来识别元素，这时不应使用脉冲高度分析器。

9.2　定量分析

定量分析的前提是要保证样品的代表性和均匀性。过度强调分析准确度，而忽视样品采集方法和采样理论的研究应用，是不科学、不合理的。只有获得或采集具有代表性的特征样品，才具有科学价值和实际意义。目前关于采样理论的研究还有待于深入探讨。本节主要关注如何确保定量分析方法的准确。

要进行定量分析，需要完成三个步骤：首先要根据待测样品和元素及分析准确度要求，采用一定的制样方法，保证样品均匀和合适的粒度；其次通过实验，选择合适的测量条件，对样品中的元素进行有效激发和实验测量；最后运用一定的方法，获得净谱峰强度，并在此基础上，借助一定的数学方法，定量计算分析物浓度。需要注意的是，文物一般进行无损分析，这与工业品能制作标准平面进行 X 射线荧光光谱分析是不一样的。因此，文物荧光测试时，需要尽量找到光洁的弧度、较小的面，才能进行较为准确的定量分析。

1）获取谱峰净强度

要获得待测元素的浓度，首先要准确测量出待分析元素的谱峰净强度。谱峰净强度等于谱峰强度（I_p）减去背景（I_b）。尽管真实背景是指分析物为零时，在对应于分析元素能量或波长处测得的计数，但这样做并不实际，因为背景依赖于基体组分。因此，使用一种不含分析物的所谓空白样测量背景并用于背景校正是不正确的。当峰背比大于 10 时，背景影响较小。这时，最佳计数方式是谱峰计数时间要长于背景计数时间。当峰背比小于 10 时，背景影响较大，需要准确扣除。扣除背景的方法主要有单点法和两点法，其净强度（I_{net}）采用以下两式计算：

$$I_{net} = I_p - I_b \quad （单点法）$$

$$I_{net} = I_p - (I_H + I_L)/2 \quad （两点法）$$

式中，I_H 与 I_L 分别为 I_p 左、右两侧最低点谱峰强度。

2）干扰校正

当样品中被测物存在分析谱线重叠时，可用比例法扣除干扰。对于复杂体系，需要通过解谱或拟合来消除干扰。

当采用比例法扣除干扰时，需要分别测定两处的重叠因子。设 α 和 β 分别为两个元素的谱线重叠比例系数，由纯 j 元素求得在其峰位处的强度 I_j 和其在 i 元素峰位处的强度 I_{ji}，其比值即等于 α，即

$$\alpha = I_{ji}/I_j$$

与之相似有

$$\beta = I_{ij}/I_i$$

又设角标 net 和 lap 分别代表净强度和测定的重叠峰强度，则计算谱峰净强度的公式为

$$I_i^{lap} = I_i^{net} + \alpha I_j^{net}$$

$$I_j^{lap} = I_j^{net} + \beta I_i^{net}$$

$$\begin{aligned} I_i^{net} &= I_i^{lap} - \alpha I_j^{net} \\ &= I_i^{lap} - \alpha I_j^{lap} + \alpha\beta I_i^{net} \\ &= I_i^{lap} - \alpha I_j^{lap} \end{aligned}$$

式中最后忽略了二次项的影响。由于干扰谱线 j 的谱峰离 i 元素的谱峰位置足够远，效果更好。

3）浓度计算

在扣除背景和干扰、获得分析元素的谱峰净强度后，即可在分析谱线强度与标样中分析组分的浓度间建立起强度-浓度定量分析方程。利用这类方程即可进行未知样品的定量分析。对于简单体系，例如忽略基体效应的薄样或一定条件下的微量元素分析，可以在谱峰净强度和浓度间建立简单的线性或二次方程。而对于复杂体系中的主、次、痕量元素分析，如地质样品，则需要进行基体校正，才能获得准确结果。XRF 分析的最大特点是制样技术简单，但需要进行复杂的基体校正，才能获得定量分析数据；XRF 分析的最大局限是依赖标样。

（1）基体效应。除质量衰减吸收外，当入射线能量大于分析元素的吸收边时，样品中的元素对入射线会产生强烈吸收。当样品中受激元素分析谱线的能量大于某一共存元素的谱线激发能时，该共存元素也会强烈吸收分析谱线。被吸收的这部分分析谱线强度不能出射样品，使得分析谱线强度降低，从而偏离理想线性方程，如图 9-3 所示。这种现象称为吸收效应。

如果共存元素谱线的能量大于分析元素的激发能，则分析元素会受到共存元素的额

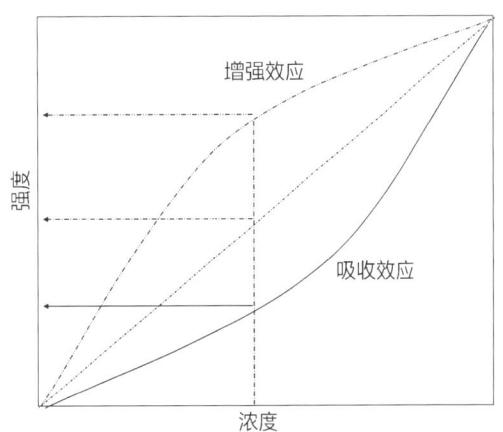

图 9-3 标准曲线及吸收和增强效应示意图

外激发，此为增强效应。增强效应使得特征谱线强度上升，这种吸收和增强效应通常统称为基体效应。吸收和增强效应可采用多种方式校正，包括实验和数学校正方法。

（2）线性和二次曲线。当分析物质量分数（w）与分析谱线净强度（I）符合简单的线性或二次曲线关系时，可以采用以下两个方程计算分析元素的浓度：

$$w = aI + b$$
$$w = aI^2 + bI + c$$

式中，a、b、c 为系数，可结合标样，由最小二次回归计算求得。

所用标样类型应具有代表性，浓度范围也应足够宽，至少需要涵盖拟测定的未知样浓度范围。需要注意的是，以上两式也是利用基体校正方程和计算理论校正系数时需要用到的，是连接分析谱线强度、理论强度、浓度及表观浓度间的桥梁，是进行数学校正的基础。其计算方法一般称为无标样基本参数法（no standard FP method）；其特点是无需采集任何标准样品，不受样品的限制。任何未知样品，进行测试采集谱线之后，根据定性分析标注相关元素，即可利用该方法计算得出半定量结果；其数据当然不如有标样的结果准确，

但是仍有一定的参考性，特别是对于没有合适标样与所测样品匹配时不失为一个快速简便的方法。有些样品如果没有合适的标样，而牵强采用不合适的标准样品进行定量分析，则有可能得出错误的结果。而多标基本参数法（multiple FP standard）是一种非常灵活的有标定量分析方法，标样的数量可以从 1 个到 19 个，如果标样数量较少，可以选用该方法对未知样品进行定量分析，标准曲线的建立过程也比较简单，只要将已知样品的浓度输入即可。其还有一个非常灵活的特点，如果待测样品所含元素在标准样品并不存在，即使解谱时添加该新增元素，也能计算出定量结果。反之，如果待测样品比标准样品所含元素少，即使有些标准样品中的元素并未标注，也可以计算得出定量结果。

4）常用标准物质

因为文物成分分析不同于一般标准工业产品，因此其选用标准物质有特殊性。一般来说，古代高温陶瓷器胎釉主要由高岭土、黏土等矿物制成，因此可以选择与高温陶瓷器成分相似的土壤、岩石以及水系沉积物国家标准物质作为标样建立标准曲线（表 9-2），测试其主量元素（Na_2O~Fe_2O_3，以氧化物计）以及微量元素（Rb、Sr、Zr 等，以单质计）。

表 9-2　高温陶瓷器 XRF 测试选择标准样品主量元素的成分　　　　　　　　　　单位：%

样品编号	样品名称	Na_2O	MgO	Al_2O_3	SiO_2	P_2O_5	K_2O	CaO	TiO_2	MnO	Fe_2O_3
GBW07405	黄红壤	0.12	0.61	21.58	52.57	0.09	1.5	0.1	1.05	0.176	12.62
GBW07107	页岩	0.35	2.01	18.82	59.23	0.158	4.16	0.6	0.66	0.022	7.6
GBW（E）070044	水稻土	0.99	1.9	16.21	61.03	0.098	2.45	0.84	0.92	0.05	6.2
GBW07125	伟晶岩	1.6	0.13	13.19	76.4	0.18	6.22	0.1	0.61	0.013	0.24
GBW07408	黄土	1.72	2.38	11.92	58.61	0.178	2.42	8.27	0.63	0.083	4.48
GBW07122	斜长角闪岩	2.07	7.2	13.76	49.62	0.04	0.48	9.6	0.55	0.16	14.8
GBW（E）070041	棕壤	2.48	1.62	15.06	65.37	0.12	2.72	1.68	0.74	0.094	4.98
GBW07403	黄棕壤	2.71	0.58	12.24	74.72	0.073	3.04	1.27	0.37	0.039	2
GBW07103	花岗岩	3.13	0.42	13.4	72.83	0.093	5.01	1.55	0.29	0.059	2.14
GBW07105	玄武岩	3.38	7.77	13.83	44.64	0.946	2.32	8.81	2.37	0.167	13.4
GBW07104	安山岩	3.86	1.72	16.17	60.62	0.236	1.89	5.2	0.52	0.077	4.9
GBW07109	霓霞正长岩	7.16	0.65	17.72	54.48	0.018	7.48	1.39	0.48	0.12	7.41
GBW07108	泥质灰岩	0.08	5.19	5.03	15.6	0.052	0.78	35.67	0.327	0.055	2.52
GBW07111	花岗闪长岩	4.05	2.81	16.56	59.68	0.34	3.5	4.72	0.77	0.094	6.07
GBW07112	辉长岩	2.11	5.25	14.14	35.69	0.028	0.15	9.86	7.69	0.193	24.75
GBW07114	白云岩	0.03	21.8	0.1	0.62	0.006	0.038	30.02	0.015	0.01	0.2

(续表)

样品编号	样品名称	Na$_2$O	MgO	Al$_2$O$_3$	SiO$_2$	P$_2$O$_5$	K$_2$O	CaO	TiO$_2$	MnO	Fe$_2$O$_3$
GBW07123	辉绿岩	3.17	5.08	13.21	49.88	0.55	1.49	7.83	2.94	0.204	13.4
GBW07404	石灰岩土	0.11	0.49	23.45	50.95	0.159	1.03	0.26	1.8	0.181	10.3
GBW07407	砖红壤	0.08	0.26	29.26	32.69	0.263	0.2	0.16	3.37	0.227	18.76
GBW07317	水系沉积物	2.35	0.24	9.70	80.60	0.04	3.90	0.34	0.23	0.03	1.46
GBW07311	水系沉积物	0.46	0.62	10.37	76.25	0.06	3.28	0.47	0.35	0.32	4.39
GBW07102	超基性岩	2.55	0.08	31.32	53.67	0.05	1.15	1.80	0.03	0.02	0.39

如果要对古代低温釉（铅釉）或铅玻璃进行成分分析，国家标准物质中仅有 GBW（E）030008 含铅玻璃化学成分分析标准物质可供选择，其成分为 SiO$_2$ 67.80%、Al$_2$O$_3$ 0.53%、Fe$_2$O$_3$ 0.02%、TiO$_2$ 0.005 3%、CaO 7.19%、MgO 2.41%、PbO 7.40%、K$_2$O 2.13%、Na$_2$O 11.35%。尽管其含有氧化铅及氧化钠等古代铅玻璃常见原料，但是缺少氧化钡这一中国古代铅玻璃常见助熔剂以及作为铅玻璃显色元素的氧化铜及氧化钴。康宁玻璃曾推出过一套古代铅玻璃测试标准样品（表 9-3），目前铅釉数据校正主要通过 Corning C 样品进行，从表中可以看出 Corning C 除了含有铅外，还含有氧化铜及氧化钴着色剂，适用于低温绿釉、蓝釉陶瓷器及各种铅玻璃的定量分析。而其他康宁玻璃样品 A、B、D 则适用于各种钠钙硅玻璃器的数据校正。

表 9-3 铅玻璃及其他玻璃器 XRF 测试选择标准样品主量元素的成分   单位：%

样品编号	Na$_2$O	MgO	Al$_2$O$_3$	SiO$_2$	P$_2$O$_5$	K$_2$O	CaO	TiO$_2$	MnO
Corning A	14.30	2.66	1.00	67.03	0.13	2.87	5.03	0.79	1.00
Corning B	17.00	1.03	4.36	62.27	0.61	1.00	8.56	0.09	0.25
Corning C	1.07	2.76	0.87	36.15	0.14	2.84	5.07	0.79	0.00
Corning D	1.20	3.94	5.30	55.46	3.93	11.30	14.80	0.38	0.55

样品编号	Fe$_2$O$_3$	CoO	PbO	ZnO	CuO	BaO	SnO$_2$	Sb$_2$O$_3$	SrO
Corning A	1.09	0.17	0.12	0.04	1.17	0.56	0.19	1.75	0.10
Corning B	0.34	0.05	0.61	0.19	2.66	0.12	0.04	0.46	0.02
Corning C	0.34	0.18	36.70	0.05	1.13	11.40	0.19	0.03	0.29
Corning D	0.52	0.02	0.48	0.10	0.38	0.51	0.10	0.97	0.06

对于古代青铜、铁器、金银器等金属样品，一般目前在产的 X 射线荧光光谱仪自建标准能满足各种金属器测试的需求，如需自建测试标准对青铜器可选择 GBW02137～

GBW02140 系列青铜成分分析标准物质（表 9-4），不过青铜成分分析国家标准物质中相对古代青铜来说铜含量偏高而锡、铅含量偏低，如使用该系列国家标准物质建标容易导致高锡青铜测试产生一定的偏差，而且该组标准物质不含铁等常见青铜杂质，只适用于铜锡铅三元组分的测试。

表 9-4　青铜器 XRF 测试选择标准样品的成分　　　　　　　　　　　　　　　　　　单位：%

样品编号	Cu	Sn	Pb	Zn	Ni
GBW02137	85.16	5.69	3.25	5.25	0
GBW02138	81.29	5.31	6.33	6.50	0
GBW02139	81.45	4.08	6.16	6.96	1.07
GBW02140	72.25	4.24	17.62	5.37	0

对于古代金器，可选择 GSB04-3651—2019 系列金饰品（表 9-5，含 Pb、Cd 等 12 种元素）标准进行校正分析。银器则可以选择 GSB04-3314——2016 系列银饰品标准样品（表 9-6）进行校正分析。

表 9-5　金器 XRF 测试选择标准样品的成分　　　　　　　　　　　　　　　　　　单位：%

编号	特征量	Au	Ag	Cu	Zn	Ni	In	Pd	As	Cr	Pb	Cd	Fe
1	标准值	99.99	−	−	−	−	−	−	−	−	−	−	−
2	标准值	−	99.99	−	−	−	−	−	−	−	−	−	−
3	标准值	−	−	99.99	−	−	−	−	−	−	−	−	−
4	标准值	99.59	0.2	0.22	−	−	−	−	−	−	−	−	−
5	标准值	98.99	0.5	0.5	−	−	−	−	−	−	−	−	−
6	标准值	97.96	0.92	1.02	−	−	−	−	−	0.051	0.052	−	−
7	标准值	95.86	2	2.1	−	−	−	−	0.043	−	−	0.011	−
8	标准值	91.75	3.96	4.12	−	−	−	−	0.16	−	−	−	−
9	标准值	86.96	6.95	2.69	1.56	1.02	0.21	0.51	−	0.15	−	−	−
10	标准值	81.78	5.1	7.13	2.1	2.48	−	1.48	−	−	−	−	−
11	标准值	76.08	1.1	12.11	3.32	7.08	−	−	0.29	−	−	−	−
12	标准值	70.89	10.7	5.38	6.15	2.55	−	4.1	−	−	−	−	−0.009
13	标准值	65.08	14.08	10.08	2.85	−	−	7.93	−	−	−	−	−
14	标准值	58.4	11.51	30.13	−	−	−	−	−	−	−	−	−
15	标准值	45.01	30.01	24.99	−	−	−	−	−	−	−	−	−
16	标准值	37.47	20.47	42.08	−	−	−	−	−	−	−	−	−

注："−"表示未检出；下类似同。

表 9-6　银器 XRF 测试选择标准样品的成分　　　　　　　　　　　　　　　　　　　　　　　　　　单位：%

编号	特征量	Ag	Cu	Zn	Co	Cd	Ni
1	标准值	99.99	–	–	–	–	–
2	标准值	99.53	0.32	0.168	–	–	–
3	标准值	98.98	0.62	0.23	–	–	–
4	标准值	97.96	1.2	0.76	–	–	0.082
5	标准值	96.19	2.01	1.32	–	–	0.443
6	标准值	95.35	3.02	1.57	–	0.088	–
7	标准值	93.07	4.55	2.3	0.068	–	–
8	标准值	90.45	6.19	3.07	0.142	–	–
9	标准值	87.65	7.09	4.90	–	–	0.138
10	标准值	85.33	8.17	6.03	–	–	0.44
11	标准值	81.24	11.23	6.9	0.19	0.498	–
12	标准值	75.01	14.91	8.78	–	0.92	–

需要注意的是，无论青铜还是金银器国家标准物质本质上只适用于工业产品进行定量计算，其内部元素种类及含量难以做到与古代青铜器及金银器相似，特别是古代金属器中普遍存在的硫等杂质元素也很难在标准物质中找到，因此国家标准物质仅做金属器主要元素的参考与校正。

研究案例

朱逸冰等使用 X 射线荧光能谱无损分析手段对部分上海博物馆馆藏明代金花银进行了检测分析，通过数据判断含银量的高低以及相关成分，进而了解明代银锭的原料特点、制作技术和社会形貌。金花银锭为稍起翘平板束腰形，为明代早中期金花银式样，形制统一（图 9-4）。其他银锭中，有圆锭一枚，半球形，在球面上有蜂窝状孔隙嘉靖年间铸造。另有三枚小型银锭，呈船形，中间束腰，两端上翘，底面内凹，蜂窝状孔隙密布银锭全体，银锭发黑发脆，皆为上海打浦桥明墓出土。

通过 XRF，计算得到去除有机污染物后的明代典型金花银锭的元素组成。除了主体银，金花银样品中均测得有铁的存在，对于同一样品的不同测试点铁含量差异较大。从表 9-7 中可以看出，在样品 4 号金花银、5 号金花银中，即使表面经过擦拭，仍然测得较大量的铁元素，由于银、铁不互溶，铁可能与制作工艺相关或是接触腐蚀产生。样品经测定均含铜，在同一样品中各个面测得的含铜量相近，不同样品中含铜量不同。1、2、3、4、5 号金花银中含铜量均小于 1%，6 号金花银中含铜量偏高。银和铜是具有互相固溶界限的共晶型合金，银锭中的铜可能是制作中直接加入，也可能与银锭的矿物来源相关。对于金花银中如此小的含铜量应当是经过多次提纯工艺，或是对银锭来源有严格的要求。样品银锭中普遍含有金，在明代金比银贵重，因此不可能是故意在银锭中添加。金、银为互溶的金属，金花银中的金可能来自所产银矿或可能与制作工艺有关。各金花银中各面平均金含量大于1%，较高的金含量表明可能在制造过程中的特殊工艺或选材。"金花银"或许也因此得名。图9-5将金花银中金元素含量与其他种类的明代银锭中金含量相对比，从中可以看出金花银中金含

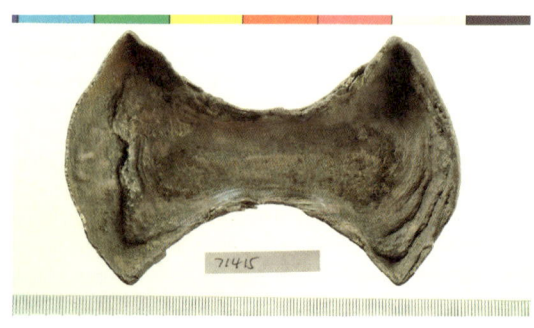
（a）凹面

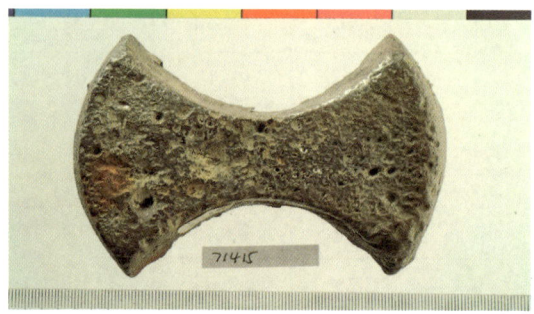
（b）平面

图 9-4　金花银

表 9-7　去除有机污染物等的明代金花银锭元素的成分　　　　　　　　　　　　　　　　单位：%

序号	名称	测试部位	Ag	Fe	Cu	Au	Pb	余量（主要为 Br、Cl 等）	Hg	备注
1	金花银（910 g）	侧面	94.86	1.32	0.72	1.37	1.73	Br	—	
		平面	96.88	0.50	0.30	0.89	1.43	Br	—	
2	金花银（360 g）	凹面	98.42	0.08	0.13	1.26	0.12	Br	—	
		平面	98.19	0.81	0.14	0.64	0.22	Br	—	
3	金花银（360 g）	平面	97.56	有 Fe	0.79	1.66	有 Pb	Br 为主，有 Cl	—	
		凹面	98.22	有 Fe	0.43	1.31	0.04	Br 为主，有 Cl	—	
		侧面	97.78	有 Fe	0.74	1.48	有 Pb	Br 为主，有 Cl	—	
4	金花银（370 g）	平面	97.80	有 Fe	0.55	1.44	0.21	—	少量	经擦拭
		侧面	99.41	有 Fe	有 Cu	0.59	有 Pb	Br 为主，有 Cl	极少量	
5	金花银（215 g）	平面	97.28	有 Fe	0.57	1.58	0.57	—	—	经擦拭
		侧面	97.68	有 Fe	0.37	1.62	0.33	Br	—	
		凹面	98.07	有 Fe	0.26	1.43	0.24	Br	—	
6	金花银（180 g）	凹面	97.20	有 Fe	1.18	1.48	0.14	Br	—	
		侧面	95.25	1.51	1.38	1.68	0.18	Br	—	

量显然较高。金花银中均含有铅，含量大多集中在 0~1%，最高的也不超过 2%。铅可能是炼银时引入，在焙烧和铅炼银法中用铅提纯银。根据周卫荣的研究，铅经由"灰吹法"提纯，含量最高为 1.5%。对于金花银样品而言，2、3、4、5、6 号样品含铅量较低，平均在 0.2% 左右，1 号金花银含铅量略高，在 1.5% 左右。特殊的是，在部分样品表面测得卤素和汞元素。从图 9-6 中可以看到，1号金花银表面测得有溴的高峰和氯的小峰，即银锭表面发生腐蚀并生成氯化银和溴化银，溴和氯可能与保存环境有关。4 号金花银平面经过擦拭，可以从表 9-7 中看到生成的溴化银等粉状腐蚀产物被除去，而汞经过擦拭依旧存在。汞可能是在诸如墓葬之类的条件下与银长期接触下渗入表面，或因"混汞法"炼银引入。总体来说金花银中含银量较高，是比较纯的银锭，各面都有铁和铅元素，含铜低、含金高，表面可能有粉末形态的溴化物，经擦拭可除去，部分金花银表面有结合紧密的汞元素。这种特殊的组成与其他银锭略有不同。

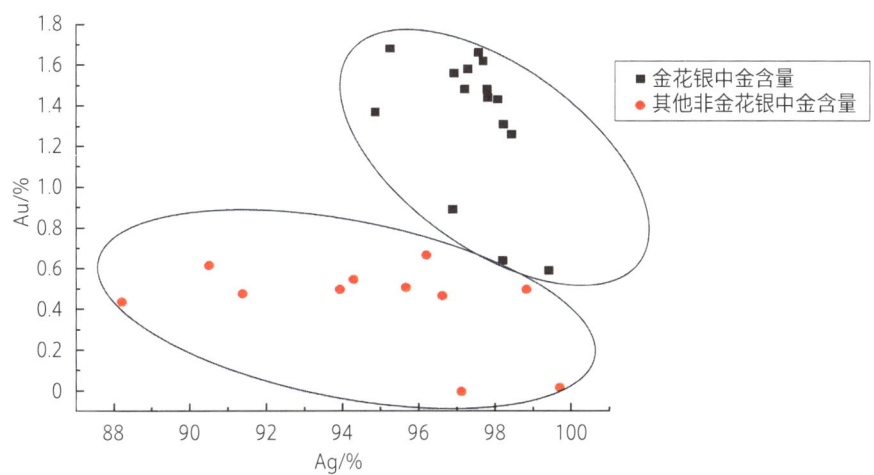

图 9-5　金花银中金元素含量与其他种类的明代银锭中金含量对比

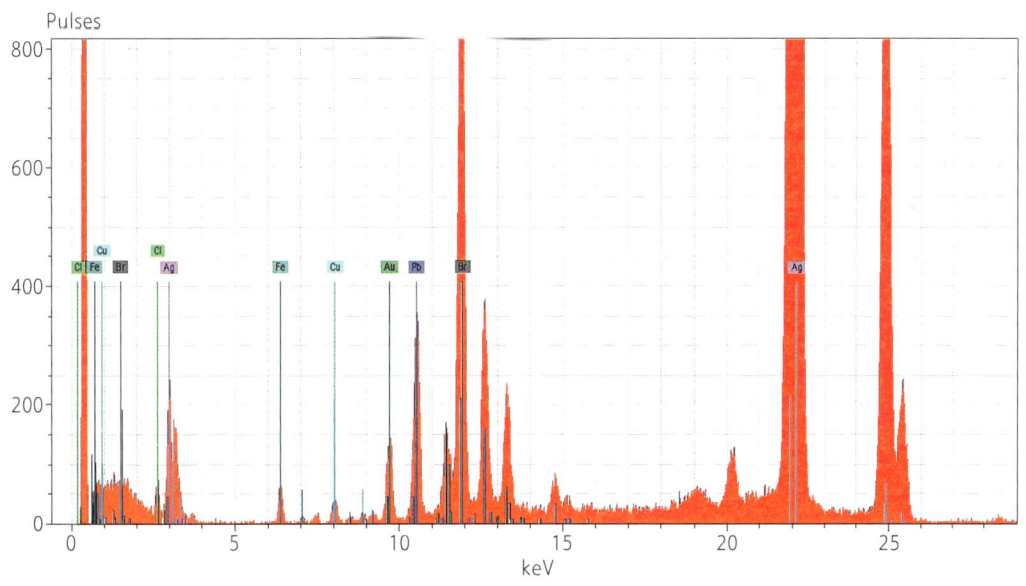

图 9-6　1 号金花银（大）侧面 XRF 图

9.3 成分数据的处理

9.3.1 Seger 胎釉式

传统陶瓷化学组成包含 Na_2O、MgO、Al_2O_3、SiO_2、P_2O_5、K_2O、CaO、TiO_2、MnO、Fe_2O_3 等多种氧化物。若以每一种氧化物为坐标画图，每一个陶瓷胎或釉的化学组成则对应于多个氧化物所构成的多维空间中的一个点。而陶瓷胎或釉化学组成中的氧化物种类远大于两种，因而若不经其他方法处理时，则很难用人们熟悉的二维平面图来比较不同陶瓷胎釉化学组成之间的异同点，这为比较不同陶瓷胎釉化学组成增加了相当大的难度。长期以来，人们一直在寻求简单明了的解决方法。Seger 化学式及其演变得来的胎式或釉式的出现，使人们能够利用二维平面图很直观地比较不同陶瓷胎釉化学组成的异同，因而，其备受陶瓷工作者的重视。Seger 胎式和釉式的计算方法如下：

胎式：$a(R_2O+RO) \cdot R_2O_3 \cdot bRO_2$；釉式：$(R_2O+RO) \cdot cR_2O_3 \cdot dRO_2$

式中，R_2O 代表一价碱金属氧化物，包括 K_2O、Na_2O 等；RO 代表二价碱土金属氧化物，包括 CaO、MgO 等；R_2O_3 代表三价金属氧化物，包括 Al_2O_3 及 Fe_2O_3 等，而 RO_2 代表四价金属氧化物，包括 SiO_2、TiO_2 等。在胎式中，通常令中性氧化物 R_2O_3 的系数为 1，故 a、b 分别表示 R_2O 加 RO 及 RO_2 的分子数相对于 R_2O_3 分子数的比值。而在釉式的计算中，一般令碱性氧化物 R_2O 加 RO（包括碱金属和碱土金属）的系数为 1，c、d 分别表示 R_2O_3、RO_2 的分子数相对于 R_2O 加 RO 分子数的比值。

当以 a 对 b（胎式）或 c 对 d（釉式）作图时，每一个陶瓷胎或釉的化学组成就正对应二维平面上的一个点。因此可利用胎式或釉式图比较不同陶瓷胎或釉在化学组成上的异同点，这就初步解决了在多维空间中不同陶瓷胎或釉化学式组成不能比较的问题。

需要注意的是，由于将不同的氧化物按其分子式的特点给予了合并，这也就掩盖了同类氧化物间的差异对比较结果的影响。实际上对比两种类型的瓷器胎釉成分区别，往往会根据经验直接提取出胎、釉中 MnO、K_2O、CaO 等具体的两种元素或胎中提取一种元素、釉中提取一种元素进行二维作图，这样就能直观地看出某两种元素的分布差异。如果提取三种元素，除了作三维散点分布图外，也可将三种元素归一化处理，即重新计算三种元素比例，使之加和为 100%，这样可以作二维三角成分图。相比三维分布图，二维三角成分图更直观，但该三角成分仅代表所绘三种元素比例关系，而非该三种元素在胎釉中的真实比例。

以一批杭州出土具有定窑风格的白瓷样品检测分析数据为例，表 9-8、表 9-9 分别给出了杭州上城区工地出土宋代白瓷、曲阳涧磁定窑窑址出土宋代白瓷、景德镇出土宋代白瓷胎常量及微量元素。其中常量元素以 % 表示，微量元素以 μg/g（ppm）表示。

表 9-8　出土白釉瓷片胎主量元素的成分　　　　　　　　　　　　　　　　　　　　　　　　　单位：%

	MgO	Al$_2$O$_3$	SiO$_2$	K$_2$O	CaO	TiO$_2$	Fe$_2$O$_3$
杭州上城区工地出土宋代白瓷	1	33.06	62.05	0.86	0.75	0.8	0.74
	0.53	29.37	65.7	1.71	0.46	0.86	0.81
	0.73	28.89	65.83	1.71	0.64	0.72	0.78
	0.76	31.15	63.79	1.06	0.58	1.09	1
	0.97	28.44	65	1.63	0.87	0.88	0.97
	0.66	24.78	69.47	1.74	0.84	0.71	1.03
曲阳涧定窑窑址出土宋代白瓷	1.24	28.42	65.46	1.38	1.03	0.51	1.15
	0.64	25.97	67.94	1.59	0.86	0.75	1.4
	0.72	26.88	67.2	1.54	0.94	0.7	1.31
	0.54	27.73	66.95	1.38	0.59	0.78	1.16
景德镇出土宋代白瓷	0.03	18.37	75.48	2.63	0.57	0.1	0.86
	0.18	18.4	74.71	2.92	0.63	0.08	0.84
	0.13	17.24	75.91	2.47	0.55	0.08	0.83
	0.62	18.14	74.86	2.37	0.62	0.1	0.93

表 9-9　出土白釉瓷片胎微量元素　　　　　　　　　　　　　　　　　　　　　　　　　单位：×10^{-6} μg/g

	Rb	Sr	Zr
杭州上城区工地出土宋代白瓷	59	123	550
	157	70	512
	145	64	443
	95	79	510
	128	98	471
	132	102	402
曲阳涧定窑窑址出土宋代白瓷	103	88	565
	106	168	454
	134	102	625
	185	155	371

(续表)

	Rb	Sr	Zr
景德镇出土宋代白瓷	359	53	151
	445	31	171
	353	20	169
	291	39	156

为确定杭州出土宋代白瓷与曲阳涧定窑出土宋代白瓷更接近还是与景德镇出土宋代白瓷更接近，由于主量元素有 MgO、Al_2O_3、SiO_2、K_2O、CaO、TiO_2、Fe_2O_3 共计七种元素，因此需要首先将七种常量元素数据表示成胎式，将七个维度降低到两个维度，以便作图，胎式中各组分摩尔数（与表 9-8 中常量元素的成分一一对应）及胎式中的系数 a、b 在表 9-10 给出。

表 9-10　出土白釉瓷片胎元素摩尔数及 a、b

	MgO	Al_2O_3	SiO_2	K_2O	CaO	TiO_2	Fe_2O_3	a	b
杭州上城区工地出土宋代白瓷	0.025	0.324	1.033	0.009	0.013	0.010	0.005	0.683	0.749
	0.013	0.288	1.094	0.018	0.008	0.011	0.005	2.213	1.313
	0.018	0.283	1.096	0.018	0.011	0.009	0.005	1.591	0.790
	0.019	0.306	1.062	0.011	0.010	0.014	0.006	1.088	1.320
	0.024	0.279	1.082	0.017	0.016	0.011	0.006	1.115	0.710
	0.016	0.243	1.156	0.018	0.015	0.009	0.006	1.233	0.593
曲阳涧定窑窑址出土宋代白瓷	0.031	0.279	1.090	0.015	0.018	0.006	0.007	0.798	0.348
	0.016	0.255	1.131	0.017	0.015	0.009	0.009	1.101	0.612
	0.018	0.264	1.119	0.016	0.017	0.009	0.008	0.975	0.523
	0.013	0.272	1.114	0.015	0.011	0.010	0.007	1.392	0.928
景德镇出土宋代白瓷	0.001	0.180	1.256	0.028	0.010	0.001	0.005	2.747	0.123
	0.004	0.180	1.244	0.031	0.011	0.001	0.005	2.759	0.089
	0.003	0.169	1.263	0.026	0.010	0.001	0.005	2.674	0.102
	0.015	0.178	1.246	0.025	0.011	0.001	0.006	2.276	0.113

当杭州出土宋代白釉瓷片、曲阳涧定窑出土宋代瓷片以及景德镇出土宋代白釉瓷片表示成 Seger 胎式后作图（图 9-7）可以直观看出，景德镇宋代白釉瓷片的系数 a 明显大于其他两类瓷片，而系数 b 则明显小于其他两类瓷片，杭州出土白釉瓷片与曲阳涧定窑出土瓷片集中度较高，因此杭州出土白釉瓷片显然不是景德镇所产，更接近定窑烧造。

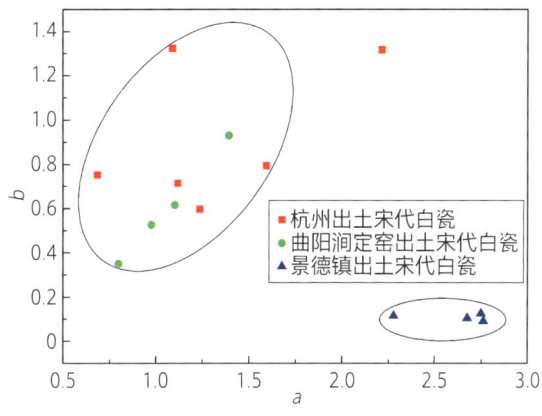

图 9-7 出土三种白釉瓷片胎式图

9.3.2 成分三角形的表示

成分三角形一般用来表示三种元素加和为 100% 的三元成分图。青铜器大多为铜、锡、铅三元合金，适用于成分三角形表示。表 9-11 为中国历代部分铜镜中铜、锡、铅的化学组成，从成分三角形（图 9-8）可以看出铜镜成分总体集中在一个区域，含锡量较为一致。

Seger 胎釉式可以较为有效地降维处理主量元素，但对于微量元素却不能处理。对于三种微量元素存在的情况下，可以将三种微量元素先加和处理，再计算每种微量元素占总体微量元素的百分比，而后绘制成分三角形图。以前面杭州出土具有定窑风格的白瓷样品为例，计算每个样品的 Rb、Sr、Zr 三元素占总微量元素的比例（表 9-12），三者加和为 100%，这样即可绘制成分三角形图（图 9-9）。

表 9-11 中国历代部分铜镜化学组成（三元成分归一至 100%） 单位：%

铜镜品种	时　代	Cu	Sn	Pb
蟠螭纹镜	战国西汉	71.91	27.54	0.55
规矩蟠螭纹镜	战国西汉	70.33	25.81	3.86
草叶纹镜	西汉	69.70	24.39	5.91
四神规矩镜	东汉	69.41	25.20	5.39
画像镜	汉末三国	68.66	23.76	7.58
嘉禾元年神兽镜	南北朝	70.95	22.51	6.53
神人十二生肖镜	隋	70.49	23.38	6.13
莲花镜	唐	73.27	23.41	3.32

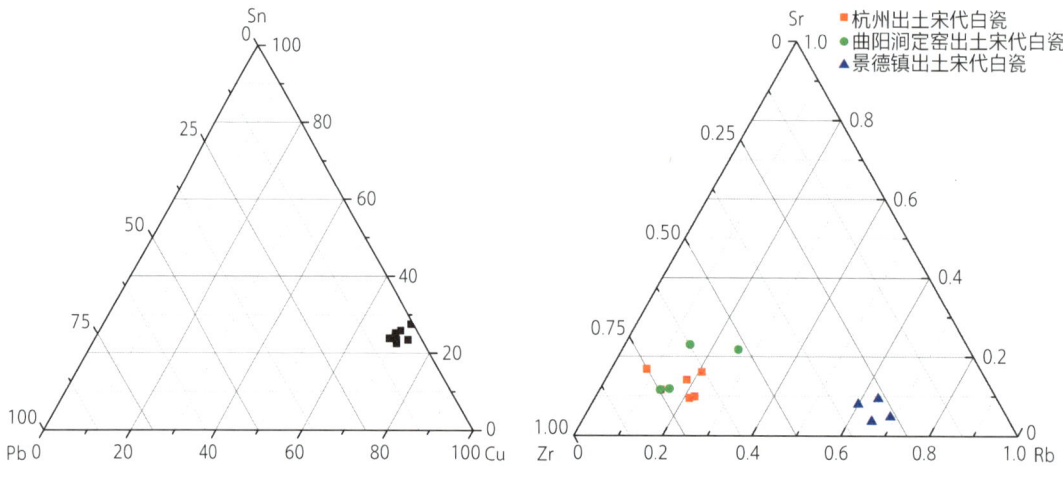

图 9-8 中国历代部分铜镜成分三角形　　图 9-9 出土三种白釉瓷片胎微量元素成分三角形

表 9-12 出土白釉瓷片胎各微量元素占总微量比

	Rb	Sr	Zr
杭州上城区工地出土白瓷	0.08	0.17	0.75
	0.21	0.09	0.69
	0.22	0.10	0.68
	0.14	0.12	0.75
	0.18	0.14	0.68
	0.21	0.16	0.63
曲阳涧定窑窑址出土白瓷	0.14	0.12	0.75
	0.15	0.23	0.62
	0.16	0.12	0.73
	0.26	0.22	0.52
景德镇出土宋代白瓷	0.64	0.09	0.27
	0.69	0.05	0.26
	0.65	0.04	0.31
	0.60	0.08	0.32

从图 9-9 也可看出，景德镇出土宋代白瓷胎中微量元素 Rb 比例远大于杭州出土瓷片与定窑窑址出土瓷片，而胎中微量元素 Zr 的比例则小于其他两类瓷片，因此，从微量元素角度来说，杭州出土白釉瓷片与曲阳涧定窑窑址出土瓷片更为接近。

9.4 统计软件的使用

本节主要讲述使用 SPSS 统计软件进行因子分析以及聚类分析的方法。

9.4.1 因子分析

以两类外形釉色有一定相似性的耀州窑及越窑青釉瓷釉面主量元素成分数据为研究案例，见表 9-13。

表 9-13 耀州窑青瓷釉与越窑青瓷釉主量元素成分　　　　　　　　　　　　　　　　单位：%

类别	MgO	Al_2O_3	SiO_2	P_2O_5	K_2O	CaO	TiO_2	MnO	Fe_2O_3
耀州窑青瓷釉	1.34	13.48	69.23	0.73	1.59	10.81	0.16	0.04	2.28
	1.18	13.93	72.24	0.44	1.71	8.65	0.15	0.03	1.39
	2.00	13.77	68.60	0.76	1.46	9.60	0.15	0.03	3.23
	1.52	13.58	65.23	0.83	1.66	15.21	0.13	0.06	1.44
	1.51	13.06	63.23	0.59	1.16	17.66	0.13	0.06	1.93
	1.58	14.88	66.95	0.54	0.97	11.74	0.13	0.01	2.76
	1.30	13.45	68.48	0.75	1.48	12.46	0.13	0.03	1.60
	3.09	11.79	68.97	0.28	2.64	6.52	0.18	0.05	2.03
	1.24	13.42	70.33	0.30	1.95	8.66	0.20	0.05	3.31
	0.88	12.79	73.31	0.15	2.96	7.70	0.21	0.06	1.33
越窑青瓷釉	1.77	11.85	58.28	1.61	1.46	18.16	0.30	0.86	3.17
	1.56	12.47	60.99	1.54	1.41	17.78	0.28	0.46	2.77
	1.87	12.39	56.31	2.32	1.69	21.72	0.27	0.82	2.18
	2.04	13.44	59.53	2.77	1.75	17.45	0.26	0.53	1.87
	1.84	13.55	58.05	1.61	1.45	19.19	0.28	0.72	2.63
	1.66	12.27	59.14	2.04	1.40	19.55	0.27	0.68	2.38
	1.47	11.78	60.61	2.22	1.63	18.87	0.27	0.50	2.36

（续表）

类别	MgO	Al$_2$O$_3$	SiO$_2$	P$_2$O$_5$	K$_2$O	CaO	TiO$_2$	MnO	Fe$_2$O$_3$
越窑青瓷釉	1.74	11.73	60.94	2.27	1.53	18.42	0.32	0.44	2.15
	1.20	10.67	65.32	1.69	1.22	16.59	0.32	0.48	2.45
	1.56	11.37	59.20	2.45	1.21	21.52	0.31	0.40	1.69

9.4.1.1 因子分析概念

因子分析（factor analysis）是指使用少数几个因子来描述许多指标或因素之间的联系，以较少几个因子来反映原资料大部分信息的统计学分析方法。主成分分析（principal component analysis）则是因子分析的一个特例，是使用最多的因子提取方法。它通过坐标变换手段将原有的多个相关变量做线性变化，转换为另外一组不相关的变量。选取前面几个方差最大的主成分，这样既达到了因子分析较少变量个数的目的，同时又能与较少的变量反映原有变量的绝大部分信息。从数学角度来看，主成分分析是一种化繁为简的降维处理技术。

因子分析有三大显著特征：① 因子变量的数量远少于原有指标变量的数量，因而对因子变量的分析能够减少分析中的工作量；② 因子变量不是对原始变量的取舍，而是根据原始变量的信息进行重新组构，它能够反映原有变量大部分的信息；③ 因子变量之间不存在显著的线性相关关系，对变量的分析比较方便，但原始部分变量之间多存在较显著的相关关系。

因子变量具有命名解释性，即该变量是对某些原始变量信息的综合和反映。在保证数据信息丢失最少的原则下，对高维变量空间进行降维处理（通过因子分析或主成分分析）。显然，在一个低维空间解释系统要比在高维系统容易得多。

9.4.1.2 因子分析原理

假定：有 n 个样本，每个样本共有 p 个变量，构成一个 $n \times p$ 阶的数据矩阵：

$$X = \begin{bmatrix} x_{11} & \cdots & x_{1p} \\ \vdots & \ddots & \vdots \\ x_{n1} & \cdots & x_{np} \end{bmatrix}$$

在本次耀州窑及越窑青釉瓷分析案例中，有耀州窑青釉瓷 10 件、越窑青釉瓷 10 件，共计 20 件样本，即 $n = 20$。每件青釉瓷样本有 MgO、Al$_2$O$_3$、SiO$_2$、P$_2$O$_5$、K$_2$O、CaO、TiO$_2$、MnO、Fe$_2$O$_3$ 共 9 个变量，即 $p = 9$。矩阵为 20×9 阶矩阵。

当 p 较大时，在 p 维空间中考察问题比较麻烦。这就需要进行降维处理，即用较少几个综合指标代替原来指标，而且使这些综合指标既能尽量多地反映原来指标所反映的信息，同时它们之间又是彼此独立的。

记 $x_1, x_2, \cdots, x_p$ 为原变量指标（MgO、Al$_2$O$_3$、SiO$_2$、P$_2$O$_5$、K$_2$O、CaO、TiO$_2$、MnO、Fe$_2$O$_3$ 共 9 个原变量），$z_1, z_2, \cdots, z_m$（$m \leqslant p$）为新变量指标（主成分，即绘图时所用因

子），则其线性组合为

$$z_1 = l_{11}x_1 + l_{12}x_2 + \cdots + l_{1p}x_p$$
$$z_2 = l_{21}x_1 + l_{22}x_2 + \cdots + l_{2p}x_p$$
$$\cdots\cdots$$
$$z_m = l_{m1}x_1 + l_{m2}x_2 + \cdots + l_{mp}x_p$$

式中，l_{ij} 为原变量在各主成分上的载荷。

无论是哪一种因子分析方法，其相应的因子解都不是唯一的，主因子解仅仅是无数因子解中之一。

z_i 与 z_j 相互无关。z_1 是 x_1，x_2，$\cdots$，x_p 的一切线性组合中方差最大者，z_2 是与 z_1 不相关的 x_1，x_2，$\cdots$ 的所有线性组合中方差最大者，则新变量指标 z_1，z_2，$\cdots$ 分别称为原变量指标的第一、第二、$\cdots$ 主成分。

z 为因子变量或公共因子，可以理解为在高维空间中互相垂直的 m 个坐标轴。

主成分分析实质上就是确定原来变量 x_j（$j=1$，2，$\cdots$，p）在各主成分 z_i（$i=1$，2，$\cdots$，m）上的载荷 l_{ij}。

从数学上容易知道，从数学上也可以证明，它们分别是相关矩阵的 m 个较大的特征值所对应的特征向量。

9.4.1.3　因子分析方法及步骤

1）因子分析方法

因子分析是从众多的原始变量中重构少数几个具有代表意义的因子变量的过程。其潜在的要求是，原有变量之间要具有比较强的相关性。因此，因子分析需要先进行相关分析，计算原始变量之间的相关系数矩阵。如果相关系数矩阵在进行统计检验时，大部分相关系数均小于 0.3 且未通过检验，则这些原始变量就不太适合进行因子分析。

SPSS 还提供了几种判定是否适合因子分析的检验方法，主要有巴特利特球形检验（Bartlett test of sphericity）、反映象相关矩阵（anti-image correlation matrix）检验及 KMO（Kaiser-Meyer-Olkin）检验。

（1）巴特利特球形检验。以变量的相关系数矩阵作为出发点，它的零假设 H0 为相关系数矩阵是一个单位阵，即相关系数矩阵对角线上的所有元素都为 1，而所有非对角线上的元素都为 0，也即原始变量两两之间不相关。巴特利特球形检验的统计量根据相关系数矩阵的行列式得到。如果该值较大，且其对应的相伴概率值小于用户指定的显著性水平，那么就应拒绝零假设 H0，认为相关系数不可能是单位阵，也即原始变量间存在相关性。

（2）反映象相关矩阵检验。以变量的偏相关系数矩阵作为出发点，将偏相关系数矩阵的每个元素取反，得到反映象相关矩阵。偏相关系数是在控制了其他变量影响的条件下计算出来的相关系数，如果变量之间存在较多的重叠影响，那么偏相关系数就会较小，这些变量则越适合进行因子分析。

（3）KMO 检验。用于比较变量之间的简单相关和偏相关系数。KMO 值介于 0~1，越接近 1，表明所有变量之间简单相关系数平方和远大于偏相关系数平方和，越适合因子分析。KMO 检验标准为：KMO>0.9，非常适合；0.8<KMO ≤ 0.9，适合；0.7<KMO ≤ 0.8，一般；0.6<KMO ≤ 0.7，不太适合；KMO<0.5，不适合。

2）因子分析步骤

（1）首先将需要分析的 20 组青瓷釉面数据导入 SPSS 软件，可复制粘贴，也可直接通过 excel 等数据文档直接导入（图 9-10）。选择"分析-降维-因子分析"。

（2）在"因子分析"对话框中选择需要分析的变量至右侧，本次分析所有测试元素。选择"描述"对话框，勾选"原始分析结果""系数""显著性水平""KMO 和 Bartlett 的球形度检验"（图 9-11a）。在"抽取"对话框中，方法选择"主成分"，同时勾选"未旋转的因子解"与"碎石图"（图 9-11b）。默认分析特征值大于 1。如果当抽取的因子只有一个或者不符合预期时，可以输入想要的因子个数。"旋转"对话框中勾选"最大方差法""旋转解""载荷图"（图 9-11c）。此处最大方差是必要的，如果不勾选上，可能导致 KMO 值出不来。"得分"对话框中勾选"保存变量-回归"及"显示因子得分系数矩阵"（图 9-11d）。其中，回归法：因子得分均值为 0，采用多元相关平方；Bartlett（巴特利特法）：因子得分均值为 0，采用超出变量范围各因子平方和被最小化；Anderson-Rubin（安德森-洛宾法）：因子得分均值为 0，标准差 1，彼此不相关。"选项"对话框中勾选"按列表排除个案"及"按大小排序"（图 9-11e）。最后点击"确定"。

图 9-10 分析数据导入

（3）经软件分析后，青瓷釉面9种成分降维后的因子F_1、F_2、F_3等会在原数据视图中显示。F_1、F_2、F_3来源即为原始数据矩阵（20行9列）乘以成分得分系数矩阵（表9-14，9行3列），因此降维后供绘图的数据即为20行3列。

输出文档中，同时需要关注表9-15，可以看出提取三个因子后，总方差达到82.45%，说明表达可行。

同样，成分矩阵也在接下来的图像分析中有用。在具体图像绘制中，有时需要标明某种成分的分布方向，从成分矩阵（表9-16）即可判断元素分布梯度。

以氧化钙（CaO）元素为例，CaO的分布 $= F_1 \times 0.920 - F_2 \times 0.196 - F_3 \times 0.227$。为显示方便，本次演示仅取两个主成分绘图，从图9-12中可知，尽管同属青釉瓷，但耀州窑与越窑的氧化钙与氧化硅成分有着显著的差异，越窑钙高，耀州窑硅高。

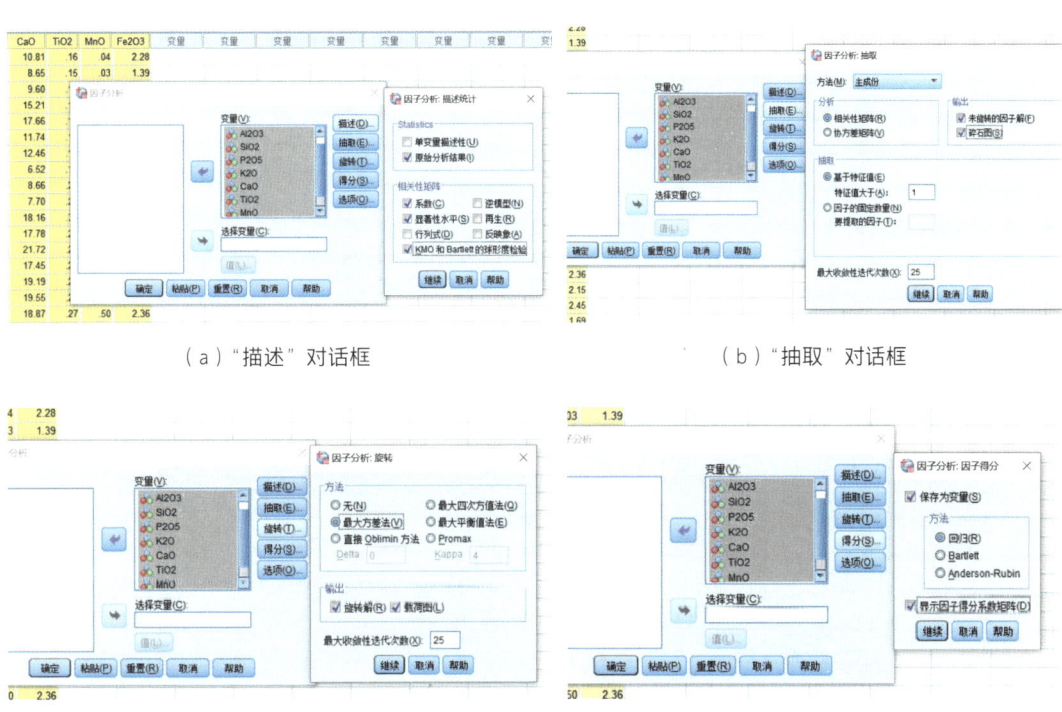

（a）"描述"对话框　　　　　　　　　（b）"抽取"对话框

（c）"旋转"对话框　　　　　　　　　（d）"得分"对话框

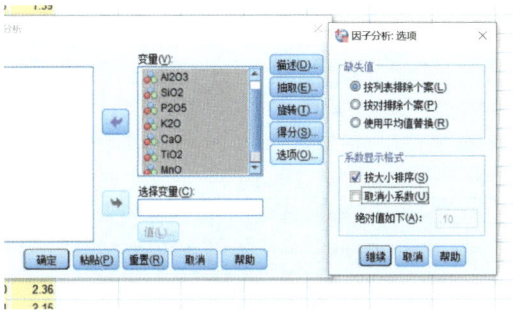

（e）"选项"对话框

图 9-11　因子分析各对话框选择

表 9-14 成分得分系数矩阵表

成　　分	得　分　系　数		
	1	2	3
MgO	−0.003	0.233	0.654
Al_2O_3	−0.231	−0.357	0.056
SiO_2	−0.155	0.136	−0.090
P_2O_5	0.202	−0.033	−0.075
K_2O	0.051	0.592	0.051
CaO	0.174	−0.193	−0.159
TiO_2	0.228	0.157	−0.006
MnO	0.186	0.004	0.091
Fe_2O_3	−0.110	−0.262	0.597

表 9-15 解释的总方差

元件	起始特征值			撷取平方和载入		
	总计	变异 /%	累加 /%	总计	变异 /%	累加 /%
1	4.841	53.789	53.789	4.841	53.789	53.789
2	1.405	15.608	69.397	1.405	15.608	69.397
3	1.175	13.055	82.452	1.175	13.055	82.452
4	0.842	9.359	91.812			
5	0.434	4.825	96.636			
6	0.175	1.947	98.583			
7	0.079	0.881	99.465			
8	0.046	0.512	99.977			
9	0.002	0.023	100.000			

表 9-16 成分矩阵

成　　分	得　分　系　数		
	1	2	3
SiO_2	−0.941	0.135	−0.069
MnO	0.925	0.067	0.076

成 分	得 分 系 数		
	1	2	3
P_2O_5	0.924	0.028	-0.122
CaO	0.920	-0.196	-0.227
TiO_2	0.870	0.293	-0.032
Al_2O_3	-0.616	-0.569	0.075
K_2O	-0.419	0.821	0.096
MgO	0.185	0.290	0.777
Fe_2O_3	0.228	-0.418	0.691

注：① 撷取方法：主体元件分析。
② 撷取 3 个元件。

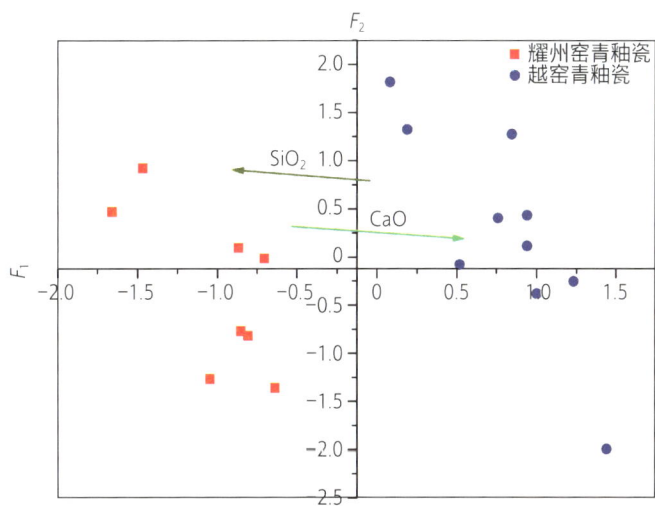

图 9-12 越窑青釉瓷与耀州窑青釉瓷釉面成分因子分析图

9.4.2 聚类分析

  聚类分析又称群分析，它是研究（样品或指标）分类问题的一种多元统计方法。所谓类，通俗地说，就是指相似元素的集合。严格的数学定义是较麻烦的，在不同问题中类的定义是不同的。聚类分析起源于分类学，在考古的分类学中，人们主要依靠经验和专业知识来实现分类。随着生产技术和科学的发展，人类的认识不断加深，分类越来越细，要求也越来越高，有时仅凭经验和专业知识是不能进行确切分类的，往往需要定性和定量分析结合起来去分类，于是数学工具逐渐被引进分类学中，形成数值分类学。后来随着多元分析的引进，聚类分析又逐渐从数值分类学中分离出来而形成一个相对独立的分支。聚类分析内容非常丰富，有系统聚类法、有序样品聚类法、动态聚类法、模糊聚类法、图论聚类法、聚类预报法等。

以青龙镇出土青釉瓷（长沙窑）及黑釉瓷（东张窑属建窑系）釉面成分为研究案例。青龙镇出土通过类型学观察命名为长沙窑及东张窑的瓷器，现通过聚类分析方法确定其成分是否与出土的长沙窑及建窑类似，青龙镇出土长沙窑、年丰院出土长沙窑、青龙镇出土东张窑、大路后山出土建窑 34 组样品釉面主量元素数据见表 9-17。

表 9-17 青龙镇出土长沙窑、东张窑及窑址出土长沙窑、建窑成分　　　　　　　　　　　　　　单位：%

编号	类别	MgO	Al_2O_3	SiO_2	P_2O_5	K_2O	CaO	TiO_2	MnO	Fe_2O_3
1	青龙镇出土长沙窑	1.81	10.52	61.81	0.79	2.55	17.58	0.74	0.51	2.93
2		2.01	10.43	61.69	0.81	2.51	17.87	0.74	0.52	2.89
3		1.47	11.36	63.05	0.49	1.79	17.70	0.88	0.38	2.35
4		1.64	11.66	62.25	0.42	1.90	18.10	0.84	0.35	2.53
5		1.96	12.21	62.62	0.53	2.12	16.45	0.86	0.39	2.47
6		1.73	10.89	64.42	0.51	2.02	16.47	0.87	0.39	2.17
7		1.85	10.54	61.01	0.51	1.78	18.71	0.83	0.46	3.86
8		1.70	10.29	60.60	0.56	1.76	20.11	0.77	0.32	3.49
9		2.08	11.25	61.16	0.60	2.43	18.19	0.83	0.46	2.61
10		2.77	13.11	61.39	0.76	2.52	14.70	0.82	0.65	2.74
11	年丰院出土长沙窑	3.81	8.85	61.94	0.87	1.90	19.51	0.46	0.68	1.98
12		2.08	11.03	63.95	0.51	1.71	16.68	0.72	0.40	2.05
13		3.79	9.50	60.28	1.06	2.22	19.72	0.74	0.59	2.09
14		3.81	13.55	56.20	0.37	1.78	15.17	0.73	3.10	5.28
15		2.20	13.77	61.26	0.40	2.23	14.91	0.64	0.31	2.31
16		3.34	11.40	65.09	0.32	2.09	11.20	0.65	0.29	3.63
17		2.08	11.03	63.95	0.51	1.71	16.68	0.72	0.40	2.05
18	青龙镇出土东张窑	2.12	14.00	67.32	0.30	3.70	5.03	0.64	0.63	5.39
19		2.74	19.15	61.73	1.50	2.73	6.39	0.28	1.56	8.47
20		2.61	18.10	60.89	0.40	3.62	7.35	0.26	1.60	7.43
21		2.04	18.62	63.76	0.60	2.36	5.74	0.25	1.20	9.06
22		2.80	19.14	61.82	1.14	2.87	6.27	0.22	1.19	8.85

（续表）

编号	类别	MgO	Al_2O_3	SiO_2	P_2O_5	K_2O	CaO	TiO_2	MnO	Fe_2O_3
23	大路后山出土建窑	1.72	16.51	61.93	0.44	3.22	7.11	0.54	0.47	7.62
24		2.31	15.61	61.77	0.65	2.79	8.54	0.50	0.98	6.51
25		1.51	15.59	64.27	0.36	2.97	6.55	0.53	0.63	7.26
26		1.44	13.63	68.44	0.53	4.62	2.09	0.73	0.67	7.55
27		0.88	17.09	64.99	0.19	2.76	4.59	0.64	0.35	7.83
28		1.47	17.23	62.38	0.41	3.23	6.63	0.46	0.41	7.50
29		1.38	17.29	62.41	0.35	3.18	6.65	0.66	0.39	7.23
30		0.65	13.85	71.52	0.33	4.12	4.21	0.49	0.30	4.23
31		1.51	15.52	66.05	0.21	3.54	4.14	0.50	0.61	7.34
32		1.21	16.67	65.96	0.30	3.36	5.27	0.56	0.25	6.01
33		1.47	17.21	64.17	0.39	3.77	5.79	0.54	0.54	5.74
34		1.02	14.78	68.8	0.24	3.65	4.79	0.59	0.39	5.31

聚类分析的步骤如下：

（1）将所需分析的四类（青龙镇出土长沙窑、年丰院出土长沙窑、青龙镇出土东张窑、大路后山出土建窑）34组样品数据输入SPSS软件中，并选择"分析-分类-系统聚类"（图9-13）。

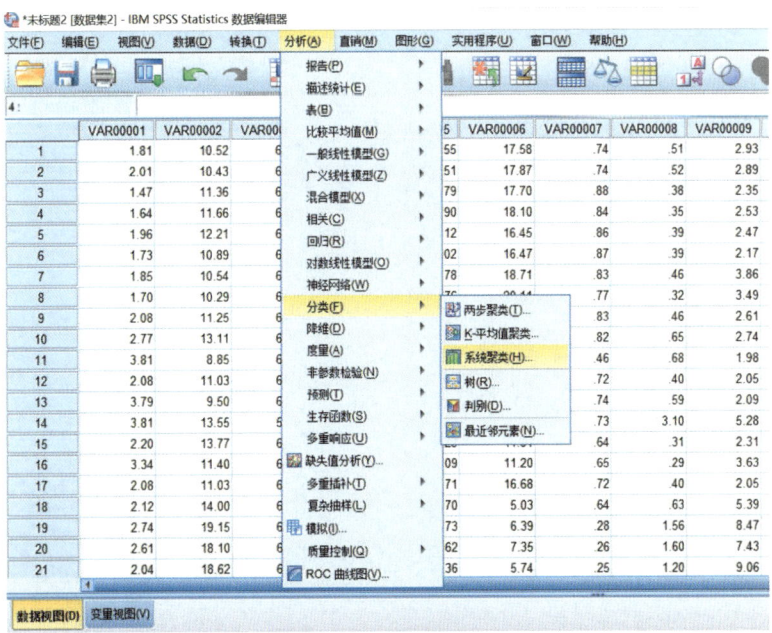

图9-13 聚类方法的选择

（2）在弹出的对话框中将所需分析的变量 1～9（成分分析的变量 MgO、Al_2O_3、SiO_2、P_2O_5、K_2O、CaO、TiO_2、MnO、Fe_2O_3）逐步移至右侧变量框（图 9-14），可以根据自己的需求而选择部分变量进行分析。

（3）在"Statistics"对话框中勾选"合并进程表"，聚类成员选择"无"（图 9-15a）；在"绘图"对话框中勾选"谱系图"（图 9-15b），"方法"对话框中"聚类方法"一栏选择"质心聚类"（图 9-15c）；最后"保存"对话框中"聚类成员"选择"无"（图 9-15d）。

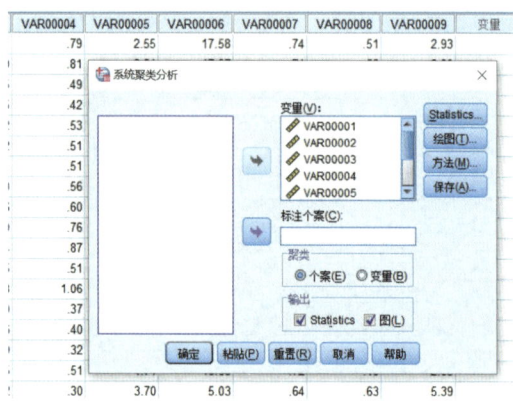

图 9-14 聚类分析变量选择

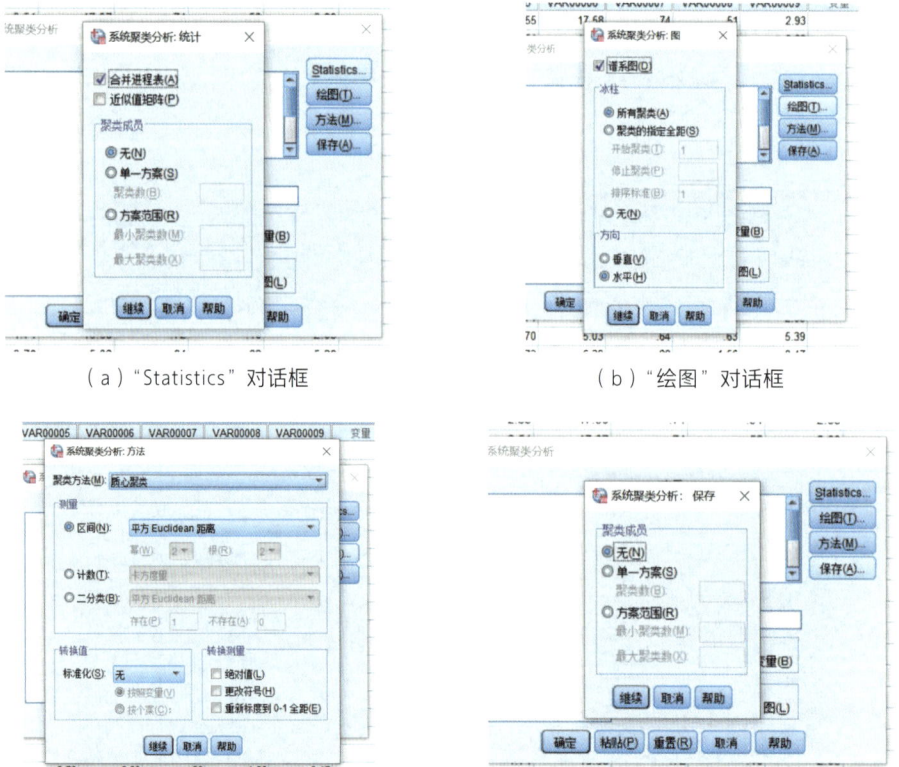

（a）"Statistics"对话框　　　　　　　（b）"绘图"对话框

（c）"方法"对话框　　　　　　　　（d）"保存"对话框

图 9-15 聚类分析参数选择

（4）点击"确定"后得到输出文档，在文档最后可见聚类谱图（图9-16）。

通过聚类谱图可将四类34件样品分为两大类，1～17号（青龙镇出土长沙窑与年丰院出土长沙窑）为一类，18～34号（青龙镇出土东张窑与大路后山出土建窑）为一类。说明青龙镇遗址出土瓷片与相应的窑址出土瓷片成分有相似性，类型学判断结合聚类分析给出土瓷片窑口归类提供了科学依据。

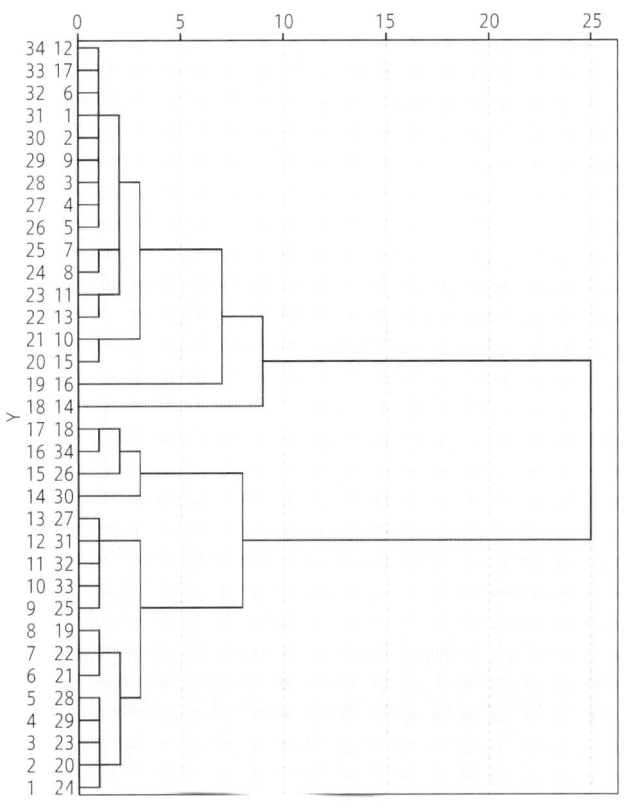

图9-16 待分析四种类型瓷器聚类谱图

参考文献

[1] 罗立强,詹秀春,李国会.X射线荧光光谱分析[M].北京：化学工业出版社,2015.

[2] 上海博物馆.千文万华——中国历代漆器艺术[M].上海：上海书画出版社,2018.

[3] 王恩元,熊樱菲,吴婧玮,等.古陶瓷釉面析晶的研究[J].陶瓷学报,2019,40(2)：239-246.

[4] 朱逸冰,吴旦敏,熊樱菲.明代"金花银"银锭元素组成的无损检测分析[J].文物保护与考古科学,2020,32(4)：97-102.

[5] 罗宏杰.中国古陶瓷与多元统计分析[M].北京：中国轻工业出版社,1997.

[6] 龚玉武,熊樱菲,吴婧玮,等.杭州出土白瓷制作年代与产地的研究[J].文物保护与考古科学,2015,27(3)：62-72.

[7] 董亚巍.论古代铜镜合金成分与镜体剖面几何形状的关系[J].中国历史博物馆馆刊,2000(2)：114-121.

[8] 熊樱菲,吴婧玮,龚玉武,等.基于XRF与TL技术相结合的古陶瓷产地判别研究[J].文物保护与考古科学,2018,30(5)：30-35.

第 10 章

图像分析方法

显微图像对了解文物微观结构信息有重要作用。目前最为广泛使用的显微图像分析方法是利用体视显微镜,通过可见反射光对需要修复或者保护文物的细节进行 20 倍到 500 倍的放大,其成像即为肉眼所见图像的放大版,直接且生动。本章对此部分不做过多赘述。本章内容主要针对成像后需要进一步深入分析的图像,如岩相图中各矿物的分辨、OCT 图像釉泡的识别、电镜图像加工痕迹的分析等进行说明,介绍岩相结构图像、层析成像图像和电镜图像的分析方法,当然本章介绍的图像统计方法也可应用于其他图像数据的处理。

10.1　岩相结构图像分析

岩相结构图像分析一般用于硅酸盐质文物，包括陶器、瓷器、玉石器以及石质文物等。岩相结构图像分析所获得的结构图像是最为清晰的，本节主要阐述如何从定性及定量角度解读岩相图。

10.1.1　发展概述

古代陶瓷器结构与沉积岩相似，因此可以使用地矿研究的相关技术对古陶瓷进行研究。岩相观察是分析陶瓷器最为直观的方法。中国陶瓷器岩相分析始于 1964 年，李国桢对南宋龙泉青瓷进行了岩相结构分析，为现代工艺复原古代龙泉青瓷打下了科学基础。同年张福康等对黄河流域新石器时代和殷周时代陶器进行了岩相分析，受限于当时的技术，羼和料比例的统计分析使用了"重量法"。最早中国出土陶器及瓷器岩相分析是同步进行的，主要是为了解古代陶瓷器的烧制工艺。后来陈尧成、李家治等对岩相的分析则主要集中在带釉瓷器方面，研究内容包含历代青花釉彩工艺和中国古代分相釉、黑釉瓷兔毫纹形成机理等问题。1999 年，中国社会科学院考古研究所对殷墟、洹北商城出土陶器进行了岩相研究，这也是国内第一次对黏土基质–砂–粉砂三元成分的定量统计分析。中国科学技术大学的研究者在 90 年代后对化厅、贾湖、双墩等遗址出土陶器做过岩相分析，这些分析多为成分分析的辅助性手段。特别是朱剑等使用岩相技术研究了南北方原始瓷胎料粒度，认为南北方原始瓷原料来源有较明显的差异，这一研究对岩相分析判定瓷器产地有重要的参考意义。2016 年后，中国陶器岩相分析出现了一批综合性的工作。郁永彬等使用成分分析和岩相分析结合的方法对西城驿陶器进行了分析，通过包含物"磨圆度"等性质分析以确定包含物的来源，该研究给陶器内部包含物是人为加入还是黏土本身带入提供了一条可靠的判定依据。同样是将岩相分析与成分分析结合，栗媛秋认为兴隆沟遗址出土从兴隆洼文化到夏家店下层文化陶器，其制陶工艺表现出明显进步。张又尹在研究安徽凌家滩遗址出土陶器时，认为粗砂可能系人为羼入的花岗岩岩屑；中砂可能来源于人工羼入，也可能来自分选度较差的沉积物；细砂则来自分选度好、成熟度高的细粒沉积物，该方法同样为确定夹杂物来源提供了一定的思路。陆青玉也认为目前任何单一途径对陶器产地问题的探讨都有失偏颇，岩相和成分分析结合能在很大程度上弥补单一分析方法的不足。近年来，中国对出土陶瓷器岩相研究的主要对象从过去的出土瓷器转变成出土陶器。

10.1.2 分析流程

1）岩相薄片的制作

对于考古工作者，一般陶器的薄片制作会交给相关的地矿学校或地质类博物馆专业制片人员进行切割与磨制。实际上，陶瓷器的质地较一般岩石矿物样品更为疏松且相对容易磨制，如果有一般切片机以及研磨设备，可自行制作相关陶瓷薄片。

首先可以选取有代表性的陶片切面，切下一条陶片，对该切面进行粗磨、精磨等处理后，使用加拿大树胶将其粘接于载玻片，而后对另一面进行磨制直至薄片厚度达到 30 μm。具体方法为待薄片已磨制透光接近 30 μm 时将其置于偏光显微镜下，使用正交光观察陶片内石英颗粒的干涉色（因为无论泥质陶还是夹砂陶，其内部或多或少都有石英颗粒的存在）。若石英干涉色出现浅黄色调（图 10-1a），则说明该薄片偏厚，需要继续减薄。干涉色为一级灰白时（图 10-1b）则说明厚度已达要求。一般来说陶器因可以切割相对较长的试样制作薄片，因此无法完全用盖玻片封片（图 10-1c）。瓷器岩相薄片一般既包含胎又包含釉面部分（图 10-1d），以便显微镜下既能观察到釉面形貌又能观察到胎体结构。

（a）厚度超 30 μm 石英偏黄色　　　　（b）标准 30 μm 厚石英呈灰白色（图 a、b 为同一视域）

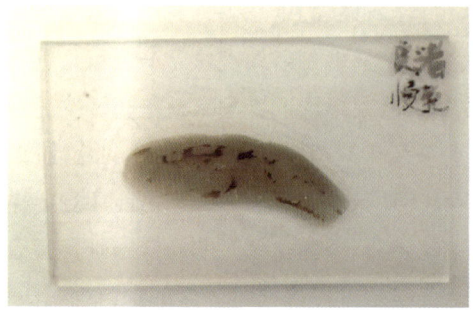

（c）陶器薄片　　　　　　　　　　　　（d）瓷器薄片（带釉）

图 10-1　薄片制样示意图

2）岩相矿物种类的判别

获得岩相薄片后，首先需要明确薄片中各主要矿物种类。陶器文物中，主要羼和料为石英、长石、云母、方解石、闪石等。瓷器文物釉层中主要为石英、长石等，玉石器文物中主要为透闪石等。

（1）石英。石英是许多岩石的组成部分，而且非常耐风化。因此，存在于几乎所有的天然黏土矿及由其制成的考古出土陶瓷中，既有单晶形态（图10-2a）也有多晶形态（图10-2b），图片均在正交偏光下拍摄。

（2）长石。长石在陶器羼和料中使用较少，一般风化程度较高，有解理纹（图10-3a）。难见单独使用长石作为羼和料的报道。以自制和砂作为羼和料加入陶器内的样品为例，河砂大部分为石英，偶见长石颗粒（图10-3b）。钾长石作为钙碱釉或碱钙釉钾元素的来源，在宋元以后大规模作为制釉材料使用，但釉面无论石英或钾长石均已熔融，难以通过岩相进行分析。

（3）云母。国内云母很少单独作为制陶羼和料使用，甚至未见陶器内有大量云母包含

（a）广富林文化陶器内石英　　　　　　（b）良渚文化陶器内石英

图10-2　石英包含物的不同形态

（a）桥头遗址陶器内长石　　　　　　（b）自制陶器内长石

图10-3　长石包含物的不同形态

物的报道，一般来说陶器内云母是特定的砂质黏土带入（图10-4），而砂质黏土除了包含云母也会包含大量的石英等其他矿物颗粒。

（4）闪石。闪石类包含物或羼和料也一般很少大量在国内陶器内出现，一般呈现纤维状（图10-5）。

矿物羼和料的排列一定程度上可以侧面反映当时的制陶技术，如使用轮制成型、快轮拉坯或慢轮修整，可能会使内部羼和料呈现有规律的朝某一特定方向排列。但这并不是一个充要条件，在某些明显非轮制成型的陶器上，如广富林良渚时期鼎足（图10-6a），可以看到内部夹杂物呈现定向排列，夹杂物的长轴总是朝着右上方（图10-6b）。因此，看颗粒物的排列方式来推断成型技术，需要选取具有代表性的口沿等处。

（5）方解石。中国出土陶器极少有加入方解石羼和料的报道。方解石在岩相显微镜正交偏光下呈现高级白干涉色，即插入λ板后呈现白色（图10-7）。西安礼泉坊出土唐三彩瓷胎有研究其使用钙质黏土，但从电镜照片分析未见大颗粒方解石。方解石作为羼和料在西亚地区较为常见。

图10-4　唐代陶器内云母

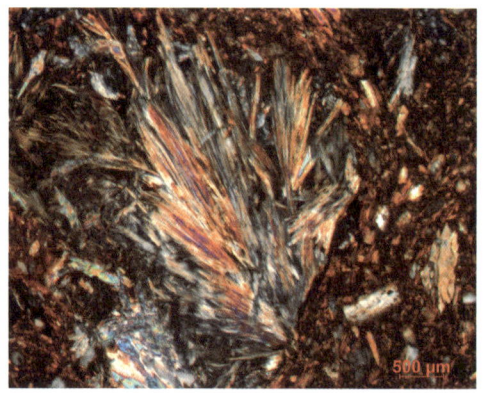
图10-5　良渚文化时期陶器内闪石

（a）鼎足

（b）鼎足内定向排列闪石

图10-6　羼和料定向排列的鼎足

（6）瓷釉熔融石英。石英颗粒在釉料里面的转换过程可以表示为：瓷土等制釉原料带入石英颗粒→残余石英周围有高黏度玻璃相（图10-8a）→残余石英周围玻璃中出现羽状、骨架状或树枝状鳞石英和方石英→针状或管柱状鳞石英近旁有树枝状鳞石英或方石英→富硅玻璃相中长出鳞石英或方石英。石英反应转化程度越深，釉面中残余石英存在的机会就越少，当残余石英颗粒消失时，说明石英颗粒已经完全转化为富含氧化硅的玻璃相。这种玻璃相易析出方石英或鳞石英（图10-8b）。在古陶瓷烧造时，釉面容易留下未熔融的圆润如鹅卵石状的石英颗粒，同样也会形成粗针状或管柱状鳞石英晶体，但较为规则的树枝状方晶体则未曾发现。在鉴定过程中，方石英是主干与分支呈现90°角的树枝状或骨架状，而鳞石英是主干与分支呈60°交角的树枝状。总而言之，瓷器中石英形态相比陶器更为复杂。夹砂陶器中因石英颗粒较多，可以统计羼杂量的多少、石英形态等数据从而判断制陶工艺及制陶原料来源、陶器的贸易流通等信息。瓷釉中的石英则往往存在偶然性与随机性，瓷釉中若出现方石英或鳞石英晶体，一般可以判断该类型瓷片有较为成熟的烧制工艺，然

（a）伊朗出土陶器内方解石

（b）方解石另一种形态

图10-7　方解石不同形态

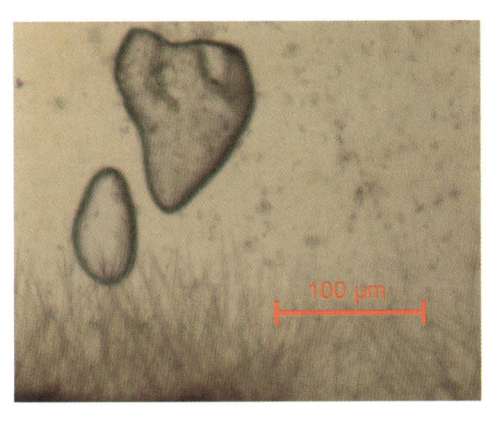
（a）熔蚀边石英

（b）鳞石英

图10-8　瓷釉内石英形态

而一些玻璃质感较强的釉面往往显示全熔融状态，无石英颗粒存在，这就给讨论古陶瓷烧造工艺增加了一定的困难，需要关注胎中莫来石等晶体的形态。

还需注意的是，作为制瓷主要原料，高岭石的加热相变化是瓷器工艺中最重要的反应之一。一般对高岭石加热时发生的物相变化可以用下述反应式表示：

$$Al_2O_3 \cdot 2SiO_2 \cdot 2H_2O \xrightarrow{550\sim650℃} Al_2O_3 \cdot 2SiO_2 + 2H_2O\uparrow$$
$$\text{高岭石} \qquad\qquad\qquad\qquad \text{偏高岭石}$$

$$3(Al_2O_3 \cdot 2SiO_2) \xrightarrow{>950℃} 3Al_2O_3 \cdot 2SiO_2 + 4SiO_2$$
$$\text{偏高岭石} \qquad\qquad\qquad \text{一次莫来石}$$

上述反应进行到 1 200 ℃左右，莫来石的生成便接近平衡，晶体逐步长大和逐步完整。但因为莫来石晶体主要存在于瓷胎内，极为细小，因此在偏光显微镜下难以分清。瓷胎中生成莫来石，则说明胎体内 Al_2O_3 含量高且烧成温度较高。

（7）透闪石玉。一般认为和田玉（图 10-9a）纤维交织状的簇状集合体粒度多在 10 μm 以内（图 10-9b），贵州白玉内部透闪石无论以纤维状还是颗粒状存在，其粒度介于 10～100 μm。江南小梅岭玉石矿为典型的透闪石玉，大部分透闪石已纤维化，颗粒长 10～15 μm、宽 1～2 μm。

（8）植物性羼和料/包含物。植物性羼和料往往以三种形态存在，完全燃烧后残留的植物茎秆，其往往表现为白色（图 10-10a）；未完全燃烧而炭化的植物，往往呈现黑色（图 10-10b）。这两种情况基本保留了植物原本的形态。而一部分植物性羼和料经完全燃烧后挥发，从而留下一个个孔洞（图 10-10c），但孔洞的形态仍然基本保留了植物原本的形貌。需要注意的是，新石器时代陶器内部总会存在一些植物痕迹，这些痕迹多为黏土中所残留植物茎秆等形成（图 10-10d）。

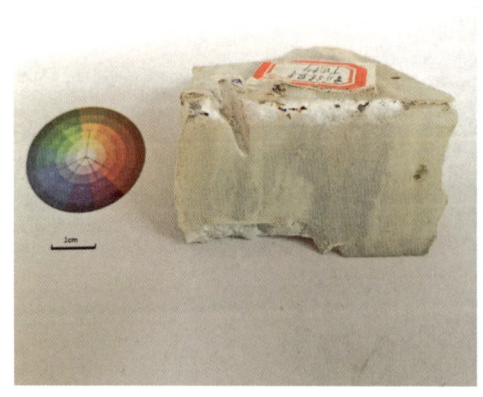
（a）和田玉且末料照片

（b）和田玉且末料岩相

图 10-9　和田玉岩相结构

(a) 白化植物（广富林遗址崧泽文化）　　　（b) 炭化植物（自制陶片）

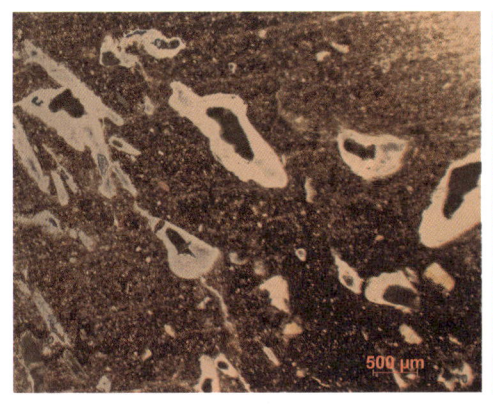

(c) 完全燃烧留下的孔洞（广富林遗址良渚文化）　　　(d) 炭化植物痕迹（广富林文化）

图 10-10　植物性羼和料 / 包含物岩相

10.1.3　统计分析

10.1.3.1　统计分析对象

岩相图片中除了识别羼和料的种类外，还需在显微镜的单偏光和正交偏光模式下，对切片中的黏土基质、羼和料包含物和气孔三类（图10-11a）成分的属性特征进行定性分析和定量统计。具体涉及：三类成分的比例；黏土基质的均质性、旋光性；各类包含物的数量、类型、粒度、分选状况、保存状况、磨圆度、方向性；气孔的数量、形状，等等。

粒度区间表示能代表陶器标本整体粒度的粒度范围。当分选较好时，可以选取陶器中能代表粒度下限及上限的粒状碎屑直径进行测量，作为粒度区间；当分选较差时，可大致统计陶器中不同粒级所占百分比，选择粒度区间。

羼和料分选性指砂级颗粒的分选程度（图10-11b），共分好、中、差、三级。分选好指同一级含量占比超过75%；分选中指同一级含量占比在50%～75%；而分选差则表示羼和料粒级集中趋势不明显。

磨圆度（图10-11c）可分为四个等级："棱角"代表完全未磨圆的羼和料；"次棱"代

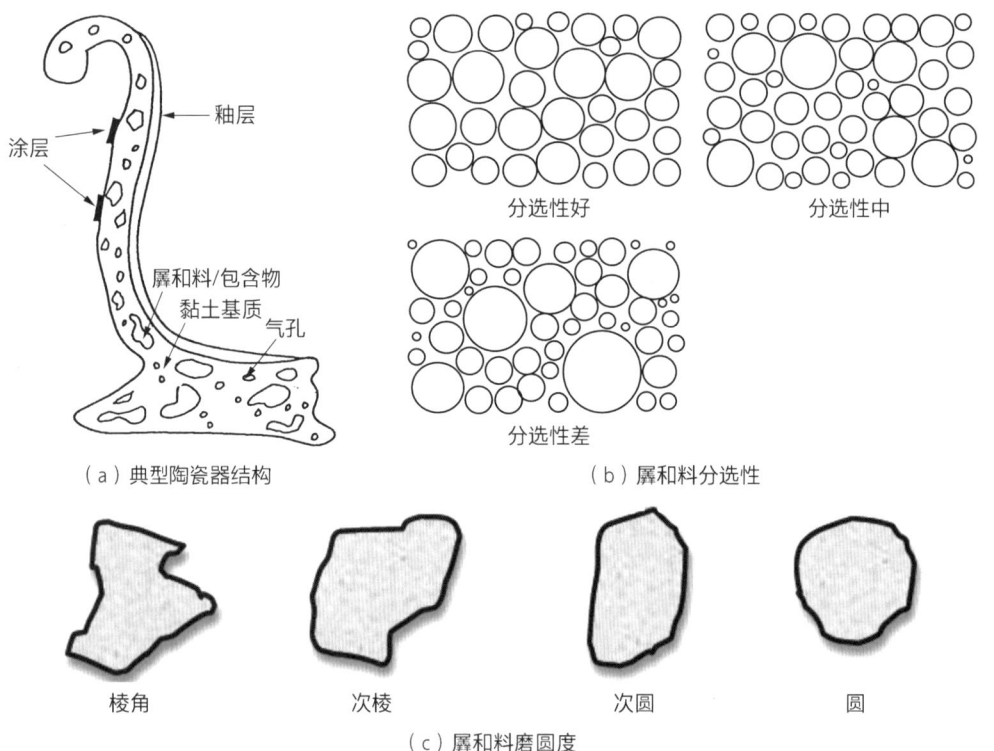

图 10-11　陶器岩相及羼和料示意图

表棱角只轻微磨圆;"次圆"代表棱角轻微磨去,还可以见直线状边;"圆"代表滚圆良好、只保留原始轮廓的痕迹。

矿物及其构成的岩屑是陶器包含物的主体,主要根据不同矿物的光性特征对其进行鉴定。数据解释环节,主要通过定性分析和定量统计获得的岩相数据,围绕陶器的生产技术和陶器产地两大主题,结合各类参考标本,对陶器标本进行技术和产地层面的分组分析。此外,有时还可兼顾对部分陶器使用功能和埋藏环境的分析。在解释的过程中,要结合陶器所处的时空背景以及人类学、地质学等知识进行综合分析。

还需要注意的是,中国对粉砂(0.005～0.1 mm)、砂(0.1～2 mm)、砾(2 mm 及以上)的定义与国际通行法则对粉砂(0.003 9～0.062 5 mm)、砂(0.062 5～2 mm)、砾(2 mm 及以上)的定义是不同的。这种定义的不统一会导致国际上常用的描述黏土基质-砂-粉砂的三角成分图与中国出现较大的差异,继而导致早期国内外陶器贸易交流等问题的科学研究出现偏差。例如粒径在 0.06～0.1 mm 的羼和料中国定义为粉砂,但国际上定义为砂,不同的分类方式呈现不同三角成分图,因此需要注意。

10.1.3.2　统计分析方法

1)目估法

目估法是使用一套标准矿物含量图案(图 10-12)作为对比标准,在偏光显微镜或其他观测手段下,用肉眼近似估计出各种矿物的百分比含量。该方法主观性强,组分含量估

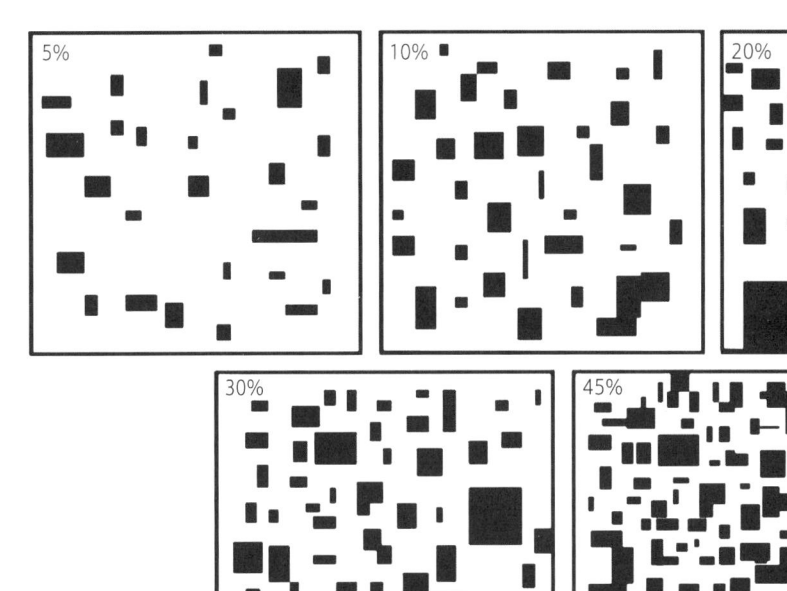

图 10-12 目估法比较图

计不够准确,但是特别省时;如果工作要求精度不高,可采用该方法。

2)点计数法

点计数法主要统计各种类型矿物在平面内出现的频率百分比。其测定步骤大致如下:

(1)将陶器薄片固定在计数器专用的机械台上,根据陶器中组构特征选择合适的点间距及测线间距。使用水平和垂直移动螺旋及拉杆,使薄片移至边缘准备进行测试。

(2)通过显微镜下观察,确定薄片中位于十字丝交叉点组分的类型,在计数器数字键上找到与之对应的键并用手指轻轻按压,此时在计数器显示屏上可见与该组分对应的数字显示,同时,机械台上的薄片等间距向前移动至下一个交叉点位置,并继续进行统计,依次测定测线内每一个与十字丝中心相交的组分,至第一测线完毕。

(3)随后,旋转垂向移动旋钮,按已经确定好的测线间距将样品垂直移动至第二测线,再拉动机械台上的水平移动拉杆将样品移动至该测线的起点继续进行统计。如此第三测线……依次测定,直至达到所需点数。

(4)通过按键操作,依次读取每个数字键所代表组分的百分比含量。

3)数字图像处理法

最常规的比例统计使用点计数法,而现在可以使用计算机获得一个大致的羼和料比例。以 Image-Pro Plus 图像处理软件为例。以 15 g 河砂混入 75 g 泥料中,以 850 ℃烧制成夹砂陶器。该件陶片含砂比例应在 15% 左右。从该自制模拟陶器岩相图可知,这些河砂羼和料主要包含石英以及少量长石(图 10-13a)。

首先将需计算羼和料比例的照片(不限于岩相照片,也可是体视显微镜拍摄照片,甚至宏观微距照片）导入 Image-Pro Plus 图像处理软件中。选择菜单键中"mesure"键，点击选择"Count/Size"对话框。在该对话框中选择"manual"选项，即手动选择颜色，点击"select colors"出现取色对话框，在该对话框中选择"取色器"，在左侧照片中选择需要拟合的颜色，因为石英与长石在岩相照片中均呈现相似的颜色，因此选取所有蓝灰色部分，拟合效果如图 10-13b 所示。

拟合完成后选择"Apply Mask"按钮，关闭对话框后点击原对话框"Count"选项，最后点击"View"-"Statistics"，在出现的新对话框中"Sum"一栏，可以看到羼和料比例约为 14.95%（图 10-13c），与 15 g 河砂混入 75 g 泥料的比例接近。

以广富林出土包含铁质颗粒的陶片为例。该件器物包含物（氧化铁颗粒）、气孔、黏土基质都较为明显（图 10-14a），使用 Image-Pro Plus 图像处理软件，计算得到铁质包含物占比 9%、气孔占比 4%、黏土基质占比 87%，其铁质包含物-气孔-黏土基质成分三角形如图 10-14b 所示。如果统计更多相似类型铁质包含物的包含物-气孔-黏土基质比例并将其投射于图 10-14b，就可以对不同类型陶器包含物比例做可视化的统计分析。

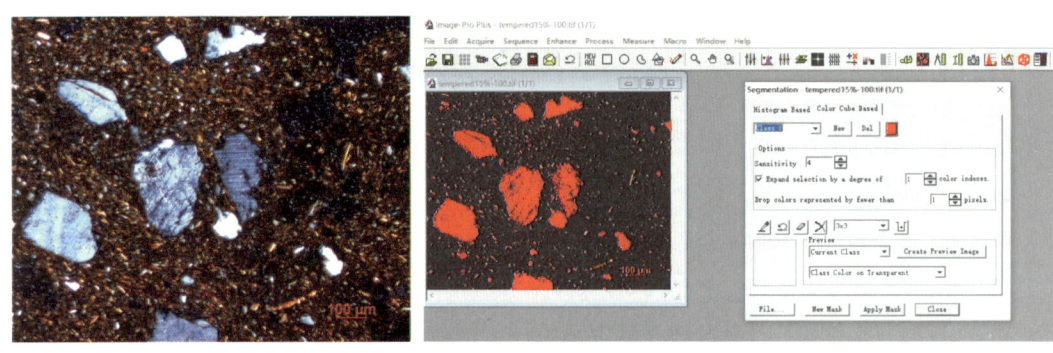

（a）自制夹砂陶岩相　　　　　　　　　　（b）拟合效果

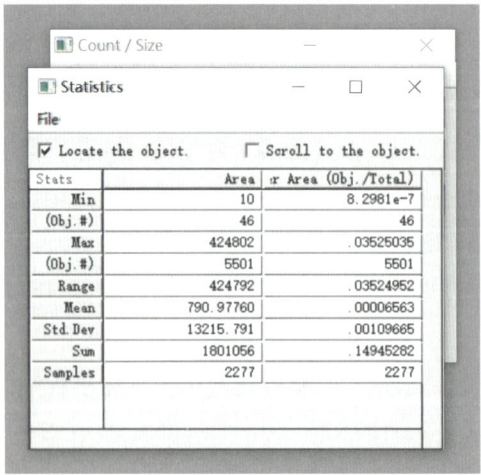

（c）统计结果

图 10-13　Image-Pro Plus 图像处理示意图

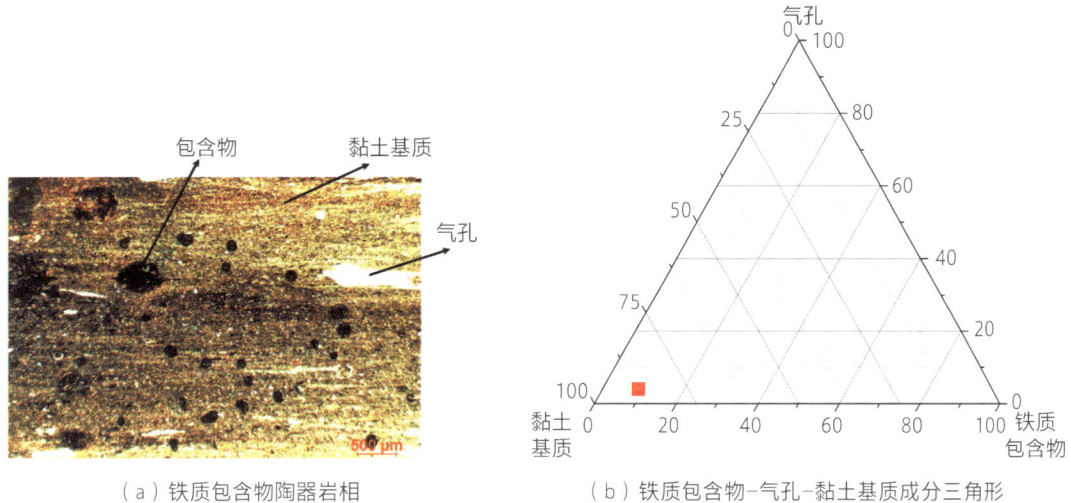

(a) 铁质包含物陶器岩相　　　　(b) 铁质包含物-气孔-黏土基质成分三角形

图 10-14　黏土基质、包含物、气孔示意图

10.2　层析成像图像分析

10.2.1　图像特点分析

光学相干层析成像（optical coherence tomography，OCT）技术现已被广泛应用到考古、文物领域，如陶瓷器、书画等。当折射率突变时，散射光会增强，在 OCT 灰度图像上表现为灰度值较高的亮点。瓷釉表面、胎釉结合处以及瓷釉中的气泡、包裹体（析晶、未熔融的原材料颗粒、添加物等）、液-液分相等均会导致折射率突变，故而在 OCT 图像上表现为灰度值较高的亮点，但具有不同结构的特征，依据其各自的结构特征，可以在 OCT 图像中将其一一进行区分。利用 OCT 技术研究古陶瓷的釉层结构，不仅可以为陶瓷的烧制工艺、胎釉处理技术以及胎釉特征等提供有益信息，还可以为窑口鉴别提供科学依据。

10.2.2　青龙镇出土瓷片 OCT 图像分析

以上海地区青龙镇出土瓷片为例。青龙镇遗址考古发掘出土了大量的瓷器，早期以唐代越窑、德清窑、长沙窑为主，至宋代则渐以福建、浙江、江西的瓷器产品为大宗。福建瓷器主要为闽江流域的产品，其中以义窑、东张窑、磁灶窑、同安窑、建窑、浦口窑、遇林亭窑、怀安窑等窑口为主；浙江瓷器有龙泉窑、瓯窑等；江西瓷器有景德镇窑、吉州窑等。青龙镇出土瓷片年代分布范围久、地域分布范围广，可以为研究唐宋时期南方民窑制作工艺提供充足的样本，同时因出土瓷片种类较多，也可以为研究不同种类的瓷器胎釉显微结构形成条件、化妆土工艺与反应层形成因素等提供丰富的选样标本。

从青龙镇出土瓷片的 OCT 图像可以看出，越窑（图 10-15e、f）属于传统的石灰釉，且瓷土为低铝质，因此釉面较为洁净，不存在析晶等现象，OCT 图像中的白色亮点主要为未熔融石英或釉面气泡等颗粒物。长沙窑（图 10-15g、h）也属于钙釉，但是其胎釉结合处相比越窑更加明亮，原因是长沙窑胎土较为粗糙，为了美观的视觉效果，上釉前施加了一层细腻的化妆土于胎上层，因此相比越窑来说，其釉下 OCT 图像显示得更加明亮。宜兴窑（图 10-15c、d）与汀溪窑（图 10-15a、b）在偏振光下其胎釉结合处显示有一层稀疏的钙长石结晶，因此胎釉结合处 OCT 图像相比越窑来说同样较为明亮，这种导致白色亮点的因素与长沙窑是不同的，因此对于 OCT 图像的理解，需要借助传统的光学手段。

参比样品中，建窑（图 10-16a、b）胎釉间钙长石的析出最为明显，在 OCT 图像上也显示胎釉间存在较长的白色亮条纹。漳州窑青花的 OCT 图像（图 10-16c、d）显示釉面中间均匀分布着白色颗粒点，而德化窑青花的 OCT 图像（图 10-16e、f）显示白色亮点主要分布于釉下，与漳州窑存在较大差异，从这点可以看出漳州窑青花色料应该是在高温烧制过程中均匀分散在了釉面，而德化窑青花则是分布于釉下。长沙窑彩瓷的 OCT 图像（图 10-16g、h）显示绿彩部分也是同样扩散到了整个釉面，绿彩以铜离子呈色，氧化铜的熔点较低，因此可以推测长沙窑在烧制过程中着色的氧化铜从釉下扩散到了釉上，因此出现了文献显示的长沙窑釉下不见彩的现象。

OCT 技术为古陶瓷无损检测研究增加了新的手段，但是相对偏光显微镜的透射光观察来说尚存一定的局限性。OCT 对瓷釉内部结构的判断要有一个较为准确的先验性判断，比如瓷釉内部的析晶，分相等异质结构均会在 OCT 图像上呈现灰度值较高的亮斑，如果没有对古陶瓷内部结构有先验性判断，则容易对异质结构的判定存在一定的误解。例如漳州窑青花色料经常扩散于整个釉面，这一点通过瓷片横截面反射光或者透射光观察后可以看出明显的青花扩散，此特征与典型的景德镇釉下青花或德化窑釉下青花有着显著的差异，如果对该特征没有预先判断，使用 OCT 进行釉面观察则会在整个釉面出现明显的散射亮斑而非传统釉下青花呈现釉下亮斑的特征，以至于误导观察者将漳州窑的青花白釉判断为乳浊或者分相结构。因此在进行 OCT 显微结构观察时，需要同时配合使用岩相学观察，可以较为准确地辅助确定釉面微观形貌和结构。图像分析在本质上都是相同的，以建窑瓷片为例（图 10-17），岩相图可以清晰地看待胎釉间针状钙长石生长茂盛，在 OCT 图像中也能看到胎釉间有交错的白色条纹分布，釉面同样呈现玻璃质感。因此，无损的 OCT 图像能够较好地反映出有损的岩相分析显示的结构。

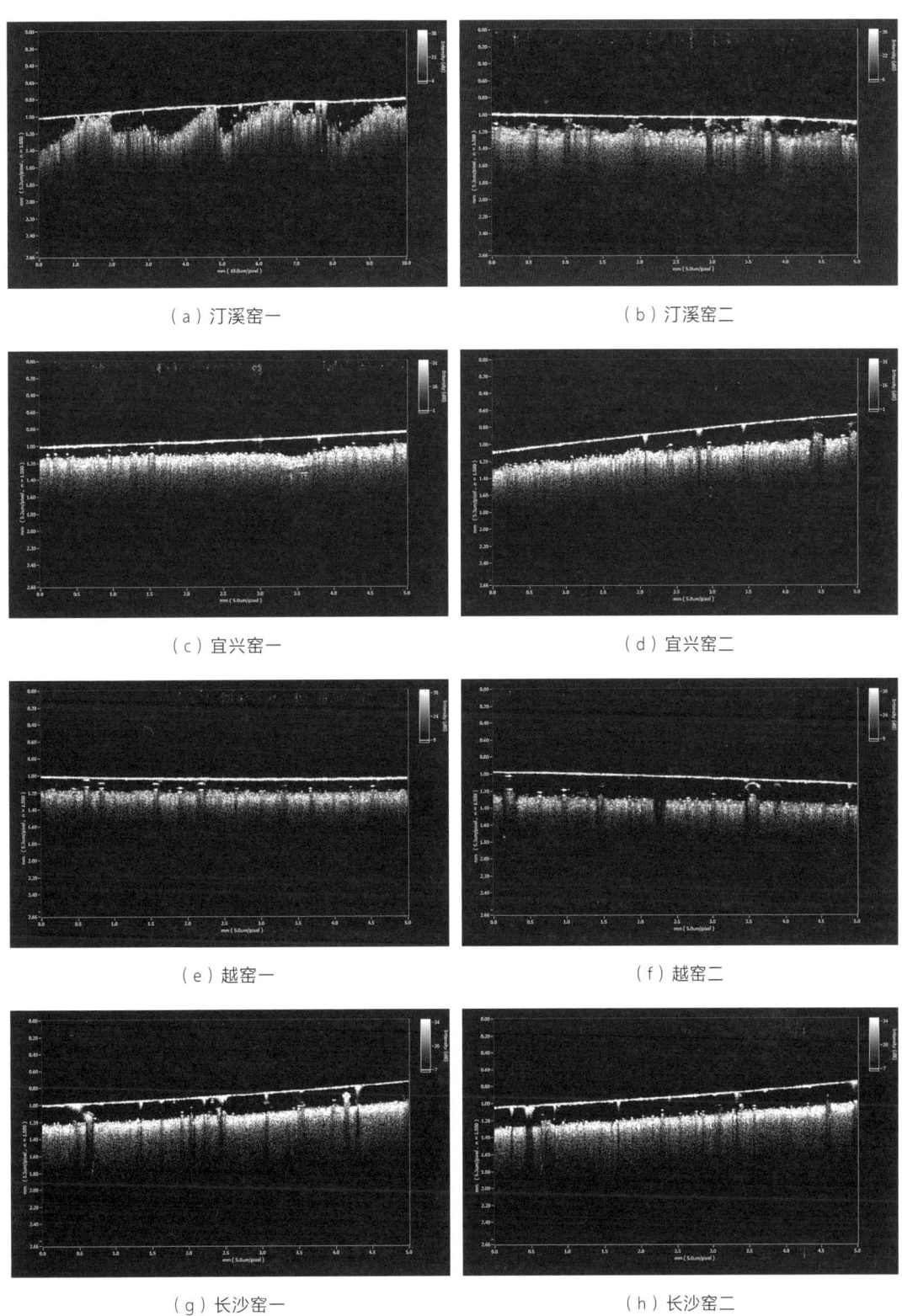

图 10-15 青龙镇出土瓷片的 OCT 图像

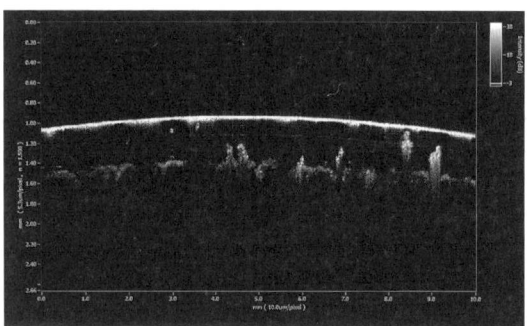
(a)建窑一

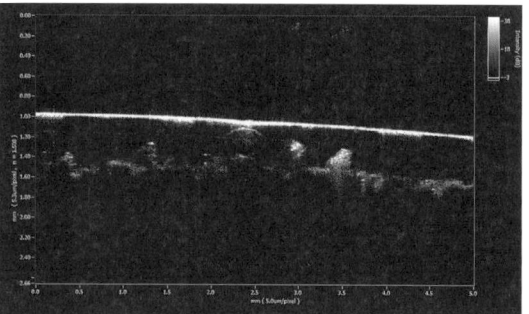
(b)建窑二

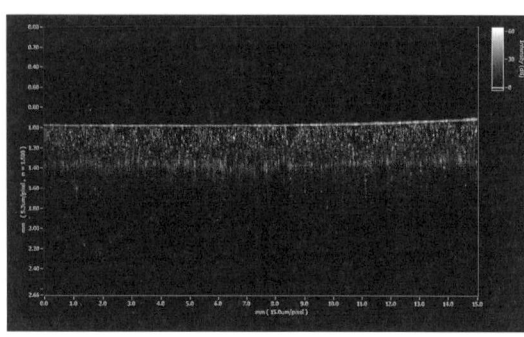
(c)漳州窑青花一

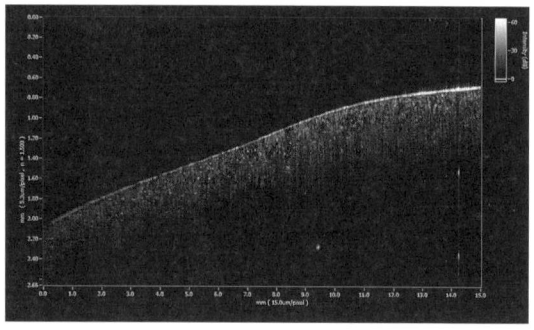
(d)漳州窑青花二

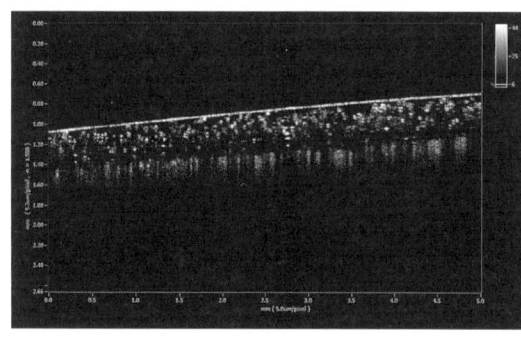
(e)德化窑青花一

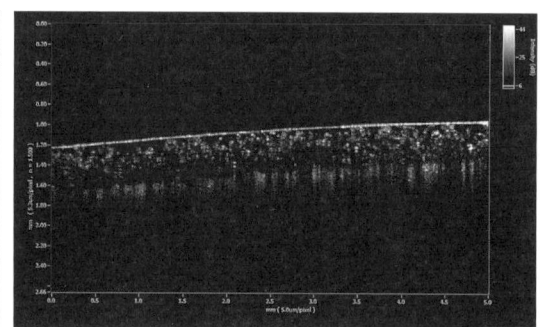
(f)德化窑青花二

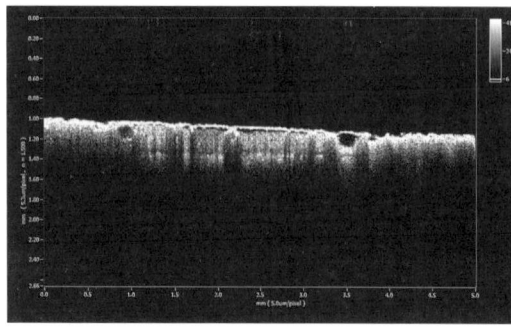
(g)长沙窑彩瓷一

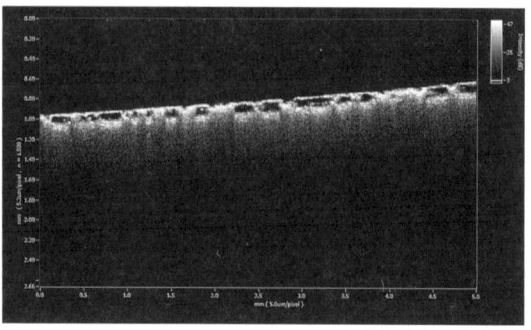
(h)长沙窑彩瓷二

图10-16 参比样品的OCT图像

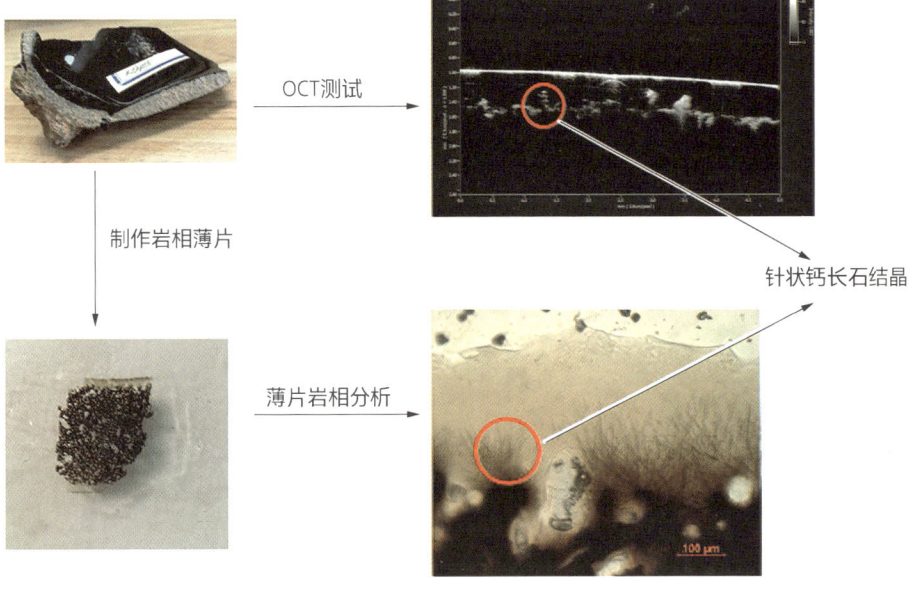

图 10-17　OCT 图像与岩相图对应关系

10.3　电镜图像分析

扫描电镜应用前景广阔，可以清晰地呈现文物样品微观尺度的特征，在文物分析过程中主要使用其配备的能谱仪进行微区成分测定。

10.3.1　金属文物电镜分析

2007 年，上海嘉定江桥镇李新斋家族墓出土形似现代啤酒瓶盖的香盒（图 10-18），该墓为明代夫妻合葬墓。香盒的样品扫描电镜图像呈现出层状结构的组织（图 10-19），由此可知香盒的制作方法是锻打成型，这与现代啤酒瓶盖的冲压成型是完全不一样的工艺。

10.3.2　陶器电镜分析

上海广富林出土的少部分泥质陶器表面存在一层较薄的黑色陶衣，偏光显微镜与扫描电镜照片显示其陶衣结构除颜色外与内层红色结构一致（图10-20a、b），EDS能谱表明其含碳量达35.98%（表10-1）。如果这层黑色陶衣是烧造之前人为涂抹，则其结构相对内部陶胎来说会有显著的差异。例如，近年来对山东桐林、山西陶寺以及河南瓦店这三个龙山文化遗址的部分陶器成分分析与显微结构观察表明，其表面都存在一层不同于坯体原料成分与结构的陶衣涂层，这种陶衣技术应该为龙山文化时期的陶工们将陶衣原料和黑色彩料混合起来使用，并在陶器表面抹上一层黑色涂层后一次烧制而成。对黑龙江凤林城址出土黑衣陶的陶衣分析认为，其黑色陶衣可能为石墨涂层，其陶衣显微结构亦与胎体存在显著的差异。显然，广富林文化时期的黑色陶衣结构与内层相似的特点，与这三处龙山文化时期陶衣及凤林城址出土黑衣陶的情况是不同的。因此，该外层黑色陶衣应该是在烧制过程中人为控制烧成气氛，通过渗碳技术，使燃料非充分燃烧生成碳颗粒飘落于陶器表面形成黑色的装饰效果，这也说明在广富林时期，先民的制陶技术已经趋于成熟。

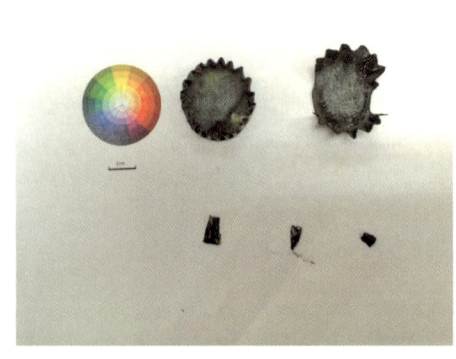

图10-18　明代香盒

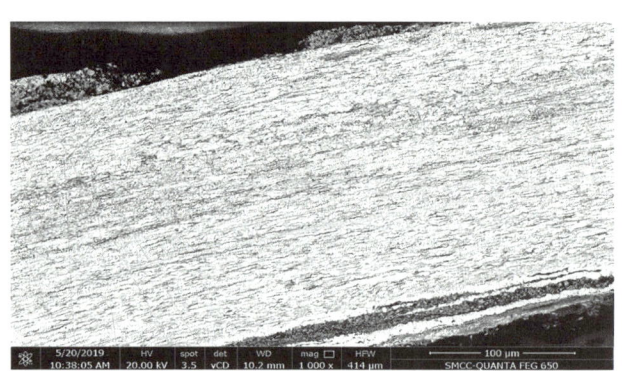

图10-19　出土香盒电镜形貌

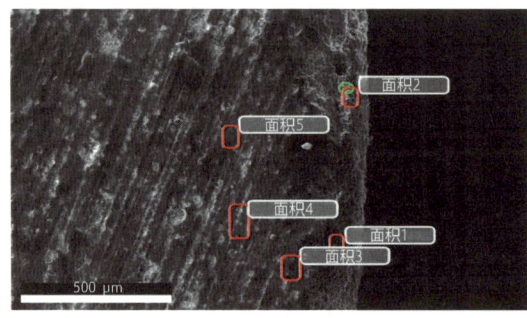

（a）截面图电镜形貌

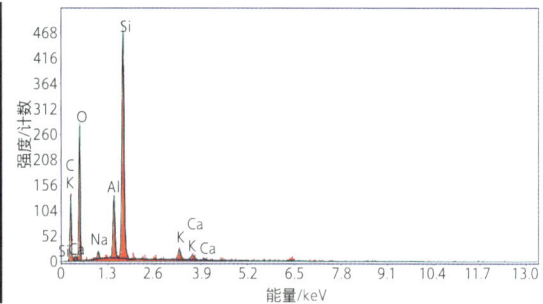

（b）CS-18外层陶衣EDS能谱图

图10-20　黑色陶衣泥质陶电镜测试

表10-1　黑色陶衣EDS能谱成分　　　　　　　　　　　　　　　　　　　　　　　　单位：%

元素	C	O	Na	Al	Si	K	Ca
CS-18 黑色陶衣 Area2	35.98	39.96	1.01	4.38	16.42	1.37	0.87

综合分析案例

■ 历代瓷釉成分-显微结构演变（成分-岩相-OCT 结合）

■ 历代瓷釉成分-显微结构演变（成分-岩相-OCT 结合）

原始瓷釉是一种高温釉，以氧化钙（CaO）作为助熔剂，属于钙釉（石灰釉）体系。石灰釉与石灰碱釉基本代表中国古陶瓷烧造的两个阶段，其具体的定义一直以来为研究者所关注，却没有一个公认的定义。如《硅酸盐辞典》将氧化钙含量大于 8% 的釉面定义为石灰釉。罗宏杰在前人的基础上，结合中国古陶瓷化学组成数据库，将碱金属氧化物（R_2O）与碱土金属氧化物（RO）摩尔数之和归一后单独计算 RO 含量，当 RO ≥ 0.76 时即为石灰釉，0.76 > RO ≥ 0.5 时为石灰碱釉，0.5 > RO 时为碱钙釉。这种分类方法将部分唐至五代时期北方窑口如定窑及巩义窑等分类至石灰碱釉的体系中。从定性分析角度讲，以氧化钙为主要助熔剂的即为钙釉（石灰釉），以氧化钙与氧化钾作助熔剂的则为钙碱釉（石灰碱釉），主要以氧化钾作助熔剂的则为碱钙釉。分类方法受一定程度主观因素的影响。

原始瓷釉可分为两种形态：一类为早期的泥釉，如浙江江山南区出土的一批泥质黑釉陶显示其 CaO 含量低于 5%，烧成温度较低，显微结构不透明，玻璃态也较少，与胎体结合不牢，表面粗糙无光，釉中含有较多铁的氧化物和未熔融石英颗粒。另一类为玻璃质感较强的玻璃釉，总的助熔剂增加到 20% 左右，而 CaO 含量则提升到 10% 以上，以西周早期的原始瓷为代表，岩相结构显示其釉面洁净，只含有少量釉泡和未熔融石英（图 10-21b），一般认为这种钙釉发展自商代的泥釉，与后世的越窑钙釉体系十分类似。

东汉晚期以越窑为代表的南方青瓷烧制成功标志了青釉瓷的诞生，越窑青瓷及秘色瓷（图 10-21c、d）釉面呈现较光滑的玻璃相。越窑系的其他瓷器如黄岩窑等均呈现类似的岩相结构（图 10-21f）。需要说明的是，瓷釉岩相讨论的是烧制成熟的釉面，而生烧釉面（图 10-21a）因完釉面矿

(a) 生烧建窑样品　　　　　　(b) 苏州出土原始瓷　　　　　　(c) 上林湖遗址出土越窑青瓷

(d) 上林湖遗址出土越窑秘色瓷　(e) 青龙镇出土钙釉（宜兴）瓷片　(f) 黄岩窑瓷片

图 10-21　原始瓷-越窑-传统低铝质钙釉岩相特征

物晶体全未熔融，釉面未出现玻璃相，不在讨论范围内。

南宋以前中国东南地区很多窑口均呈现与越窑类似的结构，如江苏的宜兴窑（图10-21e）等瓷器与越窑系瓷器岩相有着明显的相似性。这种岩相特征可以归类为钙釉系岩相结构。

从上述岩相分析可以看出，中国古代传统石灰釉的釉面较为光洁，有玻璃质感，釉面内很少有未熔融黏土矿物。这种类型的釉面一直从商周时期的原始瓷持续到唐五代。

钙釉与钙碱釉的过渡时期是宋代。在这一时期，釉料不仅表现出与钙釉类似的比较洁净的特点，还包含了与典型钙釉完全不同的多种特征。国外研究者 Chandra L. Reedy 将这种差异归因于不同的烧制过程，她认为不同质量的瓷器呈现不一样的岩相特征。当然这是一个重要因素，但是不能忽略的是，两宋这一历史时期是长石大规模作为助熔剂入釉的时期。典型窑口如龙泉窑，早中期具有钙釉的特点（图10-22a）。然而到了南宋后期，龙泉窑使用长石形成厚釉，出现了釉层分层现象，同时伴随有大小不等的密集气泡（图10-22d）。大坂出土的漳州窑瓷片白釉部位这种现象则更为明显，釉面分为4层，同样有较多气泡（图10-22b），OCT图像也显示了密集的白色散射点（图10-22e）。许多研究人员将分层釉现象归因于古代窑工采用了多次施釉过程，但 Chandra L. Reedy 的研究指出，古陶瓷烧造过程中一些胎体里面的黏土会逐渐进入釉层，形成条纹状的形态，同时也伴随有晶体析出。结合多次施釉会伴随着多次晾干过程，制瓷成本急剧增加，因此这种现象更可能是自发的而非多次上釉所致。其他白釉瓷如德化窑釉面钙含量低也会造成和龙泉窑钙碱釉类似的釉泡多、析晶岩相效果（图10-22c、f）。

宋代景德镇窑青白瓷釉面采用典型的钙釉配方，胎也是典型的瓷土一元配方，氧化铝一般低于20%。釉面也呈现典型的钙釉特征，玻璃质感明显，釉泡稀疏，因胎体氧化铝较低，因此极少在胎釉间形成钙长石结晶（图10-23a）。元代青白瓷及卵白瓷因使用了二元配方，即瓷土混合高岭土制胎，因此胎土氧化铝提升到20%以上，胎釉间有少量钙长石的析出。长石也逐渐入釉，釉泡聚集及析晶现象较为普遍（图10-23b、c）。到明清时期，景德镇地区的釉已完全过渡到钙碱性釉，釉中氧化钾

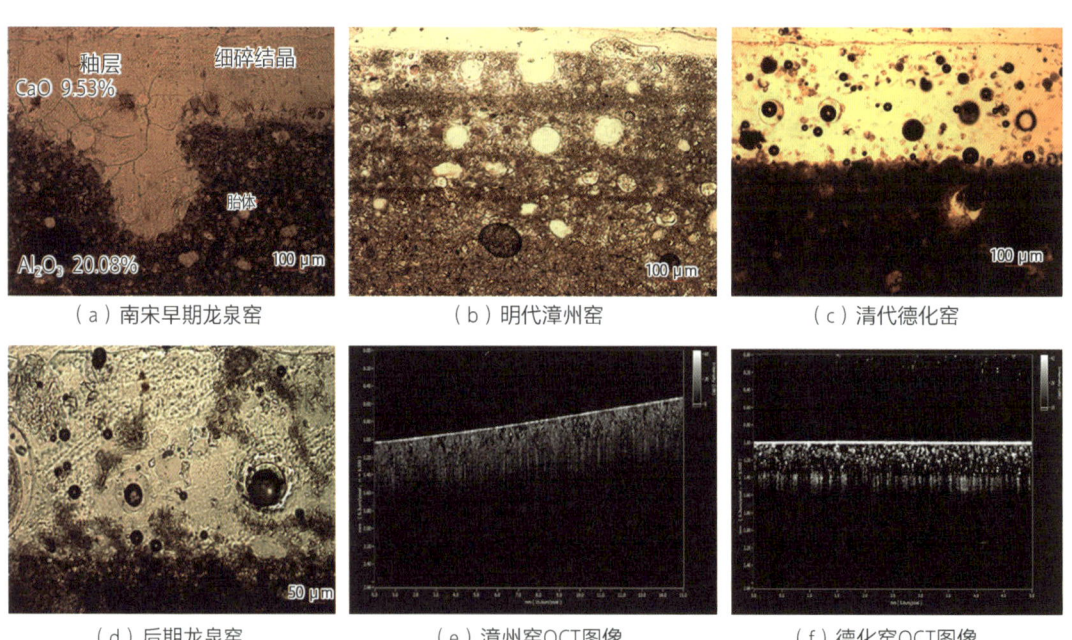

（a）南宋早期龙泉窑　　（b）明代漳州窑　　（c）清代德化窑

（d）后期龙泉窑　　（e）漳州窑OCT图像　　（f）德化窑OCT图像

图10-22　龙泉窑、漳州窑、德化窑显微结构

含量显著增加。这一时期釉料的典型特征是釉泡多、结晶多。由于长石在釉料中的广泛应用，高温烧成的釉料黏度较高。矿物原料高温分解形成的气泡不像钙釉那样容易排出，而是总是包裹在釉的内部。此外，较厚的釉也阻碍了釉泡的排出。由此形成了多釉气泡的结构特征。同样，钙碱釉中也有明显的结晶现象（图10-23d）。

结合岩相分析与成分分析，可以将上述瓷釉岩相分为三类（图10-24），当胎体内氧化铝含量低且釉面氧化钾含量较低时属于低铝质钙釉，其岩相与越窑类似，呈现典型的玻璃釉特征。当胎体内

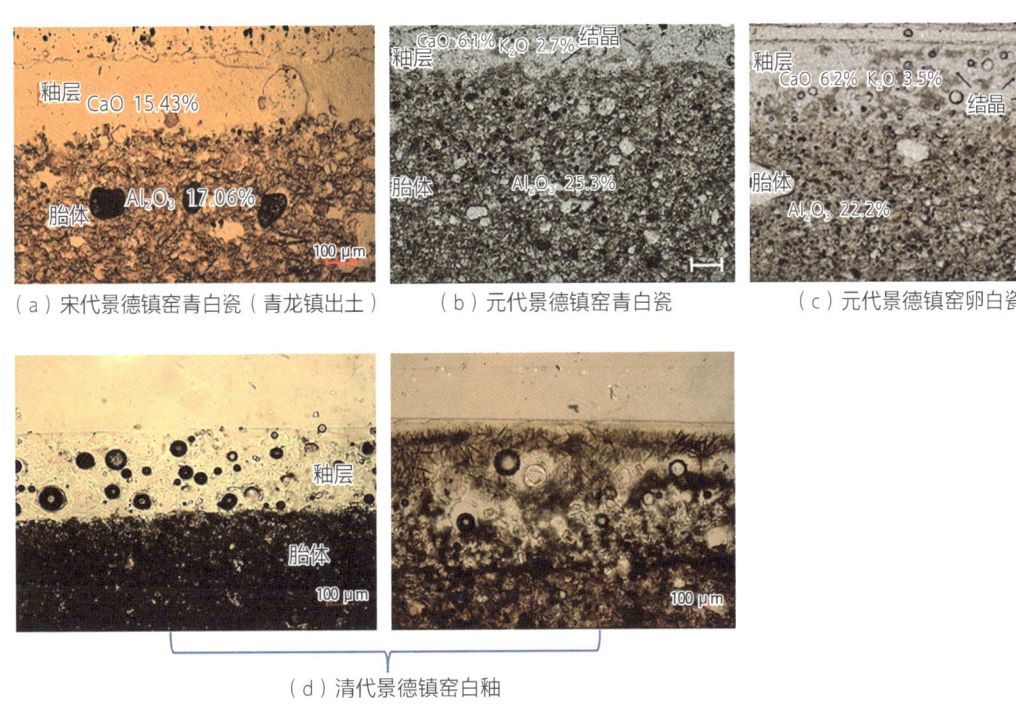

图 10-23　景德镇窑钙釉-钙碱釉岩相演变

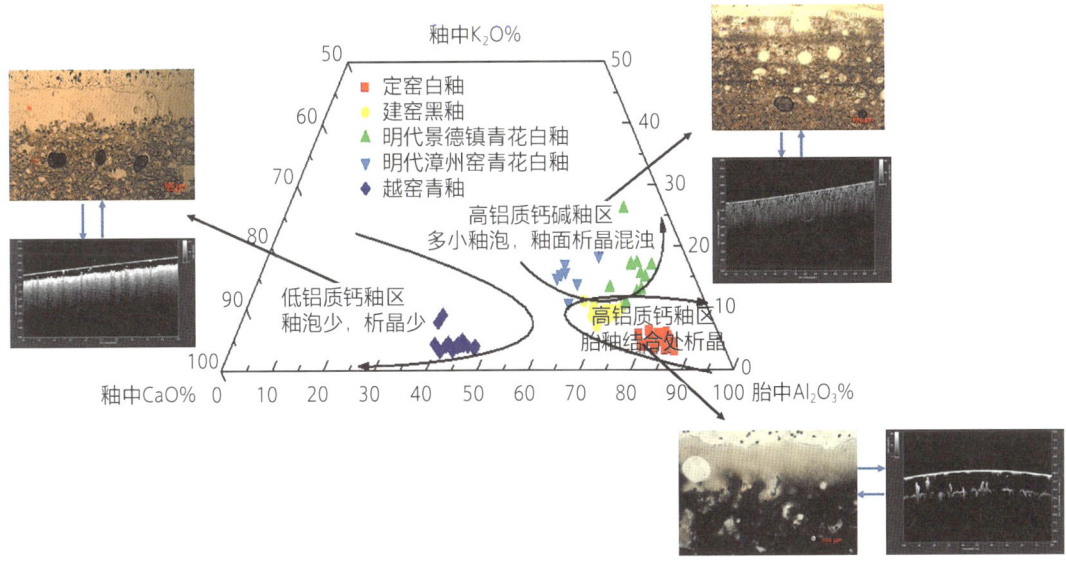

图 10-24　瓷器成分-显微结构（岩相、OCT 图像）关系图

氧化铝含量较高（一般超过18%），且釉面氧化钙含量较低则属于高铝质钙釉，易在胎釉结合处形成钙长石针状结晶，其岩相结构与建窑类似；到了明清及以后，胎体内氧化铝含量较高且釉面氧化钾含量逐步提高时，釉面逐渐归为钙碱釉，易生成钙长石结晶，且釉面多含有密集的小釉泡，甚至出现多层釉现象。该分析之所以未将汝窑、官窑、哥窑、龙泉窑等宋代窑口瓷片成分归纳进去，是因为这些窑口本身处于钙釉与钙碱釉过渡阶段，釉面钾钙含量变化复杂，某些瓷片如汝窑等既显示钙釉特征又显示钙碱釉特征，因此难以区分。使用典型的越窑钙釉、景德镇钙碱釉等成分，则易于说明氧化铝、氧化钾等元素在瓷器岩相中所承担的重要因素。

参考文献

[1] 王恩元.岩相技术在中国陶瓷器考古研究中的应用[J].考古学集刊,2022（1）: 18.

[2] 张佳杨.伊朗纳德利土丘遗址出土的青铜时代早期陶器研究[D].南京：南京大学,2022.

[3] VELDE B, DRUC I C. Archaeological ceramic materials: origin and utilization[M]. Berlin: Springer, 1999.

[4] 严鑫.OCT技术在古代陶瓷釉层研究中的应用[D].北京：中国科学院大学,2015.

[5] WANG E Y, XIONG Y F, ZHU Y B, et al. Study on ancient lime glazes and lime alkali glazes–limitations of surface analysis[J]. Microchemical Journal, 2021(165): 106170.

[6] 王恩元,熊樱菲,朱逸冰,等.广富林文化陶器的陶衣与掺合料研究[J].文博,2019（6）: 84–90.

[7] WANG E Y, XIONG Y F, ZHU Y B, et al. Petrographic analysis of ancient high–temperature ceramic glazes and inorganic restoration materials[J]. Studies in Conservation, 2022, 67(3): 176–185.

第 11 章

谱图分析方法

本章主要探讨文物科技分析中最常用的三种物质结构分析谱图。无论衍射谱图、拉曼谱图还是红外谱图分析，均是以已知样品谱图各峰去对比待测样品谱图，从而确定待测样品的结构与种类。目前 INFRA-ART（网址 https://infraart.inoe.ro/）是最全的文物材料线上光谱图数据库，包括 680 种成分的 1 300 多个红外、拉曼光谱图，大多数参考样本为单一相材料，但该库也涵盖了一些考古颜料混合物等。参考样本的数据库包含样本 ID（唯一标识符）、记录名称、样本类型、样本来源、描述、备选名称、化学信息、使用历史和材料类别等关键信息，读者可自行在该数据库搜索相关谱图信息。但很多特殊种类文物标准样品在谱图库中没有标准对比谱，因此需要自己制备标准样品以供参照。

11.1 衍射谱图分析

X射线衍射（XRD）作为一种重要的材料研究手段，可以分析超过58 000种的晶体物质，包含了在文物工作中较为重要的诸如金属、矿石、矿物颜料、陶瓷（胎土及釉层）、壁画地仗层、腐蚀产物、风化产物等许多无机质的文物基体材料及蜕变产物。目前，XRD在金属质文物的腐蚀机理及保护研究、壁画制作材料及保护研究、石质文物的风化产物及保护研究、文物的产地判断和文物防伪等许多文物工作领域，正得到越来越广泛的应用。

11.1.1 衍射应用于馆藏文物研究案例

1985年，加拿大文物保护协会（CCI）的保护科学家们曾利用XRD对一件被作为梵高作品出售的油画颜料进行分析鉴定。分析的结果出乎人们预料，在这件所谓的梵高作品中，居然发现了大量的金红石（rutile）的存在。作为白色颜料使用，二氧化钛（titanium dioxide）一般以两种状态存在：金红石和锐钛矿（anatase）。锐钛矿作为白色颜料使用是从1925年开始的，而金红石作为白色颜料直到1938年才开始生产。这两种物质具有相同的化学成分而具有不同的晶体结构，XRD是分辨这两种物质非常有效的手段。因为金红石的存在，就使得这幅油画的创作时间不可能早于1938年，这与梵高的生活时期（1853—1890年）是不相符的。通过上述分析，基本可以说明这幅所谓的梵高大作，其实是一件赝品。

古代青铜器的腐蚀机理和保护处理方法研究，一直是文物保护研究中十分重要的领域。对青铜器腐蚀研究的焦点多集中在青铜粉状锈，即所谓的"青铜病"的研究。对于"青铜病"的成因及其腐蚀化学机理，许多学者曾做过较为深入的研究，已经有很多报道。虽然学者们的观点不尽相同，但氯化物是导致青铜器循环腐蚀的根源这一观点，已经被文物保护界绝大多数专家和学者们所接受。一般来说，"青铜病"发病产生的腐蚀产物，主要成分为氯铜矿[atacamite，$Cu_2Cl(OH)_3$]、副氯铜矿[paratacamite，$Cu_2(OH)_3Cl$]和氯化亚铜（cuprous chloride，CuCl）中的一种或几种，呈淡绿色、粉末状，故常称之为"粉状锈"。在实际工作中，"粉状锈"的颜色和形态特征固然是判断有害锈和无害锈的重要方法，但并非所有的淡绿色、粉末状的腐蚀产物都是有害的"粉状锈"。

11.1.2 衍射-岩相-成分分析对比

良渚文化时期三件样品 MgO 含量均超过 14%，且 CaO 含量超过 4%（表 11-1），这两点与广富林文化时期陶器成分存在显著差异。且三件样品 Al_2O_3 含量极低，从成分上看可能夹杂了钙镁硅酸盐。从岩相图片（图 11-1）可以看出，三者均含有闪石类矿物。为了确认闪石类矿物种类，对 1 号样品进行衍射分析，谱图如图 11-2 所示。通过对标准谱图的三强峰对比分析，显示该件夹砂陶主要包含 α 石英（SiO_2）、滑石 [$Mg_3Si_4O_{10}(OH)_2$]、

表 11-1　三片广富林遗址出土良渚陶器样品主量元素组成　　　　　　　　　　　单位：%

样品号	MgO	Al_2O_3	SiO_2	P_2O_5	K_2O	CaO	TiO_2	MnO	Fe_2O_3
1	18.49	2.15	69.71	0.90	0.95	4.08	0.32	0.04	3.36
2	14.60	5.50	66.6	0.72	1.30	5.54	0.41	0.51	4.82
3	14.05	4.66	65.77	1.59	1.37	5.36	0.40	0.10	6.70

(a) 1 号样品　　　　　　　　　　　　(b) 2 号样品

(c) 3 号样品（Ⅰ）　　　　　　　　　　(d) 3 号样品（Ⅱ）

图 11-1　良渚文化时期陶器样品正交偏光照片

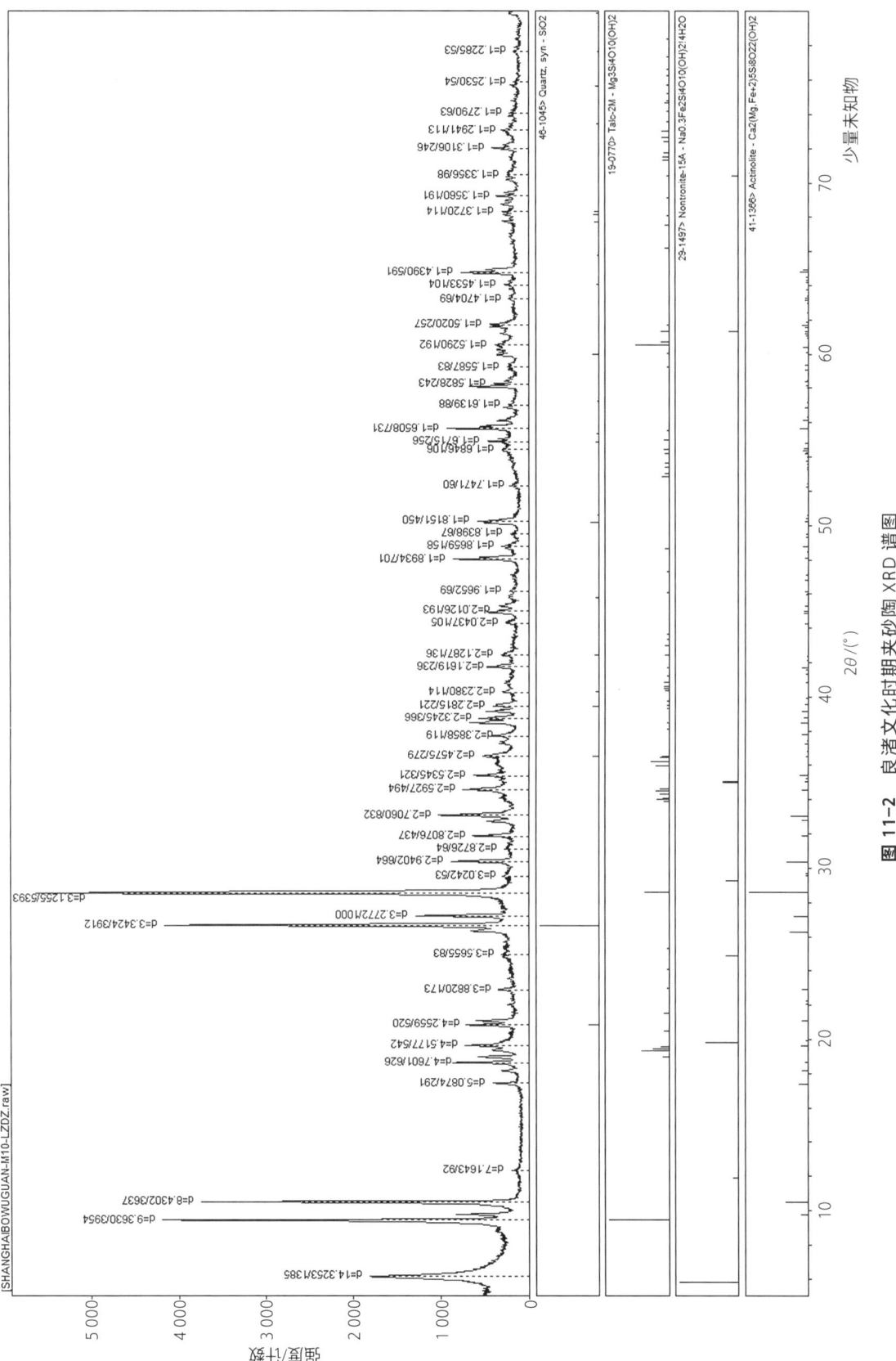

图 11-2 良渚文化时期夹砂陶 XRD 谱图

阳起石 [$Ca_2(Mg, Fe^{2+})_5Si_8O_{22}(OH)_2$]，以及少量未知物。夹砂陶中闪石类矿物以阳起石的形态存在，阳起石是透闪石中的镁离子 2% 以上被二价铁离子置换而成的矿物，也属于闪石系列中的一员。

过去研究认为这些闪石来自玉器工坊加工所产生的碎屑，但从三个样品岩相图来看，这些闪石类矿物与透闪石玉料较为不同，陶器内部闪石颗粒物更大，多有超过 500 μm 者。因此良渚时期陶片中透闪石颗粒大小均远大于新疆产和田玉料中透闪石，也与传统认为良渚玉料来源的小梅岭玉矿所产玉石结构差异巨大。除闪石类颗粒物外，良渚时期的陶片中混有一定量的喷出岩岩屑（图 11-1d），如果是透闪石玉屑作为羼和料，则不会出现其他的喷出岩屑。因此该批三件陶器更可能是采用了闪石类岩石风化后形成的黏土而并非人工夹砂陶。

从和田玉且末料的岩相结构看（图 11-3），其内部透闪石颗粒物大小远小于出土良渚时期的陶片。该研究设计了一个较为简单模拟实验来验证陶片内闪石类矿物是否来自透闪石玉。将和田玉且末料切下一角，磨碎后取 5 g 加入 50 g 上海地区原生土中作为人工羼和料，成型为圆片后经 850 ℃ 烧结；成型为圆片是为了便于制作岩相薄片。从岩相薄片中可以看出实验陶片与良渚时期陶片岩相结构相差甚远，其内部透闪石颗粒物经粉碎为羼和料碎屑后粒径更为细小，大者仅 50 μm 左右，远小于良渚时期陶片内闪石颗粒物。

夹砂陶因含有羼和料等因素容易对陶器的产地判别产生影响。如果单论良渚时期的泥质陶可以看出其原料为粉砂质黏土（黏土颗粒粒径小于 62.5 μm），混有少量铁质颗粒物及大于 100 μm 石英（图 11-4a）。这种特征与上海西部原生土经 850 ℃ 烧结后的岩相结构几乎一致（图 11-4b），显示出典型的泥质灰陶应该使用了本地黏土作为原料。在调研过程中，取过上海西部三处地点不同的黏土原料，其烧结完成后的岩相结构几乎一致。

图 11-3 模拟实验示意图及和田玉且末料、和田玉碎屑作为羼和料陶器岩相图

同样，从目前所还原的古代玉石切割加工工艺来看，使用了砂砾作为"解玉砂"，通过竹片（图11-5a）或细绳慢慢来回磨动切割玉料（图11-5b），从工艺还原来看，玉石加工所留下的碎屑应该以砂砾为主，含有少量和田玉碎屑。岩相结构主要为黏土基质＋石英砂＋少量透闪石，与目前所看到的良渚夹砂陶有显著差异。因此从理论及模拟实验结果可以看出，陶片内闪石颗粒非玉石加工碎屑作羼和料所致。

以上分析案例表明，如果只进行单一衍射分析，只能明确所测文物矿物种类，而如果衍射分析与岩相分析及成分分析结合，则能直观地观察到内部矿物的排列与成分。

（a）良渚文化时期泥质陶正交偏光

（b）上海烧制后的原生土正交偏光

图 11-4　良渚泥质陶与烧制原生土岩相对比

（a）竹片切割

（b）细绳切割

图 11-5　模拟古代玉料加工工艺

11.2 拉曼谱图分析

在文物考古领域,拉曼光谱应用非常广泛,涵盖了宝玉石成分研究及鉴定、金属腐蚀产物分析、陶瓷器结构研究、颜料分析、胶结材料分析、材料老化研究等各个方面。

11.2.1 拉曼光谱在夹砂陶范测试中的应用

廉海萍对一件铸钱夹砂陶背范的泥质面层、夹砂背层中泥质基体与白色砂砾和淡红色砂砾首先进行衍射分析,结果表明泥质面层与夹砂背层中的泥质基体主要的物相组成相同,都是微斜长石、石英和赤铁矿。同时采用共聚焦激光拉曼光谱仪对一件铸钱夹砂陶背范夹砂背层中 24 颗砂砾进行检测,结果如图 11-6 所示,主要是长石和石英颗粒,与衍射测试分析结果一致。

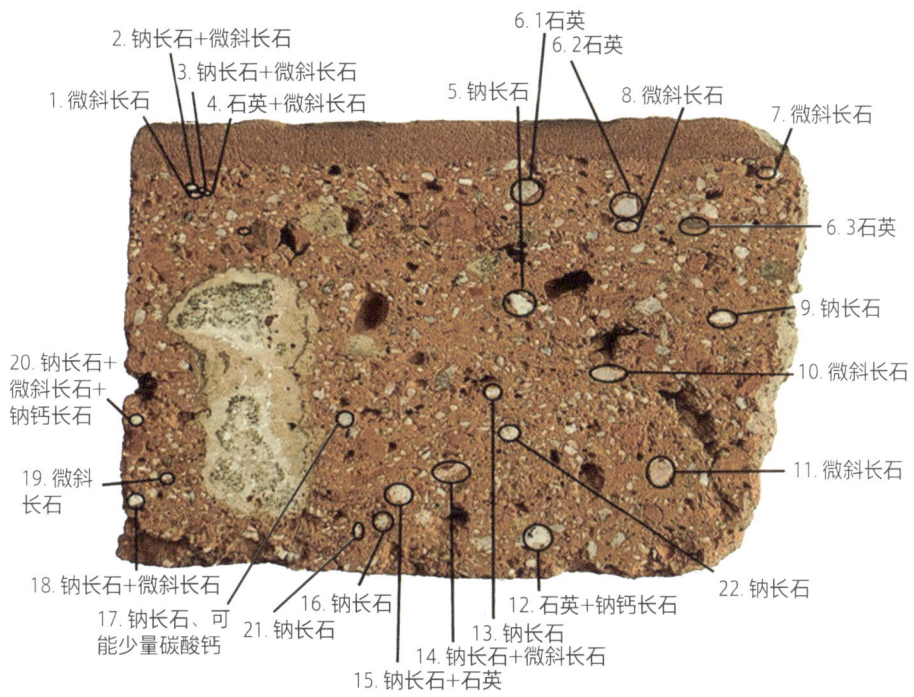

图 11-6　夹砂背层中砂砾及其拉曼光谱检测结果

相对岩相分析来说，拉曼光谱仪理论上能进行原位分析，对样品破坏较少甚至不破坏。分析结果可以直接得出，而不需要像岩相分析一样通过观察正交偏光下的矿物干涉、解离等复杂形态进行经验性的判断。

11.2.2 古陶瓷胎釉结合处结晶的拉曼测定

在古陶瓷显微观察特别是进行岩相观察时，经常在瓷胎氧化铝含量较高（一般高于20%）及瓷釉氧化钙较高、氧化钾较低样品的胎釉结合处能观察到明显的针状结晶。其中建窑（图11-7a）、耀州窑、定窑等类型的瓷器尤为明显。能产生这些晶体的一般都不会发生剥釉等现象，这些晶体就像楔子一样从胎体楔进釉层，从而产生紧密的结合力。

因此判断这种类型晶体的种类则尤为重要，但是晶体长度为100～200 μm，而宽度仅数微米，难以直接通过拉曼光谱进行判断分析。为了达到测试中间针状结晶的目的，需要将顶

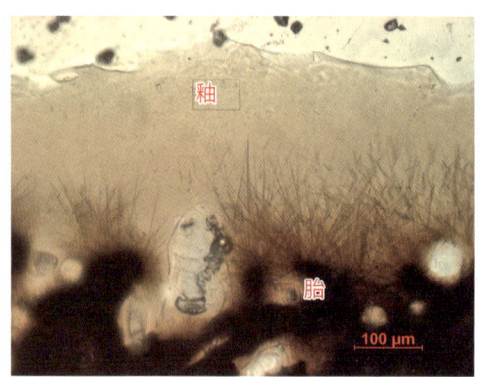

（a）建窑胎釉间针状晶体

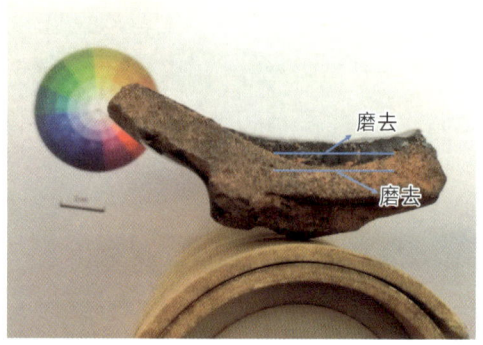

（b）晶体测试制样示意图

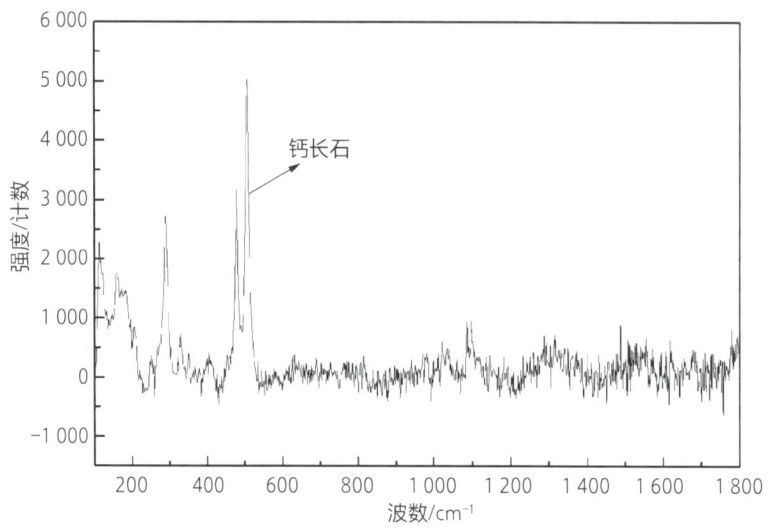

（c）晶体粉末拉曼光谱图

图11-7 胎釉间晶体拉曼测试

层釉面磨去再将胎体磨去，留下中间层整体磨粉后进行拉曼光谱测试（图 11-7b）。

余下样品粉末经拉曼测试后，显示结果为钙长石（图 11-7c），因此可以推测出由高铝质胎体提供了氧化铝，高钙质釉面提供氧化钙，两者共同提供氧化硅，在胎釉结合处生成定向针状的钙长石结晶，生长示意图如图 11-8 所示。

为验证该假设，进行复烧实验。因为越窑属于高钙质釉面，低铝质瓷土，因此，越窑胎釉之间不存在钙长石晶体，而建窑胎属于高铝质胎土，故选择建窑胎结合越窑釉，试图在建窑胎与越窑釉结合处按照图 11-8 反应示意图烧制出钙长石结晶。

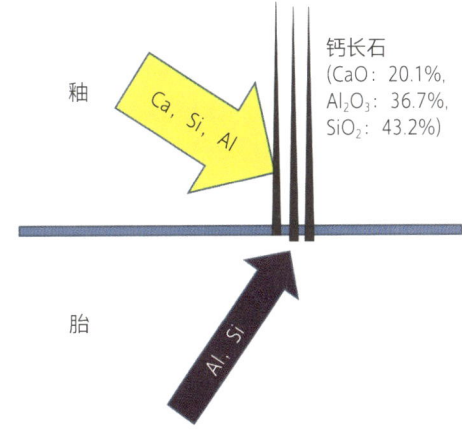

图 11-8　胎釉间钙长石晶体生长示意图

将建窑样品打磨后留下胎体，将越窑釉面覆盖于建窑胎体，放入马弗炉升温至 1 270 ℃进行烧制，然后将烧成样品制片进行偏光显微镜观察。

将建窑胎-越窑釉-越窑胎三者建立从宏观到微观照片的一一对应关系（图 11-9）。从岩相图中可以看出，越窑釉与越窑胎之间未有晶体析出，而建窑胎与越窑釉之间长出了针状晶体，这一结果与上述猜想符合，因此通过拉曼光谱结合复烧实验验证了高铝质胎体与高钙质釉面容易形成结晶、结晶为钙长石的想法。

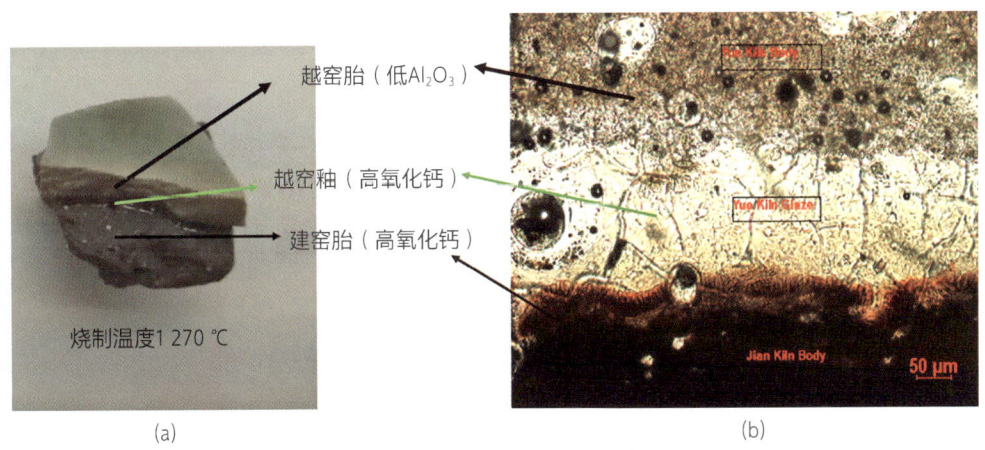

图 11-9　建窑胎-越窑釉-越窑胎三层结构宏观（a）与岩相（b）示意图

11.2.3　拉曼-岩相-成分分析对比

广富林文化时期出土陶器内肉眼观察有白色与褐色两种包含物，现需确定这两种包含物的种类。首先体视显微镜下观察白色包含物，磨圆度较差（图 11-10a）。对白色颗粒点做拉曼光谱分析，显示白色颗粒点拉曼光谱（图 11-10b 红色）与标准石英（图 11-10b

绿色）拉曼光谱匹配度高，同时岩相照片在单偏光下无解理，呈现一级灰白干涉色（图11-10c），因此确定该白色包含物为人工加入的石英屑和料。

对褐色包含物的体视显微镜观察可见其磨圆度高（图11-11a、b），成分定性分析表明该颗粒主要成分为铁（图11-11c）。岩相图显示褐色颗粒物岩相与已发表的氧化铁颗粒岩相相似（图11-11d），褐色颗粒物拉曼光谱（图11-11e红色谱线）显示其各峰与赤铁矿匹配（图11-11e绿色及蓝色谱线）。因此，此褐色颗粒物为磨圆度高的赤铁矿。

对于一些可以取样分析的样品，拉曼-岩相结合以及拉曼-岩相-成分分析结合判断材质能增加分析的可信度。

（a）夹砂陶横截面形貌

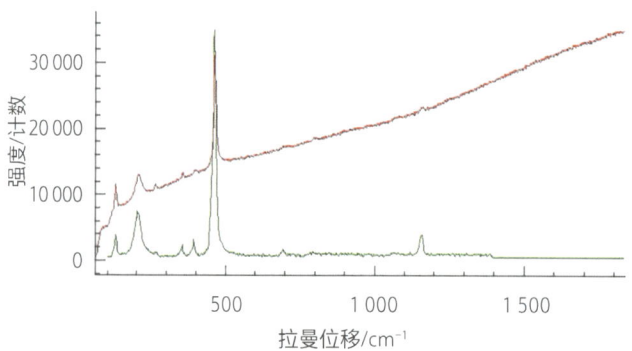

（b）夹砂陶白色颗粒点拉曼光谱图

（c）附近部位岩相照片

图11-10 广富林文化时期夹砂陶白色颗粒物拉曼测试示意图

(a)夹砂陶褐色颗粒

(b)褐色颗粒物表面形貌

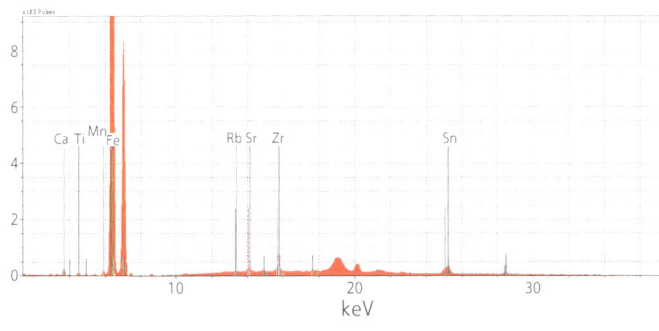

(c)褐色夹杂物谱图

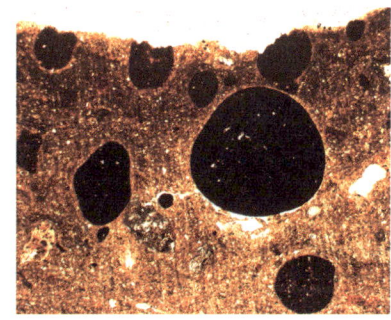

(d)褐色颗粒物岩相图

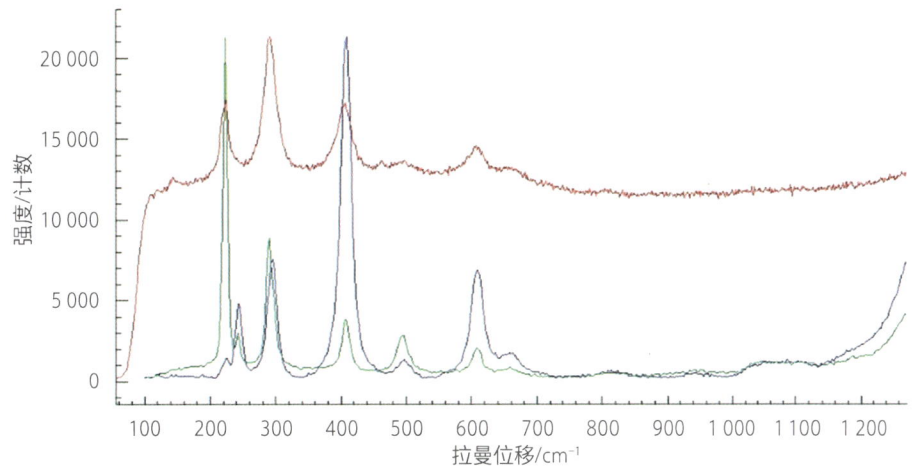

(e)褐色颗粒物拉曼光谱图

图 11-11　广富林文化时期夹砂陶褐色颗粒物拉曼测试示意图

11.3 红外谱图分析

11.3.1 分析方法

红外光谱技术是较早被应用在文物分析保护工作中的，目前发展相对成熟。对无机质文物的研究多依靠本章文献[10]《矿物红外光谱图集》进行分析结果的比对，进而判断无机文物成分种属，进行相关分析研究工作。而在有机质文物方面的研究更为丰富成熟，尤其在纸张、丝织品等纤维类的文物上，已有不少阶段性成果。其他有机成分的红外光谱分析也逐步开展，并取得不错的进展。

11.3.2 广富林文化白陶红外谱图分析

广富林文化时期白陶表面的白色层较为疏松，用手触碰即可擦下（图 11-12）。将白色陶衣内层的黑色泥质胎体研磨为粉末，置于 400 ℃预热的马弗炉中，30 min 升温至 700 ℃后冷却可以看到黑色胎体明显变白，而将其快速加热至 700 ℃后快速冷却，可以看到其颜色更为洁白（图 11-13），因此推测白色陶衣与黑色胎体为一种材料，可能白色

图 11-12 疏松白色陶片

图 11-13 黑色陶胎变白示意图

陶衣使用了两次烘烤类的工艺形成白色。陶器白色与其内部氧化铁含量无关，这一点和瓷器呈色与氧化铁含量强关联有显著差异，推测与制陶黏土内部含有较多有机物有关，因此对黑色胎体磨碎取样做红外光谱分析。

天然黏土矿物在红外光谱中具有多个特征吸收峰，常见的蒙脱石和伊利石的 Si—O—Si 键伸缩振动在 1 030 cm^{-1} 附近，Si—O—Al 伸缩振动在 525 cm^{-1} 附近具有特征吸收峰，—OH 伸缩振动在 3 625 cm^{-1} 附近具有特征吸收峰。当上述黏土矿物受热时其化学键会发生一系列不可逆的转变，其中较低温度下蒙脱石首先发生脱羟基化，失去结构水，继续升温时则黏土结构开始遭到破坏，逐渐生成硅铝尖晶石和玻璃相等。

黑色胎体红外谱图显示除了已知的 Si—O—Si 键等，还存在 2 921 cm^{-1}、2 845 cm^{-1}、1 649 cm^{-1}、1 467 cm^{-1}、1 380 cm^{-1} 附近的峰（图 11-14），因新石器时代陶器烧造温度在 88 ℃ 附近，难以形成新的化合物，因此不能用新生成的晶体解释。由此推断黏土基质中含有较多的有机质，在烧造过程中未能有效去除，这些有机质在不同温度下的反应显色可能即为"白陶"的来源。对比二里头时期的白陶可以发现，二里头第二期白陶氧化铁平均含量为 3%，而第三、第四期白陶的氧化铁含量平均为 4.3%，这与广富林时期白陶的氧化铁含量较为接近。二里头白陶重新 900 ℃ 烧制后，颜色会变为黄色或褐色，广富林时期的白陶重新 900 ℃ 加热后同样会转变为红棕色。同样呈现白色，白陶与白色瓷胎的氧化铁含量差异巨大，瓷胎氧化铁含量一般为 1% 以内，远低于白陶，所以黏土呈色一方面和氧化铁含量有关，另一方面也与烧成气氛有关。广富林文化时期白陶衣与胎体的附着力明显较小，本次所测白陶衣的 Al_2O_3 含量平均为 16.26%，属于低铝质黏土，当时的烧成温度已可以将这种黏土一定程度上致密化。一般而言北方地区的白陶铝含量相对较高，而南方地区则高铝质黏土与低铝质黏土均有，如果烧造工艺是将白色陶衣和胎体一次烧成，则陶衣将烧熟，不易剥落，因此这种白色陶衣的陶器烧成制度可能是先将胎体烧熟，而后将经细致粉碎处理的黏土施于陶器表面，低温快速烘烤而成。而现有报道的广富林文化出土部分白陶与本次测试结果相反，具有含有较高的铝含量与较低的铁含量，这种白陶可能就是一次烧成。

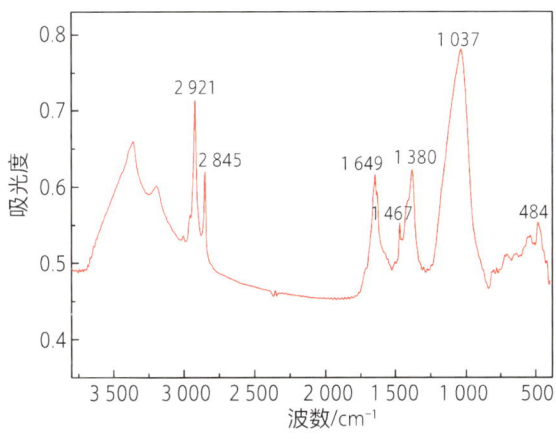

图 11-14　白色陶衣红外光谱图

综合分析案例

■ 牛河梁遗址出土陶器陶衣与黑彩的研究（成分-显微-拉曼结合）

■ 牛河梁遗址出土陶器陶衣与黑彩的研究（成分-显微-拉曼结合）

牛河梁红山文化遗址出土一批带有陶衣和黑彩陶器，现需确定陶衣黑彩与胎体成分的异同。有学者根据双墩遗址、侯家寨遗址红陶衣和陶胎的成分分析结果，提出陶器的陶衣与陶胎采用了相同的原料，不同的处理工艺和原料中有机物含量是导致两者外观差异的原因。这一观点在上海地区广富林遗址出土部分陶器的陶衣上是成立的。

广富林出土陶器除泥质陶外，多存在一层约 1 mm 厚的红色外层，以鼎、豆、瓮等器型最为普遍，外层厚者达 5 mm。外层厚度与新时期时代传统陶衣存在较大的差异，广富林出土陶器的外层厚度明显大于其他文化地区所使用的陶衣。陶衣的作用一般有两点：① 使胎体更加美观，故使用比胎体更加细腻的泥料或者使用呈色元素等；② 使得陶器在使用过程中提高耐火度，因此使用含铝量更高的陶泥。

XRF 成分测试结果显示，广富林出土陶器外层成分与内部胎体在元素成分上略有波动，但并无显著的规律性差异（表 11-2），同时 CS-24 号陶衣的胎和外层的热膨胀曲线较为相似，外层并未与内部存在显著的耐火度差异，两者的理论烧成温度都在 850～870 ℃（图 11-15a）。100～400 ℃ 的收缩过程可能是因为埋藏过程中的水与有机物的污染，在该段过程中发生脱水及有机物氧化反应，进而造成了陶器的收缩，陶器外层并未能显著提高整个陶器的耐火度。

从外层与黑胎的成分相似，热膨胀曲线接近可以推断出，至少有一部分陶器的外层与内部黑色其实为一种陶土制成，但是因为夹砂陶采用较为原始的烧造方式，导致陶器表面的快热与快冷，即表面已接近烧熟，而内部因保温时间过短等因素而仍然呈现黑色，将 CS-24 号样品的红色外层与黑色内层都经过热分析仪 950 ℃ 加热后，两者均显示出一致的砖红色（图 11-15b），更说明内外层的一致性。

表 11-2 部分陶器外层与胎体成分   单位：%

样品名	MgO	Al_2O_3	SiO_2	P_2O_5	K_2O	CaO	TiO_2	MnO	Fe_2O_3
CS-2 外层	0.79	13.59	76.84	0.41	2.62	1.01	0.92	0.25	2.31
CS-2 胎体	0.59	15.06	72.59	0.40	3.15	1.15	1.14	0.19	4.41
CS-17 外层	0.21	10.94	81.99	0.12	2.13	0.43	0.65	0.01	2.31
CS-17 胎体	0.17	13.94	78.59	0.19	2.69	0.67	0.93	0.02	1.57
CS-24 外层	1.02	15.15	59.81	2.72	2.05	6.24	0.86	0.16	10.32
CS-24 黑胎	0.89	16.48	66.19	1.19	2.19	4.09	0.92	0.07	6.23
CS-33 外层	1.33	19.26	66.81	0.34	3.90	1.28	1.04	0.07	4.61
CS-33 胎体	0.63	16.82	69.78	1.27	2.47	1.88	0.79	0.08	4.72

从牛河梁红山文化陶器的陶胎和陶衣化学组成主成分分析散点图（图 11-16a）可以看出，陶衣与陶胎的数据点不重叠，分布在不同的空间范围，说明两者化学组成的差异较为明显。以测试部位作为控制变量，以元素含量作为观测变量，进行单因素 ANOVA 检验（表 11-3），结果表明，陶胎、陶衣和黑彩部位均存在 SiO_2、P_2O_5、K_2O、CaO、TiO_2、MnO、Fe_2O_3 的显著差异。从平均值的 95% 置信区间（表 11-4）可知，陶衣和黑彩中 SiO_2、K_2O 含量较陶胎低，陶衣中 TiO_2、Fe_2O_3 含量高于黑彩和陶胎，黑彩中 MnO、P_2O_5、CaO 的含量明显高于陶衣、陶胎。

从陶胎、陶衣、黑彩 Fe_2O_3-MnO 含量散点图（图 11-16b）可以看出，陶胎中 Fe_2O_3 和 MnO 的数据点聚集在一个较小的区域内；陶衣中 MnO 含量和陶胎基本相同，Fe_2O_3 含量明显偏高且变化范围较大；黑彩中 Fe_2O_3 含量比陶胎高，但变化范围相对较小，而 MnO 含量明显高于陶胎和陶衣，变化范围较大，这表明红山先民应是有意识地选取含铁高的矿物作为陶衣原料，选取含铁和锰均高的矿物（或是混合矿物）作为黑彩颜料。由于矿石中元素并不是均匀分布，不同部位含量也存在差异，所以陶衣和黑彩中 Fe_2O_3 和 MnO 含量变化较大。

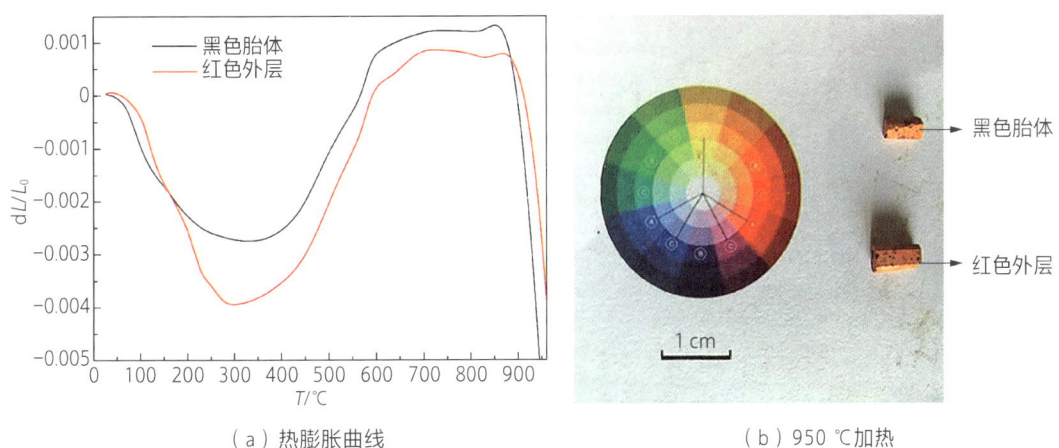

（a）热膨胀曲线　　　　（b）950 ℃加热

图 11-15　陶器内外层加热实验

表 11-3　陶胎、陶衣和黑彩元素含量的单因素 ANOVA 检验结果　　　　单位：%

部位	参数	MgO	Al_2O_3	SiO_2	P_2O_5	K_2O	CaO	TiO_2	MnO	Fe_2O_3
陶胎	均值	1.22	13.74	73.40	0.08	2.51	1.57	0.81	0.14	6.40
	标准差	0.36	2.73	4.27	0.03	0.25	0.35	0.08	0.09	0.57
陶衣	均值	1.29	12.64	71.36	0.14	2.06	2.01	0.92	0.18	8.84
	标准差	0.51	3.90	3.97	0.05	0.44	0.82	0.10	0.12	2.45
黑彩	均值	1.36	11.08	67.09	0.20	1.93	3.70	0.85	3.75	8.72
	标准差	0.56	3.54	5.28	0.06	0.50	2.16	0.15	1.79	0.91
ANOVA	F 值	0.28	1.95	6.43	23.57	8.86	10.97	4.21	66.15	11.71
	显著性	0.76	0.16	0.00	0.00	0.01	0.00	0.02	0.00	0.00

从陶胎-陶衣-黑彩的显微结构看，陶胎层较为密实，而中间陶衣层则明显疏松，黑彩则是成线状覆盖于陶衣层（图11-17a）。通过黑色彩绘的拉曼图谱分析可知（图11-17b），其结构符合标准黑锰矿的峰，因此成分分析与拉曼光谱分析的结合可以确定黑色彩绘属于人工后加。同时，陶衣的工艺与双墩遗址、侯家寨遗址、广富林遗址陶衣工艺不同。

表11-4 陶胎、陶衣和黑彩元素含量平均值的95%置信区间　　　　　　　　　　　　　　　　单位：%

部位	SiO_2	P_2O_5	K_2O	CaO	TiO_2	MnO	Fe_2O_3
陶胎	71.20～75.60	0.07～0.10	2.38～2.64	1.39～1.75	0.77～0.86	0.09～0.18	6.11～6.69
陶衣	69.16～73.56	0.11～0.16	1.81～2.30	1.56～2.46	0.87～0.98	0.11～0.24	7.48～10.20
黑彩	63.31～72.72	0.16～0.25	1.57～2.28	2.16～5.25	0.74～0.96	2.47～5.03	8.07～9.37

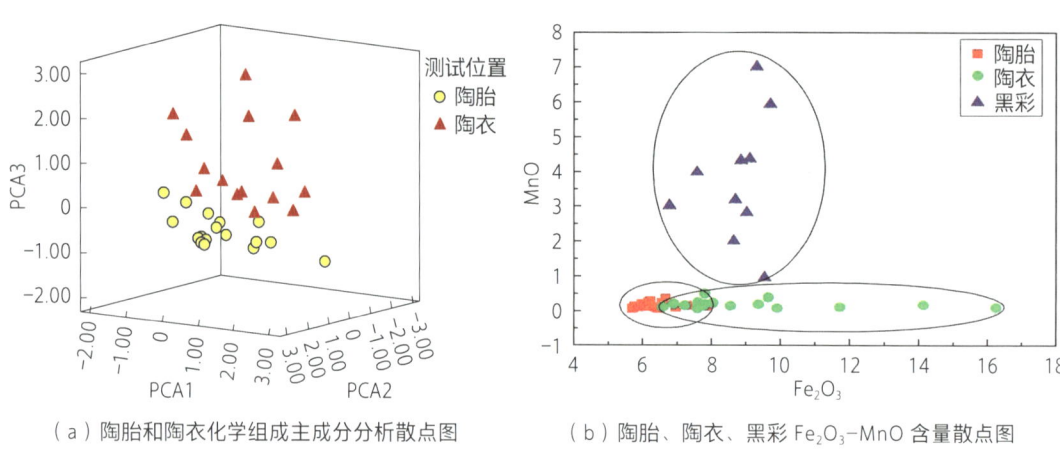

（a）陶胎和陶衣化学组成主成分分析散点图　　　（b）陶胎、陶衣、黑彩 Fe_2O_3-MnO 含量散点图

图11-16 牛梁河红山文化出土陶器成分分析图

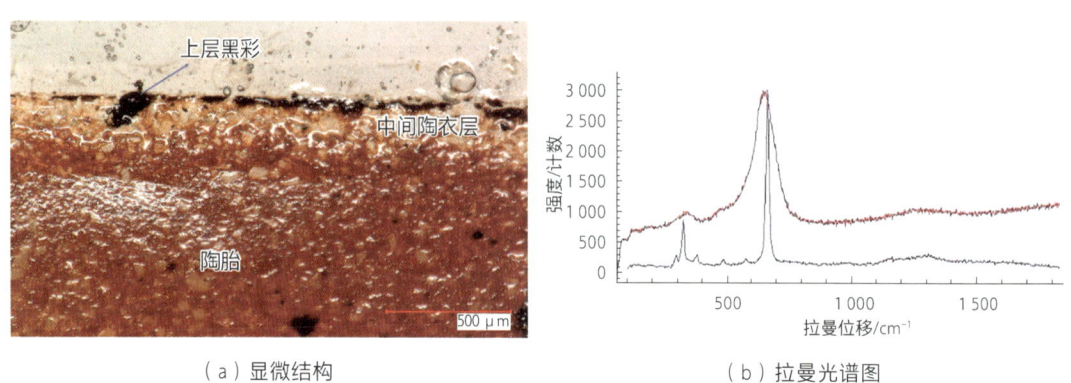

（a）显微结构　　　　　　　　　　　　（b）拉曼光谱图

图11-17 黑彩拉曼测试

参考文献

[1] 陈坤龙.古代材料的X射线衍射分析及其应用[J].中原文物,2003(2):84-86.

[2] WANG E Y, XIONG Y F, CHEN J, et al. Transformation of plant-based tempers (GROG): evolution and techniques in Songze, Liangzhu, and Guangfulin pottery[J]. Journal of the Australian Ceramic Society, 2024(60): 305-321.

[3] 沈大娲,郑菲,吴娜,等.拉曼光谱在文物考古领域的应用态势分析[J].光谱学与光谱分析,2018,38(9):2657-2664.

[4] 廉海萍.汉代铸钱夹砂陶背范的分析研究[J].文物保护与考古科学,2020,32(6):61-70.

[5] 孙凤,李依林,马彦妮,等.红外光谱在文物保护中的应用介绍[J].文物保护与考古科学,2019,31(6):112-117.

[6] WANG E Y, XIONG Y F, ZHU Y B, et al. Study on the halo dispersion mechanism and glazing process of ancient blue and white porcelain of China[J]. Glass Technology-European Journal of Glass Science and Technology Part A, 2020, 61(3): 85-91.

[7] WANG E Y, XIONG Y F, ZHU Y B, et al. Regional microstructural characteristics between the body and glaze of ancient Chinese ceramics[J]. Ceramics International, 2020, 46(14): 22253-22261.

[8] WANG E Y, XIONG Y F, ZHU Y B, et al. Petrographic analysis of ancient high-temperature ceramic glazes and inorganic restoration materials[J]. Studies in Conservation, 2022, 67(3): 176-185.

[9] 高守雷,熊增珑,张童心.牛河梁遗址红山文化陶器成分分析与研究[J].北方文物,2021(6):80-91.

[10] 彭文世,刘高魁.矿物红外光谱图集[M].北京:科学出版社,1982.

本书配套数字资源使用说明

针对本书配套数字资源，即"相关检测仪器设备讲解与操作"的使用方式，特做如下说明：

用户（或读者）可持移动设备打开移动端扫码软件（如微信），扫描本书封底二维码，即可在线阅读数字资源、交互使用。有关数字资源内容参见下表：

视频序号	数字资源类型	数字资源内容
1	视频资源	X射线荧光光谱仪
2	视频资源	体视显微镜
3	视频资源	超景深三维显微系统
4	视频资源	便携式X射线探伤仪
5	视频资源	离子浓度测定仪
6	视频资源	显微维氏硬度计
7	视频资源	厚度测定仪
8	视频资源	色度仪
9	视频资源	立式电脑拉力仪
10	视频资源	紫外可见光光度计
11	视频资源	磨抛机
12	视频资源	红外摄影
13	视频资源	X射线计算机断层扫描仪